스페셜티 커피
비즈니스

THE BUSINESS OF SPECIALTY COFFEE

Copyright 2023 by Maxwell Dashwood

All rights reserved. No parts of this book may be reproduced or utilised in any form or by any means, electronic or mechanical, including photocopying, recording or by any information storage and retrieval system, without the prior written permission of the publisher. Maxwell Dashwood asserts the moral right to be identified as the author of this work.

이 책의 한국어판 저작권은 저작권자와 독점 계약한 커피리브레에 있습니다.
저작권법에 의해 한국 내에서 보호받는 저작물이므로 무단 전재와 무단 복제를 금합니다.

THE BUSINESS OF SPECIALTY COFFEE

스페셜티 커피
비즈니스

맥스웰 대시우드 지음
최익창 옮김 | 서필훈 감수

차례

이 책을 쓰게 된 계기 How it Started		15
나의 커피 비즈니스 My Beginnings in the Business of Coffee		17
이 책을 쓰는 이유 Why I am Writing the Book		18
개요 : 이 책의 구성 Overview : How I Have Structured this Book		19

PART 1 스페셜티 커피 산업
OVERVIEW OF THE SPECIALTY COFFEE INDUSTRY

1부 소개 Introduction to Part One	25
스페셜티 또는 부티크 Specialty or Boutique	26
용어와 문화 Terminology and Culture	26
점수와 향미 Scoring and Flavour	28
규모 감각 A Sense of Scale	29
씨앗에서 한 잔의 커피까지 – 커피 비즈니스 범위 Seed to Cup – The Scope of Businesses Involved in Coffee	31
품질 개념 The Concept of Quality	32
합의와 커뮤니티 Consensus and Community	32
맥락 속에서 커피 점수 평가하기 Scoring in Context	34
소비자를 위한 품질 Quality for the Consumer	36
품질의 미래 The Future of Quality	37

이것은 비즈니스인가?Is it a Business?	38
비즈니스의 기본 원리The Business Fundamentals	40
시장 규모The Size of the Market	45

PART 2　비즈니스 운영 OPERATING A BUSINESS

2부 소개Introduction to Part Two	51
"부가가치"는 어디에서 발생하는가?Where is the "Value Add"?	52
성장하느냐 마느냐To Grow or Not to Grow	55
손익분기점Break-Even	59
생산비Cost of Production	61
실질 마진Deliverable Margin	64
커피 비즈니스 시작하기 – 진입 장벽Starting a Business in Coffee – Barrier to Entry	67
리스크Risk	70
규모의 영향The Impact of Scale	71
금융 접근성 – 차입금에 의존하는 산업Access to Finance – An Industry Built on Borrowed Money	75
소유권, 투자, 기업 가치 평가Ownership, Investment and Valuation	78
규정 준수Compliance	82
고객 확보Customer Acquisition	84
고객 생애 가치와 충성도 – 고객 범위Lifetime Value and Loyalty – Customer Range	86
고객과 공급업체의 조율Customer and Supplier Alignment	88

원재료 vs 완제품 The Ingredient Versus the Finished Drink	90
적정 지점-물량과 가격 The Sweet Spot-Volume and Price	92
고객 관계 Customer Relations	95
고객 조사 Customer Research	98
팀, 역할, 구조 Teams, Roles and Structures	101
커피 업계에서 전문가로 성장하기 People and Progression in the Coffee Profession	104
전문성과 재능 Expertise and Talent	107
마케팅-시장 접근성 Marketing-Access to Market	110
연구와 개발 Research and Development	113
경쟁자인가, 파트너인가 Adversaries or Partners?	115
최저가 경쟁 Race to the Bottom	116
덜어내기 Killing Things That Don't Work	119
우선순위와 자원 관리 Prioritisation and Resource Management	121
유니콘은 특별하다-승자 편향 Unicorns Aren't the Norm-Winner Bias	122
"진정한" 이익 "True" Profit	124

PART 3   시장 원리 MARKET FORCES

3부 소개 Introduction to Part Three	129
거시경제학 Macroeconomics	130
혁신 Innovation	130
지식재산권 Intellectual Property	134

기술 Technology	137
커피의 여정 속 기능적 기술 Functional Technology in Coffee's Journey	137
부티크 비즈니스의 기술 한계와 불신 Limitations and Mistrust of Technology in Boutique	139
날씨, 떼루아, 농업 Weather, Terroir and Agriculture	142
예기치 못한 변화-팬데믹 Sudden Change-A Pandemic	146
C 마켓, 디퍼렌셜과 통화가치 The C-market-Differentials and Currency Value	149
정부 정책 Government Policy	154
식민시대와 제국주의의 유산-자본주의와 세계화 Colonial and Imperial Legacy-Capitalism and Globalism	156
글로벌 커뮤니티 A Global Community	159
시장 차이 Market Differences	161
타이밍과 트렌드 Timing and Trends	163

PART 4   가치 VALUES

4부 소개 Introduction to Part Four	169
윤리적 커피란? What is Ethical Coffee?	170
공정가격이란? What is a Fair Price?	173
투명성, 추적 가능성, 다이렉트 트레이드 Transparency, Traceability and Direct Trade	175
영향-스페셜티 커피와 커머셜 커피 Impact-Specialty Versus Commercial Coffee	182
인증 Certifications	186
커피 산업의 지속 가능성 Sustainability in Coffee	189

독립 비즈니스 – 소규모, 로컬, 크래프트 193
Independent Business – Small, Local and Craft

그린워싱 Greenwashing 196

평등, 공정, 다양성 Equality, Equity & Diversity 199

커피 세계 안팎의 가치 기반 이니셔티브 204
Values Driven Initiatives Inside and Outside of Coffee

번아웃, 정신 건강과 신체 건강 205
Burnout and Mental Health and Physical Health

PART 5 · 브랜딩과 마케팅 BRANDING AND MARKETING

5부 소개 Introduction to Part Five 211

기억에 남는 브랜드와 센스메이킹 Sticky Brands and Sensemaking 211

물리적 경험 – 오프라인 공간의 가치 214
Physical Experiences – The Value of Bricks and Mortar

전문성, 신뢰 그리고 입소문 Expertise, Trust and Word of Mouth 216

프리미엄과 럭셔리 vs 크래프트와 로컬 219
Premium and Luxury Versus Craft and Local

기호학 – 미학으로서의 스페셜티 Semiotics – Specialty as an Aesthetic 223

디자인과 차별화 Design and Differentiation 227

    독립 카페 체인 The Chain of Independent Coffee Shops 227

라이프스타일과 커피 브랜드 상품화 230
Lifestyle and Merchandising Coffee Brands

B2B 브랜딩 B2B Branding 232

PART 6　전략 STRATEGY

6부 소개 Introduction to Part Six	237
당신의 '왜'는 무엇인가? What is Your Why?	238
포터의 비즈니스 전략 Porter's Business Strategies	241
네 가지 일반적 전략 The Four Generic Strategies	241
다섯 가지 경쟁 요인 The Five Forces	243
규모, 다각화, 수직적 통합 Scale, Diversification & Vertical Integration	245
비즈니스 성장 – 빠른 성장 vs 느린 성장 Growing Business – Quick vs Slow Growth	247
자금 조달 Funding and Financing	251

PART 7　업체별 비즈니스 BUSINESS BY BUSINESS

7부 소개 Introduction to Part Seven	257
커피 재배와 가공 Growing and Processing Coffee	257
경제성과 규모 Economics and Scale	257
다각화, 수직적 통합과 리스크 Diversification, Vertical Integration and Risk	260
소통, 연결 그리고 시장 접근성 Communication, Connection and Access to Market	262
연구 개발과 금융 접근성 Research and Development, and Access to Finance	263
사람, 전문성, 재능 People, Expertise and Talent	264
정부 정책, 지속 가능성, 미래 Government Policy, Sustainability and the Future	265

생두 거래, 수입, 수출 Green Trading, Importing and Exporting — 267
- 경제, 규모, 시장 Economics, Scale and the Market — 267
- 금융과 리스크 Finance and Risk — 269
- 관계, 사람, 전문성 Relationship, People and Expertise — 271
- 정부 정책, 지속 가능성, 미래 Government Policy, Sustainability and the Future — 273

로스터 Roasters — 274
- 성장하는 시장 The Growing Market — 274
- 다각화와 인재 확보 Diversification and Talent — 276
- 재무, 성장, 장비 Finance, Growth and Equipment — 278
- 사람과 전문성 People and Expertise — 279
- 기술과 접근성 Technology and Access — 279
- 추적 가능성과 지속 가능성 Traceability and Sustainability — 280
- 마케팅, 상품화, 라이프스타일 Marketing, Merchandising and Lifestyle — 281
- 수직적 통합과 미래 Vertical Integration and the Future — 283

온라인 Online — 284
- 실질 마진과 아웃소싱 Deliverable Margin and Outsourcing — 284
- 팬데믹과 입소문 마케팅 The Pandemic and Word of Mouth Marketing — 285
- 고객 확보, 고객 관계, 온라인 광고 비용 Cost of Acquisition, Customer Relations and Online Advertising — 286
- 오프라인 매장의 다각화 Diversification in Bricks and Mortar — 287
- 라이프스타일, 상품화, 판매 모델 Lifestyle, Merchandising and Sales Models — 288

소매 Retail — 289
- 마진과 대형 유통업체 판매 Margins and Selling to the Multiples — 289
- 스페셜티 부티크 커피의 가격 탄력성과 유통기한 Price Elasticity and Shelf Life in Specialty Boutique Coffee — 291

커피 포드 및 기타 음료 포맷 Coffee Pods and Other Drink Formats — 292
- 커피 포드-비용과 진입 장벽 Coffee Pods-Cost and Barrier to Entry — 292
- 커피 포드-마케팅과 전략 Coffee Pods-Marketing and Strategy — 293
- 커피 포드-지속 가능성과 미래 Coffee Pods-Sustainability and the Future — 294
- 인스턴트 커피 Instant Coffee — 295
- 콜드브루 및 기타 포맷 Cold Brew and Other Formats — 297

커피숍Coffee Shops	299
위치, 시장 접근성, 고객 관계Location, Access to Market and Customer Relations	299
소비자 피드백과 업계 인식Customer Feedback and Industry Perception	301
오프라인 매장의 경제학Bricks and Mortar Economics	303
인력, 전문성, 다점포 모델People, Expertise and Multi-Site Models	304
지속 가능성, 자동화, 트렌드Sustainability, Automation and Trends	306
HoReCa와 사무실HoReCa and Offices	308
커피를 중심으로 움직이는 비즈니스Businesses that Orbit Coffee	311

PART 8 생각 & 질문 THOUGHTS & QUESTIONS POSED

8부 소개Introduction to Part Eight	319
스페셜티 커피를 찬미하며Singing the Praises of Specialty Coffee	320
마진이 적은 구조Lean Margin Frameworks	322
제5의 물결, 품질을 확장할 수 있을까? The 5th Wave, Can You Scale Quality?	324
산업 동향Industry Trends	330
향미 중심의 음료A Flavour-Oriented Drink	330
브루잉 기술Brewing Technology	331
브랜딩 블러The Branding Blur	332
혁신과 기술Innovation and Technology	333
지속 가능성Sustainability	333
새로운 경험New Experiences	334
스페셜티 최적화Specialty at Scale	335
매각과 합병Exits & Consolidation	336

커피 한 잔의 가격 The Price of a Cup of Coffee　　340

커피 생산의 양극화가 다가오고 있는가?　　345
Is There a Coming Divergence in Coffee?

성배 – 비전과 비즈니스의 조화 The Holy Grail – Vision Plus Business　　351

감사의 말 Acknowledgements　　355

이 책을 쓰게 된 계기 How it Started

2007년, 나는 커피에 처음 흥미를 느꼈고 곧 깊이 빠져들었다. 나는 커피에 완전히 사로잡혔고 드디어 천직을 찾았다고 생각했다. 이 독특한 음료와 이를 둘러싼 문화와 산업은 내 호기심을 자극했고, 내가 당시 관심을 가지고 있던 여러 분야와 겹치는 부분도 많았다. 당시 커피 산업은 흥미진진한 변곡점에 있었고, 배우고 경험하며 발견할 것이 너무나 많다는 점이 나를 더욱 끌어당겼다. 모든 비즈니스가 그렇듯이, 타이밍이 중요한 요소였다.

솔직히 말하자면, 그때 나는 전통적인 의미의 커피 비즈니스에는 관심이 없었다. 나는 가치를 제대로 파악하기만 하면 비즈니스는 저절로 따라올 것이라 생각했다. 지금도 어느 정도는 그렇게 믿고 있다. 가치가 있는 아이템을 찾아 집중하는 것이 비즈니스 구조와 회계를 완벽하게 이해하는 것보다 성공 가능성이 더 높다는 점에서 말이다. 사실 이런 구분조차 어리석다. 흔히 비즈니스는 지루하다고 생각하기 쉽지만, 실제로는 개념을 정립하고, 창의적인 요소를 더하며, 관계를 형성하고, 마케팅을 하는 것도 시스템, 숫자, 법적 요건과 동등하게, 중요한 하나의 전체를 이루고 있다.

멜버른에서 커피를 만나기 전부터 나는 이미 (자기 마음대로 쓸 수 있는 자본이 충분한 경우가 아니라면) 모든 활동은 비즈니스로서 지속 가능해야 한다는 것을 잘 알고 있었다. 나의 아버지는 조각가였고 덕분에 나는 전 세계에 작품을 전시할 정도로 성공하고 유명한 예술가조차도 예술을 비즈니스로 발전시키는 것이 얼마나 어려운지 지켜보았다.

나는 십대 때부터 슈퍼마켓부터 주유소에 이르기까지 다양한 일을 경험하며 사업체가 돌아가는 방식을 익혔고 늘 '이 일은 어떻게 굴러가는 걸까?'라는 질문을 품었다. 나는 항상 "왜?"라는 질문을 던지며 배우고자 했고 어떻게 하면 개선될 수 있을지에 대한 단호한 의견을 제시하곤 했다. 어떤 경우에는 내가 맞았고, 어떤 경우에는 통찰력이 없었다. 그리고 거의 모든 결정 뒤에는 비즈니스적인 이유가 있다는 사실을 점차 깨달았다. 다만 이런 이유들은 종종 고객에게 열악한 제품이나 서비스를 제공하는 방식으로 이어지는 것 같았다.

스무 살쯤 초상화를 그려 팔기 시작했다. 초상화 작업은 내가 본격적으로 처음 시작한 비즈니스였는데 꽤 성공적이었다. 이 일을 하면서 네트워크와 비즈니스의 기초를 배웠다. 내 작품이 팔리는 이유는 사람들이 쉽게 공감하고 가치를 느낄 수 있는 작업이었기 때문이다. 초상화는 다른 예술 장르에 비해 사업을 시작하기 비교적 쉽다. 사람들은 자신이 아는 얼굴을 보고 그 안에 담긴 기술을 직관적으로 이해한다.

그때 나는 접객업에도 열정을 가지고 있었기 때문에 뉴 포리스트의 시골에 있는 펍에서도 일했다. 그곳에서 단골 손님들과 대화하며 초상화 고객을 찾을 수 있었다. 그러다 결국 초상화 사업에 집중하기 위해 펍을 그만뒀는데 처음엔 좋았지만, 곧 중요한 사실을 깨달았다. 혼자 반복적인 작업을 하는 것이 그리 즐겁지 않다는 사실이다. 그보다는 펍에서 동료 직원, 고객과 소통하는 일상이 더 흥미로웠다. 그 일을 할 때는 매일 생기가 넘쳤다.

그 시절 나는 아마도 꽤 유별난 직원이었을 것이다. 열정과 열의를 다해 일했지만 한편으로는 끊임없이 문제 제기를 했다. 그후에는 지역 영화관에서 파트타이머로 일하다가 경영진과 충돌하면서 그만뒀다. 나는 지금도 그때 내가 옳았다고 생각한다. 당시 그곳의 차별적인 관행에 문제를 제기했지만 경영진은 (분명) 내 의견을 받아들이지 않았다. 더 좋은 영화관이 되길 바라는 나의 마음은 제대로 전달되지 않았을 뿐만 아니라, 경영진은 오히려 그걸 불편하게 여겼다. 경영진은 실현 가능한 최소한의 목표만을 달성하면 된다고 생각했고 비즈니스는 그저 "최소한" 굴러가기만 하면 되는 것이라 여겼다. 지역 매니저는 자랑스럽게 이 영화관이 반경 10마일 내에서 최고 성과를 냈다고 말했다. 10마일 반경 내에 영화관은 하나뿐이라는 말은 빼먹었지만 말이다.

나의 커피 비즈니스 My Beginnings in the Business of Coffee

나는 파트너와 함께 첫 커피 비즈니스를 시작했다. 이동식 커피 이벤트 비즈니스였다. 우리는 영국 전역을 누비며 커피바와 카페를 열었다.

알다시피 이런 비즈니스는 계절을 탄다. 그리고 곧 행사 규모가 크다고 해서 우리가 더 큰 수익을 낼 수 있는 것은 아니라는 사실을 배웠다. 예를 들어 유명한 뮤직 페스티벌보다 농업 박람회에서 더 큰 수익을 올릴 수 있다.

이후 우리는 영국의 남서부 도시 바스Bath에서 스페셜티 컨셉의 커피숍을 열었다. 골목길에 있는 아주 작은 매장으로, 좌석은 고작 다섯 개였다. 비용을 줄이기 위해 우리는 가게 위층에서 살았고 덕분에 초기 비용을 아낄 수 있었다. 18개월 후, 점점 고객이 늘면서 400미터 떨어진 좀 더 크고 목이 좋은 곳으로 매장을 옮겼다. 이 매장에는 단순한 카페가 아니라, '고객 경험 센터'라는 개념을 도입했다. 우리는 엄선한 커피 메뉴를 주기적으로 바꾸며 그에 맞춘 경험을 제공하고, 고객과의 대화와 경험이 중심이 되는 공간을 만들고자 했다. 그리고 기존의 커피숍과는 다른 인테리어를 통해 차별화된 공간을 구성했다. 이렇게 우리는 굳이 찾아가고 싶은 커피숍을 만들었고, 이후 내가 커피 산업을 더 깊이 탐구할 수 있는 발판이 되었다.

이 시기에 나는 많은 커피 대회에 참가했고 블로그도 운영했다. 이를 통해 부티크 커피 커뮤니티와 더욱 활발하게 교류할 수 있었고 궁극적으로는 우리의 브랜드 구축에도 도움이 됐다.

2014년에는 수제 맥주와 커피를 결합한 하이브리드 매장을 열었지만 비즈니스 파트너십이 원활하지 않아 빠르게 접을 수밖에 없었다. 매출 전망이 좋았기에 아쉬웠다.

2015년에는 크리스토퍼 H. 헨던Christopher H. Hendon과 함께 《커피를 위한 물Water For Coffee》을 공동 저술했다. 이 책은 자체 출판했으며 전 세계에 배포됐다. 이 책은 수 년간의 공동 연구 끝에 나온 결과물로, 커피 추출 과정에 물이 미치는 영향을 과학적으로 깊이 있게 탐구해, 당시에는 간과되던 주제에 대한 새로운 시각을 제시했다. 이후 2017년에는 옥토퍼스Octopus 출판사에서 《커피 사전Coffee Dictionary》을 출간했으며 현재 5개 언어로 번역되었다.

2016년에는 희소성 있고 높은 점수를 받은 커피를 주로 취급하는 로스터리를 시작했다. 우리는 이커머스를 주요 판매 수단으로 결정했고 이후 네스프레소 호환 캡슐에 스페셜티 커피를 담아 판매했다. 이 비즈니스를 위해 벤처 캐피탈 투자를 받았다. 씽크 베터 그룹Think Better Group은 콜론나Colonna와 내가 진행한 다른 프로젝트인 필터 주전자 피크 워터 Peak Water에도 투자했다. 피크 워터는 정부 기금인 이노베이트 UKInnovate UK 투자도 받았다.

이 책을 쓰는 이유 Why I am Writing the Book

2월의 어느 화창한 일요일, 나는 영국 바스에서 코펜하겐의 다시 카페Darcy's Kaffe를 운영하는 다시 밀러Darcy Miller와 커피 비즈니스에 대해 이야기를 나누고 있었다. 그날, 분명 나는 흥분해서 떠들었을 것이고, 그는 나의 다음 책 주제가 방금 결정된 것 같다고 말했다. 그의 말대로 정말 책이 나오다니, 다시에게 감사할 일이다.

 나는 체계적인 비즈니스 학습 코스를 밟지 않았고 오랫동안 여기저기서 일하고 경험하며 커피 비즈니스를 배웠다. 때로 나는 이렇게 자문한다. "저들은 어떻게 저런 사업을 하는 걸까?" 혹은 "저 비즈니스 모델에서 수익은 어떻게 발생할까?" "적정한 가격이란 얼마일까?" "이 산업에서 일반적으로 통용되는 기준은 무엇일까?" "규모가 커지면 마진에 어떻게 영향을 줄까?" 같은 질문들이다.

 커피 업계에서 일하며 부티크 업체부터 대기업에 이르기까지 온갖 업체와 컨설팅 경험을 했지만, 아직도 내가 전혀 경험해 볼 기회조차 없던 것들이 많다. 그러므로 이 책은 온전히 내 경험만을 바탕으로 쓴 것은 아니다.

 커피가 복잡한 산업이라는 것은 이미 잘 알려진 사실이며, 커피 비즈니스는 더욱 그렇다. 여기에 더해, 업계 내부의 중요한 사항들은 여러 가지 이유로 공개하지 않는 경우가 많다. 따라서 한 잔의 스페셜티 커피가 탄생하기까지 어떤 비즈니스들이 관여하는지 제대로 이해하려면 철저한 조사 과정이 필요하다. 이 책을 쓰는 과정에서 가장 큰 도전 과제 중 하나가 바로 이 부분이었다.

 나는 전 세계 대상의 리서치를 하지도 않았고, 스페셜티 산업의 상업적 요소를 분석하기 위해 데이터 알고리즘을 사용하지도 않았다. 대신 기존에 나온 자료들과 여러 전문가들의 평가를 참고하면서, 수많은 질문을 던졌다. 그러자 커피 업계의 많은 분들이 정보와 시간을 아낌없이 공유해 주었다. 정말 큰 감사를 드린다.

나는 원래 호기심이 많아서 잘 알려지지 않거나 공유되지 않았던 커피의 영역을 배우고 탐구하는 것이 즐겁다. 새로운 것을 배우고 문제의 본질을 파악하는 과정에서 큰 기쁨을 느낀다. 내가 탐구하는 방식은 다음과 같다. 우선 배우고자 하는 분야에서 실제로 일하는 사람들을 찾아가 이야기를 나누는 것부터 시작한다. 그 다음 이 대화를 바탕으로 기존 자료와 연구들을 참고해 전체적인 개념을 정리한다. 그런 다음 해당 분야의 전문가를 찾아가 내가 지금까지 이해한 내용을 설명하고 피드백을 받는다. 이런 과정을 '전문가 포일링 Expert Foling'이라 한다고 들었다.

전문가가 내 설명을 듣고 문제점을 지적한다면 이는 내 이론에 수정할 부분이 있다는 뜻이다. 아마 이 시점쯤에는 내가 그 주제에 대해 상당 수준 이해한 상태일 것이다. 물론 너무 새롭고 복잡한 분야일 경우 전문가 사이에서도 견해가 갈릴 수 있다. 따라서 이 책에는 가능한 한 다양한 관점을 제시하는 동시에 나의 개인적인 견해도 같이 담았다. 이 책에는 그 과정 자체를 담았으며, 내가 제시하는 내용에 어떤 허점이 있다면 열린 자세로 받아들일 준비가 되어 있다. 내가 가장 좋아하는 말 중 하나는 다음과 같다. "누군가를 가르칠 때, 두 사람이 함께 배운다."

많은 사람들이 스페셜티 커피 비즈니스를 처음 시작할 때 커피에 대한 넘치는 열정과 원대한 비전을 가지고 있었을 것이다. 그러나 비즈니스 측면은 깊게 고려하지 않는 경우가 많다. 하지만 비전을 성공적으로 실현하려면 결국 수익성이 뒷받침되어야 한다. 나는 이 책이 그런 통찰을 제공할 수 있길 바란다. 또한 내가 더 일찍 이해했더라면 좋았을 '레버 levers' — 비즈니스를 움직이는 다양한 요소들 — 에 대한 인식을 독자들에게 전달할 수 있기를 기대한다.

개요: 이 책의 구성 Overview: How I Have Structured this Book

이 책의 제목을 정하기까지 고민을 거듭했다. 지금 제목은 맨 처음 떠올랐던 것인데, 다양한 후보들을 탐색한 끝에 결국 처음의 선택으로 돌아왔다. 내가 이 제목을 두고 고민한 이유는 이 책이 커피 비즈니스를 시작하는 방법을 단계별로 안내하는 지침서가 아니기 때문이다. 물론 이러한 접근 방식도 분명 가치가 있지만, 내가 이 책을 통해 말하고자 한 것은 특정한 비즈니스 운영 방식을 제시하는 것이 아니었다. 성공적인 비즈니스를 운영하기 위한 방법은 여러 가지가 있다고 믿기 때문에, 보다 넓은 맥락에서 비즈니스를 이해하고자 저널리즘적인 접근 방식을 택했다. 부디 이 책이 여러분들이 각자의 커피 비즈니스를 운영하는 데 도움이 될 수 있기를 희망한다.

이 책은 8부로 구성되어 있다.

1부는 고차원적인 관점을 다룬다. 먼저, 스페셜티 산업이 무엇인지, 그리고 그 산업을 구성하는 주요 비즈니스 유형들을 폭넓게 정의한다. 이후, 커피 씨앗이 음료가 되기까지의 과정에서 어떤 유형의 비즈니스가 관여하는지 개괄적으로 설명하고 각 비즈니스의 기본적인 프로필을 제시한다.

2부에서는 본격적으로 비즈니스 운영의 핵심 요소들을 탐구한다. 나는 비즈니스를 구성하는 여러 메커니즘을 '레버'라고 생각한다. 이 요소들은 모두 비즈니스를 운영하는 데 필수적인 요소이고 외부 요인이나 비즈니스 운영자의 결정에 따라 조정할 수 있다. 이런 '레버'는 대부분의 비즈니스에 공통적으로 존재하지만 각 비즈니스의 구조에 따라 그 중요도와 비중은 달라진다. 나는 각 주제에서 커피 산업 내 다양한 비즈니스들이 어떤 영향을 받는지 살펴보았다. 이 파트에서 다루는 모든 내용은 모든 비즈니스에 해당되지만 적용 정도에는 차이가 있을 수 있다. 어떤 요소는 특정 비즈니스에서 우선순위가 낮을 수 있지만, 다른 비즈니스에서는 가장 중요한 요소가 될 수도 있다.

3부에서는 커피가 씨앗에서 음료로 만들어지는 과정의 모든 비즈니스에 영향을 미치는 더 광범위한 시장의 힘과 변화 요인들을 살펴본다. 커피 산업은 진정한 글로벌 산업이며, 다른 모든 산업과 마찬가지로 모든 개별 비즈니스에 영향을 미치는 거대한 패턴이 있다.

4부에서는 스페셜티 커피의 가치가 비즈니스와 어떻게 연결되는지 탐구한다. 또한 다양한 가치 개념이 부티크 비즈니스 운영 방식에서 어떻게 반영되는지, 또는 반영되지 않는지를 분석한다. 커피 산업에서 평등과 형평성을 어떤 방식으로 구현할 수 있는지, 그리고 그것이 실현 가능한 영역은 어디까지인지 고민해 본다. 더 나아가, 커피 브랜드가 전달하는 메시지를 비판적으로 검토하고, 그린워싱 문제를 고려할 필요성도 제기하고자 했다.

5부에서는 커피 산업 내 브랜딩과 마케팅을 집중적으로 살펴본다. 냉소적인 시각에서 스페셜티 커피가 본질적으로 브랜딩과 마케팅에 의해 정의된다고 주장할지도 모른다.

6부에서는 스페셜티 커피 비즈니스를 시작하고 성장시키고 운영하는 과정에서 활용하는 다양한 전략들을 더 높은 차원에서 조망한다.

7부에서는 다시 커피 산업의 대표적인 비즈니스 유형들로 돌아가, 책 전반에서 다룬 주요 개념과 논의들을 각 비즈니스 사례에 어떻게 적용할 수 있는지 살펴본다.

그리고 마지막으로 8부에서는 부티크 커피 시장에 대한 나의 생각과 이해를 정리하고 앞으로 이 산업이 어떤 방향으로 나아갈 수 있을지에 대한 전망을 제시하는 것으로 책을 마무리한다.

PART 1

스페셜티 커피 산업
Overview of the Specialty Coffee Industry

1부 소개 Introduction to Part One

스페셜티 커피란 무엇인가? 독립 커피 비즈니스는 어느 정도 규모까지 '독립'이라 할 수 있을까? 독립적이지만 스페셜티가 아닌 커피 비즈니스도 가능할까?

이런 질문들은 커피 산업에서 일하는 사람들이 자주 고민하는 내용이다. 1부에서는 앞으로 살펴볼 내용들을 정리하는 차원에서, 내가 깊이 탐구하고자 하는 산업의 범위를 설정해 보려고 한다.

사실 나는 이제 더 이상 나 스스로 '스페셜티 커피' 산업에 종사한다고 말하지 않는다. 그보다는 특정한 속성을 지닌 고품질 커피 higher scoring coffees를 중심으로 커피 업계에서 일한다는 표현이 더 적절할 것이다.

어떤 주제에 대한 열정을 가지면, 그 분야에 대한 일종의 주인의식을 갖는 경우가 많다. 특히 그 분야가 선구적인 시기에 있다면 더욱 그렇다. 이런 상황에서 일하는 사람들은 자기도 모르게 자기들의 제품이 다른 제품과 어떻게 다른지, 어떤 점에서 더 낫다고 생각하는지, 심지어는 얼마나 탁월한지에 대해 열정적으로 설명하며 사뭇 성전을 지르는 자신을 발견할 것이다.

이런 과정은 일종의 이상주의로 이어진다. 즉, 공통의 목표와 열정을 가진 비즈니스, 개인, 혹은 집단이 하나의 '운동 movement'을 형성하는 것이다. 하지만 이 운동에는 본부도 공식적으로 합의된 이데올로기도 존재하지 않는다. 오히려 느슨한 연대 속에서 자연스럽게 형성된다. 공통된 관심사는 명문화되지 않고 구두로 전해지면서 "이 제품은 이래야 한다." 또는 "이런 목표를 지향해야 한다."라는 암묵적인 가정을 형성한다.

물론 모든 커피 비즈니스는 자신이 원하는 목표를 자유롭게 추구할 권리가 있다.(법을 지키고 소비자를 속이지 않는 한 말이다.) 하지만 이 운동에 속한 사람들은 자신이 마치 커뮤니티를 대변하는 것처럼 말하는 경향이 있다. 나 역시 그런 태도를 가졌던 적이 있고, 지금도 어느 정도 그 영향을 받고 있다. 그런데 커피, 특히 스페셜티 커피란 "어떠해야 하는가?"에 대한 다양한 관점과 의견을 접하다 보면, 단일하고 명확한 정의로 이 개념을 설명하기란 불가능하다는 사실을 깨닫게 된다.

1부에서는 사람들이 '스페셜티 커피'라는 용어를 사용할 때 통상적으로 무엇을 의미하는지 개괄적으로 정리할 것이다. 이는 이 책 전반에서 진행될 논의의 기본적인 배경이 될 것이다.

스페셜티 또는 부티크 Specialty or Boutique

용어와 문화 Terminology and Culture

비즈니스에 대해 이야기할 때, 나는 종종 내가 이제껏 당연하게 여겼던 개념들이 사실은 명확하게 정의되지 않았다는 사실을 깨닫곤 한다. 특히 시장의 특정 영역을 분류할 때 이런 일이 자주 발생한다.

'스페셜티 커피'라는 용어는 단순히 특정한 속성이나 품질을 가진 음료를 의미하는 것에서 나아가, 하나의 문화적 장면을 형성해 왔다. 그리고 이 용어는 많은 사람들에게 하나의 가치체계를 상징하기도 한다. 그렇다면 스페셜티 커피란 무엇일까? 간단하게 대답하자면 명확한 정의는 없다. 하지만 동시에, 이 단어는 분명하게 그리고 빈번하게 사용된다. 사람들이 계속해서 이 단어를 쓰고 있다면 분명 어떤 의미가 담겨 있다는 뜻이다. 설령 그 의미가 명확하게 규정되지 않았다 하더라도 말이다.

이 점에서 스페셜티 커피는 수제 맥주와 비슷한 문제를 안고 있다. 예를 들어 어떤 소비자는 수제 맥주가 일반 맥주보다 향미가 강하고 독특한 맥주로서 특이한 포장에 담긴 제품이라고 인식하는 한편, 어떤 소비자는 특정한 가치를 추구하는 기업이 생산한 맥주로 수제 맥주를 정의한다. 즉, 수제 맥주란 단순한 제품이 아니라 특정한 정신, 규모, 정체성을 갖춘 업체가 생산한, 상업적이고 획일화된 맥주 산업에 대한 저항의 결과물이라고 여길 수도 있는 것이다.

대부분의 소비자는 수제 맥주의 향미에 대한 나름의 기대치를 가지고 있다. 마찬가지로, 스페셜티 커피 소비자들 역시 특정한 경험을 기대한다. 예를 들어, 보다 독특한 풍미와 자연스러운 산미를 기대할 수도 있고, 해당 커피가 생산, 유통되는 가치 사슬의 특성을 중요하게 여길 수도 있다.

수제 맥주와 스페셜티 커피 모두, 해당 제품을 만들어내는 비즈니스와 밀접한 연관성을 가진다. 이 제품들이 제공하는 미식적 경험은 소규모의 열정적이고 독립적인 업체와 개인들이 주도하고 있다. 마치 특정한 음악 장르나 패션 트렌드처럼, 이런 비즈니스들은 점차 정체성과 제품 면에서 공통된 흐름을 형성하기 시작한다. 이 과정은 자연스럽게 이루어지며, 무슨 타운홀 미팅처럼 특정한 장소에서 공식적으로 결정되는 것이 아니다. 수제 맥주와 스페셜티 커피의 성장 과정을 살펴보면 이런 현상이 세계 여러 국가에서 서로 다른 단계로 진행되고 있음을 확인할 수 있다.

물론 이런 커피계의 흐름이 특정한 제품 접근 방식, 더 정확히 말하자면, 자신들이 주장하는 향미 프로필이나 창조하고자 하는 경험에 대한 독점적인 권리를 갖는다는 뜻은 아니다. 책의 후반부에서는 커피 산업에서 지식재산권이 제대로 보호되지 않는 문제에 대해 다룰 예정이다.

예를 들어, 대형 양조장이 마음만 먹으면 아주 쉽게 '수제 맥주' 맛이 나는 맥주를 만들 수 있듯, 대규모 커피 로스터리도 나노 로트 단위로 실험적인 가공을 거친 게이샤 품종 커피를 구매하고 로스팅할 수 있다. 이런 방식은 흔히 스페셜티 커피 문화 고유의 것이라 생각하기 쉽지만 대형 커피 업체들도 이런 방식을 활용할 수 있다. 사실 상당량의 스페셜티 커피가 이른바 '스페셜티'의 기준에 들어맞지 않은 대형 커피 기업들에 의해 조달되고 판매된다는 사실에 사람들은 꽤 놀라곤 한다.

그래서 이 책에서는 '부티크 커피'라는 용어를 중심으로 논의를 전개하려고 한다. 지금 현재 스페셜티 커피 문화를 정확하게 묘사하려면 '스페셜티 부티크 시장'이라는 표현이 더 적절할 것이다. 이 용어는 스페셜티 커피 문화에서 강조하는 커피의 특성과 이 시장을 구성하는 비즈니스 유형을 좀 더 정확하게 포괄할 뿐만 아니라, 특히 미디어에서 주도하는 내러티브의 중심이라는 점을 반영한다.

점수와 향미 Scoring and Flavour

스페셜티 커피 문화가 정확히 무엇을 의미하는지에 대한 이야기만으로도 책 한 권을 쓰고도 남을 것이다. 그러나 이 책에서는 스페셜티 커피 문화의 비즈니스 관행과 함께, SCA Specialty Coffee Association 의 평가 기준에서 80점 이상을 받은 커피의 판매에 초점을 맞추려고 한다. SCA 기준 80점 이상을 받은 커피는 '스페셜티'로 분류된다.

커피의 평가에는 필연적으로 주관성이 개입되지만, 이 점수 시스템은 특정 커피의 품질을 이해하기 위한 유용한 도구다. 점수가 높을수록 다른 커피보다 더 높은 평가를 받는 특정한 향미 특성이 강하다.

물론 이 점수 시스템에도 단점이 있다. 예를 들어, 생산자, 품종, 가공 방식이 다른 두 커피가 같은 85점을 받았다 해도 맛이 동일할 수는 없다. 즉, 점수만으로는 커피의 특징을 다 보여주지 못한다. 또한 임의로 설정된 80점이라는 기준은 흔히 '커머셜'이라 불리는 80점 미만의 커피에 대한 인식을 부정적으로 만들어, 커머셜과 스페셜티의 차이가 실제보다 아주 큰 것처럼 느끼게 한다. 사실 79점짜리 커피가 80점짜리 커피에 비해 현저하게 품질이 떨어지는 것은 아니다. 그럼에도 80점을 기준으로 제다이와 시스처럼 선과 악으로 구분하는 듯한 서사가 만들어지기도 한다. 사실 점수는 연속적인 스펙트럼을 이루고 있으며, 커머셜 커피도 주요한 역할을 한다. 이 책에서는 커머셜 커피는 무조건 나쁘다거나 질이 떨어질 것이라고 규정하는 것이 얼마나 미숙하고 부적절한 접근인지 살펴볼 것이다.

평가를 위한 커피는 떼루아나 산지 특성을 강조하기 위해 (충분히 발현이 될 정도까지만) 약배전으로 로스팅한다. 스페셜티 커피는 약배전 스타일을 강조하고 권장하는 경향이 있다. 이런 접근법은 커핑과 점수 평가 기준을 연장한 것으로 볼 수 있다. 그러나 정확히 어느 정도의 약배전이 스페셜티 스타일의 로스팅인지는 명확하지 않다. 이 주제에 대한 논쟁은 끊이지 않는다. 누군가는 로스팅이란 주관적 취향이므로 강배전도 괜찮다고 할 것이다. 나는 절대적으로 업체와 소비자가 결정할 부분이라 본다. 그렇지만 어떤 입장이든 이런 공정이 커피의 가치를 제대로 유지하고 전달할 수 있는지, 그리고 이것이 스페셜티 커피를 이해하는 데 있어 얼마나 중요한 요소인지는 여전히 생각해 볼 문제다.

로스팅은 커피의 음료 프로필에 가장 큰 영향을 미치는 요소 중 하나다. 추출 방식과 물의 과학적 특성 등 나머지 다른 요소들을 제외하면, (농부, 생산자가 아닌) 커피 비즈니스에서 커피의 향미에 가장 큰 영향을 미치는 선택지는 로스팅 프로파일이다.

나는 과거에 커피 한 잔이 어떻게 구성되는지 설명하기 위해 파이차트를 활용한 적이 있다. 이 차트에서 생두의 품질(재배, 수확, 가공)이 절반 이상을 차지했고, 그 다음 큰 부분이 로스팅, 다음은 물이고 마지막이 추출 방법이다. 바리스타들에게는 달갑지 않은 결과였겠지만, 특정 요소의 비중이 상대적으로 작다고 해서 중요성이 낮다는 의미는 아니다.

이 사고실험은 커피의 품질에 영향을 미칠 수 있는 '잠재적 영향력'에 주목한다. 원재료의 한계는 후속 공정으로 완전히 극복할 수 없다. 이는 로스팅에도 동일하게 적용된다. 물이나 추출 방식으로 로스팅의 영향력을 완전히 바꾸는 데는 한계가 있다.

이 논의는 자연스럽게 산지와 추출의 맛 이론 영역으로 확장되었으며, 흥미롭게도 스페셜티 커피 비즈니스와도 밀접하게 연결된다. 특히 스페셜티 커피가 품질과 향미를 핵심 가치로 내세운다는 점을 감안한다면 이 논의는 더욱 흥미로워진다. 스페셜티라는 명칭이 커피의 품질과 추출 과학을 어느 정도 기준으로 삼는지 그리고 브랜딩, 경험, 미적 요소가 얼마나 큰 비중을 차지하는지는 여전히 논쟁의 여지가 있다.

규모 감각 A Sense of Scale

커머셜 커피를 취급하는 대형 업체가 작정하고 스페셜티 등급 커피를 사들인다면, 작은 부티크 업체는 막을 수 없다. 대형 맥주 회사가 마음만 먹으면 홉이 강한 IPA 또는 실험적인 사우어 맥주를 만들 수 있는 것과 마찬가지 이치다.

그림에도, 일반적으로 스페셜티 커피는 여진히 부티크 비즈니스와 밀접하다고 여겨진다. 이는 가격과 공급 가능성, 그리고 무엇보다 품질을 중시하는 경향 때문이라고 할 수 있다. 품질은 흔히 열정 넘치는 소규모 업체가 추구하는 가장 중요한 목표로 인식되기 때문이다.

커피 점수가 높고 희소성이 올라갈수록 가격도 올라간다. 커피 점수는 단순히 '품질'

만 반영하는 것이 아니라, 희소성과도 밀접한 관련이 있으며 시간이 흐르면 기준이 변하기도 한다. 대형 커피 기업들은 일반적으로 일관된 공급과 안정적인 맛을 유지해야 하고, 소비자들이 원하는 가격대를 맞춰야 하기 때문에 개성이 강한 고득점 커피가 오히려 적합하지 않을 수 있다.

고객층이 확장되면 특정한 전문가적 니즈를 충족시키는 것이 아니라, 대중적인 소비자의 요구를 반영해야 한다. 또한 가격을 낮춰야 하고, 소비자들이 원하는 친숙하고 일정한 맛을 제공해야 한다. 고객이 특정 브랜드의 매장을 방문하거나 제품을 구매할 때 이미 기대하는 맛이 있기 때문에 커피 비즈니스 운영 방식도 이에 따라 결정된다. 이런 소비자는 커피가 익숙하고 분명한 맛을 내길 바란다. 이는 새로운 맛과 독특한 풍미를 즐기려는 부티크 커피 소비자의 취향과 반대되는 것이다.

이런 취향을 기준으로 '안정적인 맛을 선호하는 소비자'와 '새로운 맛을 탐험하는 소비자'로 나눌 수 있다. 이는 소비자가 커피 브랜드를 선택하는 중요한 기준이 된다. 때문에 스페셜티 커피는 부티크, 독립 비즈니스와 연관되는 경우가 많다. 현재 실험적인 성격을 띤 고품질 커피와 소량 생산되는 생두에 대한 수요가 꾸준히 있다는 점은 이를 뒷받침한다.

그리고 상대적으로 물량이 많은 80점 초중반대의 스페셜티 커피는 대형 업체에 더 적합할 것이다. 이런 커피는 상대적으로 개별적인 향미가 두드러지지 않기 때문에, 기업들은 '더 좋은' 또는 '더 멋진' 커피라는 컨셉으로 브랜딩 전략을 활용한다. 이런 점을 고려할 때 지금의 80점보다 점수 기준을 좀 더 높여야 한다는 의견도 있다. 그러나 다양한 정체성과 브랜드를 가진 커피 회사들이 점점 더 훌륭한 커피를 선보이고 있기 때문에, 단순히 점수만으로는 이 논쟁을 해결하기 어렵다.

또한, 스페셜티 커피는 추출 방식에 따라 정의되기도 한다. 예를 들어, 품질이 뛰어난 커피라 해도 자동화된 방식으로 추출한다면 스페셜티 커피라고 부를 수 있을까? 반대로 점수가 낮은 커피라도 수작업 방식으로 소량 생산되었다고 하면 스페셜티 커피라고 할 수 있을까? 이런 질문을 통해 스페셜티 커피의 정의를 명확하게 규정하는 것이 왜 어려운지가 점점 분명해진다.

나는 이 책에서 스페셜티 커피가 여러 다양한 비즈니스에서 어떻게 작동하는지를 다룰 것이다. 또한 여러 형태의 비즈니스가 함께 모여 스페셜티 커피 산업을 형성하는 과정을 살펴볼 것이다. 스페셜티 커피를 논의하는 방식은 크게 두 가지로 나눌 수 있다. 첫째는 간단하게, SCA 평가 시스템에서 80점 이상을 받은 커피를 '스페셜티 커피'로 정의하는 것이다. 두 번째는 스페셜티 커피가 고객 경험과 브랜드, 비즈니스 커뮤니티, 문화 전반에 걸쳐 하나의 정체성과 참여 방식으로 자리 잡고 있다는 시각이다. 물론 두 번째 정의는 훨씬 더 모호하다.

이 책 5부 **기억에 남는 브랜드와 센스메이킹**에서 스페셜티 커피가 특정 제품이나 향미 프로필뿐만 아니라, 커피와 상호작용하는 방식에 의해 정의될 수 있는지도 추가적으로 탐구할 것이다.

씨앗에서 한 잔의 커피까지 – 커피 비즈니스 범위
Seed to Cup – The Scope of Businesses Involved in Coffee

커피가 한 잔의 음료로 탄생하기까지의 과정, 이른바 '씨앗에서 컵까지 Seed to Cup'의 여정은 이미 많은 사람들이 알고 있다. 바리스타 대회장에서, 커피 브랜드가 고객에게, 커피 교육자가 기본적인 커피의 여정에 대해 이야기한다.

하지만 이 서사를 단순한 생산 과정이 아니라, 그 이면에 자리한 다양한 비즈니스의 프리즘을 통해서도 볼 수 있다. 다만 커피 산업, 특히 스페셜티 커피 시장은 열정을 가진 사람들로 가득 차 있어서인지 이것이 비즈니스 거래에 속한다는 사실을 잊기 쉬운 것 같다. 물론 예외는 있다. 최종 소비자인 고객, 즉 하루의 어느 특별한 순간 커피 한잔을 즐기는 개인이다.

커피 공급망을 이런 방식으로 살펴보는 이유는 각 단계가 어떻게 운영되는지, 그리고 왜 그렇게 운영되는지를 이해하는 데 도움이 되기 때문이다. 커피의 여정을 따라가는 각 단계마다 비즈니스 거래가 이루어지며, 이 모든 단계는 지속 가능해야 하고, 결국 수익성이 있어야 한다. 물론 수익을 내지 못하는 프로젝트도 간혹 있지만, 일반적으로 이윤이 나지 않으면 그 비즈니스는 지속되지 못한다. 물론 예외는 있다. 책의 뒷부분에서 더 다룰 예정이다.

처음 커피 산업에 발을 들였을 때, 나는 커피 공급망이란 게 여러 비즈니스들이 줄지어 연결된 구조라고 생각했다. 하지만 시간이 지나면서, 이 비즈니스들이 생각보다 더 비슷한 원리로 운영된다는 사실을 깨달았다. 모든 비즈니스는 기본적으로 같은 핵심 요소들로 구성되어 있으며, 단지 어떤 요소가 더 중요한가에 따라 초점이 달라질 뿐이다.

나는 이를 '볼륨 다이얼'로 비유하곤 한다. 각 비즈니스는 동일한 핵심 원칙을 공유하지만, 어떤 요소를 더 우선순위에 놓느냐에 따라 다르게 운영된다. 예를 들어, 어떤 비즈니스는 '현금 흐름'을 가장 중요하게 고려해야 할 수도 있고 다른 비즈니스는 '변동 운영 비용'을 최우선으로 관리해야 할 수도 있다.

이런 이유로, 이 책의 구성은 커피 산업 전반에 걸쳐 공통적으로 적용되는 핵심 비즈니스 원칙을 중심으로 이루어졌다. 예를 들어 '생산 비용'이라는 개념을 살필 때, 이 개념이 커피 농장부터 로스터리, 온라인 구독 서비스 같은 다양한 비즈니스에서 얼마나 필수적인 요소로 작용하는지 살펴볼 것이다.

또한 커피 산업에는 직접적으로 커피를 다루지는 않지만 중요한 역할을 하는 기업들도 존재한다. 예를 들어, 커피 머신 제조업체, 로스터기 제조업체, 커피 관련 소프트웨어 개발 업체 등이다. 이들은 커피 산업의 일부지만, 엄밀히 말하면 커피 자체가 아니라 커피를 위한 제품과 서비스를 다룬다. 또 다른 예로, 정수기 업체나 포장재 제조업체처럼 스스로 커피 회사라고 여기지는 않겠지만, 커피 산업의 중요한 공급망을 담당하는 기업들도 있다. 이 책에서는 이런 기업에 대해서도 부분적으로 언급하겠지만, 주된 초점은 커피콩의 여정에 맞출 것이다.

이 여정은 크게 네 가지 산업 분야에 걸쳐 이루어진다. 바로 농업, 금융과 물류, 식품 제조, 그리고 접객업Hospitality이다. 이 네 가지 산업이 결합하여 우리가 매일 마시는 커피 한 잔을 만들어낸다.

품질 개념 The Concept of Quality

합의와 커뮤니티 Consensus and Community

> 품질: 비슷한 종류 내 다른 것과 비교해 측정된 수준. 어떤 것의 우수한 정도
> — 옥스포드 영어 사전

스페셜티 커피가 정확히 무엇을 의미하는지에 대한 논쟁은 끝이 없을지 모르지만, 그것이 커피 품질을 추구하고, 탐구하며, 보상하는 것을 기반으로 한다는 점만큼은 분명하다. 다만 품질이라는 개념에 맥락을 포함하면 이 정의가 약간 복잡해진다는 점은 인정해야 한다.

품질은 모두에게 익숙한 개념이고 일상 대화에서도 자주 등장하는 주제지만 그렇다고 해서 품질이 단순한 개념은 아니다. 오히려 철학적이고 도전적인 주제이며, 논의할 가치가 충분하다.

이 책에서는 품질을 어떻게 정의할 것인지에 대한 철학적 논쟁에 집중하지 않는다. 예를 들어, 로버트 피어시그Robert M. Pirsig의 《선과 모터사이클 관리술Zen and the Art of Motorcycle Maintenance》에는 품질의 실체적 의미에 대해 고민하는 주인공이 등장한다.

대부분의 경우, 품질은 철저히 맥락적이다. 이 챕터의 도입부에서 제시한 정의에서도 알 수 있듯 품질이란 다른 것들과 비교해 측정한 개념이다. 어떤 것이 '훌륭하다'고 말하기란 쉽다. 그러나 그 훌륭함이 기대치를 넘어서는 정의라면, 결국 기대치 자체가 품질을 결정하는 요소가 된다.

다시 말해, 품질이란 주관적인 평가다. 커피 품질 역시 절대적인 기준이란 존재하지 않는다. 그러나 특정 주제에 대해 명확하게 정의하고 합의한 기준을 공유하는 개인 또는 커뮤니티에서는 그것이 마치 객관적인 것처럼 느껴지기도 한다. 결국 품질의 정의는 합의에서 비롯된다.

그리고 합의는 그 합의를 형성한 집단에 따라 상대적이다. 이를 커피에 적용하면, 모든 것이 개인 취향의 문제일 뿐이고, 품질의 객관적 기준이란 없다는 결론에 이를 수 있다. 그러나 사실 커피 산업에서는 예상보다 훨씬 더 강력한 합의가 존재하며, 이는 커피 점수 시스템을 통해 확인할 수 있다. 개인의 감각적 경험이 모이면 일정한 객관적 기준을 만들어낼 수 있다는 점에서, 커피 점수 시스템은 이론적으로 매우 흥미로운 개념이다.

예를 들어, 대부분의 사람들이 싫어하는 향미가 있다. 페놀Phenol, 감자 결점Potato Defect, 곰팡이Mouldy Taste 등의 결점은 거의 모든 사람들이 부정적으로 평가한다. 인간은 생물학적으로 생존과 자기 보호를 위해 특정한 향미에 거부감을 느끼도록 설계된 듯하다. 그렇지만 한편으로는 매우 다양한 음식과 문화를 통해 각기 다른 맛을 선호하기도 한다.

특히 발효된 커피의 향미에 대한 논쟁은 여전히 진행 중이다. 이 향미는 산지의 가공 방법에 의해 만들어진다. 그렇다면 어느 정도 발효하는 것이 과잉 발효일까? 이 문제와 관련해 커피의 결점 여부를 판단하는 몇 가지 기준이 있긴 하지만, 여전히 명확한 합의가 이루어지지 않았다. 최근에는 박테리아와 효모를 사용한 고도로 제어된 발효 공정을 통해 만들어진 매우 독특한 향미 프로필이 등장하고 있다. 이런 커피는 단순히 개인들의 기호를 뛰어넘어 커피 점수 체계의 경계까지 확장하고 있다.

이런 커피들은 흥미로운 특징을 가지고 있다. 로스팅이나 물, 추출의 영향을 비교적 덜 받고 고유한 향미를 그대로 유지한다. 이 정도면 분명 가치가 있다. 하지만 이런 강렬한 개성은 시간이 지나면서 소비자에게 피로감을 줄 수도 있다. 어떤 테이스터들은 이런 독특한 향미에 비교적 금방 질려 버린다고 말하기도 했다.

최근 COE$^{Cup\ of\ Excellence}$ 심사위원 중 한 명과 대화를 나눴는데, 그의 말에 따르면 최근에는 복합성보다는 강렬함이 더 높은 점수를 받는 경향이 있다고 한다. 이 주제는 커피 전문가들 사이에서 상당히 뜨거운 논쟁을 불러일으키고 있다. 이는 아무리 공통된 목표를 가진 커뮤니티라 하더라도, 항상 합의가 쉽게 이뤄지는 것은 아니라는 점을 보여준다.

맥락 속에서 커피 점수 평가하기 Scoring in Context

커피 산업에서는 100점 만점의 점수 체계를 사용하지만, 실제로 100점을 받는 커피는 없다. 앞서 말했듯 스페셜티 또는 부티크 커피에는 80점이라는 기준선이 설정되어 있으며 '스페셜티' 커피와 '커머셜' 커피를 구분하는 임의의 경계선 역할을 한다.

80점 미만 커피는 일반적으로 커머셜/커머디티$^{Commercial/Commodity}$ 커피로, 80점 이상 커피는 스페셜티 커피로 분류한다. 그러나 이 기준선은 점진적으로 이어지는 연속적인 스펙트럼을 따른다. 90점 넘는 커피는 매우 드물며, 획기적인 품질의 커피로 여겨진다.

커피의 점수는 커피의 시장 가치와 밀접하게 직결되어 있으며, 이 점수는 커피를 다루는 각 비즈니스 모델과 목표에 따라 중요한 역할을 한다. 커피는 물리적 속성(스크린 사이즈, 물리적 결점두 유무 등)과 감각적 기준(맛과 향미)을 바탕으로 거래된다. 이때 관능 평가는 커핑 과정에서 이루어진다. 따라서 커피 공급망에서 그 커피의 가치는 궁극적으로 사람의 혀와 코, 그리고 감각적 경험에 따라 좌우된다는 점이 흥미롭다.

물론 커피의 음료 프로필과 물리적 속성 간에는 일정한 상관관계가 존재한다. 이는 커피가 드라이 밀링^{Dry Milling} 같은 가공 과정을 거치고, 씨앗에서 음료가 되기까지의 여정에서 다양한 방식으로 선별되기 때문이다. 하지만 커피의 향미와 점수는 여전히 품종, 가공, 떼루아에 따라 상당한 차이가 있다.

일단 평가 시스템이 정착되면 커피 공급망 내 여러 이해관계자들이 효과적으로 활용할 수 있다. 이때 중요한 것은 테이스터들의 기준을 어떻게 보정할 것인가, 커피 블라인드 테이스팅을 어떻게 진행할 것인가이다.

그러나 커피 테이스팅에는 본질적으로 개인적 편향이 개입될 수밖에 없다. 인간에 의해 수행되는 감각적 평가에서는 불가피한 현상이다. 인간의 감각은 매우 주관적이며, 외부 환경이나 개인의 심리적, 생리적 요인에 쉽게 영향을 받는다.

또한 커피 점수는 앞서 언급했듯이 커피의 상업적 가치와 직접적으로 연결된다. 따라서 평가 과정에서 편향이 개입되지 않도록 블라인드 테이스팅으로 진행되는 경우가 많다. 실제로 커피의 점수를 공식적으로 활용해야 하는 모든 상황에서 블라인드 테이스팅을 진행하는 것이 바람직하다. 하지만 커피의 품질 평가 기준은 시간이 지나면서 변할 수도 있다는 점도 고려해야 한다.

감각적 평가는 특정 시점에 개인이나 집단이 한 자리에 모여 이루어진다. 커피는 원재료라는 특성상 시간이 지나면 변질되거나 상할 수 있다. 생산지에서 선적 전에 평가한 점수와 선적 뒤에 소비 국가에서 평가한 점수는 항상 어느 정도 차이가 있다. 수확 후 시간이 지나면, 창고나 로스터의 선반에 보관 중인 커피는 점점 품질이 떨어지고 그 결과 가치도 낮아진다.

또한 커피의 생산과정과 관련된 여러 가지 고려사항들이 있다. 로스팅 스타일 역시 커피의 음료 점수에 영향을 미치고, 추출 방식이나 사용한 물의 특성 등도 점수에 영향을 줄 수 있다. 이러한 다양한 변수들이 품질 평가에 영향을 미치면서 흥미와 짜증, 기대와 실망을 불러일으키기도 한다.

실무적으로 점수를 자주 이용하다 보면, 점수 시스템이 매우 신뢰힐 민힌 절대적 지표처럼 느껴지기 쉽다. 하지만 실무 관계자들 사이에는 항상 편차가 존재한다. 누구는 더 후하게 점수를 주는 반면, 누군가는 더 엄격하다. 또한 평가가 이루어지는 환경과 맥락에 따라 차이가 날 수 있고 산지와 가공 방식에 따라서 점수를 어느 정도 '조정'해야 하는지에 대한 논쟁은 지금도 계속되고 있다.

아마도 더 큰 문제는 현재의 평가 체계에서 벗어나는 커피들일 것이다. 최근 유게니오이데스eugenioides 품종의 성공 사례는 매우 흥미롭다. 이 종은 기존의 스페셜티 커피 산업의 기반인 아라비카와는 완전히 다른 종이고, 맛도 아라비카 커피와 매우 다르다. 현재까지는 이 품종을 기존의 아라비카 평가 체계를 사용해 점수를 매기지만, 쉽지 않은 작업이다. 이 커피를 맛보면서 혼란스러워하는 사람들이 많다. 심지어 경험이 풍부한 전문 커퍼들조차 "이 커피에 어떻게 점수를 매겨야 할지 모르겠다."고 말하는 경우가 꽤 있다.

스페셜티 커피 업계에서는 단순히 품질을 높이는 것뿐만 아니라 특별한 경험을 추구하는 것이 중요한 목표다. 따라서 새로운 향미 트렌드는 계속 등장할 것이고 스페셜티 커피의 기준 또한 변화할 것이다. 기존의 향미 프로필은 시간이 지나면서 인기가 떨어질 수 있고, 새로운 향미가 인기를 끌면서 시장의 판도를 바꾸는 경우도 발생할 것이다.

소비자를 위한 품질 Quality for the Consumer

이번 장에서는 커피의 품질은 본질적으로 가치와 연결되어 있지만, 이를 평가하는 것은 단순하거나 명확하지 않다는 점을 설명하고자 한다. 공급망의 어느 단계에서든 프로페셔널 테이스터의 목표는 커피 관능 평가 능력을 키우고, 계속해서 진화하는 품질의 기준과 평가 체계를 이해하는 것이다.

대형 커피 기업들은 소비자의 기대와 취향에 맞춰 상업적 관점에서 음료 프로필에 접근하는 경우가 많다. 반면 부티크 커피 업체들은 자신이 특별하다고 여기는 것을 고객에게 제공하는 경향이 있다.

품질은 단순한 개념이 아니다. 가장 높은 점수를 받은 커피, 예를 들어 꽃 향과 깔끔한 맛의 아주 우수한 커피가 모든 (심지어는 많은) 소비자에게 공감을 받는 것은 아니다. 스페셜티 커피, 특히 부티크 시장의 고객은 별개의 그룹으로 존재한다.

나는 옥션에서 거래되는 고유하고 독특한 향미 프로필을 가진 고급 커피가 한정된 시장을 형성하는 이유가, 이런 커피가 희귀하고 비싸기 때문만은 아니라고 본다. 그보다는 그 시장에 접근하는 것 자체가 쉽지 않고 커피에 대한 탐구정신과 열정이 필요하기 때문이다. 좀 더 넓은 상업적 관점에서 보면, 이는 고품질 스페셜티 커피의 한계와 실질적인 확장 가능성을 보여준다.

소비자 연구를 수행할 때, 커피 선호도를 제대로 이해하려면 고려해야 할 변수가 많다. 심지어 단 한 가지 유형의 커피라 해도 커피 음료의 농도만으로도 선호도는 크게 달라질 수 있다. 누군가는 강렬한 에스프레소를 좋아할 것이고, 누군가는 가벼운 느낌의 필터 커피를 선호할 것이며, 그 두 유형 사이에는 무수한 가능성이 존재한다. 우유를 첨가하는 것도 커피 소비자의 취향과 만족도를 결정하는 중요한 변수다. 그러나 현재의 커피 평가 방식은 이런 요소를 반영하지 않는다. 그렇다면 그 점수가 모든 상황에서 얼마나 유효한가에 대한 의문이 들 수밖에 없다.

품질의 미래 The Future of Quality

나는 앞서 커머셜 커피와 고품질 스페셜티 커피 사이에 큰 차이가 있기 때문에, 일반적인 소비자들이 다소 접근하기 어려울 수 있다고 언급했다. 그런데 코코아 러너스Cocoa Runners의 창업자 스펜서 하이먼Spencer Hyman은 다른 관점을 제시했다. 그의 말에 따르면 고품질 커피로 '업그레이드'하는 과정이 반드시 어려운 일은 아니다. 그의 제품을 예로 들면, 소비자 선호도를 커머셜 초콜릿 제품에서 빈투바bean-to-bar 초콜릿 제품으로 바꾸려면 초콜릿을 대하는 방식 자체를 완전히 바꿔야 한다고 설명한다. 수제 초콜릿은 일반적인 초콜릿과는 소비되는 시간, 방식, 그리고 이유가 전혀 다르다.

그에 비해 커피는 이런 '전환'이 그 정도로 극적이지는 않다. 커피의 소비 방식이 상대적으로 일관되기 때문이다. 플랫화이트 같은 음료를 보면 확실히 그렇다. 이 음료는 커머셜 커피와 스페셜티 커피를 가리지 않고 거의 동일한 형태로 제공된다. 그에 비해 섬세한 향미에 차처럼 부드러운 질감을 가진 스페셜티 필터 커피의 경우에는 이야기가 좀 다르다. 그렇긴 해도 대부분의 스페셜티 커피 사업체가 판매하는 커피는 대부분 80점대 초중반의 점수를 받은 커피이며, 이런 커피들은 커머셜 커피와 추출 방식에서 극단적으로 차이가 나지 않는다.

로스팅 컨설턴트 폴 아르네피Paul Arnehpy는 국제무역센터International Trade Centre에서 펴낸 《커피 가이드The Coffee Guide》 4판 작업에 참여한 글로벌 팀의 일원인데, 그와 이 주제에 대한 이야기를 나눈 적이 있다. 그는 "스페셜티 커피를 80~85점으로 정의하는 것이 타당한가?"라는 의문을 제기했다. 또한 스페셜티 커피 협회의 최고 비즈니스 책임자 스티븐 모리세이Stephen Morrissey와도 이야기를 나눴다. 그는 협회가 현재 커피 점수 체계를 전면적으로 재검토하고 있다고 말했다. 최근 협회가 새롭게 발표한 점수 체계는 커피의 특성과 맥락을 우선적으로 고려하며, 기존 평가 시스템의 여러 문제점을 보완하는 방향으로 설계되었다. 이 새로운 평가 방식이 기존의 오래된 시스템을 대체할 수 있을지 지켜볼 일이다.

커피 산업에서 품질이라는 개념은 본질적으로 커피 비즈니스의 핵심 요소로 자리 잡고 있다. 이 책에서도 살펴보겠지만 품질은 커피 공급망 내 모든 사업체들이 상업적 의사결정을 내릴 때 가장 중요한 부분이다. 품질을 완벽히 정의하는 것은 어렵다 하더라도 품질은 언제나 커피의 가치와 직접적으로 연결된다.

이것은 비즈니스인가? Is it a Business?

> 비즈니스: 상품이나 서비스를 사고팔거나 공급하는 행위
> — 옥스포드 사전

이 정의에 따르면, 거래 기반의 모든 활동은 비즈니스다. 그러나 진정한 비즈니스가 무엇인지에 대한 의문이 종종 제기된다. 때로는 수사적 표현으로, 또는 의도를 가진 질문으로 던져지기도 한다. 이 말의 이면에는 '진정한' 비즈니스란 수익성이 있고 지속 가능하며 일정한 실체를 가진 것이라는 암묵적 전제가 깔려 있다.

이 책의 제목은 스페셜티 커피 업계의 사람들에게 이런 반응을 불러일으키기 위해 의도적으로 지은 것이다. 왜냐하면 스페셜티 커피를 비즈니스로 바라보는 것 자체가 다소 낯선 접근 방식일 수 있기 때문이다. 이는 스페셜티 커피 비즈니스를 시작하는 사람들의 출신 배경, 동기와도 연결된다. 호기심과 품질, 투명성 같은 가치를 중요하게 여기는 이 공간에서 오직 상업적 이익만을 추구하는 접근 방식은 그 기대치를 충족시키지 못한다.

사실 고품질 커피를 중심으로 형성된 스페셜티 커피 문화 자체가 기존의 상업적 커피 산업에 반대되는 정체성으로 자신을 정의하는 경향이 있다. 스페셜티 커피 업계에서 사업을 시작하는 사람들은 대개 커피에 대한 열정을 바탕으로 이 길을 선택한다. 심지어 다른 직업이나 직장을 그만두고 창업을 하기도 한다. 즉, 많은 독립 커피 기업가들의 비즈니스

목표는 가능한 한 많은 수익을 내는 것이 아니라, 일과 삶의 균형을 맞추고 자신만의 커피 비전을 실현하는 것이다.

이런 관점으로 비즈니스에 접근한다면, 비즈니스의 성공을 평가하는 단 하나의 기준이란 존재할 수 없다. 비즈니스는 연속적인 스펙트럼에 있는 개념이다. '취미 비즈니스 hobby businesses'라고 불리는 사례도 있다. 이런 비즈니스는 창업자로서 자신의 비즈니스가 삶에서 어떤 의미를 지니는지, 어떤 영향을 주는지 그 한계를 명확히 알고 시작하는 경우가 많고, 실제로 효과적으로 작동하기도 한다.

반면 명확한 비전 없이 시작하는 비즈니스도 많다. 이는 자연스러운 일이며 비난해서는 안 된다고 생각한다. 모든 새로운 비즈니스는 배우는 과정이기 때문이다. 그러나 어느 지점에 도달하면 창업자는 결국 비즈니스를 비즈니스로서 고민할 수밖에 없는 순간을 맞이하게 된다.

스페셜티 커피 업계에서는 비즈니스 운영과 열정을 추구하는 것 사이에 갈등이 발생할 수 있다. 많은 '열정 비즈니스 passion business'의 초기, 그리고 그 후로도 오랫동안 창업자는 아주 적은 돈만 벌면서 시간과 열정을 쏟아부어야 할 것이다. 나도 이런 경험을 했다. 초기에는 새로운 경험 자체가 보람 있고 재미있게 느껴지지만, 몇 년이 지나면 수익은 거의 내지 못하는 사업을 지속할 열정이 사라지거나, 최소한 희미해질 것이다.

이 시점에서 사업가는 선택해야 한다. 지금의 비즈니스에서 몇 가지 변화를 주고 자신의 삶에서 지속 가능한 형태로 정리하거나, 아예 사업을 포기하거나, 또는 이제까지의 열정 비즈니스를 넘어 보다 수익성 있고 체계적인 비즈니스 형태를 만들기 위해 노력할 수도 있다.

스페셜티 커피 업계에는 이 모든 스펙트럼에 걸쳐 다양한 형태의 비즈니스가 존재한다. 시장을 분석할 때 이런 다양성을 고려하는 것이 중요하다. 어떤 비즈니스가 누군가의 열정의 대상이라면 그 사람은 수익이 적어도 만족할 것이다. 사람마다 '충분하다'고 느끼는 기준은 다르다. 그렇지만 사업가가 자신의 비즈니스를 충분히 사랑한다면 손실을 보더라도 행복한 마음으로 비즈니스를 운영할 것이다.

나는 이런 '취미 비즈니스' 모델이 주로 로스팅과 카페 운영에서 가장 많이 나타난다고 생각하지만, 이 개념 자체는 공급망 전체에 적용될 수 있다. 예를 들어 어떤 농가들은 주된 생계 수단이 아닌 부업으로 커피를 재배하기도 한다. 물론 이런 경향이 와인 산업만큼 흔한 것은 아니지만 취미나 열정 비즈니스로 운영하는 커피 농장도 존재한다. 반면 내가 아는 한, 생두 수출이나 무역업체 또는 수입업체 중에는 이런 형태의 비즈니스를 거의 찾아볼 수 없다. 아무래도 이 분야는 금융 접근성에서 진입 장벽이 높기 때문에 상업적 수익성이 보장되지 않으면 운영이 어렵다. 다만 이 역시 불가능하지는 않다.

커피 업계를 탐험하는 여정에서는 '비즈니스'라는 단어 뒤에 도사리고 있는 여러 의미에 대해 유념할 필요가 있다. 이 책 뒷부분에서는 손실을 감수하면서도 공격적으로 자금을 조달하는 모델을 살펴볼 것이다. 이 케이스는 단순한 열정 프로젝트와는 근본적으로 다르다. 그러나 두 비즈니스 모델 모두 동일한 시장에서 동일한 소비자를 대상으로 영업을 할 수도 있다. 이런 맥락을 이해하면 성공적인 케이스를 벤치마킹할 때의 기준을 세우는 데 도움이 될 것이다. 또한 여러 비즈니스 모델들이 시장에서 서로 어떻게 상호작용을 하는지 이해하는 것은 전체 커피 시장을 분석할 때도 중요한 부분이다.

책 마지막에서는 비즈니스의 근본적인 구조를 탄탄하게 만드는 것이야말로, 열정 주도형 비즈니스를 장기적으로 발전시키기 위한 필수 요소라는 점을 살펴볼 것이다. 즉, 비즈니스와 열정은 상호 배타적일 필요가 없다.

비즈니스의 기본 원리 The Business Fundamentals

비즈니스는 워낙 방대한 주제라 나무만 보고 숲은 못 보기 쉽다. 커피 업계의 다양한 비즈니스 모델을 폭넓게 살펴보면 공급망과 시장이 재무적인 측면에서 어떻게 구성되는지 파악하는 데 도움이 될 수 있다.

이 장의 목표는 보다 기본적인 질문, "로스터리의 순수익 목표는 어느 정도인가? 커피 생산자, 트레이더, 커피숍의 수익은 어느 정도가 적당한가? 각 비즈니스 모델의 일반적인 총 수익은 어느 정도이며 운영비는 어디에 집중되는가?"에 답하는 것이다. 결국 이 모든 질문은 커피 공급망의 기본적인 경제 구조를 이해하는 것과 직결된다.

하지만 이런 데이터는 일반적으로 쉽게 공개되지 않는다. 커피 비즈니스에 종사하는 기업과 개인들은 늘 스스로를 포지셔닝하고 타인에게 자신이 어떻게 보일지 신경을 쓴다. 이들은 늘 자신과 자기 사업체에 대한 긍정적인 이미지를 보여주기 위해 애쓴다. 냉소적으로 들리겠지만 사실이다. 실제 수치를 생략하는 방식을 쓰기도 하며, 아무튼 공개되는 이미지는 현실보다 긍정적인 경우가 많다.

그렇다고 이것이 기만적이라는 뜻은 아니다. 어디까지나 신뢰를 쌓고 비즈니스가 지향하는 방향을 보여주려는 전략적인 입장이다. 공개된 순수익은 평균 수익이 아니라 목표치 또는 반짝 실적이 좋았던 달의 자료일 수 있다. 공개된 판매 물량은 유독 바빴던 주간의 데이터일 수 있다. 이런 식으로 이해하면 된다.

물론 그 반대일 수도 있다. 일부러 낮은 수치를 공개하기도 한다. 특히 이런 현상은 스페셜티 커피처럼 비영리적인 가치를 강조하는 부티크 비즈니스에서 발생할 가능성이 높다. 이들 업계에서는 이윤을 추구하는 것이 다소 불편한 주제가 되기도 한다.

스페셜티 부티크 커피 회사는 마치 자선단체처럼 운영되어야 한다거나 최소한 상업적 야망에 무관심해야 한다는 인식이 있다. 이는 커피의 품질이 곧 기업의 정체성을 형성하는 업계 특성 때문이기도 하지만, 비즈니스의 규모와 성공이 커피의 본질적 가치와 상반될 수도 있다는 불신이 존재하기 때문이다.

이런 오해 때문에 다음과 같은 의혹이 자연스레 나올 수 있다. 만약 어떤 커피 비즈니스가 높은 수익성을 보인다면, 분명 높은 총이익과 낮은 비용 구조를 가지고 있을 것이다. 그런데 만약 이 비즈니스가 소비자에게 높은 가격을 받는 게 아니라면 그 원재료의 품질이 과연 좋을 수 있을까? 그리고 그들의 공급망은 얼마나 공정할까?

이런 역학 관계는 비즈니스 세계의 다른 분야에서는 다르게 작용한다. 나의 고객 중 하나는 자신의 비즈니스에 커피 프로그램을 도입하고자 했다. 그 고객의 매장별 커피 소비량은 적었고, 커피 준비에 투자하는 시간을 줄이고 싶어 했다. 그래서 우리는 다양한 '빈 투 컵Bean to Cup' 머신 제조업체와 공급업체들을 방문했다. 그 회사들의 프레젠테이션에는 '건강한 수익 구조'가 포함되어 있었다. 이는 고객에게 자신들이 약속을 이행할 능력이 있음을 보여주기 위한 것이다. 이런 기업들은 자신들의 수익성이 안정적이라는 점을 강조함으로써 비즈니스 파트너에게 신뢰를 주고자 한다. 즉, 회사가 파산해서 극단적인 공급 문제를 일으킬 가능성이 적다는 점을 어필하는 것이다.

하지만 부티크 업계에서는 이런 모습이 일반적이지 않다. 그 근거는 커피에 '공정한 가격'을 지불해야 한다는 스페셜티 커피 업계의 논의에서 시작된 것이 아닐까 싶다. 만약 한 업체가 지나치게 높은 수익을 올리고 있는 것으로 보인다면, 공정하고 평등하게 부를 분배하지 않았다는 인식을 초래할 수 있다.

이런 사고방식은 나름 합리적이다. 하지만 커피 산업의 상업적 메커니즘을 탐구하면서 깨달은 점은, 실제로 공급망의 어떤 지점에서도 누군가 과도하게 이윤을 독식하는 경우는 드물다는 사실이다. 커피 시장은 전체적으로 위험도에 비해 수익은 낮은 편이며, 대부분의 이윤은 높은 마진이 아니라 판매량을 통해 창출된다. 그러므로 부티크, 스페셜티 커피 업계에서는 지나치게 수익성이 높다는 우려를 가질 필요가 없다. 왜냐하면 주목받을 만큼 수익이 높은 경우가 거의 없기 때문이다.

커피 산업을 뒷받침하는 비즈니스 메커니즘은 매우 고전적이고, 농업, 금융, 물류, 식품 제조, 접객업으로 이루어져 있다. 이 중에는 커피를 직접 다루지 않는 비즈니스도 많은데, 이들을 참조하면 해당 산업의 일반적인 수익성을 파악할 수 있다. 이런 업계의 수익성 목표치는 일반적으로 세전 순이익 기준 한 자릿수 중반에서 10점대 중반 퍼센트 사이라는 것을 알 수 있다.

이 책을 쓰는 현재, 글로벌 인플레이션으로 인해 대부분의 기업들은 향후 몇 년간 수익성이 감소할 것으로 예측하고 있으며, 이에 순이익 목표치를 재조정하는 중이다. 경쟁이 치열한 시장에서는 비용이 올라가면 수익성보다 시장 점유율을 유지하는 것을 우선시한다. 즉, 기업들은 이윤 보호보다 고객 유지를 우선하며, 이에 따라 일정 기간 동안 낮은 수익성을 감수하는 것이다. 만약 비용이 계속 오르면 궁극적으로 가격 인상은 불가피할 것이다.

마지막으로 커피 공급망의 각 비즈니스 모델을 구성하는 기본적인 경제 구조를 살펴보면서 각 비즈니스의 역할과 모습에 관해 간략히 분석해 보고자 한다. 각 예시 모델은 현실적이지만 야심 찬 목표를 잡고 있다. 하지만 목표치를 달성하지 못하는 기업들이 많으므로 실제 산업 평균은 이보다 낮을 것이다. 따라서 아래 수치들은 해당 산업에서 '우수한' 결과로 간주할 수 있다.

이 수치는 까라벨라Caravela 백서《라틴 아메리카 생산 비용에 관한 연구A Study on Costs of Production in Latin America》 및 '부자 농부, 가난한 농부Rich Farmer, Poor farmer' 기사를 활용했다. 헥타르당 30포대 기반이다.

스페셜티 커피 재배

(열매/열매와 웻 밀링) 농장 기준 3헥타르 라틴 아메리카 농장 모델

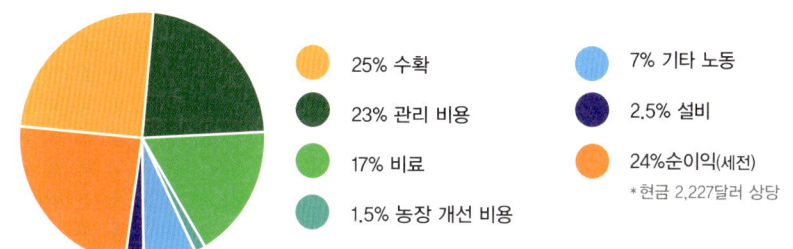

- 25% 수확
- 23% 관리 비용
- 17% 비료
- 1.5% 농장 개선 비용
- 7% 기타 노동
- 2.5% 설비
- 24% 순이익(세전)
  * 현금 2,227달러 상당

중간 규모 스페셜티 커피 생산자

(복수 농장, 드라이 밀링, 수출 포함) FOB

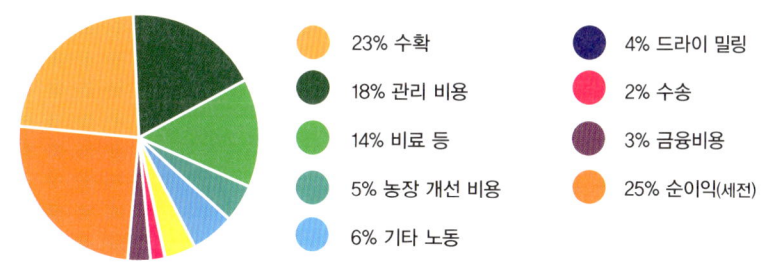

- 23% 수확
- 18% 관리 비용
- 14% 비료 등
- 5% 농장 개선 비용
- 6% 기타 노동
- 4% 드라이 밀링
- 2% 수송
- 3% 금융비용
- 25% 순이익(세전)

스페셜티 생두 수입업체

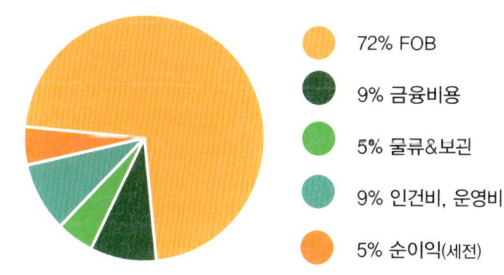

- 72% FOB
- 9% 금융비용
- 5% 물류&보관
- 9% 인건비, 운영비
- 5% 순이익(세전)

스페셜티 커피 로스터리

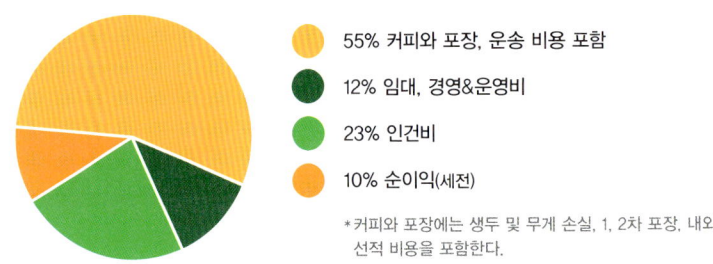

- 55% 커피와 포장, 운송 비용 포함
- 12% 임대, 경영&운영비
- 23% 인건비
- 10% 순이익(세전)

*커피와 포장에는 생두 및 무게 손실, 1, 2차 포장, 내외 선적 비용을 포함한다.

스페셜티 커피숍

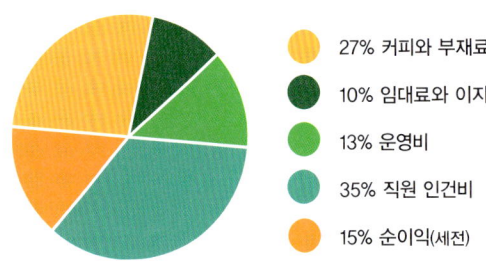

- 27% 커피와 부재료
- 10% 임대료와 이자
- 13% 운영비
- 35% 직원 인건비
- 15% 순이익(세전)

이 자료엔 맥락적으로 매우 중요한 전제가 따른다. 이 수치들은 이론적으로는 가능하지만 현실적인 수준에서는 분명 소규모 비즈니스 모델에서 볼 수 있는 야심 찬 목표치다. 일반적으로 소규모 기업은 고용인 규모 50인 이하, 중간 규모 기업은 250인 이하로 정의한다.

각 사례마다, 여러 수단을 성공적으로 활용하여 이런 수익 모델을 뛰어넘는 브랜드와 가치 제안을 창출한 기업들이 존재한다. 예를 들면 규모와 품질 최적화를 달성하고 강력한 수요를 갖춘 브랜드를 구축하며, 시장 접근성과 저비용 대출을 확보한 농장이나 임대료가 낮고 판매량이 높은 테이크아웃 중심의 작은 카페가 그 예시가 될 수 있다.

반대로 예시에서 제시된 수익성을 절대 달성하지 못하는 기업들도 많다. 이들 중에는 지속적인 어려움을 겪다가 결국 폐업하는 경우도 있다. 다만 운영 비용은 평균적인 수치이며 개별 비즈니스의 특성에 따라 상당한 차이가 있다는 점을 염두에 두기 바란다.

이런 수치를 볼 때 기억해야 할 중요한 개념은 순이익 비율의 가치는 반드시 운영 규모, 매출과 함께 고려해야 한다는 점이다. 소규모 커피 농장의 사례에서 순이익 비율을 24%로 설정한 데에는 이유가 있다. 이 수치가 높아 보일 수 있지만, 전체 매출 규모가 너무 작으면 현금 수익은 크지 않다는 점을 설명하기 위함이다. 즉, 24%의 순이익률이 있다 해도, 1헥타르 규모의 농장을 운영하기에 충분하지 않을 수 있다.

어떤 산업에서든 공급망의 상류^{upstream}로 갈수록 제품 단위당 실현할 수 있는 가치는 줄어든다. 즉, 같은 비율의 수익을 기록하더라도 공급망의 상류에서는 실질적인 현금 가치가 낮아지고, 하류^{downstream}에서는 상대적으로 더 높은 가치를 실현할 수 있다. 예를 들어, 생두 수입업자의 경우, 생두의 원가에 따라 가격이 크게 달라지지만 킬로그램당 보관과 물류 비용 단가는 일정하다.

또 한 가지 유념해야 할 내용은 이런 수치는 몇 년간 거래의 평균값이라는 사실이다. 특히 커피 농장의 수익 변동이 가장 극단적인데, 시장 가격과 기후 변화의 영향을 크게 받기 때문이다.

시장 규모 The Size of the Market

이 책을 쓰는 시점에서, 스타티스타^{Statista}의 추정에 따르면 2023~2028년 사이 전 세계 커피 시장은 연 4.61% 성장할 것으로 예상된다. 같은 기간 동안 스페셜티 커피 시장은 연평균 11.3% 비율로 성장할 것이라는 예측(Businesswire)도 있다. 참고로 9% 정도의 성장률은 매우 긍정적으로 평가된다.

공급 관점에서 시장이 어떻게 세분화되는지를 정확히 파악하기란 어려운 일이지만 일반적으로 스페셜티 커피는 현재 공급량의 약 10%를 차지하는 것으로 알려져 있다. 스페셜티 커피 공급망 전반에서, 거래량에 비해 창출되는 금전적 가치는 더 높다. 2022년 전 세계 커피 시장의 규모는 원화 185조 3,365억 원으로 추산되며(Expert Market Research) 같은 시기, 스페셜티 커피 시장은 76조 4,360억(Credence Research) 원으로 평가되었다.

스페셜티 커피 시장의 가치는 해당 시장을 구성하는 기업들을 어떻게 분류하는지에 따라 크게 달라질 수 있다. 특히 특정 기업이 전적으로 스페셜티 등급의 생두만 사용하느냐 여부에 따라 평가 방식이 달라질 수 있다. 그러나 이런 데이터는 전반적으로 커피가 가치 중심 제품으로 성장하고 있으며 스페셜티 커피가 그 시장의 핵심 부분이라는 서사를 뒷받침한다.

스페셜티 커피 시장은 2028년까지 132조 9,900억 원(Credence Research) 규모로 성장할 것으로 전망된다. 현재의 시장 가치 및 성장 기회의 많은 부분은 대형 업체와 브랜드가 주도하고 있다. 이 책 후반부에서는 대량 생산 체제에서도 품질을 유지할 수 있는 가능성에 대해 다룰 예정이다. 하지만 어떤 산업에서든 부티크 비즈니스는 전체 시장이 성장할 때 함께 번성한다. 지금까지 우리가 목격한 성장세는 당분간 둔화될 조짐이 보이지 않으며, 이는 부티크 스페셜티 커피 비즈니스와 그 개념들이 지속적으로 변화하는 시장에서 기회로 기능할 것임을 의미한다.

영국의 경우, 대부분의 생두 수입업자들은 전반적으로 시장이 더 성장할 것으로 보고 있다. 이는 대형 로스터리뿐 아니라 신규 마이크로 로스터리들까지 점차 증가하는 추세에서 기인한다. 카페, 레스토랑, 호텔, 사무실 등을 대상으로 하는 B2B(Business-to-Business) 판매가 시장의 74.3%(Businesswire)를 차지하고 있다. 또한 온라인 판매 및 RTD(Ready-To-Drink) 포맷은 가장 높은 성장세를 보이고 있는 분야다.

시장 규모 측정(Market sizing)은 기업 투자 설명서에서 흔히 볼 수 있는 용어다. 단순한 호기심을 넘어, 시장 규모를 평가하는 이유는 특정 비즈니스가 진입하려는 (혹은 이미 참여 중인) 시장의 기회를 보다 잘 이해하기 위해서다. 이 개념은 거시적인 수치에서 역산해, 해당 사업이 얼마나 큰 기회를 가질 수 있는지를 대략적으로 파악하는 데 도움이 된다. 그렇지만 언제나, 표면적인 숫자 이상의 요소를 고려해야 한다. 시장의 규모가 크다고 해서 반드시 시장 기회가 많은 것은 아니다. 해당 산업에 대한 깊은 이해가 있어야 이 거대한 수치들이 실제로 어떤 구성 요소로 이루어져 있는지를 파악할 수 있다.

예를 들어 아주 큰 시장일지라도 이미 포화 상태일 수 있다. 이는 해당 시장에 공급되는 제품의 양이나 경쟁 기업의 수가 이미 한계에 달했음을 의미한다. 또는 소수의 대기업들이 시장을 독점하고 있어서 신규 업체가 진입하기 어려운 구조일 수 있다. 일반적으로 커피 산업은 이런 특징이 강하게 보이지 않지만, 특정 부문에서는 이런 현상이 나타날 수 있다.

　기업들은 항상 시장 기회를 이해하고 활용할 방법을 고민하며, 전략적으로 시장에 접근하는 방법을 찾는다. 이는 단지 스타트업만의 고민이 아니며, 이미 시장에서 자리 잡은 기업들 또한 시장에 전략적으로 접근하기 위해 지속적으로 노력한다.

　시장의 규모나 성장률을 단순히 나열하는 것만으로는 충분하지 않다. 그렇지만 맥락을 갖춘 시장에 대한 이해는, 변화를 인지하고 대응할 수 있는 유연한 사고방식과 결합될 때 분명 경쟁력을 강화해 줄 것이다.

　스페셜티 커피 시장에는 명확한 성장 한계도 존재한다. 스페셜티 커피로 재배할 수 있는 커피의 양 자체가 제한적일 뿐 아니라, 이에 못지않게 소비자의 가격탄력성도 큰 영향을 끼치는 요소다.

　스페셜티 커피 시장은 차별화된 가치 제안을 여러 방식으로 실험하고 있으며, 동시에 지속 가능한 수익 모델을 찾고 있다. 이 업계는 앞으로도 많은 도전에 직면하겠지만 시장 데이터는 향후 몇 년간 스페셜티 커피에 대한 관심이 지속될 것임을 시사한다.

　중기적으로는 기후 변화 및 지속 가능성이 커피 시장에 점점 더 큰 영향을 미칠 것이며, 장기적으로는 다른 모든 산업처럼 세계 인구 감소라는 문제에 직면할 것이다. 그러나 이런 시나리오는 정확한 예측이 어려운 영역이기도 하다.

PART 2

비즈니스 운영
Operating a Business

2부 소개 Introduction to Part Two

내가 관찰한 바에 따르면 커피 업계의 모든 비즈니스는 의외로 아주 많은 공통점을 가지고 있다. 나는 공급망 내 모든 구성원들이 서로의 입장에서 생각할 수 있다면 모두에게 큰 도움이 될 것이라 믿는다. 멀리서 바라보면 일반화하거나 단순화하기 쉽다. 하지만 직접 경험해 보면 잘못된 생각이었다는 것을 깨달을 수 있다. 이전에 자신이 경험했던 것과 비슷한 부분을 찾아내는 과정에서 깨달음의 순간이 찾아올 것이고, 예전에는 보지 못했던 것을 발견할 수 있을 것이다.

그러므로 공급업체나 고객을 생각할 때는 그들의 입장이 되어 보자. 급여를 지급하고 수익을 창출하며 연간 계획을 짜야 하는 상황이라고 상상해 보자. 물론 이미 비즈니스를 운영하는 사람이라면 상상하기가 훨씬 쉬울 것이다. 그렇지만 나는 운영자뿐만 아니라 모든 사람이 어느 정도는 이런 관점을 가질 필요가 있다고 생각한다.

업체 종사자라면 자신이 속한 비즈니스가 전반적으로 어떻게 돌아가는지, 그 속에서 자신의 역할이 무엇인지 파악한다면 업무 성과를 내는 데 도움이 될 것이다. 물론 가정을 잘못 세우고, 자신이 실제보다 더 잘 이해하고 있다고 착각할 위험성도 있다.

2부에서는 비즈니스 운영의 레버[levers]를 살피고, 그 부분들이 씨앗에서 음료가 되기까지 여정에 어떤 영향을 주고 어떻게 기능하는지 살펴보고자 한다. 내가 이런 요소에 집중하는 이유는 커피 공급망의 각 단계에서 다양한 상황이 발생하기 때문이다. 국가마다 비즈니스 환경은 다를 수 있지만 기본적인 핵심 요소는 동일하고, 이 요소들이 활용되는 방식이 다를 뿐이다. 여기서는 커피 산업에서 작동하는 미시경제적 요소를 깊이 탐구할 것이다.

"부가가치"는 어디에서 발생하는가? Where is the "Value Add"?

어떤 산업에서든 부가가치라는 개념은 결국 비즈니스를 어디에서 수행하는 것이 가장 '가치' 있는가에 대한 질문으로 이어진다. 이는 매우 당연한 이야기처럼 들릴 것이다. 물론 씨앗에서 커피 한 잔에 이르기까지 공급망의 모든 단계에서 각각 어느 정도의 가치를 만들어낸다. 하지만 문제는 어떤 부분을 직접 수행해야 하며, 어떤 부분을 외부 업체와 협력할 것인가 선택해야 한다는 데 있다. 이는 자연스럽게 수직통합이라는 논의로 이어진다.

누구에게나 유용한 조언 중 하나는 자신의 강점을 살리라는 것이다. 비즈니스에서도 같은 원칙이 적용된다. 만약 자신의 약점을 보완하려 한다면 리스크와 어려움을 감수해야 한다. 물론 약점을 찾아 해결함으로써 더 나은 비즈니스를 만든 사례도 많다. 그러나 중요한 점은, 어떤 경우에는 특정 서비스나 제품을 외부 업체에서 공급받는 것이 더 나은 선택이 될 수도 있다는 것이다. 이렇게 하면 자신이 가장 높은 부가가치를 창출할 수 있는 비즈니스 영역에 집중할 수 있다.

어떤 제품의 생산 과정을 내부에서 직접 수행한다고 해서 반드시 부가가치가 발생하는 것은 아니다. 때로는 외부 업체가 더 높은 수준으로 업무를 수행할 수 있는 경우도 있다. 반면 어떤 과정은 외주화가 오히려 비즈니스 성장을 저해할 수도 있다.

커피 밀링(커피 열매에서 씨앗을 분리해 생두로 가공하는 작업)은 이를 보여주는 훌륭한 사례다. 엘살바도르의 커피 생산자 페르난도 리마 Fernando Lima는 웻 밀링은 부가가치를 창출하는 작업이기 때문에 이 과정을 농장에서 직접 운영하고 싶다고 설명했다. 웻 밀링은 여러 측면에서 부가가치를 창출한다. 다양한 가공 방식을 적용할 수 있는 기회를 가질 수 있고 커피 로트의 규모와 관계없이 유연성 있게 작업할 수 있다. 또한 자신들만의 접근법을 적용해 독특한 향미를 만들어 브랜드 전반에 독자적인 가치를 더할 수 있다. 더구나 자체적으로 웻 밀링을 운영하면 비용도 절감할 수 있다. 마침 그의 농장은 직접 가공하기에 적합한 규모를 갖추고 있었다.

드라이 밀링은 다른 경우다. 업체에 맡기지 않고 직접 하면 오히려 까르가^{carga}(100파운드, 45.4kg)당 비용이 거의 두 배 든다. 그러면 직접 드라이 밀링을 할 이유가 없다. 물론 작업을 제대로 하는 외부 업체를 찾아야 한다는 전제조건이 필요하지만, 농장에서 드라이 밀링을 직접 운영하는 것이 부가가치를 창출하지 않는다는 점은 분명하다.

스페셜티 부티크 커피 업계에는 가능한 한 모든 작업을 직접 수행하는 것이 브랜드의 정통성을 높일 수 있다는 믿음이 존재한다. 그러나 이 방식이 항상 최선의 선택지인 것은 아니다. 나도 로스터리를 운영하면서 이런 경험을 했다. 일부 공정은 외주화를 할 수 있지만 외주 업체의 서비스가 내 조건과 완벽하게 맞아떨어지지 않는 경우도 있었다. 이런 경우라면 차라리 해당 공정을 직접 처리하는 게 더 나을 것이다.

스페셜티 커피 수입업체인 오시또^{Osito}를 설립한 카일 벨린저$^{Kyle\ Bellinger}$ 또한 나와 비슷한 고민을 했다. 카일은 콜롬비아에 수출 사무소를 운영하면서 드라이 밀링 외주 업체들의 문제점을 발견했다. 어떤 업체는 품질을 중시하지만 비효율적이고 상업적 관점이 부족했고, 반대로 어떤 업체는 상업적으로는 효율적이지만 품질 관리가 부족했다. 결국 그는 자체적인 드라이 밀링 시설을 구축하기로 결정했다.

이처럼, 부가가치는 절대적인 개념이 아니다. 개별 비즈니스 맥락에 따라 다르게 적용될 수 있다. 각 기업은 "이 과정을 직접 수행할 가치가 있는가? 진정한 부가가치를 만들어낼 수 있을까?"라는 질문을 스스로 던지고 단기적인 이익뿐만 아니라 장기적인 관점에서도 평가해야 한다.

그렇지만 비즈니스의 모든 의사 결정이 객관적인 분석을 바탕으로 이루어지는 것은 아니다. 때로는 모든 과정을 직접 수행하고 싶을 때가 있을 것이다. 충분히 이해한다. 이러한 경향은 기존에 외주 로스팅을 하던 브랜드가 자체 로스팅을 시작할 때 흔히 볼 수 있다. 경제적 관점에서 보면, 기존에 외주 로스팅을 하던 브랜드들이 직접 로스팅을 시작하는 것은 비효율적인 가능성이 크다. 대형 로스터리가 더 낮은 단가로 높은 품질의 제품을 제공할 수 있기 때문이다. 그러나 커피 브랜드들 입장에서는 자체 로스팅이 자연스러운 성장 단계처럼 보인다.

일반적으로, 카페 운영자가 자체 로스팅을 시작하려 할 때 비용 절감 효과를 과대평가하는 경향이 있다. 하지만 소규모 로스터리는 대형 로스터리 수준의 단가를 맞추기 어

비즈니스 운영

렵다.

그럼에도 비용 절감만으로 따질 수 없는 타당한 이유가 있을 수 있다. 특정 제품의 유연성을 확보하기 위한 목적, 최소구매수량MOQ 문제를 피하기 위해, 카일의 사례처럼 품질 기준을 충족시키기 위한 필요성들이다.

그렇지만 자체 로스팅을 운영하게 되면 생두 리스크와 현금 흐름까지 고려해야 한다. 자본주의에서는 잠재 보상이 클수록 리스크도 크다.

부티크 커피 업계에서는 비즈니스 분석이 전부가 아니다. 많은 창업자들이 단순한 수익 창출을 넘어, 커피 산업에 특정 방식으로 기여하고 싶어 한다. 그들은 공급망의 새로운 단계들을 하나씩 직접 경험하며 비즈니스를 키워 나간다.

브랜딩과 기업의 정체성 또한 중요한 요소다. 이런 요소들은 소비자들에게도 부가가치를 제공하기 때문이다. 나는 종종 부가가치가 마케팅에서 표현하는 만큼 단순하지 않다는 점을 발견한다. 즉, 기업이 강조하는 부가가치가 실제로는 복잡한 요소들의 조합일 수 있으며, 단순한 차별점 이상의 의미를 지닌다는 것이다. 그러나 커피 공급망을 기업이 직접 관리하는 결정이 단순히 공급망을 적절하게 운영하고 최상의 제품 솔루션을 찾으려는 의도에서만 비롯된 것은 아니라는 사실은 부정할 수 없다. 이런 결정에는 '기업이 시장의 소비자에게 어떻게 인식되는가?'라는 요소가 영향을 미친다.

카페는 부가가치 창출의 중요한 예시다. 카페에서 파는 커피 한 잔의 가격에는 업계에서 가장 높은 마진이 포함된다. 이는 단순한 음료 한 잔이 아니라 고객 경험 자체가 부가가치로 작용하기 때문이다. 하지만 이 경험을 제공하는 데에는 높은 운영 비용이 수반된다.

복잡한 커피 공급망 내에서 어떤 부가가치를 창출할 것인지 스스로에게 질문을 던지는 것은 비즈니스 성공을 위해 꼭 필요한 일이다. 수직통합은 커피 산업에서 다양한 형태로 나타나고 있으며 각 기업이 자신들의 부가가치를 최적화하는 방법 중 하나다. 다만 품질과 전문성을 중심으로 파트너 및 공급업체와 협력하는 길을 택한 기업들도 성공적인 사례를 만들어 가고 있다.

성장하느냐 마느냐 To Grow or Not to Grow

이 질문은 거시적인 관점에서도 미시적인 관점에서도 다 가능하다. 일반적으로 성장은 비즈니스의 장기적인 생존에 필수적이라는 주장이 자주 제기된다. 비즈니스가 성장하면 인재 유치 기회, 프로젝트 투자금 유치, 운영 효율성 향상, 시장 경쟁력 강화, 수익 증대 등 많은 이점이 따른다. 그러나 마지막 요소(수익 증대)는 단순히 매출 성장을 목표로 할 경우 오히려 달성하기 어려울 수 있다. 매출 성장이 최우선 과제가 될 경우, 수익성은 나중으로 미뤄질 가능성이 크다.

성장은 투자자와 주주들에게 핵심 지표지만 부티크 및 스페셜티 커피 비즈니스를 운영하는 모든 이들의 필수적인 목표는 아니다. 독립적인 부티크 커피 비즈니스는 운영 과정에서 성장이 적절하고 바람직한 전략인지 결정해야 하는 순간을 맞이하게 된다.

독립 커피 비즈니스는 대개 친구나 가족, 또는 은행 대출, 엔젤 투자 등의 자금으로 시작한다. 예산이 빠듯하기 때문에 상대적으로 제한된 범위 내에서 비전을 실현하는 것이 목표다. 이런 비즈니스는 아이디어 단계에서 시작해 실제 사업으로 발전하고, 일정 기간 동안 운영을 최적화하며 성장하는 과정을 거친다.

그러나 카페와 커피 농장은 물리적 입지에 의한 성장의 한계를 가지고 있다. 큰 부지를 확보하지 못하면 자연스럽게 성장이 제한될 수밖에 없다. 반면 다른 유형의 비즈니스들은 상대적으로 입지로 인한 성장 제한이 덜하다. 로스터리의 경우 소형 로스팅 머신을 사용하더라도 작업 시간을 늘리거나 추가로 로스팅을 할 다른 방법을 찾을 수 있다. 제품과 서비스 수요를 증가시킬 수 있다면 성장 가능성은 더욱 커진다. 수출업체나 수입업체는 더 많은 커피를 운송하기 위한 자금을 확보해야 한다. 시장 수요가 있다면, 필요한 자금을 얼마나 확보할 수 있는지가 성장의 핵심 요인이다. 이처럼 비즈니스 유형에 따라 성장의 장벽은 각각 다르다. 위 예시는 일부에 불과하다.

스페셜티 부티크 비즈니스를 시작하는 운영자들의 동기는 다양하다. 카페나 로스터 분야에서 독립적인 비즈니스를 시작해서 자신만의 방식으로 운영하고자 하는 사람들이 있다. 예를 들면 바리스타나 로스터가 독립적인 사업을 시작하는 경우다. 개인적인 경험이 이런 선택에 힘을 실어준다. 새로운 환경을 구축하고자 하는 욕구, 자신만의 방식으로 일하고자 하는 창의적인 욕구에서 비롯될 수도 있다.

이런 비즈니스들은 일반적으로 급격한 성장을 목표로 하지 않기 때문에 점진적으로 변화하며 성장할 것이다. 이 과정에서 새로운 장비를 도입하거나 매장을 더 내기로 결정할 수 있다. 더 큰 성장을 원한다면 투자자를 유치하고 지분을 매매하는 결정을 내릴 수도 있다. 또는 작은 규모는 유지하되 집중적인 운영을 지속할 수도 있다. 사실 농장에서 소비자까지 이어지는 과정의 모든 부티크 비즈니스는 본질적으로 급격한 성장을 추구하지 않는 경향이 있다. 이는 부티크 비즈니스가 제품과 경험에 좀 더 제한적이고 엄선된 방식으로 접근하기 때문이다. 일부 부티크 비즈니스는 성장을 거치면서 더 이상 부티크 비즈니스라고 할 수 없는 규모가 될 수도 있다. 부티크 비즈니스가 높은 가치를 창출하려면 높은 가격을 유지해야 한다. 즉, 부티크 모델이 유지되려면 제품의 희소성과 차별화된 경험이 필수적이며, 이에 따라 가격 책정도 높아질 수밖에 없다. 물론 부티크 회사도 더 큰 규모의 부티크 회사로 성장할 수 있으며 이는 결국 맥락의 문제다.

"품질 중심의 운영이 얼마나 성장할 수 있는가?"라는 질문은 공급망의 각 단계마다 다르게 나타난다. 브라질 외의 대형 농장 운영자들에게 있어 가장 큰 과제 중 하나는 수확 시기에 필요한 대규모 임시 노동력을 확보하면서도 품질을 유지하는 것이다.

적당하거나 다소 적은 수익을 내는 구조의 중소 규모 독립 비즈니스에서, 수익을 재투자하며 성장하는 것은 본질적으로 매우 느린 과정이다. 그렇다고 부채를 통해 자금을 조달한다면 대출 상환이 운영 비용의 일부가 되기 때문에 비즈니스에 부담을 준다. 그래서 지분 투자^{Equity} 방식이 선호된다. 하지만 지분 투자의 문제는 기업 가치에 따른 주주의 지분이 희석된다는 점이다. 그리고 시간이 지남에 따라 투자자와 주주가 얼마나 만족할 만한 수익을 얻을 수 있는가도 중요한 고려 사항이다. 이 내용은 책 후반부에서 더 자세히 다룰 예정이다.

비즈니스를 성장시키는 과정은 결코 간단하지 않고, 특히 커피 산업에서는 더 그렇다. 어떤 비즈니스든 성장에는 도전이 따르며, 일반적으로 리스크 또한 커지기 마련이다. 많은 기업들이 투자 – 최적화 – 재투자라는 사이클을 거치며 성장한다. 이런 투자 사이클은 여러 비즈니스 성장에서 흥미로운 부분이다. 조슈아 딕$^{Joshua\ Dick}$은 가족이 운영하던 소규모의 커피 청소용품 회사를 시장을 주도하는 대기업으로 성장시킨 뒤 매각했다. 이후 그는 《랍스터처럼 성장하라$^{Grow\ like\ a\ Lobster}$》라는 책을 썼는데, 자신의 경이로운 성공을 랍스터에 빗대어 설명했다. 랍스터는 연약한 속살을 보호하기 위해 단단한 껍데기를 갖고 있지만, 이 껍데기는 자라지 않는다. 랍스터가 성장하려면 그 껍데기를 벗어버리고 새로운 껍데기를 키워야 한다. 이 과정에서 랍스터의 연약한 속살이 외부에 노출된다. 이 비유가 전달하고자 하는 메시지는 명확하다. 비즈니스는 현재의 환경에서 성장을 거듭하며 최적화를 이루지만, 기존의 환경이 포화 상태에 이르면 다음 단계로 나아가기 위해 변화해야 한다. 그러나 이 과정은 더 큰 도전과 불확실성을 동반한다. 어떤 기업은 성장을 멈추고 현재 상태를 유지하기로 결정할 수도 있고, 어떤 기업은 더 큰 시장을 목표로 새로운 도전에 직면할 수도 있다.

각 기업이 택하는 성장 경로는 다를 것이고, 성장 과정에서 발생하는 전환점은 의사결정과 전략에 영향을 미칠 것이다. 특히 자금이 안정적인 기업은 유기적 성장 단계를 몇 계단씩 건너뛰면서 빠르게 규모를 확보하려는 경향이 있다. 이것은 자본 집약적인 전략으로 접객업 부문에서 흔히 '롤아웃roll out'이라 불리는 방식이지만 높은 리스크를 동반한다.

대형 식음료 기업도 비슷한 방식으로 성장 전략을 수립한다. 신제품이나 브랜드를 출시할 때, 초기부터 강력한 마케팅과 유통망을 활용해 시장에 대대적으로 진입한다. 이 전략은 초기부터 막대한 자원과 마케팅 비용을 투입해 시장 점유율을 단기간에 확보하고, 동시에 다수의 유통 채널과 소비자 접점에 브랜드를 노출시키는 방식이다. 이렇게 함으로써 출시 초반부터 '임계 질량critical mass'—즉, 자생적 성장과 시장 내 입지 확보에 필요한 최소한의 소비자 기반—에 도달하는 것을 목표로 한다. 반면 신생 브랜드는 소규모로 시작해서 점진적으로 시장 점유율을 높이고자 할 것이다. 이들이 처음부터 대형 기업처럼 시장을 장악할 수는 없지만, 점진적인 성장 전략을 통해 틈새시장을 공략하며 입지를 다진다. 특히 스페셜티 부티크 비즈니스는 도전자 입장이었다.

그러나 스페셜티 커피 산업이 성공적으로 성장하면서 이런 상황들이 변화하고 있다. 점점 더 많은 대기업들이 스페셜티 커피의 미학과 제품 접근 방식을 탐색하기 시작했다. 과거에는 시장의 규모가 충분하지 않다고 여겼던 영역이 이제 충분히 매력적인 기회로 인식되기 시작한 것이다. 커피 리포트인 〈알레그라 스트래티지스Allegra Strategies〉가 '제5의 물결'이라는 용어를 만들었는데, 이는 기존의 커피 문화와 비즈니스의 발전을 설명하는 '세 가지 물결'이라는 개념의 연장선에 있다. 제4의 물결은 커피 과학에 대한 투자, 제5의 물결은 대규모로 운영되면서도 품질을 유지하는 커피 비즈니스 모델이다. 이 개념에 대한 더 깊은 논의는 이 책의 마지막 부분에서 상세하게 다룰 예정이다.

부티크 커피, 프리미엄 커피 시장의 성장은 전 세계적으로 가시적인 흐름이지만, 그와 동시에 일부 기업들은 의도적으로 작은 규모를 유지하는 전략을 선택하기도 한다. 이런 비즈니스들은 자신들의 브랜드 스토리를 최적화할 수 있는 적정 규모를 목표로 한다. 예를 들어 프리미엄 커피 농장, 부티크 커피 수입업체, 스페셜티 로스터리가 이에 해당한다. 이런 비즈니스 모델을 가진 창립자들 중 일부는 특정한 비즈니스 규모에 도달한 뒤, 성장을 중단하는 전략을 선택하기도 한다. 비즈니스를 일정한 규모로 유지하려는 이유는 다양하다. 현재의 비즈니스 프레임워크를 최적화하고, 추가적인 성장 리스크를 피하기 위해, 희소성과 가치를 유지하기 위해서일 수도 있다.

스페셜티 커피 업계의 많은 운영자들은 성장과 품질 유지 사이의 균형에 대해 늘 고민한다. 앞서 언급한 랍스터 비유처럼, 비즈니스 성장은 단순히 규모만 확장하는 것이 아니라 최적화를 동반해야 한다. 나는 커피에서 품질을 달성하기 위한 가장 큰 원동력은 무엇보다도 '탁월함excellence'을 추구하는 열정이라고 믿는다. 그러나 최적의 품질을 유지할 수 있는 이상적인 규모는 단순히 작다고 해서 보장되는 것이 아니며, 반대로 규모가 커져도 어려운 점이 있다.

기업의 규모가 커지는 것이 반드시 품질에 부정적인 영향을 미치는 것은 아니다. 기업이 품질을 핵심 원칙으로 삼는다면 규모가 성장하는 과정에서도 품질을 유지하거나 오히려 향상시킬 수도 있다.

소규모 독립 비즈니스의 경우 창업자나 운영자가 성장을 중단하고 일정한 규모를 유지하려는 이유 중 하나는 일과 삶의 균형work-life balance 때문이다. 비즈니스를 성장시키려면 많은 시간이 필요하고, 창업자가 이런 도전에서 즐거움을 느낀다면 그 과정이 보람되겠지만, 그렇지 않다면 큰 스트레스를 받을 것이다. 이와 관련한 다소 극단적인 격언이 있다. "멈추면 죽는다." 모든 기업은 자연적으로 일정 비율의 고객 '이탈'을 경험하기 때문에 성장을 계속하지 않는다면 장기적으로 리스크가 커질 수 있다. 그러나 작은 규모를 유지하면서도 오랫동안 성공을 유지하는 강력한 기업들도 있다. 그런 기업들은 고객이 지속적으로 가치를 느낄 수 있는 '밸류 스윗 스팟value sweet spot'을 충족해야 한다.

6부 비즈니스 성장 – 빠른 성장과 느린 성장에서는 비즈니스 성장에 관한 몇 가지 전략적 접근을 살핀다. 비즈니스가 선택한 전략이 무엇이든, 성장은 시장에서 비즈니스가 어떻게 인식되는가를 보여주는 중요한 요소다. 또한 비즈니스 운영의 다른 핵심 요소들은 해당 비즈니스가 성장에 대해 어느 정도의 야망을 가지고 있는지에 따라 영향을 받는다.

손익분기점 Break-Even

손익분기점은 비즈니스의 가장 기본적인 개념 중 하나다. 비즈니스 운영자는 항상 비즈니스의 손익분기점을 정확히 파악해야 한다.

비즈니스 경제학에서는 수치가 종종 퍼센트 단위로 논의되며, 이 때문에 개별 제품 단위로 비즈니스를 분석하는 것은 어려울 수 있다. 예를 들어, 우리는 종종 커피 한 잔의 가격 혹은 생두나 로스팅된 커피의 생산 비용을 퍼센트로 논의하지만 이 방식으로 얻을 수 있는 정보는 매우 제한적이다.

이런 퍼센트 중심 접근 방식의 문제점은 '고정비용'을 고려하지 않는다는 것이다. 그리고 더 중요한 것은, 비즈니스가 실제로 언제 손익분기점에 도달하는지 반영하지 않는다는 점이다. 예를 들어 하루에 커피 한 잔만 판매해서는, 그 한 잔의 마진이 아무리 완벽하게 계산되었다 해도 하루의 손익분기점을 맞출 수 없다. 당연히 그것만으로는 비즈니스 전체를 유지하기에는 턱없이 부족하다.

커피 한 잔의 수익이 비즈니스의 전체 비용을 어떻게 충당하는지에 대한 논의는, 해당 카페가 얼마나 많은 커피를 판매하는지를 전제로 해야 한다. 카페의 원재료 비용 단가는 판매량과 연관되어 있다. 하지만 판매량이 증가한다고 해서 모든 비용이 동일한 방식으로 변하는 것은 아니다.

예를 들어, 커피 원두 원가는 컵당 일정하다. 하루에 5잔을 팔든 300잔을 팔든, 15g의 커피를 사용하면 원가는 동일하다. 다만 대량 구매할 경우에는 원두 원가 절감이 가능할 것이다.

그러나 다른 비용들은 일별 또는 주간별 매출 관계에서 이해하는 것이 더 적절하다. 임대료는(임대인과 매출 대비 비율로 계약한 것이 아니라면) 커피 판매량과 관계없이 동일하다. 인건비 역시 고정적이나. 물론 바쁜 시간대에 맞춰 직원의 근무 시간을 늘리거나 줄일 수는 있지만, 바쁠 때만 근무하고 손님이 없으면 퇴근하라고 할 수는 없다. 이런 방식은 직원의 근무 환경을 해칠 뿐만 아니라, 서비스 품질에도 부정적인 영향을 미칠 것이다.

이런 고정비용이 있기 때문에 각 비즈니스에는 손익분기점이 존재한다. 손익분기점은 이론적인 순이익보다 훨씬 더 중요한 지표다.

예를 들어 이 책을 쓰는 현재, 바스에 있는 우리 카페 콜론나 앤 스몰스Colonna & Small's의 순이익 목표는 15%다. 나는 팀원들에게 다음과 같은 방식으로 매장의 비용 구조를 설명한다. 3.80파운드짜리 플랫화이트의 경우 가격의 27%는 커피와 우유 비용, 인건비 목표는 35%, 임대료 및 기타 부대 비용은 대략 11% 정도다. 이렇게 하면 한 잔의 커피를 판매할 때 비용이 어떻게 분배되는지를 대강 알 수 있다. 하지만 비즈니스 운영 관점에서 더 중요한 정보는 손익분기점이다. 그래서 나는 팀원들에게 이렇게 설명하기도 한다. "오늘 우리 카페의 손익분기점을 달성하려면 약 900파운드의 매출을 올려야 한다."

이 방식은 비즈니스의 핵심 비용 구조를 전달하는 훨씬 더 강력한 방식이다. 매장을 운영하는 커피 비즈니스에서는 이 방식이 적합하다. 일일 손익분기점을 쉽게 모니터링할 수 있기 때문이다. 분기별 납부할 부가가치세를 미리 준비해 두면 갑작스러운 재정적 부담을 피할 수 있다. 그리고 매출 흐름과 비용을 실시간으로 파악할 수 있어, 비즈니스가 현재 어느 정도 성과를 내고 있는지를 즉시 파악할 수 있다.

카페의 수익성에 가장 큰 영향을 미치는 요소 중 하나는 계절성seasonality이다. 계절에 따라 매출이 크게 바뀔 수 있으며, 이런 변화에 맞춰 인건비를 효율적으로 관리하는 것도 중요한 과제다.

카페와 달리 공급망 내 다른 비즈니스들은 더 장기적인 전략을 펼친다. 때문에 손익분기점을 지속적으로 유지하고 관리하는 것이 훨씬 어렵다. 손익분기점은 고정된 제품 원가에 기타 운영 비용을 더한 것이고 비즈니스의 가장 이상적인 상태는 매출이 손익분기점을 초과해 지속적인 수익성을 확보하는 것이다. 그러나 추가 매출을 창출하는 과정에서 발생하는 비용이, 새롭게 증가한 매출을 고스란히 잠식하지 않도록 관리하는 것이 중요하다.

어느 시점이 되면, 비즈니스는 매출 증가를 달성하기 위해 추가적인 비용 증가를 감수해야 한다. 특히 소규모 비즈니스와 스타트업에서 흔히 발생하는 도전 과제다. 대부분의 소규모 비즈니스는 창업자와 소수의 팀원으로 시작하며, 초기에는 임대료를 감당할 정도(심지어 창업자는 이 시기에 자신의 급여를 포기하기도 한다.)의 매출을 확보하는 것이 가장 중요한 목표다. 이후 일정 수준 이상의 안정적인 흐름을 찾게 되면, 비즈니스는 점진적으로 수익을 창출할 수 있는 상태로 진입한다. 그러나 이런 초기 성장 단계는 제한적인 인적, 물적 자원을 바탕으로 운영되기 때문에 곧 한계에 부딪히고, 이때 추가적인 성장을 위해 새로운 비용 지출이 불가피하다. 예를 들어 카페는 수요가 증가함에 따라 추가 인력을 채용해야 한다. 인건비 상승으로 인해 손익분기점이 상승하며, 성장의 지속 가능성이 확보될 때까지 수익성이 일시적으로 감소할 수 있다.

새로운 장비와 시설을 위한 비용 역시 마찬가지다. 인건비처럼 일상적인 지출 항목은 아니지만 어떤 방식으로든 지출해야 하므로 흔히 부채로 조달한다. 그리고 이는 다시 월별 손익분기점을 상승시키는 요인이 된다. 커피 농부들도 농장 운영을 개선하기 위해 추가 비용을 투자해야 한다. 가지치기나 커피 나무 관리, 비료 구매 등의 농업 투자도 마찬가지로 손익분기점이 상승하지만, 이를 통해 생산성과 품질을 높여 장기적으로 수익성이 높아질 가능성이 있다.

그러나 가장 큰 문제는 커피의 정확한 판매 가격이 수확 시점이 되어야 결정된다는 것이다. 시장 가격의 변동성이 커서 연간 비즈니스 예측을 수립하기도 어렵다. 수확된 커피의 품질이 그 농장의 성공에 영향을 미치고, 판매 가격이 손익분기점을 초과하는 선에서 형성되지 않으면 농부들은 심각한 재정 상황에 직면할 수 있다.

마진이 적은 비즈니스 모델을 운영하는 경우, 손익분기점을 낮추는 것에 집중하게 된다. 그러나 손익분기점을 낮추는 과정에서 비즈니스의 기회와 품질이 떨어지지 않도록 신중하게 접근해야 한다. 비용을 절감하기 위해 제품 품질을 낮추거나 서비스 및 고객 경험에 악영향을 주는 방식은 장기적으로 비즈니스에 위험을 초래할 수 있다. 그러나 한편으로는 비효율적인 운영으로 인해 불필요한 비용이 발생하고 있는지 필수적으로 검토해야 한다. 자기 제품과 서비스를 효율적으로 생산하고 있는지 반드시 의문을 품어야 한다.

대부분의 기업들은 성장을 추구하는 과정에서 손익분기점이 위험해지는 시기를 겪는다.

생산비 Cost of Production

손익분기점은 본질적으로 생산 비용의 측정 지표라고 할 수 있다. 스페셜티 커피 비즈니스가 수익성을 유지하며 성장하는 과정에서 생산 비용은 중요한 요소이기 때문에 이 두 용어를 나란히 놓고 이야기하는 것은 의미가 있다.

생산비에 대한 논의에서 가장 어려운 부분은 모든 비즈니스마다 생산비 개념이 다르다는 점이다. 물론 비슷한 부분도 약간 있고, 고려할 만한 유용한 평균치도 있겠지만, 생산비는 규모, 복합성, 위치, 기타 다양한 요인들에 의해 크게 달라질 수 있다. 예를 들어, 금융 접근성은 커피 농업에서 종종 간과되는 중요한 요소 중 하나인데, 정부 지원이나 보조금을 제공하는 국가라면 (그 국가에서 이 핵심 변수가 억제되지 않는 한) 농장은 이자 부담 없이 자금을 확보할 수 있다. 이 경우 이자 비용이 총이익에 미치는 영향을 줄일 수 있다. 이처럼 금융 접근성이 동일하지 않은 상황에서, 생산비를 단순 비교하기란 쉽지 않다

커피 업계에서 투명성이란 용어는 소비 시장에서 자주 논의되는 주제다. 로스터리와 커피 브랜드들은 공급망의 투명성을 강조하는 경향이 있다. 이 책에서 투명성의 본질에 대해 더 깊이 다룰 예정이지만, 누군가에게 투명성을 추구하는 목적이 무엇이냐고 묻는다면, 대개 '공정가격'의 필요성으로 대화가 이어진다. 그럼 공정가격이 무엇이냐고 묻는다면, 최소한 생산비를 충당하고 지속 가능한 이익을 얻을 수 있는 가격이라는 답이 나올 것이다.

이러한 기본적인 원칙 없이는 비즈니스를 지속할 수 없다. 그런데 역설적이게도, 커피 로스터나 커피 바이어가 농장의 생산비를 충당할 의사가 있다 해도, 정작 농가의 정확한 생산비가 얼마인지 알 수 없는 경우가 많다. 정확한 생산비가 얼마인지 아는 유일한 주체는 실제 생산을 담당하는 이들이다. 다시 말하자면, 생산비를 제대로 이해할 수 있는 유일한 주체는 실제 생산을 수행하는 기업이나 농가뿐이다.

이 책에서 반복해서 다루는 주제 중 하나는 소규모 부티크 비즈니스들이 비즈니스 지표를 분석하는 데 취약하다는 점이다. 즉, 체계적인 데이터 분석을 통해 의사 결정과 계산을 하기보다는 경험과 직관에 의존하는 경우가 많다. 이는 많은 기업들이 자신의 정확한 비용을 정확히 이해하지 못한 채 비즈니스를 운영하는 원인일 것이다.

당신이 생산비를 정확히 산출할 수 있다고 가정해 보자. 그렇다고 해서 그게 적절한 비용이라는 의미일까? "들어가는 비용이 곧 비용이다."라는 말은 대부분의 경우에 적절하지 않다. 로스터리와 카페를 운영하는 사람으로서 나는 항상 비즈니스에서 발생하는 비용을 면밀하게 검토하고, 이 비용이 결국 고객에게 전가될 것이라는 점에 대해 고민한다.

예를 들어 1kg 로스팅 머신을 사용하는 마이크로 로스터리의 생산 비용은 매우 높을 것이다. 대량 생산이 가능한 대형 로스터리와 비교했을 때, 동일한 양을 로스팅하는 데 훨씬 더 많은 시간이 필요하기 때문이다. 결과적으로 시장에 형성된 커피 가격이 이 업체에는 적절하지 않을 가능성이 높다. 이들은 비즈니스를 지속하기 위해 더 높은 가격을 받아야 할 것이다.

마찬가지로, 카페의 운영 방식에도 적용할 수 있다. 어떤 카페는 커피를 제조하고 서빙하는 데 인력을 두 배 투입해야 하는 시스템일 수 있다. 그럴 경우 한 잔의 커피를 생산하는 비용은 일반적인 카페보다 훨씬 높을 것이다. 이처럼 같은 업종이라도 운영 방식에 따라 생산 비용이 크게 달라진다.

위 상황에서, 업체가 상승한 생산비를 반영해 가격을 책정한다면 소비자는 그 가격이 정당하다고 여길까? 카페가 소비자 경험에 부가가치를 제공하는 경우에 한해, 높은 생산 비용을 감당할 수 있는 가격을 책정하는 것이 타당할 것이다. 자유 시장에서는 단순히 우리 제품의 생산비가 많이 올랐다는 논리만으로는 가격을 인상할 수 없다. 소비자가 그 차이를 인식하고 가치를 부여할 때에만 높은 가격이 정당화된다.

이 개념을 가장 쉽게 설명할 수 있는 사례는 커피 농가에서의 차별화다. 예를 들어, 단일한 커피나무에서 생산된 희소성 있고 독특한 개성을 가진 커피라면 아주 높은 가격을 책정할 수 있다. 이 경우 부가가치가 명확하기 때문에 높은 가격이 정당화된다. 그러나 커피의 향미나 품질이 가격을 뒷받침하지 못한다면, 높은 가격을 받기는 어려울 것이다. 반면 1kg 용량의 로스터로 커피를 로스팅해야만 더 뛰어난 결과물이 나온다는 주장은 상당히 비현실적이다. 이 경우는 생산 공정 자체가 가치를 창출하는 것은 아니며, 단순히 생산비가 높아질 뿐이다. 스페셜티 부티크 로스터리는 소규모이면서 더욱 전문화된 운영을 하기 때문에 당연히 일반적인 로스터리보다 더 높은 가격을 부과할 수 있고, 부과해야 한다. 그러나 1kg 로스터로 운영하는 것은 이 논리를 너무 극단적으로 확장한 것이다. 3FE 커피의 창업자 콜린 하먼 Colin Harmon은 이런 유형의 운영을 "새징적으로 무책임한 모델"이라고 표현했다. 실제로 1kg 로스터는 스페셜티 커피 로스팅 비즈니스를 운영하기엔 충분하지 않다. 시장 가격 및 경쟁 구조를 고려할 때 생산비가 지나치게 높은 모델이다.

농장의 생산비를 둘러싼 일반적인 담론은 더욱 복잡하다. 예를 들어 한 나라 안에서도 지역별 차이가 존재한다. 농가 위치나 사무실 운영 비용도 중요한 변수가 될 수 있다.

그러나 진정한 큰 차이는 '글로벌 개방 시장'에 의해 발생한다. 전 세계적으로 서로 다른 경제 구조를 가진 국가들이 같은 시장에서 상호 경쟁하고 있기 때문이다.

하지만 차별화 요소가 존재한다는 것은 긍정적인 요소다. 모든 커피가 각각 다른 맛을 가지고 있고, 원산지는 향미 차이를 극대화하는 요소가 된다. 커피 시장은 국가마다 차별화 요소가 존재하지만, 이런 차별성은 C 마켓에서처럼 문서화된 시장 가격으로 존재하는 것은 아니다. 대신 각 국가의 생산자와 구매자들이 암묵적으로 형성하는 가격 구조 속에서 논의되며, 계약 및 판매 가격을 결정하는 과정에서 중요한 요소가 된다. 이 책의 후반부에는 커피 시장의 가격 구조와 커피 재배의 경제적 지속 가능성에 대한 논의를 더 깊이 다룰 것이다.

스페셜티 부티크 커피 산업은 공급망 모든 단계의 생산비가 높다. 이것이 가장 중요한 포인트 중 하나다. 즉, 부티크 커피의 높은 가격은 단순히 같은 제품에 더 비싼 가격을 붙인 것이 아니라, 그만큼 높은 생산비를 반영하는 것이다. 그렇지만 높은 생산비를 마냥 방치할 수는 없다. 스페셜티 부티크 산업에 있는 모든 기업들은 어떻게 하면 적절한 생산비를 유지할 것인지 고민해야 한다. 소비자에게 요구할 수 있는 가격에는 한계가 있다. 이는 곧 비즈니스 모델 자체의 지속 가능성을 결정하는 요소가 된다.

커피 비즈니스의 어떤 요소도 개별적으로 볼 수 없다. 생산비는 규모, 판매량과 밀접하게 연결되어 있다. 공급망 전반에서, 특정 규모 이하까지 작아지면 지속 가능성이 떨어지는 지점이 있는데 이는 특히 커피 농가에서 명확하게 볼 수 있다. 설령 판매 가격이 생산비를 초과하더라도 생산량이 너무 적으면 지속 가능성이 확보되지 않는다. 취미나 부업과 비즈니스의 차이라고 할 수 있다. 이처럼 생산비는 모든 비즈니스에서 가장 중요한 요소 중 하나이며, 비즈니스의 지속 가능성을 결정하는 핵심 레버 중 하나다.

생산비를 그저 단순한 숫자 또는 판매한 상품 단위와 관련된 숫자로 이해하는 것을 넘어, 지속적인 생산비를 충당하기 위해 필요한 현금 흐름으로 이해하는 것이 중요하다.

실질 마진 Deliverable Margin

'실질 마진'의 개념은 비즈니스의 실제 수익 구조를 이해하는 데 핵심적인 요소다. 이는 비즈니스가 돈을 어디에 쓰고 있고 또 어디에서 손실이 발생하는지 분석하는 데 중요한 역할을 한다. 특히 여러 가지 제품이나 서비스를 제공하는 비즈니스에서는 어떤 제품이나 고객이 비즈니스 전체 마진에 어떻게 기여하는지 파악하기란 쉽지 않다.

실질 마진은 본질적으로 특정 거래가 이루어지기 위해 필요한 모든 자원과 비용을 반영한 뒤, 실제 마진이 얼마나 남는지를 분석하는 개념이다.

내 친구는 웨스트 런던에서 프리미엄 지중해 식재료 비즈니스를 운영한다. 친구의 비즈니스는 이미 성공적으로 정착한 브랜드였으나 COVID-19 팬데믹이 일어나자 다른 많은 브랜드가 그랬듯 이커머스 비중을 늘렸다. 과거에는 주로 B2B$^{Business-to-Business}$ 중심의 비즈니스에 집중해 레스토랑과 소매점에 올리브유를 비롯해 다양한 제품을 공급했기에 이러한 변화는 새롭게 느껴졌다.

제품을 최종 소비자에게 직접 판매하면 낮은 마진을 남기는 도매가가 아니라 (할인 제품은 제외하고) 완전한 권장 소비자 가격으로 판매할 수 있다. 반면, B2B 판매에서는 그 고객이 제품을 되팔거나 다른 제품을 만드는 재료로 사용하기 위해 마진을 확보해 줘야 한다. 레스토랑의 경우 원재료로 음식을 만들고 고객 경험을 제공할 수 있도록 마진이 반영되어야 한다.

그렇지만 운영진이 확인한 운영 장부는 다소 놀라웠다. 이커머스의 마진이 훨씬 높은데도 불구하고 손실이 발생했기 때문이다. 이커머스 매출이 급증했음에도 불구하고 이 새로운 판매 채널은 실질적인 수익을 내지 못한 것이다.

대부분의 원재료 기반 비즈니스들은 도매에 집중하기 때문에(**원재료 vs 완제품**) 이커머스 경험이 많지 않다. 모든 제품과 판매 채널에는 그에 따른 비용이 존재한다. 제조, 마케팅, 판매, 이행에 들어가는 실비용은 사실 놀랄 만큼 높다. 이커머스는 예전부터 존재했던 판매 채널이었지만 이전까지는 매출 규모가 너무 작아서 운영비의 실상이 눈에 잘 띄지 않았다. 그런데 이커머스가 성장하면서 매출뿐만 아니라 이와 관련된 매출 비용도 함께 증가했다. 개별 판매 마진은 높아 보이겠지만, 거래당 단가는 도매 주문 대비 훨씬 낮다. 하지만 각각의 주문을 개별적으로 처리해야 하므로 주문당 비용이 상승한다. 개별 주문에 맞춰 상품을 골라 포장하고 출고 처리하는 인력이 필요하다. 판매 이후의 사후 관리와 판매 중인 제품과 신제품을 주마다 웹사이트에 올리고 유지보수하는 작업에도 (제품에 들어가는 실제 비용에 비해) 많은 비용이 발생한다.

이커머스에서 배송은 중요한 요소다. 대량 도매 주문은 총액이 크다 보니 비용 대비 배송비 비율이 낮은 편이다. 그러나 소규모 개인 주문(15파운드 주문)에 배송비로 3파운드가 나가면 이는 즉각적인 손실로 이어질 수 있다.

누군가 "그게 그냥 순이익을 파악하는 것과 어떻게 달라요?" 하고 질문할지도 모른다. 만일 하나의 제품만을 단일 채널을 통해 판매하는 비즈니스라면 실질 마진과 순이익이 동일할 것이다. 그러나 대부분의 비즈니스는 다양한 제품을 여러 판매 채널을 통해 판매하기 때문에 각각이 전체 마진에 미치는 영향을 파악하기 어려운 경우가 많다.

결국 정확한 손익 구조를 알아낼 유일한 방법은 세밀하고도 까다로운 영업 분석을 하는 것이다. 개별 카페에서는 상대적으로 덜 중요할 수 있지만 커피 산업 전반에서 일반적으로 요구되는 과정이다. 하지만 부티크 비즈니스에서는 세부 비용 분석이 주요한 우선순위가 아닌 경우가 많다. 이로 인해 파악하지 못했던 비용이 예상치 못한 문제를 초래할 수도 있다.

농장에서도 다양한 커피 품질과 로트 크기에 따라 비슷한 효과가 나타날 수 있다. 이국적인 품종이나 실험적인 마이크로 로트는 일반적으로 더 높은 가격을 받을 가능성이 있지만, 이것이 반드시 생산 농가에게 높은 수익을 가져다줄 거라는 의미는 아니다. 내가 이런 문제를 생산자와 수출업자들에게 이야기할 때마다 그들은 항상 같은 반응을 보인다. 프리미엄 커피라고 해서 반드시 높은 수익성이 보장되지 않는다. 이런 로트를 생산하고 판매 및 유통 관리하는 데 필요한 작업량과 자원이 생각보다 더 클 수 있기 때문이다.

내 경험을 예로 들자면, 우리 로스터리에서도 한정판 슈퍼 프리미엄 로트를 출시하지만, 이 제품 판매 수익으로는 그 누구의 급여도 충당하지 못한다. 물론 이런 제품들이 비즈니스의 전반적인 성공에 기여하기를 바라지만, 판매 데이터를 완전히 분리해 분석해 보면, 오히려 약간의 손실이 발생하는 것으로 나타난다.

한정판을 출시하려면 상당한 노력이 필요하다. 특별한 디자인과 브랜드 커뮤니케이션을 제작하고, 로스팅 프로파일 작업도 새롭게 설정해야 한다. 하지만 너무 소량 생산이라 초기 투입 비용의 회수가 어렵다. 로스터리의 인프라와 팀 역시 더 큰 규모의 생산을 위해 구축되었기 때문에, 소량 한정판 제품은 구조적으로 효율성이 떨어진다.

이런 종류의 제품을 개발하고 출시하는 데에는, 비록 수익성이 없더라도 가치 있는 이유들이 있다. 이런 논의는 150g에 40파운드짜리 커피를 구매한 고객에게는 놀라운 이야기일 것이다. 올리브유 사업을 하던 내 친구의 말에 따르면 마진이 가장 낮은 제품이 오히려 수익성이 더 높다고 한다. 대부분은 규모의 효과 때문이다. 마진이 낮은 제품은 일정 수준 이상의 판매량이 확보되어야 수익성을 가질 수 있다. 반면, 마진이 높은 제품은 효율성이 떨어지는 경우가 많아서 실제 비용과 마진이 제대로 파악되지 않는다.

실질 마진에서 얻을 수 있는 핵심 교훈은 매출 대비 기여도와 자원을 명확하게 파악할 수 있는 능력을 갖춰야 한다는 것이다. 특히 커피 산업처럼 순이익이 낮은 산업에서 더욱 그렇다. 개별 고객의 실질 마진을 전체적인 비즈니스 관점에서 분석하는 것이 가장 효과적인 접근 방식이다.

커피 비즈니스 시작하기 – 진입 장벽
Starting a Business in Coffee – Barrier to Entry

'진입 장벽'이라는 용어는 "그 비즈니스를 시작하는 것이 어느 정도 어려운가"를 의미한다. 즉, 새로운 비즈니스를 시작하거나 기존 비즈니스로 새로운 시장에 진출할 때, 신제품 라인을 도입할 때, 어떤 요소들이 방해물로 작용하는가를 분석하는 개념이다.

이 개념은 모든 산업에서 중요하지만, 커피 산업에서는 특히 주목해야 할 주제다. 커피 산업 내 여러 분야들은 서로 다른 수준의 진입 장벽을 가지고 있다. 진입 장벽이 낮으면 더 많은 사람들이 쉽게 비즈니스를 시작하고 업계에 진입할 수 있다. 커피 산업에서 가장 낮은 진입 장벽을 가진 분야 중 하나는 온라인 재판매 비즈니스다. 기존 로스터리의 커피를 구매해 온라인 플랫폼을 통해 재판매하는 방식이다.

이 모델은 매우 간단하게 시작할 수 있다. 다른 로스터의 커피를 도매가로 소량 구매한 뒤, 간단한 웹사이트를 만들어 온라인에서 판매한다. 고객이 주문하면 결제를 받고 제품을 포장해서 소포를 발송한다. 매우 간단한 과정이라 누구나 당장 내일부터라도 시작할 수 있을 만큼 쉽다. 페이스북 마켓플레이스 Facebook Marketplace에서 자기가 쓰던 중고 가구를 판매하는 것과 크게 다르지 않다.

카페는 온라인 재판매보다 훨씬 더 많은 준비와 자원이 필요하다. 임대 계약과 인테리어 비용, 각종 필수 장비 구매, 직원 고용이 필요할 수도 있다. 그러나 이 정도는 극복할 수 있는 수준의 진입 장벽이다. 물론 50만 파운드 규모의 화려한 인테리어를 해야 하는 카페라면 진입 장벽이 매우 높다. 하지만 창의적으로 자원을 활용하고 검소하게 디자인한다면 상대적으로 낮은 비용으로도 카페를 오픈할 수 있다. 사실 이런 방식이 초기 '제3의 물결' 독립 커피숍의 미학 – 비록 저예산이지만 진정성이 강조된 공간을 만드는 것이 핵심이었다. 그러나 요즘은 여러 이유로 이런 방식이 예전만큼 흔치 않다.

커피 관련 비즈니스 대부분은 카페보다 진입 장벽이 더 높다. 이론적으로, 작은 땅에 커피나무를 재배하고 열매를 현지 가공장에 판매하는 일은 비교적 진입 장벽이 낮다. 단, 해당 국가에서 농지를 확보할 수 있는지가 핵심 변수다. 아라비카 커피 씨앗은 비교적 저렴하지만 성장해서 열매를 맺기까지 꽤 긴 시간이 필요하다. 일반적으로 진입 장벽이 낮은 시장일수록 부가가치도 낮아지는 경향이 있다. 농업에서 더 높은 수익성을 추구하려면 더 넓은 토지를 확보할 필요가 있다. 그러나 토지 확장은 진입 장벽이자 성장 장벽으로 작용할 수 있다.

앞에서 진입 장벽은 비즈니스 시작하는 데 존재하는 허들을 의미한다고 말했다. 그러나 더 의미 있는 해석은 완전한 기능을 갖춘, 지속 가능한 비즈니스를 운영하는 데 따르는 제약들까지 포함하는 것이라고 생각한다.

나는 로부스타 커피 재배의 초기 비용이 아라비카보다 더 높다는 걸 알고 깜짝 놀랐다. 로부스타를 재배할 땐 씨앗 대신 클론 묘목을 사용하는 방식이 일반적이기 때문이었다. 또한 농업에서 가장 큰 진입 장벽 중 하나는 고가의 장비를 갖춰야 한다는 점이다. 브라질에는 첨단 시스템을 활용해 커피 수확뿐만 아니라 수확한 커피 열매를 분류하고 워시드 및 내추럴 가공을 거쳐 최종 제품 포장까지 자동화로 진행하는 사례가 많다. 그러나 이런 첨단 농기계는 매우 고가라서 농장 규모가 충분히 크지 않으면 비용을 감당할 수 없다.

커피 로스팅은 일반적으로 카페보다 진입 장벽이 낮다. 유동인구가 적어서 임대료가 저렴한 장소에서 비즈니스를 시작할 수 있고 초기에는 창업자 혼자 운영하는 것도 가능하다. 인테리어 역시 아주 기본적인 것만 갖추면 된다. 다만 유동인구가 적은 것은 사실 풀어야 할 과제다. 의미 있는 고객 수를 확보하기 어렵기 때문이다. 장비 또한 저렴하지는 않다. 다만 프리미엄 에스프레소 머신에 비해서는 저렴한 입문용 소형 로스팅 머신이 많이 나오고 있다. 물론 이런 소형 로스터는 장기적으로 쓸 수 있는 모델은 아니다. 비즈니스가 성공적으로 성장할 경우, 곧 용량 한계에 도달할 것이다. 그러나 어느 정도 성장 동력이 생기면 다음 단계로 확장하기 위한 자금을 대출받는 것도 쉬워질 것이다.

또한 비즈니스를 시작할 때 기존 시장의 경쟁자들과도 경쟁해야 한다. 로스팅 비즈니스는 지리적 요인에 영향을 덜 받기 때문에 오히려 경쟁에서 불리할 수 있다. 소비자가 제품을 여러 곳에서 구매할 수 있고 택배로 배송이 가능하다면 경쟁이 훨씬 치열해질 수밖에 없다. 반면 카페를 같이 운영하는 로스터리는 고객과 직접 소통할 수 있는 이점이 있다. 이 경우 가까운 지역 내 경쟁업체들과 경쟁하면 된다. 하지만 로스터리와 대부분의 관련 비즈니스는 더 넓은 시장에서 더 많은 경쟁자와 맞서야 한다.

일반적으로 커피 재배는 초기 자본이 많이 필요한 사업으로, 재정적 장벽이 아주 높다. 이미 커피나무가 자라고 있는 농장을 매입하는 게 아니라면, 씨앗을 심고 나서 커피를 수확할 수 있을 만큼 자라려면 4년 이상 걸린다. 이런 특성 때문에 손익분기점에 도달하기까지 기간이 길어질 수밖에 없다.

하지만 커머셜 커피는 유동성이 높은 시장으로, 진입 장벽이 낮은 편이다. 시장에 수요가 존재하는 한, 열매나 파치먼트 커피 구매자를 쉽게 찾을 수 있다. 대형 커피 기업들은 지속적인 공급망을 유지하고 공급이 원활하게 이루어질 수 있도록 구매와 판매 프로세스를 간소화한다. 이는 시장의 공급 잠재력을 극대화하고 리스크를 줄이기 위한 전략의 일환이다. 스페셜티 부티크 커피의 경우, 시장에 접근하기가 쉽지 않아 이 부문에서 성공을 거두기가 어렵다.

완제품 시장에서는 상황이 역전된다. 소규모 부티크 커피 브랜드는 스페셜티 커피 커뮤니티를 통해 일정 수준의 커피를 비교적 쉽게 판매할 수 있다. 반면 대형 커머셜 커피 브랜드와 의미 있는 경쟁을 벌이는 것은 훨씬 더 어렵다.

커피 가공 과정인 웻 밀링Wet Milling은 상당한 부가가치를 창출한다. 따라서 웻 밀링 시설을 운영해 다른 농가의 커피 열매를 구매, 가공, 재판매하는 것도 가능하다. 마치 와이너리의 초기 운영금을 호텔이나 레스토랑이 뒷받침하거나 증류소에서 위스키를 숙성하는 동안 진을 생산해서 수익을 창출하는 전략처럼, 농장의 조성과 규모 확장을 돕는 방법이 될 수 있다.

생두 수출입 비즈니스의 진입 장벽은 상당히 높다. 가장 큰 문제는 금융 접근성으로, 사실 이것이 이 비즈니스의 핵심 동력이다. 관건은 단순한 자본이 아니라 경쟁력 있는 조건으로 자금을 조달하는 능력이다. 소규모 기업은 초기에는 소량을 수출하는 정도로 시작할 수 있지만, 비즈니스가 성장할수록 지금 조달의 중요성이 더욱 커진다. 이 공급망을 효과적으로 운영하려면 지식과 경험이 필수적이며, 이는 그 자체로 또 하나의 장벽으로 작용한다.

이 장에서 설명한 것처럼, 진입 장벽은 단순히 사업을 시작하는 데 필요한 요소만을 의미하는 것이 아니다. 궁극적으로 비즈니스의 진입과 성공 가능성을 정확히 평가하려면, 자본과 현금 흐름뿐만 아니라 해당 업계의 주요 특성을 종합적으로 고려해야 한다.

리스크 Risk

모든 비즈니스에는 리스크가 따른다. 예상치 못한 일이 발생할 수 있고, 때로는 예방할 수 있었던 문제로 인해 어려움을 겪기도 한다. 일반적으로 비즈니스에서 말하는 리스크란, 기업이 통제할 수 없는 외부 요인과 관련된 위험을 의미한다.

리스크에 노출될 가능성과 그 리스크의 심각도를 조합한 개념을 '리스크 프로필'이라고 한다. 리스크 프로필은 비즈니스의 특성마다 크게 다르다. 예를 들어, 같은 산업의 회사라 해도 고객층, 규모, 수익성, 금융 접근성 등의 여러 변수에 따라 리스크 프로필은 완전히 달라진다.

이 책을 쓰면서, 그리고 커피 산업을 배우는 과정에서 부딪히는 가장 큰 어려움 중 하나는 사람들이 "변수가 너무 많아. 정답이 하나가 아니야." 라고 손을 내젓는다는 점이다. 스페셜티 부티크 커피 산업은 비교적 역사가 짧기 때문에, 어떤 질문에 대한 답에 명확한 맥락이나 근거가 부족할 수 있다는 점은 이해한다. 그러나 이런 반응은 종종 쉽고 빠른 해결책을 바라는 마음에서 비롯되며, 그로 인해 사안이 지나치게 단순화되고, 결국 사실과 멀어진 정보가 되기도 한다.

그럼에도 불구하고, 커피 산업에서 흔히 볼 수 있는 다양한 리스크 프로필을 설정하고, 이를 기반으로 비즈니스 운영에 대한 합리적인 분석을 시도할 수 있다.

커피 농업은 분명 커피 산업 중에서 가장 높은 리스크 프로필을 가진 분야 중 하나다. 변동성, 예측 불가능성, 자연의 영향 때문이다. 커피는 농산물이다. 결국 다른 모든 농업에서 발생하는 어려움을 똑같이 겪는다. 연간 생산량은 여러 요인에 따라 달라지고, 어떤 리스크는 예측하고 대비할 수 있지만 서리, 장기간의 폭우, 커피잎녹병처럼 생산에 치명적일 수 있는 자연재해는 완벽하게 대비하기 어렵다. 새집을 구입하기 전에 상세히 알아보듯이, 각 농지마다 리스크 수준과 유형이 다르기 때문에 잘 알아봐야 한다. 홍수나 산사태 같은 심각한 리스크 요인이 있을 수 있다.

비즈니스에서 리스크는 경쟁 환경과 고객의 충성도에 크게 좌우된다. 커피 상품 시장인 C 마켓은 글로벌 상품 거래 시장으로, 전 세계적으로 커피 가격이 변동하면 각 생산자는 극심한 가격 변동 리스크에 노출된다. 커피 공급망 내 다른 커피 비즈니스들은 농가보다는 상대적으로 덜하지만 이런 리스크로부터 자유로울 수 없다. 특히 가격이 불안정할 경우, 경쟁업체가 더 낮은 가격을 제시한다면 고객을 뺏길 리스크가 커진다.

새로 시작하는 소규모 비즈니스의 가장 큰 리스크 요소는 바로 창업자 자신이다. 아직 비즈니스가 구조적으로 안정되지 않은 상황에서 창업자의 신변에 불미스러운 일이 발생하면 비즈니스에 치명적인 영향을 줄 수 있다.

리스크 없는 비즈니스란 없다. 야심 찬 비즈니스 모델일수록, 일정 수준의 '리스크'를 감수하는 것이 일반적이다. 그렇더라도 비즈니스의 리스크 프로필은 중장기 전략에 반영되어야 한다. 리스크는 비즈니스가 변화하고 성장하며 진화하면서 변화하는 요소다. 비즈니스의 변화와 혁신 과정에서는 필연적으로 리스크가 발생한다. 어쩌면 변화를 시도하지 않고 현 상태를 유지하는 것이 리스크를 피하는 방법처럼 보일 수 있다. 그러나 변화하는 비즈니스 환경에서 정체된 상태를 유지하는 것 또한 리스크로 작용할 수 있다.

모든 비즈니스에서 올바른 리스크 판단은 매우 중요하다. 커피 비즈니스에서도 마찬가지다.

규모의 영향 The Impact of Scale

규모^{scale}란 관점의 차이에 따라 달라질 수 있는 개념이다. 특히 독립 부티크 비즈니스에서는 더욱 그렇다. 어떤 환경에서는 커 보일 수 있어도 다른 기준으로는 아주 작아 보일 수 있다. 일반적으로 스페셜티 부티크 비즈니스는 소규모 운영을 기반으로 하고 독립적 형태와 인적 연결이라는 특징을 가지고 있다. 하지만 일정 규모를 넘어간다면 더 이상 부티크라고 부를 수 없다.

규모라는 용어에서 연상되는 의미 중 하나는 '거대한 크기^{magnitude}'다. 예를 들어 "그건 대규모로 운영해도 잘 작동한다$^{That\ works\ at\ scale}$"는 표현처럼, 그 비즈니스가 대규모로 확장될 수 있는지 여부를 의미하기도 한다. 하지만 규모라는 개념 자체는 크기나 범위를 의미하며, 아주 작은 것부터 거대한 것까지 포함하는 포괄적인 개념이다.

간단한 예로 부티크 로스터리의 로스팅 드럼 크기를 생각해 보자. **생산비** 챕터에서 든 예시처럼, 다른 모든 조건이 동일하다면 5kg 로스터를 사용하는 부티크 로스터리와 25kg 로스터를 사용하는 로스터리는 운영 규모가 완전히 다르다. 업계 기준으로 보면 25kg 로스터도 그리 크지 않지만 5kg 로스터보다는 훨씬 크다. 이는 두 가지 측면에서 단위 kg당 원두 생산비에 큰 영향을 미친다. 첫째, 로스터를 가동하는 데 드는 노동력은 시간 단위로 계산한다. 같은 시간에 5배를 생산할 수 있다면 생산 단위당 인건비에서 큰 차이가 날 것이다. 둘째, 생산할 수 있는 총량이 다르다. 하루에 가능한 작업 시간은 한정적이다. 5kg 로스터로 아침부터 저녁까지 로스팅해도 25kg 로스터의 생산량을 따라갈 수 없다. 물론 25kg 로스터를 사용하려면 더 큰 공간이 필요하겠지만, 대량 생산이 필요하다면 당연히 감당해야 한다. 로스터리의 생산 비용에 영향을 미치는 다른 요소들이 많지만, 로스터 크기는 그중 이해하기 쉬운 핵심 요인 중 하나다.

기업은 '규모의 경제'를 통해 생산 비용을 낮출 수 있다는 이론을 들어 봤을 것이다. 이는 사실이다. 비즈니스 규모가 일정 수준에 도달해야만 얻을 수 있는 경쟁력 있는 요소들이 여러 가지 있다. 하지만 규모가 커지면 잠재적인 복합성, 리스크, 비효율성도 함께 발생할 수 있다는 점도 고려해야 한다. 규모가 커질수록 바람직하지 않은 제약 조건이 같이 발생하는 경우가 많다.

소규모 부티크 비즈니스 역시 내부적으로 다양한 차이가 있다. 즉, 스페셜티 부티크 커피 시장에서도 생산비는 다양한 변수에 의해 크게 달라질 수 있다는 의미다. 이런 변수에는 직원 급여, 제품 출시 주기와 크기 등이 있다. 매달 새로운 커피를 출시하기 위해 프로파일링, 포장, 마케팅을 진행하려면 고정적인 제품만 유지하는 것보다 훨씬 많은 비용이 든다. 단순히 커피 준비 단계에서만 발생하는 것이 아니라 원재료 조달, 제품 개발, 카피라이팅, 머천다이징 등 여러 단계에서 추가 비용이 발생한다.

스페셜티 커피는 일반적으로 생두, 로스팅, 음료의 가격이 더 높게 형성되는 편이다.

그러나 스페셜티 로스터리에서 커피 한 봉지에 적용하는 가격과 마진 구조는 비교적 일정하게 유지되는 경향이 있다. 더 큰 규모로 성장한 로스터리는 단위당 생산 효율을 높일 수 있으며, 최소한 이론적으로 더 나은 생산 효율성을 달성할 수 있다.

비즈니스 규모가 커지면 새로운 프로세스, 부서, 체계를 구축해야 하고 이런 변화로 인해 운영 비용이 증가한다. 판매량이 증가할수록, 이를 지원하기 위해서 더 기업적인 구조가 필요하다. 조쉬 딕의 랍스터 비유는 이를 잘 설명한다.

즉, 규모 확장은 장점이 있지만 동시에 극복해야 할 과제도 많다. 직원을 더 고용해야 할지, 새로운 장비를 도입해야 할지 고민해야 한다. 규모가 작고 순이익이 낮은 비즈니스에서는 성장을 위해 필요한 자금을 확보하는 것이 더 어렵다. 비즈니스 규모가 작을수록 외부 금융 자본 접근성이 떨어질 가능성이 크다. 여기서 말하는 금융 접근성은 '채무'에 대한 것이고, 지분 투자와의 차이에 대해서는 책 후반부에서 이야기할 예정이다. 부티크 비즈니스가 금융에 쉽게 접근할 수 없다면 성장과 재투자를 위한 자금은 오로지 자체 자본으로 한정될 수밖에 없다.

커피 농업에서 토지가 고정되어 있는 상황이라면 규모에 대한 관점도 달라진다. 농장주가 더 많은 농지를 매입하거나 활용할 수 있는 상황이 아니라면, 규모의 문제는 현재 농지의 한계 내에서 수확량과 품질을 극대화하는 것과 관련된다. 커피 농업에서는 최적의 규모와 관련해 흥미로운 딜레마가 발생할 수 있다. 까라벨라의 알레한드로 까데나 R. Alejandro Cadena R.는 콜롬비아에서 이상적인 농장 규모를 약 30헥타르 정도로 추정했다. 너무 작은 규모로 커피를 재배하면 경제적으로 수익성이 너무 없다. 그러면 당연히 "농장이 더 크면 안 되나요?"라는 질문이 따라올 것이다. 알레한드로는 커피 수확에 필요한 노동력 문제가 규모 확장을 제한하는 요소가 된다고 설명했다. 대부분의 커피 생산국에서 여전히 손으로 아라비카를 수확하는데, 농장 규모가 클수록 수확기에 필요한 시즌제 노동력을 찾고 관리하기가 어렵다. 노동력이 많을수록 품질 유지는 더 어려워진다.

나도 뉴질랜드에서 포도나무 가지치기 일을 할 때 비슷한 패턴을 발견했다. 작업량을 늘릴 수는 있지만, 그 과정에서 품질이 저하될 가능성이 있다. 이는 결과적으로 작물의 가치를 떨어뜨리는 위험을 초래한다. 브라질에서 도입한 매우 획기적인 기술은 이런 품질 문제를 해결하는 데 도움이 될 수 있다. 그러나 장비가 너무 비싸기 때문에 아주 큰 규모의 농장을 운영하지 않는 한 투자 수지를 맞추기 어렵다. 이런 사례들을 보면 규모의 '이

점'이 언제나 들어맞는 것은 아니라는 게 분명해진다.

또한 규모에 대한 논의에서 브랜드 인지도는 종종 간과되곤 한다. 일정 규모에 도달하면 브랜드 노출이 급격하게 증가하는 전환점이 온다. 단지 성공했다는 이유만으로도 브랜드 인지도가 눈덩이처럼 커진다.

부티크 브랜드는 '부티크 브랜드'로서의 정체성을 유지하는 것과 규모 확장 사이에서 외줄타기를 한다. 이는 그들의 성공에 핵심적인 요소가 되기도 한다. 이런 현상은 커피 외의 다른 분야에서도 볼 수 있는데, 브랜드가 규모를 키우면 그에 대한 인식이 달라지기 때문이다. 특히 그 브랜드가 처음에 저항적이고 독립적인 이미지를 갖고 있었다면, 성장함에 따라 그 이미지는 더 크게 변화할 것이다. 다만, 이런 변화에 대해 가장 강하게 비판하는 고객층이 반드시 브랜드의 실제 핵심 고객층이라고 할 수는 없다.

스페셜티 커피 비즈니스에서 규모와 성장이라는 개념은 본질적으로 모순된 부분이 있다. 접근성에 대한 이야기는 많지만, 실제로 브랜드가 (규모를 키워) 더 많은 고객을 확보하면 오히려 부정적인 피드백을 받는 경우가 많다. 즉, 스페셜티 커피가 더 많은 소비자에게 다가갈수록 그것이 긍정적으로 받아들여지지 않는 경우가 종종 있다.

결국 스페셜티 커피의 시장 규모는 궁극적으로 제한될 수밖에 없다. 이 시장은 본질적으로 부티크 시장의 최전선에 있고, 그래서 확장 가능한 규모에는 한계가 있다. 어느 지점부터는 더 이상 부티크라고 부를 수 없는 지점이 존재한다. 그리고 브랜드마다 그 경계가 어디인지는 관점의 차이에 따라 다르게 인식할 수밖에 없다.

다만 이 책의 후반부에서 논의할 '스페셜티 커피의 미학'은 실제로 스페셜티 커피 시장보다 훨씬 더 광범위한 확장 가능성과 잠재력을 가지고 있다. 시장 확장 가능성은 스페셜티 커피 산업 내 여러 기업들이 성장을 지속할 수 있는 기회를 제공할 수도 있다. 예를 들어 기업이 계속 성장하고 규모를 키우기 위해 더 낮은 등급의 커피와 더 낮은 가격을 탐색하기 시작했다면, 이는 단순한 규모 확장이 아니라, 커머셜 커피 시장으로의 다변화일 수도 있다. 이 경우, 그들이 진정으로 스페셜티 커피 시장을 확장하는 것인지 아니면 더 높은 성장률을 유지하기 위해 고급 커머셜 커피 시장으로 진출하는 것인지에 대한 흥미로운 질문이 제기된다.

금융 접근성 – 차입금에 의존하는 산업
Access to Finance – An Industry Built on Borrowed Money

커피 산업은 금융 접근성에 대한 의존도가 크다. 농업 분야의 모든 작물은 지연 수익 모델로서, 농민은 미래 수확물의 잠재력에 투자해야 한다. 단순한 초기 투자가 아니라, 매년 각 수확기에 맞춰 투입되는 자원과 금전적 투자를 포함한다.

밀Mill(커피열매 가공장)과 수출업체는 수확과 판매 사이의 기간 동안 커피에 자금을 조달하고 투자한다. 이를 공급망의 다음 구매자에게 넘기면서 자금 순환이 이루어진다. 수입업체도 마찬가지 역할을 한다. 수확된 커피를 오랜 기간 보관하며 금융 지원과 긴 대출 기간을 부담한다. 이 기간 동안 고객인 로스터나 커피 브랜드들은 수 개월에 걸쳐 커피를 조금씩 가공해 판매하는데, 창고에서 커피를 출고할 때만 대금을 지급하는 구조다.

이런 공급망 전체에서 원활한 현금 흐름을 유지하기 위해서는 금융 접근성이 필수적이다.

커피 로스터는 직거래든 아니든 일정량의 커피를 확보해야 한다. 직거래 방식이든 아니든 커피는 원산지 항구에서 출발해 바다에서 몇 달을 보내야 한다. 로스터가 한 번에 커피를 다 사용하는 것은 아니므로 대부분의 커피는 창고로 들어간다. 일반적으로 로스터리는 커피를 구매할 때 최소 6개월, 길게는 1년 동안 사용할 수 있을 만큼 충분한 양을 확보해야 한다.

1년 내내 판매할 원재료를 선구매하면서도, 총이익률과 낮은 순이익률을 안정적으로 유지할 수 있는 비즈니스는 거의 없다. 따라서 커피 로스팅 업체들은 생두 업체의 금융 지원에 의존할 수밖에 없다.

나는 런던에서 엠-컬티보M-Cultivo의 데이빗 파파렐리David Papparelli와 점심을 같이 한 적이 있다. 이 업체는 산지의 농민과 수출업체를 대상으로 금융 지원을 제공한다. 거의 모든 로스터, 대형 로스터조차 생두 업체가 제공하는 융자를 이용한다고 한다. 그의 말에 따르면 특정 국가 커피 산업의 출현과 발전은 해당 커피 커뮤니티의 금융 접근성(강점 또는 약점)에 달려 있다고 한다. 특히 부티크, 스페셜티 커피 분야에서는 더욱 중요하다. 비즈니스 규모가 작아서 낮은 금리로 대출을 받을 가능성이 희박하기 때문에 결국 생두 업체의 금융 지원을 통해 해결하게 되는 것이다.

커피를 거래하고 수입하는 업체든, 원산지에서 수출하는 업체든, 생두를 관리하고 운송하는 비즈니스는 "우리가 점점 은행이 되는 것 같다."고 생각할 수 있는데 실제로 그렇다. 본질적으로 예금자와 대출자 사이에 자금을 관리하는 행위 자체가 은행의 역할이기 때문이다.

커피 재배에는 매년 수확기 사이의 기간을 버틸 수 있도록 금융 지원이 필수적이다. 수확을 끝내고 커피를 판매하기 전까지, 다양한 비용이 지출된다. 비료 구입과 농업 기술 비용부터 수확기 급격히 상승하는 인건비에 이르기까지 다양한 비용이 필요하기 때문이다. 이 비용은 연중(또는 해마다) 변동하는데 가장 일반적인 자금 조달 방식은 이자를 내야 하는 채무를 얻는 것이다.

대형 생두 업체들은 대체로 스위스에 사무실을 둔다. 스위스가 단지 세금 혜택을 주기 때문만이 아니다. 젬스톡Gemstock의 앤드류 보우먼Andrew Bowman은 세금 때문에 스위스가 비즈니스하기 좋은 곳이라 생각하는 경우가 많은데(정말이다.), 사실 그 이상의 이유가 있다고 한다. 스위스 경제는 안정적이며 이런 안정성 덕에 다른 국가에 비해 통화 강세와 낮은 인플레이션을 유지한다. 이는 스위스의 자본 접근성을 더욱 경쟁력 있게 만든다.

생두 거래는 금융과 극도로 낮은 순이익률에 의존해 운영된다. 따라서 전 세계의 생두 거래가 어떤 식으로든 스위스를 거치는 것은 자연스러운 일이다.

대부분의 커피 생산국은 아열대 경제에 속하며 각 국가마다 비즈니스 운영과 관련된 리스크 프로필은 다양하다. 이 리스크 프로필은 해당 국가에서 금융을 이용할 수 있는 비용 및 접근성에 직접적인 영향을 미친다. 예를 들어 스위스는 리스크 프로필이 낮은 국가다. 반면 금융 리스크가 높은 국가에서는 자본 흐름이 훨씬 더딜 뿐 아니라, 자본 조달도 어렵고 금리도 높다. 즉, 리스크가 높은 경제적 상황일수록 금융 접근이 제한적이고 비용도 더 많이 든다.

우간다 애그리 이볼브Agri Evolve의 조니Jonny는 동아프리카에서 많은 커피 농업 교육 프로그램이 진행되어 지금까지 여러 긍정적인 효과가 있었지만, 여전히 해결하지 못한 진정한 허들은 금융 접근성이라고 한다.

커머셜 커피용 금융이 스페셜티 커피 수출을 지원하는 데 활용될 수도 있다. 데이빗 파파렐리David Pappareli는 자신과 긴밀한 협력 관계인 과테말라의 커피 생산자 겸 수출업자 이야기를 들려주었다. 이 생산자는 컨테이너 15개 분량의 고품질 커피를 수출할 계획이었다. 가격이 꽤 나가는 고가의 커피들이었다. 그는 커피 시장에 진입할 수 있는 능력도 있고 고정된 고객층도 확보하고 있었지만 스페셜티 커피의 수출 자금을 조달하는 데는 어려움을 겪고 있었다. 그가 선택한 해결책은 (대규모 수출업체인) 카프콤Cafcom과 컨테이너 75개 분량의 커머셜 커피를 거래하는 계약을 맺는 것이었다. 아직 배송되지 않은 75개 컨테이너의 자금을 미리 확보해, 스페셜티 커피 15개 컨테이너의 수출 비용을 조달하는 방식이다.

이 과정은 다음과 같이 진행된다. 우선 75개 컨테이너의 커머셜 커피 계약을 체결해 자금을 확보한다. 확보한 자금으로 15개 컨테이너의 부티크 커피 수출을 진행한다. 부티크 커피가 배송되면, 계약된 커머셜 커피를 준비해 카프콤에 납품한다. 이러한 백투백 금융 back-to-back financing 순환이 종료되고, 다음 수출 사이클이 시작된다.

이처럼, 끊임없이 발생하는 금융 문제를 해결하기 위해 기업들은 다양하고 창의적인 방법을 활용하고 있다. 많은 커피 비즈니스의 핵심 과제는 금융 및 채무를 효과적으로 관리하는 것이다.

부티크 생두 수입업체는 금융 접근성 때문에 큰 어려움을 겪는 기업 중 하나다. 이들은 종종 대형 생두 무역업체로부터 자금을 빌린다. 대형 무역회사들이 커피를 담보로 대출을 제공하는 건 흔한 일이다. 로스터리와 카페는 커피 공급망의 상류 단계에서 이루어진 이런 금융 시스템 덕분에 큰 혜택을 보고 있다. 고객에게 커피를 제공하는 즉시 대금 결제가 이루어지는 로스터리와 카페는 자금 회전율이 빠르기 때문에 금융 부담이 상대적으로 적은 편이다. 카페와 로스터리가 생두 및 원두 비용을 완납하면 이 여정은 진짜 끝이 난다.

금융 조달에 의존하지 않고 문제를 해결하는 기업도 있다. 예를 들어, 오랜 기간 동안 순이익을 저축한 안정적인 로스터리는 수출 단계에서 직접 커피 비용을 지불할 수 있는 재정을 확보할 수 있다.

카페 임포츠Cafe Imports 같은 일부 수입업체는 생산 파트너에게 선금을 지불한다. 이 업체는 스위스 금융기관 같은 기존 금융 시스템에 의존하지 않고 자사의 현금을 담보로 은행에서 금융을 조달한다. 하지만 커피 가격이 상승할 경우에는 어려울 수 있다. 회사가 보유한 현금은 일정한 반면, 원두 가격이 오르면 돈을 더 많이 빌려야 하기 때문이다.

이 장에서는 생두의 재배와 운송에 필요한 금융 조달의 필요성에 대해 알아보았다. 물론 커피 산업 전반에는 이 외에도 자금이 필요한 다양한 비즈니스 활동들이 존재한다.

어떤 시점에 자금을 조달할 수 있는가 하는 문제는 회사나 무역업체가 비즈니스를 선택하는 방식에 큰 영향을 미친다.

소유권, 투자, 기업 가치 평가 Ownership, Investment and Valuation

모든 비즈니스에는 어떤 형태로든 소유권 구조가 존재한다. 가족이 대대로 운영하는 패밀리 비즈니스일 수도 있고, 프리랜서로 일하는 개인 사업자일 수도 있다. 부티크 비즈니스에서는 협업이나 파트너십 형태가 흔하다. 부부 창업자일 수도 있고, 각각 다른 역량을 가진 두 사업가가 파트너를 맺은 형태일 수도 있다.

파트너십뿐만 아니라 투자도 흔한 형태다. 어떤 사람은 창의력이나 운영 경험을 제공하고, 어떤 사람은 자본이나 금융 전문성을 제공하는 경우도 있다. 창업자 모델, 달리 말하자면 소유권 모델은 이밖에도 여러 가지가 있다.

소유권 분배는 회사 운영 방식 및 성장 과정에 큰 영향을 미친다. 핵심 주주는 소유권을 통해 자신이 보유한 지분의 가치를 실현하려 하므로, 비전과 방향성에 더해 소유권이 전략과 기업 행동에 미치는 영향까지 고려해야 한다.

기업이 설립될 때, 소유 구조가 확립된다. 창업자가 스스로 자금을 조달하거나 대출로 자금을 조달하는 단독 창업의 경우, 창업자가 100% 소유권을 가지고 개인 사업자 또는 유한 회사로 법인을 설립할 수 있다.

창업자가 둘 이상이라면 소유권을 어떻게 분배할지 논의해야 한다. 정해진 공식은 없지만 각 창업자가 기여하는 가치를 반영해 협상하게 될 것이다. 만약 이 과정에서 합의에 이르지 못하면 비즈니스는 시작도 하기 전에 무산될 가능성이 크다.

시간이 흘러 비즈니스가 성장하면 여러 요인에 의해 소유 구조가 변할 수 있다. 특히, 자금과 관련된 경우가 많다. 기업에 추가 자금이 필요하다면 소유 지분의 분배를 다시 검토해야 한다. 새로운 투자자나 기업이 투자금을 내고 지분을 받는다. 기존 주주 중 한 명이 더 많은 자금을 투자하면, 다른 주주들의 지분이 희석될 수도 있다. 또는 주주 산의 지분 거래도 가능하다. 이 경우, 기업 자체에는 추가 자금이 유입되지 않으면서 기존 소유자의 지분을 인수하는 방식이다.

소유권을 가졌다는 것은 궁극적으로 그 가치를 실현하고자 하는 것이 목표다. 소규모 부티크 비즈니스의 경우, 가장 흔한 방식은 배당이다. 간단히 말해, 기업이 이익을 창출하면 지분율에 따라 수익을 배분하는 방식이다. 물론 이익이 발생했을 경우에 해당되는 이야기다. 설령 이익이 발생하더라도 현금의 유동성과 비상 자금 확보를 위해 일정 부분은 기업 내에 남겨두어야 할 수 있다. 비즈니스가 성장하는 과정에서는 현금 흐름 관리가 점점 더 중요해지며, 새로운 장비 구매 같은 잠재적 자본 지출에 대응할 자금도 필요하다.

만약 소유주가 직접 비즈니스에 참여해 일하면서 지속 가능한 급여를 받는다면 지분 가치에 대한 논의는 장기적인 관점으로 진행될 수 있다. 마찬가지로 장기적인 투자를 감당할 수 있는 투자자라면 몇 년 동안 투자 수익을 받지 않고도 기다릴 수 있다.

핵심 팀원에게 주식 매수 권리를 주거나 주식 매입 옵션을 보상으로 제공하는 경우도 많다. 이는 표면적으로 좋은 동기 부여로 보이겠지만 팀원이 그 지분을 쉽게 현금화할 방법이 없다면 실질적으로 큰 의미는 없다. 특히 직원이 퇴사할 경우 옵션이 소멸되는 구조라면 이는 직원에게 불리한 보상 체계가 될 수 있다. 개인적으로 성과급 보너스와 실적 공유가 더 강력한 인센티브라고 생각한다. 물론 이런 옵션을 제공할 수 있으려면 비즈니스가 충분한 수익성을 확보해야 한다.

'유동성' 이벤트 또는 '엑시트'는 기존 주주들이 보유한 지분의 가치를 현금화할 수 있는 기회라고 할 수 있다. 새로운 투자 라운드가 진행되면, 기존 투자자 중 일부는 지분을 매각할 기회를 얻는다. 회사를 완전히 매각하는 경우라면, 모든 주주는 자신이 보유한 지분에 비례해 매각 대금을 받는다. 어느 정도 규모가 있는 회사라면 주식 시장에 '상장'될 수 있고, 기존 주주들이 원하는 시점에 지분을 현금화할 수 있다. 보다 성장 지향적인 스페셜티 커피 기업이라면 이런 다양한 시나리오를 고려하면서 투자 전략과 성장 계획을 수립해야 한다.

궁극적으로 기업의 가치는 누군가가 기꺼이 지불하려는 금액에 의해 결정된다. 물론 단순히 임의의 숫자를 제시하는 게 아니라 업계에서 일반적으로 사용되는 평가 기준을 적용한다. 각 비즈니스마다 고유한 특성이 있지만, 동일한 시장 내에서 이전에 평가된 기업의 가치 및 매각 사례가 기준이 될 수 있다.

흔히 매출은 허영이고 수익은 현실이라는 말이 있다. 장기적으로 보면 수익성이 중요하다. 그러나 단기적으로 높은 잠재력이나 성장 가능성을 보인다면 높은 가치를 인정받거나 높은 가격에 지분을 매각할 수 있다.

기업 가치를 더 높게 책정하는 경우는 다음과 같다. 자사가 속한 시장의 경쟁 기업들이 확장을 원하는 상황에서 중요한 위치를 점유하고 있거나, 전략적으로 중요한 지역에 위치하고 있을 때 다른 브랜드에게 높은 평가를 받는다.

기업의 초기 단계에는 기업 가치를 높게 평가하기 쉽다. 새로운 사업 아이디어나 새로운 방향성은 전적으로 추측에 기반하기 때문에 매출 전망 역시 이론적인 수치에 지나지 않는다. 실제 운영 중인 비즈니스는 실질적인 매출, 비용, 그리고 이익이 존재하기 때문이다. 따라서 기업의 가치를 논할 때 훨씬 더 구체적이고 검증 가능한 데이터를 바탕으로 해야 하며 이상적인 기대가 아닌 현실적인 수치와 성과가 평가의 기준이 된다.

이 모든 것을 고려했을 때, 스페셜티 커피 산업의 일반적인 기업 가치는 어떻게 평가할까? 그 기업이 채무를 많이 지지 않았다고 가정하자. 채무가 많으면 기업 가치는 낮아질 수 있으므로 이를 감안해야 한다. 이런 전제를 바탕으로 커피 산업 내 각종 업종에는 기준이 될 만한 기업 가치 평가 지표들이 존재한다. 이러한 기준들은 현재 시점에서 대형 성공 브랜드가 아닌, 중소기업 규모의 기업들을 기준으로 한 것이다.

카페와 커피숍 – 접객업 독립 운영의 경우 달성 가능한 가치 산정 기준은 EBITDA Earnings Before Interest, Tax, Depreciation, and Amortization의 4배, 여러 매장 운영/체인 사업자의 경우 EBITDA의 6배다. 만약 해당 비즈니스가 EBITDA 비율 15%를 달성할 수 있다면 이는 각각 매출 대비 0.6배(독립 운영)와 0.9배(체인 운영)에 해당한다.

로스터리 – 식품 제조/브랜드 커피 로스터리는 본질적으로 식품 제조업 브랜드다. 스페셜티 커피 로스팅 업계에서 달성 가능한 가치 기준은 EBITDA의 6배, 브랜드와 시장 입지가 강력하다면 EBITDA의 8배도 가능하다. 순이익율이 10%라면 이는 각각 매출의 0.6배와 0.8배다.

생두 수출입 – 금융 및 물류 생두 업체의 주된 비즈니스는 원자재를 운송하는 물류 사업이다. 물론 핵심은 금융이지만, 대개 은행에서 자금을 조달한다. 이 분야에서 쓸 만한 다중 평가 자료를 찾기는 어렵지만, 아마도 EBITDA의 4배쯤 될 것이다. 순이익이

비즈니스 부문	EBITDA 배수	매출 배수
카페, 커피숍 EBITDA 15%	4~6배	0.6~0.9배
로스터리-식품 제조/브랜드 EBITDA 10%	6~8배	0.6~0.8배
생두 수출입-금융, 물류 EBITDA 5%	4배	0.2배
커피 영농-농업 EBITDA 25%	4~6배 (추가 토지 가치 제외)	1~1.5배 (추가 토지 가치 제외)

낮은 업종이므로 기업 가치는 매출의 0.2배 수준에 불과할 가능성이 높다.

커피 재배-농업 농업 분야의 기업 가치는 일반적으로 두 가지 요소로 평가된다. 농업은 토지에서 운영되는 비즈니스의 가치뿐 아니라, 토지 자체의 시장 가치도 함께 평가 대상이 된다. 일반적으로 농업 운영 가치는 EBITDA의 4~6배로 평가할 수 있다. 순이익율이 25%일 경우 매출의 1~1.5배가 된다. 그러나 많은 농장 사업체들이 토지를 소유하고 있다. 토지가 크거나 산업 내에서 전략적 가치가 있거나 다른 용도가 있다면, 가치는 훨씬 높아질 것이다. 이를테면 해당 토지 내 재배 비즈니스 운영 매출의 3배까지 상승 가능하다. 농업 관광까지 진행한다면 평가 기준이 더 높아질 수 있다.

일반적으로 기업 가치는 비즈니스 초기 또는 높은 성장률과 매출을 달성했을 때 더 높게 평가되는 경향이 있다. 상장된 커피 브랜드들을 보면 기업 가치 배수가 훨씬 더 높은데, 이는 이들이 시장에서 큰 성공을 거두었기 때문이다. 몇몇 유명한 부티크 커피 브랜드는 이런 일반적인 배수보다 훨씬 높은 배수를 기록하기도 했는데, 이런 경우는 예외적인 존재, '유니콘'으로 보인다. (유니콘은 특별하다 참조)

최근 스페셜티 커피 시장의 성장과 투자 관심 승가로 인해 업계의 시업 평가 기준이 식품, 제조, 접객 산업보다 더 높은 수준을 보이기도 한다. 일부 기업들은 대형 IT 기업과 유사한 평기를 받기도 한다. 그러나 이러한 기업들이 높은 기업 가치를 기반으로 크라우드 펀딩이나 개인 투자자, 벤처 캐피탈 네트워크를 통해 자금을 조달했다 해도, 실제 비즈니스를 성장시키고 엑시트에 성공하는 경우는 아직 드물다.

많은 기업들의 목표는 이런 높은 평가 기준을 성공의 지표로 삼아 성장하는 것이다. 만약 기업이 높은 EBITDA를 달성하거나 고유한 브랜드 가치를 창출할 수 있다면 기존 수치를 뛰어넘는 성과를 내는 것도 가능할 것이다.

이 모든 접근 방식은 '성장 및 매각'에 기반한 것이다. 그에 비해 오래된 전통적인 접근 방식은 장기간에 걸쳐 수익을 내고 지속 가능하며 손실 없는 운영을 해서 배당금을 받는 것이다. 이 전략에서 가장 중요한 요소는 '수익성 있는 규모'를 달성하는 것이다. 이를 통해 창업자가 평생 운영할 수 있는 비즈니스를 구축하거나 후대에게 물려줄 수 있는 유산을 만들 수 있을 때 더욱 크게 성공한 것으로 본다.

앞서 살펴본 바와 같이, 수많은 열정적인 창업자들은 자기가 좋아하는 산업에서 지속 가능한 비즈니스를 운영하는 것을 목표로 삼는다. 이들에게 중요한 것은 자신과 팀이 가치 있고 의미 있는 일을 할 수 있는 안정적인 환경을 만드는 것이다. 이 경우 기업 가치는 핵심적인 요소가 아닐 수 있다.

규정 준수 Compliance

규정 준수와 규제는 모든 비즈니스에서 일반적으로 요구되는 것으로, 특히 식품 산업에서 필수적인 부분이다. 관련된 요구사항은 기본적인 보건 기준, 안전 작업 기준, 식품 안전 가이드라인 준수 등으로, 대개 현지 당국에서 강제적으로 시행하거나 법적 책임과 보험 요건을 통해 준수되도록 장려된다.

일반적으로 당국의 규제는 대기업에게 더 엄격하긴 하지만 기본적인 수준의 규정 준수는 모든 비즈니스에서 중요하고 가치 있는 부분이다. 비즈니스가 성장할수록 규정 준수는 더욱 중요해진다. 비즈니스의 표준을 유지하기 위한 구조적 필요성과 고객의 요구도 증가하기 때문이다.

책 후반부에서는 인증 프로그램과 감사audit 절차에 대해 다룬다. 커피 공급망 내 비즈니스들이 특정 멤버십 기관이 제시한 기준을 준수하기 위해 노력하는 과정을 의미한다.

규정이나 규제가 항상 정부나 민간 등 제3자 기관에 의해 시행되는 것은 아니다. 거래처와의 계약 안에도 규정 준수라는 개념이 내재되어 있는 경우가 많다. 구매자는 공급 계약의 일부로 몇 가지 기준을 요구할 수 있다. 예를 들면 품질, 커피 속 이물질, 당사자 간 합의한 다양한 공정 증빙 등을 포함할 수 있다.

모든 내부 프로세스도 결국 일종의 규정 준수라고 볼 수 있다. 사실상 품질, 전문성, 서비스 등은 커피 비즈니스의 윤리적 구조를 형성하며, 일정한 규칙 준수와 연결된다. 그러나 복잡하고 엄격한 규정 준수 요구는 창의성과 유연성을 저해해 부정적인 결과를 가져올 수 있다. 스페셜티 커피 산업은 엄격하고 형식적인 문화의 대기업과 달리, 열정적이고 창의적인 환경이 특징이다. 물론 기본적인 식품 안전 및 식품 표시 기준 준수는 필수지만, 그 이상의 규정 준수 요구는 기업마다 크게 다를 수 있다.

이 모든 것을 고려할 때 스페셜티 커피 비즈니스에서 규정 준수라는 개념이 문화적 요소로서 그리 중요하지 않을 수 있다. 특히 로스터리의 경우 생산 공간이라기보다는 사교 공간처럼 느껴지는 자유로운 분위기인 경우가 많다. 그 편안하고 창의적인 문화가 주는 장점도 있지만, 규정 준수 부족으로 인한 단점도 존재한다.

내가 운영했던 콜론나 로스터리Colonna roastery에서 특정 규정의 인증을 취득하기 위해 준비했던 적이 있다. 이 과정에서 조직 문화와 업무 방식의 변화를 추진해야 했고, 흥미롭게도 우리 조직의 규정 준수에 대한 인식이 얼마나 부족한지 명확히 드러났다. 예를 들어, "이 봉지에 들어 있는 커피가 우리가 주장하는 가치를 담은 커피라는 것을 어떻게 증명할까?"라는 질문에 커피 포장 담당 직원은 "내가 그 커피를 그 봉지에 담았기 때문"이라고 말할지도 모른다. 하지만 이를 어떻게 객관적으로 증명할 수 있을까? 이 사고 과정을 더 발전시켜, 단순한 진술이 아니라 체계적인 검증 및 추적 시스템을 구축하는 것이 핵심 과제였다.

규정 준수라는 사고방식이 확고하게 자리를 잡기 위해서는 비즈니스 내 다양한 이해관계자들이 서로 점검하는 문화가 필요하다. 나는 기업에서 규정을 준수하는 문화를 구축하면 여러 가지 이점이 있다고 생각한다. 다만 제품과 기업의 가치 제안에 비춰 보아 합리적이고 균형 잡힌 방식으로 이루어져야 할 것이다.

스페셜티 부티크 커피 업계는 전반적으로 '규정을 준수하는 사고'가 부족한 경향이 있다. 특히 커피 제품 및 공급망에 대한 주장과 관련해, 특히 이를 입증해야 한다는 필요성이 인식되지 않기 때문에, 인식의 부재가 업계 전반에서 두드러지게 나타난다. 많은 커피 업체와 커피 산업 전체가 스스로 주장하는 바를 실제로 수행하고 있는지, 어떤 기준에서 실행하고 있고, 이를 어떻게 증명할 수 있는지에 대해 더 깊이 있는 질문을 던져야 한다고 생각한다.

고객 확보 Customer Acquisition

새로운 고객을 확보하는 데 드는 실제 비용은 얼마일까? 이 까다로운 질문은 특히 이커머스에서 많이 언급되지만, 거의 모든 비즈니스에 기본적으로 적용되는 개념이다. 실제 고객을 확보하는 데 드는 비용은 특정 금액이나 공식으로 쉽게 파악할 수 있는 개념이 아니다. 브랜드가 초기부터 해 온 모든 활동, 신규 고객을 확보하기 위해 지속적으로 해 왔고 해야 하는 모든 활동이 고객 확보 비용의 일부로 간주될 수 있다.

예를 들어 카페의 임대료를 생각해 보자. 임대료는 영업을 위해 꼭 필요한 고정비용이며, 일반적으로 부동산의 상업적 가치에 비례해 높아진다. 즉, 유동 인구가 많은 입지라면 임대료가 높다. 그렇게 보면 높은 임대료 중 일부는 고객을 확보하기 위한 비용이라고 볼 수도 있다. 반대로, 부동산 '가치'가 낮은 입지를 선택하고 대신 고객 유치를 위한 마케팅에 돈과 시간을 더 많이 투자할 수도 있다. 이런 식으로 해석하면 임대료도 마케팅 비용이 된다.

가장 명확한 고객 확보 비용은 온라인 광고나 고객/업계 행사 참가 비용 등을 포함한 광고 비용이다. 그러나 이런 비용이 실제로 어느 정도 효과가 있는지 정확히 측정하기는 어렵다.

기업들의 온라인 광고비 예산 비중이 점점 더 증가하는 이유는 이 때문이다. 온라인 광고는 광고 효과를 추적할 수 있고 매출과의 연결성도 (어느 정도) 파악할 수 있다. 온라인 클릭을 추적하고 쿠키를 활용해 고객의 온라인 검색을 따라가면 마케팅 캠페인의 효과를 더 정밀하게 판단할 수 있고, 특정 고객층을 대상으로 맞춤형 광고를 내보내는 것도 가능하다. 물론 절대 완벽하지는 않다. 각 광고 플랫폼들은 실제 매출과 상관없이 광고 효과를 과장하는 경향이 있다. 예를 들어, 이미 자사의 커피를 구매하는 기존 고객이 페이스북 광고를 본 뒤에 웹사이트를 방문해 커피를 구매했다면, 페이스북은 이 매출을 자신들의 광고 효과로 간주하고 판매에 기여했다고 집계할 수 있다. 하지만 이 고객은 원래부터 브랜드를 알고 있었기 때문에 페이스북 광고의 직접적인 효과라고 보기는 어렵다.

온라인 광고 효과의 이런 불확실성 때문에, 광고 전략의 실효성을 판단하려면 일정 규모 이상의 광고비를 지출해야 한다. 즉, 기존 고객을 넘어 신규 고객이 실제로 유입될 수 있는 수준까지 광고비를 투자해야 한다. 이커머스 광고 전문가들은 광고 전략의 효과를 제대로 테스트하려면 충분한 예산을 투입하고 장기간 실행해야 한다고 말한다. 그러려면 막대한 비용이 필요하다. 그렇다고 온라인 광고가 만능 해결책은 아니다. 특별한 광고 비법의 문제가 아니라, 브랜드 가치 제안과 고객과의 소통 같은 요인들이 광고를 통한 마케팅 전략보다 중요한 역할을 할 수 있다.

커피, 특히 스페셜티 부티크 커피는 전형적으로 입소문 브랜딩이 중요한 산업이다. 이런 특성 때문에 고객 확보 전략을 세우기가 더욱 어렵고 불분명한 면이 있지만 긍정적인 요소로 작용할 수도 있다. 즉, 보다 전통적인 방식으로 브랜드를 구축해야 하며, 자연스럽게 브랜드 가치를 형성하고, 충성도 높은 고객층을 형성해야 한다.

진정성 있는 브랜드 구축에는 비용이 더 많이 든다. 특히 전문성이나 특화된 역량을 중요시하는 산업에서 이를 흉내 내기는 (아예 불가능한 것은 아니지만) 훨씬 더 어렵다. 여기서 말하는 진정성은 단순히 제품 자체에 대한 것이라기보다는 창업자의 의도와 비즈니스 철학, 그리고 최종적으로 기업이 지향하는 목표에 대한 것이다. 스페셜티 커피 산업의 특성 중 하나인 실험과 탐구는 많은 시간과 자원을 요구하는 활동이며 이러한 활동이 고객을 끌어들이는 요소라면 이는 결국 고객 확보 비용의 일부로 간주할 수 있다. 연구 개발도 이 범주에 속한다. 즉, 고객 기반을 구축하기 위해 비즈니스가 수행하는 모든 활동은 고객 확보 비용에 해당한다.

기업이 기존 고객을 유지하기 위해서는 지속적인 투자와 개발이 필요하다. 새로운 제품을 출시해 고객과의 관계를 지속적으로 유지하고, 장기 고객을 위한 할인 혜택을 제공하는 것, 또는 신규 고객 확보를 위한 할인 프로모션을 제공하는 데 드는 모든 비용은 전략적으로 고려되어야 하지만, 동시에 본질적으로 고객 확보를 위한 직접 비용이라는 점도 명확히 인식해야 한다. 특히 새로운 마케팅 전략을 실행할 때, 그 예산은 기존 운영 예산과 분리된 독립적인 비용으로 계산하는 것이 아니라, 전체적인 고객 확보 비용 분석에 포함되어야 한다.

내가 스페셜티 부티크 커피 산업을 좋아하는 이유 중 하나는 브랜드들이 진정성 있는 방식으로 성장한다는 점이다. 게다가 막대한 광고비를 들이지 않고도 입소문과 자연스러운 브랜드 확장을 통해 성공을 거두는 경우가 많다. 이것이 스페셜티 커피 산업의 강점 중 하나다.

고객 생애 가치와 충성도 - 고객 범위
Lifetime Value and Loyalty-Customer Range

이 개념은 이커머스에서 자주 사용하는 용어로, 특히 '구독 기반 비즈니스'를 분석할 때 중요하게 다뤄진다. 많은 기업들이 신규 고객을 확보하기 위해 광고와 무료 경품에 많은 비용을 지출하지만 첫 거래에서는 수익을 내지 못하는 경우도 있다. 경우에 따라서는 그 이후 몇 차례의 주문도 수익성이 없을 수 있다. 그러나 어느 시점에 이르면 고객을 유치하기 위해 지출했던 비용을 회수하고 그 고객층에서 수익을 내야 한다.

온라인 구독 비즈니스에서는 고객이 어느 시점에서 구독을 중단할지 예측하고 그 시점까지 고객을 유지하며 투자 비용을 회수하는 것이 중요하다. 고객이 구독 서비스를 중단하는 비율을 이탈률이라고 하는데 이는 고객 생애 가치와 직결되는 핵심 지표다. 고객의 유지 기간을 예측할 수 있어야 지속 가능한 장기적 마케팅 전략을 수립할 수 있다.

생애 가치 개념은 한 고객이 특정 브랜드와 거래를 지속하는 동안 평균적으로 발생시키는 가치라고 할 수 있다. 오랫동안 함께하는 충성 고객이 많으면 좋겠지만, 일부 고객은 단 한 번의 구매 후 떠나기도 한다. 비즈니스가 성장함에 따라 고객의 평균 유지 기간이 함께 증가하는 것이 이상적이다. 이커머스 비즈니스에서 생애 가치는 필수적인 전략 요소다. 신규 고객 확보 비용이 높은데도 생애 가치가 충분히 높지 않거나 이탈률이 충분히 낮지 않다면 전체적인 마케팅 전략 검토가 필요하다.

이 책에서는 특정 KPI(핵심 성과 지표)를 현대 이커머스 용어로 표현하기는 했지만 이 지표들은 전통적인 비즈니스 개념을 적용한 것이며 커피 비즈니스에서도 다양한 방식으로 나타난다.

카페의 고전적인 로열티 프로그램은 일반적인 이커머스 접근 방식을 뒤집은 것이다. 선불 할인이나 사전 무료 혜택을 주는 게 아니라, 예를 들어 10잔의 음료를 주문한 뒤에 인센티브를 제공한다. 하지만 나는 스페셜티 부티크 커피 산업에서 이런 로열티 프로그램이 큰 의미가 있다고 생각하지 않는다. 고객이 부티크 카페를 선택하는 이유는 단순히 할인 때문이 아니다. 게다가 모든 카페에서 비슷한 할인 혜택을 제공한다면 차별화 포인트도 없다. 이제 이 프로그램은 고객에게 주는 보상이 아니라 업계의 관행이 되어 버렸다. 진정한 고객 충성도는 일관성 있는 탁월한 품질과 서비스 경험을 통해 형성된다.

프레타망제Pret A Manger의 커피 구독 모델은 매우 흥미롭다. 프레타망제는 월정액 방식으로 커피를 무제한 제공한다. 이 전략의 핵심은 커피가 아니라 테이크아웃 고객을 확보하는 것이다. 맥도날드 역시 괜찮은 품질의 커피를 매우 저렴한 가격에 제공해 고객을 유인하고 다른 메뉴를 소비하도록 전략을 짠다.

위 두 모델(및 여러 모델)은 낮은 수익성, 심지어 손해를 감수하고 커피를 제공한다. 프레타망제는 바쁜 직장인이 많은 대도시 지역에 집중한다. 즉, 시간을 아끼기 위해 커피와 음식을 같은 장소에서 구매하고자 하는 고객층이 핵심 타깃이다.

프레타망제 구독 서비스 사용 실태에 대한 정확한 데이터는 입수하지 못했다. 아마 대부분의 고객이 월 20파운드보다 적은 금액의 커피를 마실 것으로 예상된다. 이처럼 고객이 월 이용료를 계속 지불하지만 실제 이용률이 낮은 경우는 헬스장 회원권과 비슷한 구조다. 반대로 고객이 구독료인 20파운드보다 커피를 훨씬 많이 마신다면 이는 (대체로) 손해를 감수하면서 고객을 유지하는 전략을 선택한 것이다. 즉, 커피에서 손실을 보더라도 전체적인 매출을 키우는 전략이다. 소문에 따르면, 프레타망제의 구독 모델은 매우 긍정적인 성과를 냈다고 한다. 모회사인 JAB 홀딩스는 다른 식음료 브랜드에서도 이 정책을 시행하고 있다.

유료 구독자 모델은 또다른 이점이 있다. 구독자는 단순한 거래 고객과 달리 높은 가치가 있다고 평가되고, 그만큼 회사 가치 평가에 영향을 미친다.

고객과 연결되고 충성 고객을 만드는 것은 커피 비즈니스에서 매우 중요하다. 한 번의 거래로 끝나는 모델은 커피 산업에서 결코 성공할 수 없다. 커피는 가격이 저렴한 소비재다. 따라서 커피 비즈니스가 성공하려면 반복적인 구매가 필수적이다. 아무리 고가의 커피라도 지속적인 재구매 없이는 성공할 수 없다.

스페셜티 부티크 커피 비즈니스는 아주 매력적인 산업이다. 커피 자체가 흥미롭고 매력적인 제품이기 때문이다. 이 시장에서 비즈니스를 운영하다 보면 멋진 아이디어, 협업,

사이드 프로젝트에 참여할 기회가 많다. 그러나 매일 (음료, 생두, 원두 가리지 않고) 일정량 이상의 커피를 판매하지 못하면 비즈니스를 지속할 수 없다.

카페와 소매업체는 다양한 계층의 많은 고객을 상대하는 비즈니스 모델이기 때문에 사업 유지를 위한 매출을 유지하는 데 따르는 리스크가 분산되는 효과가 있다. 즉, 고객이 널리 분산되어 있기 때문에 한두 명의 고객을 잃는다 해도 큰 타격을 받지는 않는다. 또한 신규 고객을 유치하기 위한 비용 투자 필요성도 적은 편이다. 좀 더 넓은 관점에서 본다면 커피 산업의 소비 영역인 카페와 소매업체는 커피 1g당 가장 많은 개별 소비자가 존재하는 시장이다.

생두 유통을 관리하는 비즈니스의 경우, 고객 생애 가치를 고려하는 방식이 다소 다르다. 도매 업체나 원두 공급업체는 다양한 규모의 고객층을 보유하고 있으며 소수의 대형 고객이 전체 비즈니스 매출의 상당 부분을 차지하는 경우도 있고, 반대로 매출 비중은 낮지만 수는 많은 소형 고객들도 있다. 이런 작은 고객들의 집합을 '꼬리'라고 부른다.

고객과 공급업체의 조율 Customer and Supplier Alignment

물론 대형 고객은 매출을 증대시킬 수 있는 중요한 비즈니스 상대지만, 주의해야 할 점들이 있다. 그들이 지속 가능한 가격으로 제품을 구매하는 경우에, 대형 고객은 좋은 고객이 될 수 있다. 그러나 이런 고객은 언제든 거래를 철회할 수 있는 리스크를 가지고 있다. 그럴 경우 비즈니스에 큰 공백이 발생한다.

두 번째 지점이 특히 중요하다. 기업은 현재 비즈니스 수준에 맞춰 인프라와 팀을 구축해야 하기 때문이다. 비즈니스를 제대로 하고 있다면, 운영 비용이 매출에 맞춰 조정된다는 뜻이다. 실제로 대부분의 기업들은 이보다 조금 더 여유를 확보하기 때문에 현재 생산량보다 약간 더 많은 양을 감당할 수 있는 자원을 갖춘다. 때문에 갑자기 대형 고객을 잃는다면 비즈니스에 치명적인 영향을 준다.

일부 스페셜티 부티크 운영자들은 한 고객이 매출의 10% 이상을 차지하는 상황을 적극적으로 피하기도 한다. 특정 고객이 지나치게 큰 영향력을 행사하는 위험을 방지하기 위해서다. 그러나 성공적인 기업은 어느 정도의 위험과 보상의 균형을 감수해야 한다. 이런 리스크는 모든 산업에 존재하기 때문이다. 대형 고객도 훌륭한 파트너가 될 수 있고, 양쪽 모두에게 긍정적인 관계를 형성할 수도 있다.

앞서 규모 장에서 설명했듯이 '대형'이라는 것도 상대적 개념이므로 시간이 지나면서 변할 수 있다. 대형 고객에게 단점이 있는 것처럼, 작아서 문제가 되는 고객도 있다. 물론 기업은 모든 고객에게 감사한 마음을 가져야 하지만, 상호 이익을 주고받는 관계가 되는 것이 중요하다. 커피 한 잔만 주문하고 하루 종일 카페를 사무실처럼 사용하는 고객은 상호 이익이 성립되는 관계라고 할 수 없다. 로스터리에서 소매용 소포장 커피를 도매가로 구매하는 고객도 마찬가지 경우에 해당한다.

각 기업은 자신에게 맞는 적정 지점을 찾아야 한다. 기업이 감당할 수 있는 규모 이상의 고객도 부담스럽고, 반대로 너무 작은 고객과의 거래도 비즈니스 성장에 도움이 되지 않는다.

새로운 프로젝트를 시작할 때 이런 비즈니스 조언을 들은 적이 있다. "극단적으로 규모 차이가 나는 파트너와 협업하지 말 것!" 이는 해당 기업의 업무 능력과는 관련이 없다. 단지 기업 규모가 너무 작다면 훨씬 더 큰 회사의 '꼬리'가 될 가능성이 높다. 작은 기업이 큰 기업의 비즈니스에 실질적인 영향을 미칠 가능성은 매우 낮다.

이는 조율의 문제다. 모든 비즈니스는 자사의 핵심 사업에 집중해야 하며, 그러지 않으면 비효율적인 운영이 될 수밖에 없다. 이는 특정 비즈니스에 대한 호감 여부나 기업 규모에 대한 선입견과는 무관한 문제다. 결국 핵심은 운영 효율성과 실질 마진에 관한 것이다.

대규모 비즈니스의 좋은 사례로 네스프레소^{Nespresso}를 들 수 있다. 새로운 커피 제품을 개발해 캡슐로 출시하려면 상당한 마케팅 비용과 내부 자원 투자가 필요하다. 최소한 컨테이너 한 개 물량 정도가 아니라면 경제적으로 고려할 가치가 없다. 사실 그것도 너무 적다. 물량이 너무 적으면 여러 가지 문제가 발생한다. 어떤 유통 채널로 커피를 공급할지 결정해야 할 뿐 아니라 글로벌 고객층 전체에 고르게 공급하는 것도 불가능하다.

극단적인 사례지만, 부티크 규모의 비즈니스에 적용되는 시사점이 있다. 예를 들어 로스터리가 비주력 상품군을 위한 협업을 진행할 때, 최소 및 최대 주문 수량을 설정하는 이유도 같은 맥락이다.

커피 농장에서도 이상적인 고객 규모가 중요하다. 예를 들어, 부티크 커피 몇 포대를 직접 구매하려는 로스터는 생산자에게는 전혀 매력 없는 대상일 수 있다.(**시장 접근성**에서 과테말라 커피 생산자가 고급 커피를 선적하고자 고군분투했던 사례를 참조하기 바란다.) 이 정도 거래량은 스페셜티 커피 생산자의 비즈니스 성장에 큰 영향을 주지 않는다. 여러 개의 소량 주문을 하나로 묶어 대량으로 출하하는 방식이 더 현실적이다. 그렇게 하면 생두 수출업체나 수입업체가 수출 물량을 한꺼번에 처리할 수 있다.

생산자, 생두 거래업체, 로스터리 모두 각자의 이상적인 고객 규모를 찾고자 한다. 자동화된 온라인 주문 포털을 통해 주문 방식이 간소화되고, 단순하고 신속한 거래 프로세스를 설계할 수 있다면, 중소형 고객이 많아져도 괜찮다. 한 명의 대형 고객에게 모든 물량을 맡기는 것은 위험하다. 만약 그 고객에게 문제가 생기거나 갑자기 거래를 중단하면 심각한 리스크로 작용할 것이다.

공급업체의 입장에서 생각하고, 스스로를 바라볼 필요가 있다. 자신의 요구가 공급업체의 비즈니스에 어떤 영향을 미치는지 이해하려고 노력해야 한다. "우리와 협력하면 그들에게 어떤 이득이 있을까?"라는 질문을 스스로에게 던져 보자.

원재료 vs 완제품 The Ingredient Versus the Finished Drink

(어떤 커피든) 커피 그램당 발생하는 금전적 가치는 커피 한 잔으로 만들어서 판매할 때 가장 높다. 커피가 현장에서 소비되는 카페와 레스토랑에서 특히 그렇다.

그 이전의 모든 비즈니스는 본질적으로 원재료를 다루는 과정일 뿐이다. 공급망을 따라 진행될수록, 가치가 추가되기도 하고 잠재적 가치가 손실되기도 한다.

나는 스페셜티 커피가 소매 환경, 특히 영국의 슈퍼마켓과 이커머스 비즈니스에서 어떻게 자리를 잡을 수 있을지에 대해 토론할 기회가 자주 있다. 소비자 직거래 판매 채널은 대량 판매보다 더 많은 작업과 투자가 필요하다.(**실질 마진** 참조) 한마디로, 단순히 원재료를 소비자에게 판매하는 형태로는 대부분의 커피 기업이 지속 가능한 수익을 내기 어렵다는 의미다. 커피 한 봉지를 소비하려면 커피 한 잔을 소비하는 것보나 시간이 훨씬 더 오래 걸린다. 터무니없을 정도로 당연한 말이지만 종종 간과되는 요소다. 250g 원두 한 봉지로 보통 15~20잔의 커피 음료를 만들 수 있다. 반면 완성된 음료 15~20잔을 판매하면 고객이 직접 15~20잔을 제조하는 데 필요한 재료를 판매하는 것보다 더 많은 수익을 낼 수 있다. 즉, 기업이 특정 원재료를 팔아 수익을 내기 위해서는 그 원재료로 만든 완제품을 판매할 때보다 훨씬 더 많은 양을 팔아야 한다. 이런 경향은 완제품에서 생산자로 공급망을 거슬러 올라갈수록 더욱 뚜렷해진다.

물론 음료를 판매하는 데도 추가 비용이 든다. 특히 운영 비용이 많이 드는 환경이라면 더욱 그렇다. 카페나 레스토랑은 음료뿐만 아니라 공간과 바리스타의 서비스도 함께 판매한다. 운영비가 높아지지만, 그만큼 더 높은 부가가치를 창출할 수 있다.

이런 이유로 많은 비즈니스에서 RTD$^{Ready-to-Drink}$ 포맷이 매력적인 대안이 되고 있다. RTD 음료는 원료를 활용해 가장 높은 매출을 창출할 수 있는 방식 중 하나다. 또한 완제품 상태이므로 완벽한 품질 관리와 일관된 맛이 보장된다는 점, 판매 시점에 추가적인 추출 과정이 필요없다는 점 또한 매력적이다. RTD 음료는 '맥주'나 '와인'처럼, 미리 완성한 제품을 그대로 소비할 수 있는 형태다. 물론 단점도 있다. RTD는 물 함량이 높아 매우 무겁기 때문에 배송 비용이 많이 든다.

RTD와 비슷하면서 소비자가 일부 단계를 직접 수행함으로써 소비자 가치를 만드는 포맷도 있다. 가장 대표적인 예시는 캡슐 커피와 인스턴트 커피다. 이 두 가지 방식은 원료와 완제품의 중간 지점에 있다.

캡슐에는 분쇄된 정량의 커피가 들어 있고 전용 머신으로 추출한다. 신선도 유지를 위해 질소를 채운 용기에 저장한 커피 가루는 푸시 버튼만 한 번 누르면 일관된 품질의 커피 음료가 된다. 인스턴트 커피를 만드는 작업은 조금 더 복잡하다. 커피를 추출한 다음 수분을 제거하기 위해 고도의 기술이 필요하기 때문이다. 이 과정에서 커피의 휘발성 화합물이 손실되어 음료의 잠재적 품질이 저하될 수 있다. 그럼에도 불구하고 인스턴트 커피는 가정이나 사무실 사용자에게 여전히 뜨거운 커피를 가장 쉽고 편리하게 만들 수 있는 옵션이다.

커피 원두가 원재료에서 완성 음료가 되는 과정은 커피 비즈니스의 본질을 이해하기 위한 핵심적인 내용이다. 비즈니스 모델에 따라 커피 그램당 창출되는 수익이 크게 달라지며 이러한 차이를 이해하는 것이, 커피 산업에서 수익을 창출하는 데 있어 중요한 요소다.

적정 지점-물량과 가격 The Sweet Spot-Volume and Price

모든 비즈니스는 자신만의 적정 지점 The Sweet Spot 을 찾는 것을 목표로 한다. 목표 자체는 간명해 보인다. 제품과 품질에 맞는 적절한 가격으로 최대한 많이 판매하는 것이다. 그러나 각 비즈니스에 맞는 정확한 적정 지점을 찾는 것은 쉽지 않다. 회사마다 다르지만, 대부분의 경우 가장 비싸거나 가장 저렴한 가격대에서 결정되지 않는다.

한번은 부티크 초콜릿 제조업체에서 생산한 고가의 스페셜티 초콜릿 입고를 검토하다가 어려운 대화를 나눈 적이 있다. 그 회사는 빈투바 bean-to-bar 방식으로 고품질의 매력적인 핫초콜릿을 만들었다. 그러나 단가표를 받고 나서 우리는 정중하게 제품 입고를 거절했다. 우리 카페는 초콜릿 중심 비즈니스가 아니었고 (지금도 그렇다.) 그 단가는 당시 우리가 기존 핫초콜릿에 지불하던 가격의 6배였기 때문이다.

물론 그 제품이 더 뛰어났지만, 가격이 우리 매장에 맞지 않았다. 그러자 업체 담당자는 "커피에는 프리미엄을 기꺼이 지불하면서 초콜릿에는 그러고 싶지 않다는 건가요?"라고 대꾸했다. 그가 왜 그렇게 생각했는지 짐작이 갔다. 그는 스페셜티 커피 업체들이 커피에 지불하는 금액이 자신의 초콜릿 가격보다 훨씬 높다고 생각했을 것이다. 부티크 커피를 파는 로스터리와 카페는 종종 희귀하고 특별한 고가의 커피로 사람들의 흥미를 끈다. 이런 커피는 매우 독특하고 복합적인 맛을 내고, 특별한 이야기를 가지고 있기 때문에 마케팅 포인트로 활용될 수 있다.

그러나 현실적으로 이런 커피는 일반적인 제3의 물결 카페나 로스터리의 비즈니스를 뒷받침해 줄 정도로 많이 팔리지 않는다. 또한 스페셜티 커피를 재배하는 농가의 일반적인 생산량을 대표하지도 않는다. 스페셜티 커피 매출의 대부분을 차지하는 것은 하우스 블렌드나 매일 마시는 필터 커피에 사용하는 평균적인 스페셜티 등급 커피다. 즉, 실제로 가장 많이 팔리는 대부분의 커피가 커머셜 커피보다 비싸긴 하지만, 그렇다고 6배나 높지는 않다.

물론 예외도 있다. 파나마 에스메랄다 농장 같은 극소량의 프리미엄 원두를 생산하는 농장, 고가의 커피만을 엄선해서 소량 판매하는 부티크 커피 브랜드가 그런 예다. 그러나 스페셜티 커피 시장 전체를 보면, 전 세계적으로 확산 중인 스페셜티 커피 산업에서도 아주 예외적인 사례라고 할 수 있다.

스페셜티 커피가 가진 강점은, 공급망 내 많은 기업들이 차별화 USP$^{Unique\ Selling\ Propositon}$를 통해 경쟁력을 가질 수 있다는 점이다. 이를 통해 비즈니스는 독창적인 제품과 브랜드 가치를 창출할 수 있고, 커머셜 커피 시장의 가격 변동으로부터 어느 정도 보호받을 수 있다.

그러나 순수하게 물량과 규모에 집중하는 비즈니스라면 더 저렴한 제품을 판매해야 한다. 이는 거대한 기업들과의 직접적인 경쟁을 의미한다. 그렇다고 가격을 올리면 높은 가격을 감당할 수 있는 고객층이 제한되면서 시장이 점점 좁아진다.

대기업들은 이미 이런 시장 원리를 명확히 알고 있고 시장 상황에 따라 가격 탄력성을 조정하는 프로세스를 갖추고 있다.

19살 때, 세계 여행을 위한 비행기 티켓을 사려고 주유소에서 일한 적이 있다. 시골 주유소와 고속도로 휴게소에 있는 주유소에서 교대 근무를 했는데, 고속도로 주유소의 기름값이 더 비쌌다. 물론 두 지역의 환경이 다르니 운영 비용이나 기타 요인들이 다르긴 할 것이다. 그러나 고속도로 주유소의 가격이 항상 더 비싼 이유는 선택의 여지가 없는 독점 시장이기 때문이다. 고속도로 휴게소에 온 고객은 연료를 반드시 넣어야 하는 상황이므로 높은 가격이라도 할 수 없이 기름을 넣을 것이다. 하지만 경쟁사가 운영하는 주유소에 고객을 뺏기지 않을 정도의 가격을 유지하는 것이 중요하다. 이처럼 주어진 위치에서 적정 가격을 계산해서 결정해야 한다.

가격 테스트는 이커머스에서 하는 것이 가장 쉽게 실행 가능하다. 언제든지 가격을 조정할 수 있고 가격 변경이 어떤 영향을 미치는지 고객의 반응을 실시간으로 분석할 수 있다. 예를 들어, 가격을 올려도 고객이 계속 구매하는지 확인한다. 다만 정기적으로 구매하는 충성도 높은 단골이 대상이라면 핵심 제품의 가격을 너무 자주 변경해서는 안 된다. 특히 카페가 이런 식으로 가격을 바꾸면 곤란하다. 가격 인상에 대해 문제를 제기하는 단골 고객과 직접적인 피드백을 주고받을 수 있기에 가격을 마음대로 바꾸기 어렵다. 다만 최근 카드 결제가 주 결제 수단이 된 이후로는 고객들이 가격 변동을 쉽게 인식하지 못하는 편이다. 전에는 커피값을 지불하기 위해 현금을 세면서 가격을 인식했지만, 지금은 그저 카드를 가져다 대는 것으로 결제가 끝나기 때문에 가격 변화를 덜 의식한다.

온라인에서는 신제품이나 특별 버전의 커피를 출시할 때 가격을 쉽게 테스트해 볼 수 있다. 다양한 가격대로 제품을 판매해 보고 어떤 가격대에서 가장 많이 팔리는지 분석할 수 있다. 실제 오프라인 진열대에서도 동일한 시도가 가능하다. 그러나 카페에서 판매하는 음료 메뉴에서는 이런 테스트 효과를 보기 힘들다. 카페 고객들은 패스트푸드 주문 방식과 유사한 행동을 보이기 때문이다. 즉, 고객 대부분은 기본 인기 메뉴를 선택한다. 따라서 그저 메뉴에 고가의 커피를 올린다고 해서 소비자의 구매 욕구와 가격 간의 실질적인 관계는 파악할 수 없다. 이런 커피들은 추가 구매 유도 가능성을 테스트하는 역할을 하지만 기본적인 제품의 가격 탄력성을 측정하기에 한계가 있다.

독립 카페들의 대표 메뉴 가격 책정은 어떤 방식으로 이루어질까? 직접적인 시장 조사보다는, 업계 분위기와 감에 의존하는 경우가 많다. 그리고 비슷한 카페들의 가격을 참고하는 경우가 많다. 뛰어난 서비스와 제품을 제공하는 카페라면 자신들이 생각하는 것보다 높은 가격을 받을 수 있다. 왜냐하면 이들이 판매하는 것은 단순히 음료가 아니라 분위기, 서비스, 브랜드 가치를 포함한 경험이기 때문이다.

이런 전략은 커피 농가에도 적용할 수 있다. 어떤 농부가 새롭고 실험적인 품종을 소량 생산했다고 가정해 보자. 첫해에 수요가 폭발했다. 그 수요는 신제품 효과 때문일까? 매년 꾸준하게 그 정도 수요가 유지될까? 만약 생산량을 늘렸는데 수요가 줄면 비싼 생두는 재고로 남을 수밖에 없다. 이런 고민은 농부들이 전체 농장을 고급 품종으로 전환할지, 기존 품종과 병행할지 결정하는 데 영향을 미친다.

가격을 낮춰 적정 지점을 확장하는 것도 결코 쉽지 않다. 프리미엄 가격의 제품을 10% 할인한다고 해서 저가 제품을 찾는 고객을 끌어들일 수 있을 거라는 보장은 없다. 이 경우 기존 고객에게 같은 제품을 더 낮은 가격에 판매하는 결과에 그칠 수 있다.

브랜드와 평판이라는 맥락을 따지지 않고서 이런 이야기는 불가능하다. 스페셜티 커피가 모든 기업이 비슷하게 취급하는 고정적이고 공통된 제품이라고 말하기는 쉽다. 그러나 각 기업의 브랜드 정체성과 브랜드가 구축한 관계는 커피 자체의 품질과 함께 적정 지점에 직접적인 영향을 미친다.

적정 지점을 찾는 과정이 언제나 성장과 연결되어야 할 필요는 없다. 더 많은 수익을 창출하기 위해 비즈니스를 긍정적인 의미에서 축소하는 목적으로도 활용할 수 있다. 예를 들어, 무료배송을 제공하던 업체가 규정을 바꿔 온라인 주문에 배송비를 부과할 수도 있다. 우리 로스터리도 그랬다. 그 정책 때문에 고객이 줄긴 했지만 배송비로 얻은 이득이 더 컸다. 덕분에 이커머스 채널의 수익성이 개선되었다. 이 사례는 일부 거래를 포기하더라도 적정 지점을 개선할 수 있음을 보여준다.

또는 대량 주문 고객도 개선 대상이 될 수 있다. 모든 것을 따졌을 때 실질 마진이 수익성 있는 적정 지점에 도달하지 못할 수 있다. 이 경우에는 총 매출을 줄여서 순이익을 늘리는 전략이 필요하다.

적정 지점의 가치는 업체마다 다르며, 시장 내 위치에 따라 지속적으로 변화하는 속성을 가지고 있다. 시장은 끊임없이 진화하고 움직이는 존재로, 경쟁 구도뿐만 아니라 소비자 및 고객의 행동 변화에 따라 적정 지점도 변화한다.

비즈니스의 핵심 원칙은 자신이 구축하고자 하는 게 무엇인지, 그리고 기업의 핵심 가치가 무엇인지 파악하는 것이다. 목표가 분명할 때, 자사의 제품과 방향성에 맞춰 적정 지점을 어떻게 설정할 것인지에 대한 답을 찾을 수 있다. 스페셜티 부티크 커피에서는 품질, 서비스, 경험이라는 세 가지 요소가 중요한 기준이 된다. 어떻게 하면 브랜드의 핵심 미션을 유지하면서 적정 지점을 극대화할 수 있을까? 만약 방향성 없이 적정 지점을 쫓기만 한다면, 결국 브랜드의 정체성은 무너질 것이다.

고객 관계 Customer Relations

사업체와 고객의 관계는 지나치게 단순한 거래 개념으로 축소되는 경우가 많다. 접객업에 종사하는 사람들이 좋아하지 않는 "고객은 항상 옳다."라는 모토는 이 개념을 더욱 강화시킨다. 문화권에 따라 표현이 조금씩 다른데, "고객이 왕"이라는 표현부터 "고객은 신이다."라는 극단적인 말까지 있다.

이 말이 처음 등장했을 때는 부당한 거래 관행이 만연하던 시대였으므로, 이 말이 참신했다. 소비자에게 더 많은 권한을 부여하고 공정성을 회복하기 위해 도입된 개념이었다. 그렇더라도 이 말을 무조건적으로 진리로 받아들인다면 비즈니스 운영에 있어 비논리적인 상황이 발생할 것이다. 이 문구에 단어 몇 개를 추가해야 정확한 표현이 된다. "고객은 항상 옳다. 단 그 고객이 우리의 타깃 고객일 때만."

서로의 기대치가 일치하지 않는 거래는 어느 쪽에도 이익을 주지 못한다. 대부분의 비즈니스가 자유 시장 내에서 운영되기 때문에, 굳이 이런 불공정한 거래를 지속할 필요가 없다. 다만 예외적인 경우도 존재한다. 우선 모든 사람을 만족시켜야 하는 공공 서비스 비즈니스나 특정 공급망 내에서만 거래해야 하는 경우다. 예를 들어 특정 국가 내부 시스템에서 고객에게 제품을 공급하는 것이 법적 의무일 경우, 해당 고객을 만족시킬 수밖에 없다.

고객 관리는 대개 거래 전과 거래 후로 나눌 수 있다. 거래 전에는 판매와 서비스로 고객과 관계를 맺는다. 거래가 완료되면 사후 관리로 넘어가는데 고객이 제품을 구매한 이후에 발생할 수 있는 문제를 지원하는 과정이다. 이 과정은 모든 산업에서 필수적이지만 특히 스페셜티 커피 산업에서는 더욱 중요하다. 커피 산업의 모든 기업들은 고객인 동시에 판매자 역할을 한다. 각각 원재료와 서비스를 구매해야만 최종 제품을 만들 수 있기 때문이다.

비즈니스에서 최상의 고객 관계를 만들기 위해서는 각 기업의 비즈니스가 제공하려는 제품과 경험이 무엇인지 답할 수 있어야 한다. 그 답을 알면 고객 대면 서비스를 더 효율적으로 최적화할 수 있다. 이 과정에서 고려해야 할 요소는 다음과 같다. 제품, 플랫폼, 시스템, 그리고 사람 간의 상호작용이다.

먼저 제품부터 살펴보자. 스페셜티 커피 같은 특정 제품은 특정 고객이 구매한다. 이 경우 기업은 타깃 고객을 명확히 설정하고 그 고객들과 효과적으로 소통할 방법을 찾아야 한다. 스페셜티 부티크 커피 브랜드들은 커피에 대해 깊이 고민하고 가치가 있는 제품을 만들기 위해 엄청난 노력을 기울인다. 그러나 여기에 맛이라는 요소가 개입하면 고객의 피드백이 복잡해진다. 제품이 흥미롭고 실험적일수록 고객의 호불호가 극명하게 나뉠 가능성이 높다. 이런 반응은 기업 입장에서 흥미로운 도전 과제가 될 수 있다. 세계에서 가장 훌륭하다고 인정받는 레스토랑들이 트립 어드바이저에서는 최고 평점을 받지 못한다는 점을 기억할 필요가 있다. 대중적인 제품일수록, 폭넓은 고객층에게 만족감을 줄 수 있기 때문에 대다수 고객이 쉽게 이해할 수 있는 맛과 서비스가 높은 점수를 받는다.

특화된 비즈니스는 사람들의 기대를 전복함으로써 차별성을 만든다. 이런 기대의 전복은 사람들을 즐겁게도, 불쾌하게도 할 수 있다. 결국 비즈니스가 올바른 방향으로 가고 있는지 확인하는 유일한 방법은, 당신의 비즈니스에 공감하는 고객들을 확보하는 것이다. 나는 이 과제를 우리 카페에서 어떻게 적용할지 항상 고민했다. 카페에서는 고객들의 반응을 직접 확인할 수 있기 때문이다. 그래서 나는 우리가 추구하는 바를 투명하고 명확하게 전달하는 것에 집중하기로 했다. 우리의 목표는 모든 고객이 우리가 하는 일을 좋아하게 만드는 것이 아니라, 우리가 무엇을 하고 있는지를 정확하게 이해하게 하는 것이었다.

다소 의외로 들릴 수 있겠지만, 나는 당신의 핵심 고객이 아닌 고객들에게도 시간을 할애할 필요가 있다고 생각한다. 운영자는 틈새시장에 집중하는 전략의 문제와 한계에 대해 분명하게 알고 있어야 한다. 시장은 이런 전략을 선택한 사업들을 다 수용할 만큼의 여력이 없기 때문이다. 앞서 언급했듯이 한 농장이 틈새시장 고객을 겨냥해 아주 독특한 커피만 재배한다면, 일부 소수의 고객은 열광하겠지만, 그 판매량으로는 지속 가능한 수준의 매출에 도달하지 못할 것이다.

모든 비즈니스는 고객에게 어떤 전문화된 제품을 선보일지 고민한다. 고객의 행동과 피드백이 이 과정에 영향을 미치지만 최종 결정을 좌우하는 것은 아니다. 결국 제품 구성의 방향은 비즈니스 운영자가 무엇을 제공하고 무엇을 제외할지 결정하는 데 달려 있다.

둘째, 비즈니스의 운영 플랫폼과 시스템은 고객 중심으로 설계되어야 한다. 예를 들어 온라인에서 제공되는 상품 목록, 오프라인 매장의 공간과 환경, 고객 서비스 및 사후 관리 시스템 등의 요소들이 고객 경험을 결정짓는 주요 접점이 된다. 비즈니스가 구축한 시스템이 고객 경험을 제공하는 방식을 '사용자 여정 user journey'이라고 한다. 여기서 핵심은 간명하다. 이런 시스템이 원활하게 작동해야 비즈니스가 마케팅한 제품과 경험을 실제로 고객에게 전달할 수 있다.

마지막으로 사람이 있다. 마지막에 언급했지만 사람은 비즈니스에서 가장 중요한 요소다. 고객이 비즈니스와 접촉하는 가장 중요한 순간은 사람들과 상호작용할 때다. 어쨌든 우리는 인간이므로 자연스럽게 서로의 상호작용에 집중한다.

특히 스페셜티 부티크 커피 산업에는 단순히 음료만 소비하는 것이 아니라 그 과정과 철학에 공감하는 고객층이 많기 때문에 인간관계가 특히 중요하다. 그래서 작은 규모의 '오너 운영형 커피 브랜드'가 고객과 강한 유대감을 형성하는 경우가 많다. 특히 자신의 비즈니스에 대한 열정을 가진 오너가 고객과 많이 소통할 수 있는 경우에는 더욱 그렇다.

문제는 비즈니스가 성장할 때 발생한다. 소규모 오너 운영형 비즈니스를 확장하거나 다각화할 때 동일한 수준의 고객 서비스를 유지하기가 어렵기 때문이다. 열정적인 오너의 방식을 그대로 복제하는 건 불가능하다.

이 모든 것들이 결국 브랜드의 중요한 부분을 형성한다. 고객은 실제로 경험한 것들을 통해 브랜드의 정체성을 온전히 이해할 수 있다. 브랜드 구축을 위해 시각적 미학이나 특정 속성 또는 기능을 강조할 수도 있지만, 고객이 직원들과 상호작용하면서 느끼는 분위기와 소통 방식 또한 브랜드 인식에 크게 기여한다. 특히 고객 상호작용이 구매 경험의 핵심 요소일 때, 이런 역동성은 더욱 강력하게 작용한다. 사실 이것은 어느 비즈니스에서나 일정 부분 적용되는 원칙이기도 하다.

고객 조사 Customer Research

당신의 고객은 당신의 제품과 회사에 대해 어떻게 생각할까? 더 중요한 것은, 그들은 실제로 회사와 어떻게 상호작용하고 있는가?

모든 비즈니스에는 일종의 피드백 시스템이 있다. 소규모 기업이라면 공식적인 절차를 거치는 경우는 많지 않다. 하지만 어떤 방식으로든 피드백을 받는 것은 매우 중요하며, 시장의 흐름을 파악하는 것이야말로, 비즈니스를 효과적으로 운영하기 위해 필수적인 부분이다.

사람들이 무엇을 원하는지 관찰하고 그것을 만들어 제공하는 건 쉬운 일처럼 보인다. 하지만 실제로는 그렇게 간단하지 않다. 특히 전문적인 분야일수록 더욱 그렇다. 전문적인 기업은 종종 트렌드를 선도하며, 자신들의 비전이나 아이디어를 공유한다. 단순히 시장의 수요에 맞춰 제품을 만드는 게 아니라는 뜻이다.

최근 들어 점점 더 많은 부티크 브랜드들이 자신들의 커피가 오직 자신들의 취향대로 만들어졌다고 솔직히 밝히고 있다. 그들은 자신들이 즐기는 커피를, 자신들이 생각하는 최상의 방식으로 로스팅하기 위해 열정을 다한다. 이 말은, '모든 사람을 만족시킬 수 없을 것'이라는 메시지를 담고 있다. 그들 역시 다른 방법이 있다는 것을 알고, 누군가는 다른 방법을 더 좋아하겠지만, 결국 자신만의 방식으로 일하겠다는 고백이다. 그들의 "당신은 당신대로, 우리는 우리대로"라는 이 태도에 공감하는 사람들에게는 아주 강력한 마케팅 도구가 될 것이다.

이런 관점에서 본다면 고객 피드백은 불필요해 보일 수 있다. 자신들이 최선이라고 생각하는 대로 만들고 고객 반응을 지켜보면 된다. 그러나 모든 비즈니스는 세상의 반응에 관심을 갖게 되어 있다. (또한 관심을 가져야 한다.) 그건 피드백을 받아들일지 말지 결정하는 것과 별개의 문제다. 모든 고객과 궁합이 좋을 수는 없다.

피드백 시스템은 단순하지 않다. 단순히 서비스에 대한 만족도를 묻는 것이 아니라, 브랜드 비전에 대한 고객의 경험을 평가하려면, 조사 대상을 정확하게 선정하고 적절한 방식으로 소통해야 한다. 이런 접근법은 모든 고객을 만족시키는 비즈니스는 없다는 이해를 바탕으로 한다. 좀 더 대중적인 비즈니스라면 최대한 많은 고객을 만족시키려고 할 것이고, 특정 시장을 겨냥한 비즈니스는 더 좁은 고객층에 관심을 집중할 것이다. 스페셜티 부티크 커피 브랜드들은 이런 스펙트럼 안에 자리 잡고 있으며, 대중적 확장 가능성에 대한 연구가 계속되고 있다.

나는 스페셜티 부티크 커피의 이런 복잡한 정체성이 강점인 동시에 도전과 난제로 작용한다고 본다. 많은 기업들은 다양한 고객을 목표로 다양한 제품군을 공급한다. 예를 들어, 어떤 커피 생산자는 실험적인 소량 로트를 구매하는 고객을 타깃으로 하는 동시에 워시드 커피를 대량 생산할 수 있다. 마찬가지로 대중적 취향의 하우스 블렌드를 제공하는 카페에서 재미있고 색다른 게스트 커피를 선보이거나 냉동 커피 메뉴를 제공할 수도 있다.

나는 이런 질문을 떠올리곤 한다. "고객에게 이 비즈니스의 '목표'가 무엇일 것 같냐고 물었을 때, 과연 창업자의 비전과 일치한 답이 나올까?"

비즈니스 초기에는 강한 의지와 명확한 신념이 프로젝트를 이끈다. 비전은 기업이 정체성을 형성하는 데 도움을 준다는 점에서 사업 초기 단계에서 매우 중요하다. 그러나 비즈니스가 기존의 틀을 다듬고 발전시키거나 새로운 영역으로 확장하고자 할 때 시장 조사는 점점 더 중요한 도구가 된다.

피드백 시스템 개발은 사실 놀라울 정도로 복잡하며 종종 잘못된 데이터가 나오기도 한다. 예전에 주요 그룹 제품 개발 절차의 오류를 연구하는 심리학자와 대화를 나눈 적이 있다. 그의 주장은 놀라우리 만큼 단순했다. 사람들이 뭔가를 하겠다고 말한다고 해서 반드시 그렇게 하는 건 아니라는 것이다. 피드백을 이끌어내려는 과정 자체가 예외적인 환경을 조성한다. 누군가에게 특정 사안에 대해 어떻게 생각하는지 묻는 순간, 그들은 무언가 생각해야 한다는 압박을 받는다. '유용한 피드백'을 제공해야 하는 부담 속에서 다양한 동기들이 작용하기 시작한다. 응답자는 사회적 압박 때문에 머릿속이 복잡하다. '뭐라고 해야 할까?' '정답은 무엇일까?'라는 생각을 하게 된다.

또한 응답자가 솔직하고 편견 없이 피드백을 제공했다고 가정하더라도 실제로 자신이 선호하는 게 무엇인지 확실하게 알지 못하는 경우가 많다. 그 피드백을 바탕으로 제품이나 서비스를 변경했는데 "사실은 예전 게 더 좋았다."고 느낄 수도 있다. 이런 사례는 아주 많지만, 요점은 피드백을 분석하는 과정이 상당히 복잡하고 예측하기 어렵다는 것이다.

대기업들은 이런 문제를 해결하기 위해 점점 정교한 방법을 개발하며 피드백을 반영해 제품과 서비스를 개선한다. 그러나 대부분의 소규모 비즈니스에서는 이런 과정이 느낌과 직관에 의존해서 이루어진다.

앞서 본 것처럼 이커머스는 고객 확보에 유용한 지표를 제공하고 가격을 테스트해서 적정 지점을 찾는 데 유용할 뿐만 아니라 고객 조사에도 이점이 있다. 온라인 활동을 모니터링할 때는 고객에게 무엇을 원하는지, 어떻게 행동할지 물어보는 것이 아니라 고객이 실제로 무엇을 하는지 관찰한다. 실제로 클릭을 하는지, 실제로 구매 전환을 했는지 등이다.

부티크 시장 대부분의 소비자들이 스스로를 커피 전문가라고 생각하지 않는다. 때문에 브랜드나 특정 인물에 대한 신뢰가 중요한 요소이며, 피드백 시스템을 통해 이런 신뢰를 구축하는 것이 모든 고객을 만족시키는 것보다 더 중요하다.

대부분의 스페셜티 부티크 브랜드는 이런 과정을 매우 진지하게 수행한다. 미션과 부합하는 피드백을 걸러내 살피고 커뮤니티 전체에서 관심을 끄는 것이 무엇인지 지속적으로 관찰한다.

그러나 이런 관심의 흐름이 항상 좋은 비즈니스로 이어지는 것은 아니다. 특정 제품이나 트렌드가 주목을 받고 있다고 해서 반드시 실질 수요로 전환되지 않는다. 예를 들어, 실험적인 가공 방식과 새로운 품종에 대한 논의가 활발하게 이루어지고 높은 관심을 받으면 이로 인해 이 제품에 대한 수요가 많아질 것 같지만 공급이 증가하면 순식간에 실질적인 시장 수요를 넘어설 것이다.

모든 비즈니스는 고객과의 지속적인 피드백을 경험한다. 이를 효과적으로 활용하지 못하는 기업은 정체될 수밖에 없다. 분석 시스템이든 직관적인 판단이든 올바른 판단과 노력으로 고객의 반응을 탐색해야만 지속적인 성공을 추구할 수 있다.

팀, 역할, 구조 Teams, Roles and Structures

스타트업이나 독립 비즈니스의 초기 단계에는 팀 규모가 작을 가능성이 높다. 창업자, 친구, 가족으로만 구성하는 경우도 있다. 그러나 시간이 지나면서 비즈니스가 성장하거나 안정화되면 보다 지속 가능한 구조의 팀 구성이 필요하다.

많은 창업자와 오너들이 아주 긴 시간 일하면서 비즈니스의 세세한 부분까지 챙긴다. 하지만 이런 방식을 장기적으로 지속하는 것은 불가능하다. 비즈니스가 일정 규모 이상으로 성장하면 혼자 모든 업무를 감당할 수 없다. 또한 목표를 향해 함께 나아가는 팀이 개인보다 더 큰 성과를 낼 수 있다는 점도 매우 중요하다. 창업자와 기업가들은 이 점을 이해하고 배워야 한다. 이들은 대체로 사업적으로 뛰어난 역량을 갖추고 있으며, 대부분의 업무를 스스로 진행할 수 있다. 하지만 궁극적으로는 같은 목표를 향해 노력하는 팀을 구축하는 방향으로 사고방식을 전환해야 한다.

미국의 경제학자 래리 E. 그레이너 Larry E. Greiner는 기업이 성장하면서 필연적으로 조직 관리 방식의 대대적인 변화를 겪는 과정을 설명하는 '기업 성장 이론 How Companies Grow'을 개발했다. 이 이론에 따르면 기업은 시간이 지나고 성장함에 따라 기존과는 다른 방식으로 운영될 필요가 있다.

초기에는 (1단계) 창의적인 창업자들이 비전을 추구하는 시기다. 팀 규모가 작아서 격의 없이 자주, 쉽게 소통할 수 있다. 이런 창의성과 문제 해결 능력 덕에 회사를 시작할 수 있었지만, 바로 그 비공식적인 방식이 업무를 효율적으로 처리하는 데 걸림돌이 될 수 있다. 조직이 커지면서 기존의 비공식적인 방식으로 일을 처리하기 어려워지면서 리더십 위기가 발생한다.

팀이 성장하면서 (2단계) 더 이상 핵심 멤버 몇 명이 모든 것을 관리할 수 없다. 리더는 성장하는 팀을 위해 구조와 비즈니스 운영 방식을 확립해야 한다. 이 단계에서 좀 더 공식적인 조직 구조가 마련된다. 이런 변화는 일정 기간 비즈니스 발전에 긍정적인 효과를 가져온다. 그러나 시간이 지나면서 숙련된 팀원들이 자율적으로 판단하고 주도적으로 사업을 발전시켜야 할 시점이 오면, 지나치게 경직된 구조가 이를 가로막는다. 이 단계에서는 대부분의 책임이 조직의 최상위 관리자에게 집중된다.

이 위기를 해결하기 위해 (3단계) 권한 위임이 이루어진다. 조직 내 개별 팀원에게 더

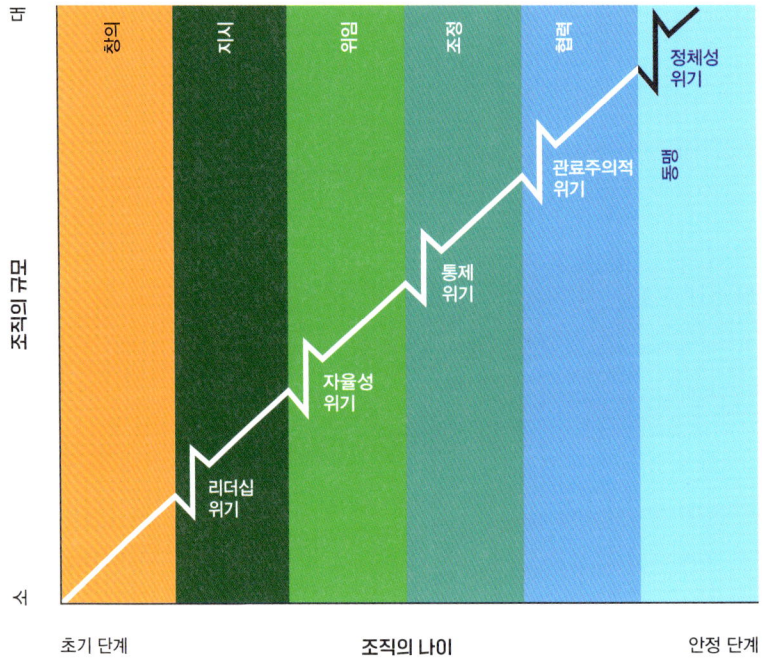

많은 책임과 자율성이 부여된다. 이를 통해 회사는 다양한 역할과 부서를 더 효율적으로 활용하고 다양성을 추구할 수 있는 여지가 커진다. 이 단계에서 발생할 수 있는 위기는 지나친 자율성으로 인해 조직 전체의 방향성과 통제력을 잃는 것이다. 이 시점이 4단계 시작점이다. 이제 회사는 지시적 통제권을 되찾으려 한다. 이 단계에서는 프로세스와 구조를 중심으로 자정이 이루어지며, 지속적인 리뷰 시스템이 구축되어 부서와 팀들이 조화를 이루며 협력할 수 있는 문화가 형성된다.

하지만 조직이 커지면 지나치게 공식적이고 경직된 시스템은 한계에 부딪힌다. 이 시점에서 관료주의적 위기가 발생하며, 조직은 보다 유연한 협력 구조를 도입해야 하는 상황에 직면한다. 5단계에서는 팀과 관리자들이 매트릭스 구조 내에서 함께 작업하며, 공식적인 통제 대신 자율적이고 사회적인 관리 방식이 강조된다. 그 결과, 자율적인 의사결정과 문제 해결 능력은 발휘하면서도 팀 간 협력과 지속적인 리뷰를 통해 전체적인 방향성을 유지하는 방식으로 운영된다.

나는 이 단계들이 사고의 틀로서 매우 유용하다고 생각하지만, 실제 현실에서는 이런 단계들이 깔끔하게 맞물리면서 순서대로 일어나지 않는다. 각 단계에서 나타났던 문제들이 동시다발적으로 나타날 수 있으며 이 문제를 동시에 해결해야 할 수도 있다.

비즈니스 운영 방식은 매우 다양하다. 어떤 팀은 마치 스포츠 팀처럼 모든 구성원이 함께 몰입한다. 나와 같이 일했던 직원 중 한 명은 로스터리 현장을 배에 비유하면서 팀원이 각자 다른 역할을 맡아 움직이지만 매주 목적지에 도달하는 구조라고 표현하기도 했다. 어떤 회사는 부서 중심, 심지어는 거의 독립적으로 움직이는 인력들이 모여 있는 집합체일 수 있다. 또한 같은 조직 내에서도 어떤 팀원들은 매일 협력하며 일하는 반면, 다른 팀원들은 좀 더 독립적이거나 분리된 상태로 일할 수도 있다.

대부분의 오너들은 비즈니스에서 가장 큰 어려움으로 인력 관리를 꼽을 것이다. 모든 비즈니스, 특히 중소기업(직원 수가 250명 미만인 조직)에서 강력한 팀을 성공적으로 구축하는 것이야말로 비즈니스 성공의 열쇠다. 비즈니스가 성장함에 따라 창업자와 운영자는 다른 어떤 측면 못지않게 팀과 조직 문화를 구축하는 데 집중해야 한다는 것을 점점 더 절실하게 느낀다.

독립, 부티크 규모의 운영자에게 특히 어려운 과제다. 만약 이전에 대규모 팀을 구성하고 운영해 본 경험이 없다면 지속적으로 여러 가지 시행착오를 겪을 것이다. 조직을 구축하고 다듬어 가는 데 도움을 줄 전문가를 영입할 필요가 있다. 하지만 이는 단순히 업무 방식의 변화뿐 아니라, 창업자가 기존의 방식에서 벗어나야 한다는 심리적 도전 과제가 되기도 한다. 그리고 경험과 전문성을 갖춘 인력을 영입하는 데 상당한 비용이 들기 때문에 재정적 부담도 고려해야 한다.

앞서 언급했듯이 스페셜티 커피 산업이 반드시 독립적인 부티크 비즈니스만의 영역은 아니다. 더 크고 체계적인 비즈니스에서도 스페셜티 커피를 생산, 유통, 구매, 판매한다.

작고 특화된 기업이라는 점이 경쟁력이 될 수 있지만, 커피 산업의 모든 기업들이 아주 적은 순이익 구조를 유지하고 있기 때문에, 느슨하면서 창의적으로 팀을 구성할 여유는 없다. 효율성^{efficiency}, 효과성^{effectiveness}, 명확한 결과물을 중심으로 팀과 조직을 구성해야 한다.

커피의 품질과 탐구에 집중해야 하는 것은 분명하지만, 팀을 구성하고 운영할 때는 명확한 비즈니스 정신을 갖춰야 한다는 의미다. 부티크 커피 비즈니스에서는 브랜드 홍보, 트레이너, 커피 대회 참가자 등 커뮤니티와 중점적으로 소통하는 역할도 필요하다. 하지만 이런 요소들이 비즈니스 기본 원칙과 균형을 이루도록 조정하기란 쉽지 않다.

그레이너 성장 모델에서 설명하듯, 조직의 구조는 비즈니스의 규모에 따라 달라진다. 소규모 비즈니스라면, 대개는 다양한 역할을 동시에 맡도록 업무를 나눈다. 매출 규모나 업무 수요가 아직 많지 않기 때문에 특정 업무에만 집중하는 직책을 두기 어렵다.

항상 최적의 모델을 찾기 위해 지속적인 노력이 필요하다. 소규모 비즈니스에서는 한 사람이 다양한 업무를 맡고 신속하고 유연하게 움직여야 하는 어려움이 있지만, 제대로 운영된다면 매우 효율적이다. 규모가 큰 회사는 특정 분야에 대한 전문성을 갖출 수 있는 이점이 있지만, 팀과 부서 간 협업이 어려워지거나 비효율적인 구조가 될 위험이 있다.

팀과 조직 구조를 효과적으로 구축하는 것은 비즈니스 운영의 핵심 요소이며 그 중요성은 아무리 강조해도 지나치지 않다. 이 과정은 한 번 구축하면 끝나는 것이 아니라, 지속적으로 관리하고 변화에 맞춰 조정해야 한다.

커피 업계에서 전문가로 성장하기
People and Progression in the Coffee Profession

부티크 커피 산업은 다양한 배경과 기술을 가진 사람들이 커피에 대한 열정을 공유하는 용광로 같은 공간이다. 현재 스페셜티 커피를 업으로 삼고 있는 많은 이들이 이미 어떤 형태로든 커피를 접하고 배운 경험을 가지고 있을 것이다. 이렇게 현장에서 배우는 방식은 몇 가지 면에서 도제식 교육과 유사하다.

최근 들어 스페셜티 커피 분야 전반에서 교육 프로그램이 눈에 띄게 증가했다. 하지만 다른 분야와 달리 경력을 위한 교육이나 학위가 커피 사업에 진입하기 위한 필수 요건은 아니다. 물론 커피 업계에도 학위를 가진 사람늘이 많지만 학문적 배경 때문이 아니라 커피에 대한 개인적인 관심을 계기로 이 업계에 뛰어든 경우가 많다. 커피, 특히 스페셜티 부티크 커피 분야에서 일하는 경험은 다양한 업무에 대해 탐구하고 배울 수 있는 교육 과정이자 이 산업에 대한 탐구 과정이라고 할 수 있다.

호기심 많은 사람들이 커피에 관심을 가지게 되면 더 많은 것을 배우기 위해 커피와 관련된 다양한 직무에 대해 탐색한다. 물론 커피 업계에 오직 커피를 배우기만 하는 직무는 거의 없다. 커피에 대한 전문 지식이 중요한 역할들도 물론 있다. 품질 관리, 커피 총괄 책임자, 바리스타, 로스터 교육자 등이다. 다만 이런 경우에도 커피에 대한 지식뿐만 아니라, 직업적인 기술과 업무 수행 능력이 필수적이며 종종 그것이 해당 직무의 핵심 요소라고 할 수 있다.

예를 들어, 생두 수입업체에서 일하면 커핑 경험이 늘어나고, 커피가 어떻게 거래되며, 각 커피 산지의 실질적인 작동 방식에 대해 더 많은 지식을 쌓을 수 있다. 생두 수입업체에서 일했던 나의 지인들은 하나같이 커피라는 주제와 그 산업이 기능하는 방식에 대해 폭넓은 관점을 가지게 되었다고 말한다.

이처럼 직접적인 노출과 경험은 매우 값진 교육 과정이다. 하지만 이런 기회를 얻기 위해서는 단순히 커피만을 다루는 것이 아니라, 세일즈와 관련된 업무도 함께 수행해야 한다. 생두 수입 비즈니스의 주요 직무는 대부분 판매와 관련이 깊다. 어떤 이는 고객 관리 업무를 맡을 수도 있고, 또 어떤 이는 특정 제품 포트폴리오를 염두에 두고 계약과 공급망을 관리하는 바이어 역할을 할 수도 있다. 단순히 가장 맛있는 커피를 구매하는 것이 아니라, 사업적 관점에서 최적의 결정을 내려야 한다. 즉, 커피에 대한 지식뿐만 비즈니스 기술을 함께 배울 필요가 있다.

직업적 성장과 커피에 대한 기술적 성장은 다르다. 물론 두 가지가 동시에 이루어질 수 있는 직무도 있지만, 커피 산업 내에 커피 자체와는 거의 관련이 없는 역할도 많다. 업계에서 새로운 직무를 고민하는 사람들에게 나는 종종 이런 질문을 던진다. "커피가 아닌 다른 제품이라면 이 업무를 맡길 원하는가? 예를 들어, 커피 원두가 아닌 에너지바를 포장하는 일이라면? 혹은 카페에서 커피를 서빙하는 대신 레스토랑에서 접시를 나른다면 어떨까?" 직무가 발전하고 전문성이 커지고 책임이 커질수록 스스로 이런 질문에 답해 봐야 한다.

커피 업계에 입문해 경력을 쌓다 보면 피터의 법칙에 빠질 위험도 있다. 피터의 법칙이란, 기업의 승진 시스템이 사람들을 '자신이 더 이상 유능할 수 없는 직위'까지 승진시키는 경향이 있다는 개념이다. 즉 뛰어난 업무 능력을 발휘해 승진을 하게 되면, 결국 새로운 직무에서 요구되는 능력을 발휘하지 못하는 무능한 상태에 놓인다. 이런 상황은 개인이나 기업 모두에게 도움이 되지 않으며, 궁극적으로 고객 서비스의 질도 낮아질 수 있다.

때문에 자신의 강점이 무엇인지 파악하는 것은 직원뿐만 아니라 창업자, 기업가, 비즈니스 오너 모두에게 중요하다. 내 친구가 14살에 첫 아르바이트를 시작했을 때, 그의 아버지가 "네가 하는 일이 그 회사의 성공과 수익성에 어떻게 도움이 될지 생각해라. 그러면 잘 해낼 수 있을 거야."라고 말해 줬다고 한다. 간단하지만 강렬한 조언이다.

일반적으로 스페셜티 커피 업계에서 경력 개발이 체계적으로 이루어지기는 어렵다. 이런 특성은 마치 양날의 검 같다. 한편으로는 개인이 다양한 역할을 시도하면서 여러 경험과 기술을 습득할 수 있기에, 유동적이면서 탐구적인 성격의 사람에게는 아주 적합할 것이다. 그러나 좀 더 체계적으로 업무를 배우고 경력을 쌓고자 하는 사람들에게는 이런 느슨하고 즉흥적인 방식이 매우 실망스러울 수 있다.

이런 비구조적인 경력 형성 방식은 스타트업과 소규모 비즈니스에서 흔히 볼 수 있다. 이런 비즈니스에서는 한 사람이 여러 역할을 맡아야 하는데, 역할을 훈련하고 개발할 수 있는 조직적인 체계를 갖추기에는 부족하다. 따라서 직원 스스로 동기 부여를 하고 문제 해결 과정을 통해 다방면의 기술을 개발해야 한다. 반면, 규모가 큰 기업에서는 일반적으로 더 나은 교육과 발전 기회를 제공한다.

모순처럼 들릴 수 있지만, 이 업계에서 성공하는 데 필요한 전문 역량을 개발하기 위해서는 오히려 스페셜티 커피 분야 밖에서 일정 기간 경험을 쌓는 것이 가장 좋은 경로일 수도 있다. 이를 통해 한정된 핵심 커피 직무에서 벗어나 가치 있는 역량을 갖추고 스페셜티 회사로 돌아와 커리어를 발전시킬 수 있다. 순수 커피 직무의 경우, 부티크 회사와 대규모 상업적 사업체 사이에서 커피 부문을 넘나드는 선택은 귀중한 관점, 경험 및 훈련을 제공할 수 있다.

비즈니스와 별개로, 커피 자체에 대한 지식, 원두에 관련된 연구와 교육 시스템, 프로그램이 성장하고 있다. 덕분에 커피 업계에 처음 입문하는 사람들도 커피에 대한 이론적 지식을 쉽게 배울 수 있다. 그러나 커피 지식과 정보 중 상당 부분이 직접 커피를 맛보고 분석하는 경험이 필수적이기 때문에 현장 실습 기반의 도제식 교육 방식은 여전히 중요하다.

이번 챕터에서 살펴본 내용을 종합해 보면, 스페셜티 커피 업계에서 커리어를 개발하는 데 있어 가장 큰 과제 중 하나는 스페셜티 커피에 집중하면서도 지속적으로 성장할 수 있는 직무를 찾는 것이다. 대부분의 경우, 이런 기회는 대부분 창업자 중심의 소규모 비즈니스보다 더 성장한 규모의 업체에서 발생한다. 따라서 커피 산업과 그 기반이 되는 비즈니스를 경험하고 시간을 투자한 사람이라면 과감하게 자신의 비즈니스를 시작하는 경향이 있다.

직원과 창업자는 사고방식이 다르다는 이야기는 오랫동안 논의되어 온 주제다. 창업자는 일반적으로 자신의 길을 개척하는 것을 좋아하는 자율적인 성향인 반면, 직원은 일반적으로 팀원으로서 조직의 목표를 함께 이루는 것을 선호한다는 것이다. 다만 이는 지나치게 단순한 이분법적 사고다. 사람은 절대 이 두 가지 유형 중 하나로 고정되지 않으며, 어떤 길을 추구할 것인지 명확하게 결정할 수 있는 경우는 드물다. 스페셜티 커피라는 독특한 산업에서 일하는 사람들은 커피에 대해 배워야 할 뿐 아니라 자신의 커리어를 어떻게 발전시켜 나갈지 끊임없이 모색해야 한다.

전문성과 재능 Expertise and Talent

커피 산업에서는 전문성이 중요한 가치로 여겨지며, 특히 스페셜티 커피 분야에서는 품질이 최우선이기 때문에 지식을 특히 중요하게 평가한다.

이 때문에 유명하고 성공한 커피 생산자가 다른 농장, 심지어는 다른 지역이나 국가에서 농업과 가공에 대한 컨설팅을 하는 경우도 볼 수 있다. 일부 대형 커피 회사의 경우, 데이비드 베컴의 다리처럼 품질 관리 감별사의 혀를 보험에 가입하는 사례도 있다.

앞서 다룬 내용과 마찬가지로, 커피 외 분야의 전문 지식도 커피 비즈니스에서 매우 중요하다. 이는 소규모 부티크 비즈니스를 운영하는 사람이라면 꼭 배워야 할 핵심 교훈이다. 비즈니스를 비즈니스로 인식하고 운영의 모든 부분에 필요한 다양한 전문성을 올바르게 평가하기 위해 사고방식의 변화가 필요하다. 소규모 부티크 커피 회사는 초기에는 커피 지식과 전문성에 초점을 맞추지만 시간이 지나면서 사업 전반을 균형 있게 운영하는 것이 중요하다는 사실을 깨닫는다.

논란의 여지가 있는 말이지만, 스페셜티 커피 산업은 목표하는 수준에 비해 전반적으로 전문성이 부족한 편이다. 단지 비즈니스 역량뿐 아니라 커피에 대한 전문성 측면에서도 마찬가지다.

생각해 보면, 스페셜티 커피 산업은 진입 장벽이 비교적 낮아서 소규모 독립 사업자들이 쉽게 시장에 진입하면서, 경험이 부족한 사람들이 업계에 대거 유입됐다. 그리고 앞장에서 언급했듯, 체계적인 교육 시스템보다는 현장에서 실무 경험을 통해 배우는 경우가 많다 보니, 개인 경험과 환경에 따라 사업 운영 및 커피 기술에 대한 학습 정도의 편차가 크다.

이런 현상은 시장 성숙도에 따라 다르게 나타난다. 특정 시기나 지역에서 이 업계를 거쳐 간 사람들의 수, 그리고 지식과 전문성이 필요한 역할에 대한 경쟁이 얼마나 치열한지에 따라 업계 종사자의 전문성이 달라질 수 있다.

스페셜티 커피 시장이 초기 단계인 지역에서는 경험과 전문성이 부족한 인원이 많기 때문에 사내 훈련으로 직원들을 양성해야 한다. 시장이 충분히 성장한 지역은 바리스타를 포함한 커피 관련 직종의 평균적인 지식 수준이 더욱 높아지는 경향이 있다. 영국 시장에서는 바리스타들의 지식과 전문성이 눈에 띄게 발전했다. 브렉시트[Brexit]는 도움이 되지 않았지만 바리스타들은 그 어느 때보다 높은 수준의 전문성을 유지하고 있다. 커피 산업 전반의 경쟁이 치열해지고, 경험 많은 인력들이 많아진 결과라고 볼 수 있다. 하지만 원재료를 다루는 전문적인 직무의 인재풀은 상대적으로 작아서 해당 분야의 전문성을 갖춘 인력을 찾기가 어렵다.

스페셜티 커피 산업에서 품질을 최우선으로 비즈니스를 운영하려면 기업의 팀과 구조 역시 이를 최우선 과제로 고려해 설계해야 한다. 스페셜티 커피 업계에서 제품 지식은 핵심이다. 커피 공급망의 모든 비즈니스는 자신이 다루는 커피에 대한 전문성과 공급망의 다른 비즈니스가 어떻게 운영되는지에 대한 통찰력을 갖춰야 한다.

많은 소규모 커피 비즈니스에서 바리스타와 커피 애호가들을 중심으로 팀을 구성하는 경향이 있다. 커피 자체에 대한 열정과 전문성을 기반으로 조직을 만든다는 점에서 긍정적인 면이 있지만, 동시에 문제점도 가지고 있다. 지나치게 커피 자체에만 집중하다 보면 전반적인 비즈니스 운영이 뒷전으로 밀릴 가능성이 있다. 대부분의 커피 비즈니스에서 요구되는 주요 역할들은 커피 자체와는 별개인 경우가 많다. 거의 모든 직무에서 요구되는 인재는, 커피에 대한 열정과 지식을 갖추고 있을 뿐만 아니라, 맡은 업무를 해내기 위한 전문성과 열의를 함께 지닌 사람이다.

스페셜티 부티크 커피 비즈니스에서 마찰이 발생하는 경우도 많다. 커피라는 흥미로운 원료를 다루고 싶어서 커피의 길로 들어서는 사람도 있지만, 동시에 커피 산업이 일반적인 비즈니스 같지 않다는 점에 매력을 느낀 사람도 있을 것이다. 물론 커피 산업도 비즈니스로 이루어져 있지만, 겉으로 보기에는 '일반적인' 비즈니스처럼 운영되지 않는 경우가 많다. 이런 특성 때문에 커피 지식을 갖춘 팀원들이 회사의 비즈니스적 측면을 '이해'하지 못할 때, 기업은 좌절감을 느낀다.

이에 따라 회사는 커피 배경을 가지지 않은 사람들을 중심으로 팀을 구성할 수 있고, 이를 통해 비즈니스에 다양한 경험과 관점을 더할 수 있다는 장점이 있다. 그러나 커피에 대한 열정을 바탕으로 운영되는 회사라면, 커피 중심의 고품질 경험을 유지하고 발전시키는 것이 필수적이다. 따라서 기업은 커피에 대한 전문성과 비즈니스적 전문성을 조화롭게 결합할 방법을 찾기 위해 노력해야 한다.

열렬한 커피 애호가들은 단지 급여나 직무로만 직장을 선택하지 않는다. 그들에게는 어떤 회사에서 일하고 싶은지, 커피에 관련된 일 중 어떤 일을 하는지, 누구와 함께 일하게 될지가 중요한 선택 기준이다. 어떤 회사는 커피 교육과 경험에 중점을 둔 환경을 제공함으로써, 지원자들이 선호하는 브랜드를 구축하기도 한다. 반면 어떤 기업은 인력을 충원하는 데 어려움을 겪을 수도 있고, 더 나아가 우수한 인재를 회사에 머물게 하는 데 실패할 수 있다.

비즈니스에 집중하면서 커피 인재를 유치하고 유지하는 것은 쉽지 않다. 트렌디하지 않은, 규모가 큰 커피 기업들은 종종 경험을 쌓기 위해 잠시 머무는 직원들과 상호 이익을 얻기도 한다. 직원들은 큰 회사에서 커리어를 쌓고, 큰 기업은 그들의 역량을 일정 기간 활용할 수 있다. 물론 너무 빨리 떠나는 것이 아니라 비즈니스에 기여할 수 있을 만큼은 근무한다는 전제가 필요하다. 커피 업계 전반에서 인력이 소규모 기업과 대기업을 오가는 흐름은 업계 전체에 긍정적인 현상이고 매우 자연스러운 패턴이라 생각한다.

전문성과 경험을 갖춘 인재들은 자신만의 견해와 취향을 바탕으로 핵심 역할을 맡는다. 그들은 기업의 커피 품질과 방향성을 결정하며, 이는 상업적으로 큰 영향을 미친다. 예를 들어, 생두 수입업체, 로스터리, 카페에서 어떤 스타일의 향미나 품질의 커피를 선택할지에 대한 결정은 비즈니스의 상업적 성공과 직결된다. 이는 사실상 제품 개발과도 연결된다. 제품의 일관성을 주도적으로 이끄는 역할도 있다. 이 역시 상업적으로 큰 영향을 미칠 수 있다.

전문적인 비즈니스를 운영하는 데 있어, 리더나 오너가 해당 분야에 대한 전문성을 지속적으로 개발하지 않는다면 전문 비즈니스를 제대로 운영하기란 거의 불가능하다. 그 비즈니스 영역에 대한 깊은 이해 없이는 회사 내 중요한 직무에서 요구되는 전문성과 성과를 평가할 수 없다. 시장이 성숙해지면 자연스레 더 많은 경험과 전문성을 가진 인력을 확보할 수 있다. 다양한 커피 대회와 커뮤니티의 지식 공유 문화, 훌륭한 교육 자료들이 이런 발전을 뒷받침하며, 커피 산업의 전문성과 성장에 기여해 왔다. 그러나 직원들의 전문성을 육성하고 발전시킬 수 있는 환경과 팀 구조, 피드백 시스템을 만드는 것은 여전히 꼭 필요한 부분이다. 또한 전문성 역시 지속적인 학습을 통해 계속 진화해야 한다. 이는 새로운 학습과 이해뿐 아니라, 변화하는 소비자 취향과 새로운 향미 트렌드를 수용하는 능력을 포함한다.

마케팅-시장 접근성 Marketing-Access to Market

5부에서는 브랜딩의 일부라고 할 수 있는 마케팅에 대해 깊이 다룰 예정이다. 이 장에서는 시장에 접근하고 고객과 소통하는 능력이 모든 비즈니스의 핵심 요소임을 이해하는 것이 중요하다. 어쩌면 가장 중요한 요소일 것이다.

당신이 물건을 만들었다고 해서 사람들이 그것을 구매하는 것은 아니다. 매우 당연한 말이지만 커피 공급망에서 일하는 사람들은 이 사실을 종종 망각하곤 한다.

카페는 고객에게 제품을 판매할 수 있는 가장 단순한 접근성을 가지고 있다. (아주 외딴 곳에 있지 않는 한) 매장이라는 물리적 공간 자체가 기본적으로 시장에 대한 즉각적인 접근성을 제공하지만, 고객을 구매 행위로 이끄는 것은 또 다른 작업이다.

시장 반대편에서는 커피 생산자들이 스페셜티 부티크보다 커머셜 커피 판매 경로에 접근하는 것이 더 쉽다. 영국 스페셜티 커피 시장은 소규모 독립 기업들이 창업하고 운영할 수 있는 비즈니스 기회를 비교적 잘 구축해 왔다. 하지만 영국의 커머셜 커피 제품 시장에 진입해 경쟁하는 건 매우 어렵다. 슈퍼마켓에 입점하거나 대규모 거래처를 확보하는 것은 쉽지 않은 일이다.

농장 관점에서는 정반대 상황이 펼쳐진다. 거대 글로벌 커피 기업들은 안정적인 커피 공급이 필요하기 때문에 농부들이 커피를 쉽게 판매할 수 있도록 공급망을 구축하고 지원하는 데 적극적이다. 커머셜 커피는 업계에서 가장 큰 시장을 차지하고 있기 때문에 이 시장에 대한 접근성이 더 쉬운 것은 당연한 일이다. 문제는 가격 경쟁력을 확보하는 것이다. 만약 적절한 가격을 받을 수 없다면 시장에 쉽게 접근할 수 있다고 해서 반드시 바람직한 것은 아니다.

나는 스페셜티 커피 문화가 커피의 가격 구조 문제를 해결했다거나 대체 공급망을 만들었다고 생각하지 않는다. 다만 스페셜티 커피의 홍보를 통해 프리미엄 스페셜티 커피에 대한 시장 접근성을 높였다고 볼 뿐이다. 이는 각 사업체들이 고품질 커피를 홍보하고, 고객들에게 적극적으로 소개하는 과정을 통해 이루어진다.

이런 사업체들이 시장에서 고객을 확보하면서 유사한 비즈니스가 더 많이 생겨났다. 그 결과, 생산자와 농장들이 브랜드와 명성을 쌓을 수 있는 기회가 증가했다. 이런 효과는 시장의 부티크 부문에서 발생하며, 고급 커피에 더 높은 가격을 지급하는 구조가 형성된다. 반면, 저가 커피에 더 높은 가격을 지불하도록 유도하는 역학 관계는 존재하지 않는다. 스페셜티 커피는 기본 가격을 올리는 역할을 하지 않는다. 다만 커피 품질이 뛰어나거나 특별한 판매 포인트Unique Selling Proposition를 갖추었을 경우에만 가격이 형성된다. 이는 모든 시장에서 일반적인 현상이다.

커피 품질은 훌륭하지만 시장 접근성이 떨어지던 농장의 경우를 살펴보자. 이런 농장은 국제 무역 박람회에서 커피와 농장을 직접 홍보할 수 있다. 만약 그런 여력이 없다면 수입 파트너를 통해 시장 접근성을 확보해야 한다. 수입업체는 다양한 고객에게 커피를 소개하고 커피의 품질과 생산자의 스토리를 홍보해 수입업체와 농장의 수입과 매출을 동시에 향상시킬 수 있다. 이는 본질적으로 마케팅 관계에 해당한다.

한 수입업체가 자신들이 어떤 농장의 브랜드가 자리 잡도록 도움을 주었는데, 그 농장이 다른 수입업체와 협력 관계를 맺었다며 불만을 토로한 적이 있다. 하지만 이는 자연스러운 과정이며, 유통 및 브랜드 대리점 계약은 언제든지 재검토되고 변경될 수 있다.

예를 들어, 해외에서 영국으로 커피 장비를 수입하는 회사가 있다고 가정해 보자. 비즈니스가 어느 정도 안정적으로 성장하면 계약 갱신 시점에 두 회사가 계약을 해지할 가능성은 충분히 높다. 각 기업은 언제나 자신들에게 가장 유리한 선택이 무엇인지 검토하고 결정해야 하기 때문이다. 물론 수입업체 입장에서는 실망스럽고 부정적인 결과일 수 있다.

최근 커피 생산국에 기반을 둔 소규모 수출업체들이 주요 시장에 수입 사무소를 개설하는 경향이 늘고 있다. 이러한 비즈니스 모델을 실행하려면 다양한 자원과 유리한 포지셔닝이 필요한데, 스페셜티 커피 비즈니스에서는 인적 연결이 매우 중요한 부분이기 때문에 이 방식이 매우 효과적일 수 있다.

또한 스페셜티 커피 업계에서 주로 수출업체와 수입업체가 주도하는, 다양한 시장 접근성을 확대하려는 이니셔티브가 증가하고 있다. 경우에 따라서는 일부 로스팅 업체들도 커피 생산자와 농부들의 시장 접근성을 지원하는 프로그램을 운영하기도 한다.

커피 생산량이 많은 국가에서는 국가 차원의 정책을 통해 농가의 시장 접근성을 높이는 데 도움을 주기도 한다. 또한 커피 생산국이 전 세계 커피 소비자와 구매자에게 어떻게 인식되느냐도 수요와 시장 접근성에 직접적인 영향을 미친다. 콜롬비아는 이 분야에서 탁월한 성공을 거둔 국가다.

소셜 미디어와 다양한 온라인 플랫폼의 등장으로 커피 생산자와 커피 소비자 간의 거리가 점점 가까워지고 있으며 커피 공급망 내 여러 기업들은 시장에 더 쉽게 접근할 수 있다. 인스타그램 메시지는 스페셜티 커피 업계의 농부와 수출업자들이 로스터 및 바이어들과 직접 소통할 수 있는 합법적인 커뮤니케이션 채널이다.

직접적인 대화는 생산자와 로스터 간의 열린 소통을 가능하게 하며, 최근에는 투명한 금융 서비스와 물류 지원을 제공하는 다양한 플랫폼도 점점 더 많아지고 있다. 그러나 거래할 커피가 컨테이너 하나를 채우지 못하는 적은 양이라면 이런 방식을 효율적으로 진행하기 어려울 수 있다. 따라서 거의 모든 경우에 수입 파트너의 금융 및 물류 지원이 여전히 필요하다.

결국 시장 접근성은 모든 비즈니스의 존속과 성장에 필수적인 요소이며, 효과적인 시장 접근 전략을 파악하고 개발하는 것은 모든 기업이 개선하거나 성장할 수 있는 가장 큰 기회 중 하나다.

연구와 개발 Research and Development

어떤 혁신이든 연구 개발 Research and Development 과정을 통해 실현된다. R&D가 반드시 새로운 혁신을 의미하는 것은 아니다. 새로운 제품을 출시하는 데 필요한 개발 과정일 수도 있고, 기존의 개발 및 창작 과정을 따르는 경우도 포함된다.

진정한 R&D와 단순한 반복 공정 사이의 경계를 구분하는 것은 흥미로운 일이다. 대부분의 스페셜티 부티크 비즈니스에서는 일정 수준의 R&D가 이루어지지만 이를 다른 생산 활동과 뚜렷하게 구분하는 경우는 드물다. 부티크 규모의 비즈니스에는 일반적으로 별도의 R&D 부서나 예산이 존재하지 않는다.

커머셜 커피와 스페셜티 커피 모두 커피 농장에서 상당한 수준의 R&D가 이루어진다. 농장에서는 토지와 작물의 농업적 특성을 분석하고 주요 지표를 평가 측정하며, 이를 바탕으로 최적의 품질과 수확량을 극대화하기 위한 조치를 취해 개선 효과를 얻고자 한다.

스페셜티 커피에 중점을 둔 농장이라면 주요 작물과 함께 소규모 프로젝트를 진행하는 경우도 많다. 대표적인 예로, 다양한 커피 품종을 심고 시험하는 '희귀 품종 시험 재배지'를 조성하기도 한다. 더 나아가, 규모가 크고 체계적인 운영 방식을 가진 농장은 '품질 매핑'을 실시해 재배지 구획별로 잠재적인 품질을 평가하는 작업을 수행한다. 이 데이터를 바탕으로 해당 구역에서 생산된 커피를 특정 제품군으로 분류하고, 각 토양과 재배 환경이 어떤 수준의 커피 품질을 창출할 수 있는지에 대한 지식을 확보할 수 있다.

이와 유사하게 커피 가공 방식 연구도 그 자체로 R&D 과정이라고 볼 수 있다. 농장이나 가공시설에서는 새로운 가공 방식을 대규모로 도입하기 전에 소규모 배치로 테스트를 한다. 그 결과가 긍정적이라면 해당 가공 방식을 보다 광범위하게 적용할 수 있지만, 그렇지 않다면 실험적이거나 특수한 방식으로 남을 수도 있다.

스페셜티 커피는 품질만큼이나 탐구와 실험이 중요하다. 이런 이유 때문에 커피 산업에서는 실험적인 R&D가 활발하게 이루어진다. 예를 들어 로스터리에서 대량 생산하기 전에 새로운 로스팅 방식을 소규모 배치로 테스트하고, 카페에서는 새로 개발한 추출 기법을 정식 메뉴에 올리기 전에 실험해 볼 수 있다. 다만 개인적으로 아쉬운 것은, 이런 R&D 과정이 제대로 이루어지지 않는 경우가 많다. 아직 개발 중인 제품, 심지어 바리스타 스스로 완벽하지 않다고 생각하는 커피가 고객에게 판매되기도 한다.

부티크 비즈니스의 강점 중 하나는 유연하게 실험할 수 있는 환경을 갖추고 있다는 점이다. 그러나 반대로, 규모의 한계 때문에 R&D의 범위가 제약될 수 있다. 스페셜티 커피 비즈니스의 순이익이 상대적으로 낮기 때문에 순수한 탐구와 실험에 많은 예산을 책정하기 어렵다. 많은 소규모 비즈니스에서는 이런 R&D 작업을 몇몇 개인이 자발적으로 감당하는 경우가 많다. 그들은 일반적으로 업무 외 시간에, 혹은 다른 업무를 수행하면서도 커피에 대한 호기심을 더 깊이 탐구하며 다양한 프로세스와 접근 방식을 실험한다.

소비재 비즈니스에서는 R&D가 필수적인 요소다. 대부분의 기업은 지속적인 '신제품 개발'이 없으면 생존할 수 없다. 즉, 반복 구매가 가능한 소비재 제품이 아니라면 새로운 제품을 지속적으로 만들어야 한다.

신제품으로 발생하는 마진으로 지속적인 신제품 개발에 재투자를 해야 한다. 이는 커피 장비 및 기타 업체에도 적용되는 원칙이다.

다행히 커피 원두를 다루는 로스터리와 카페의 경우, 자연스럽게 형성된 제품 개발 사이클이 존재한다. 항상 새로운 커피를 시도할 기회가 많기 때문에, 별도의 신제품 개발 비용을 부담하지 않고도 변화를 만들어낼 수 있다.

이와 달리 물리적 제품을 개발하는 기업의 경우, 신제품이 시장에 출시되기까지 오랜 시간과 막대한 투자 비용이 필요하다. 이런 차이점 덕분에 스페셜티 커피 업계는 상대적으로 적은 비용으로도 지속적인 제품 혁신을 도모할 수 있다는 강점을 갖추고 있다.

농부의 신제품 개발은 더 부담스럽다. 신품종의 커피나무를 재배하는 과정은 기본적으로 인내심이 필요하고 상당한 리스크를 감수해야 한다. 신품종을 시험하는 가장 합리적인 방법은 소규모로 시범 재배를 하는 것이지만, 첫 열매를 얻기까지 최소 3~4년을 기다려야 한다. 만약 시험 재배가 성공한다면, 해당 품종을 농장의 특정 부지에 심고 다시 3~4년 동안 기다려야 한다. 하지만 작은 규모의 시범 재배 결과가 농장의 다른 곳에 심었을 때와 동일하게 나타난다는 보장은 없다.

이처럼 긴 시간을 필요로 하는 R&D의 부담을 덜어주기 위해 많은 국가에서는 공공 연구기관이 커피 품종 연구를 수도한다. 대표적으로 Cenicafé(콜롬비아), Anacafé(과테말라), IAC(브라질)등의 국가 연구 기관과 WCR$^{\text{World Coffee Research}}$과 같은 비정부기구에서 진행한다.

커피 관련 R&D에서 가장 중요한 평가 기준은 '맛'이다. 하지만 당연히 생산성도 중요하다. 농장에서 작물 자체의 품질을 개선하거나, 농법, 가지치기, 가공 및 제분 방식을 최적화하여, 커피 수확량 중 높은 등급으로 판정되는 비율이 조금이라도 높아진다면 업계 수익성을 높이는 데 큰 도움이 된다. 마진이 크지 않은 산업에선 한 자릿수 비율의 개선도 큰 의미가 있다.

내가 함께 일하는 한 생두 무역 업체는 날씨만 집중 연구하는 R&D팀을 운영하고 있다. 사실 대부분의 대형 거래소에는 이런 전담팀이 있다. 기후 데이터를 정확히 분석하는 것은 산지의 생산량을 미리 예측하고 이에 따른 가격 변동에 대비하기 위해 반드시 필요한 일이다. 예를 들어 2021년 브라질을 덮친 서리를 예견할 수 있었다면 수확량 감소와 그에 따른 가격 인상에 대해 어느 정도 대비할 수 있었을 것이다. 물론 기후를 완벽히 예측하고 완전히 대비하는 것은 불가능하겠지만, 사전 정보가 있다면 무역 계약 및 헤징 전략을 보다 효과적으로 운영할 수 있다.

비즈니스 관점에서 R&D는 부가가치에 중점을 두어야 한다. R&D 투자는 단순히 혁신적인 기술이나 새로운 트렌드를 창출하는 것만을 뜻하지 않는다. 비즈니스 전반의 운영 최적화와 개발을 위한 과정이기도 하다. 따라서 각 기업은 자신의 시장과 사업 구조에 가장 큰 영향을 미칠 수 있는 방식으로 R&D를 활용하는 것이 중요하다. 다음 챕터에서는 커피의 혁신 개념을 살펴볼 것이다.

경쟁자인가, 파트너인가 Adversaries or Partners?

당신의 회사는 공급업체, 고객과 협력하는가, 아니면 경쟁하는가? 많은 거래 관계는 이 두 입장이 동시에 작용한다.

비즈니스에서 경쟁적 관계란 특징 기래에서 한쪽이 더 나은 조건을 얻기 위해 상대방의 몫을 줄이려는 상황을 의미한다. 반대로 협력적 관계는 양쪽이 다 성공할 수 있도록 서로 이익을 주고받는 것을 목표로 한다.

경쟁적 관계에서는 한 기업이 거래에서 더 큰 이익을 얻기 위해 상대방의 이익을 줄이려 하며, 이는 특정 기업과 거래할 수밖에 없는 상황에서는 특히 더 문제가 된다. 예를 들어, 어떤 공급업체가 특정 경매 시스템이나 수출업체를 통해서만 거래할 수밖에 없다면 그들은 독점적 환경에서 불리한 계약을 감수해야 할 수도 있다. 이런 상황에서 기업들은 수직적 통합을 고려하기도 한다. 즉 "우리가 직접 하면 이런 경쟁적 관계를 피할 수 있을 거야."라는 생각이 드는 것이다.

반면, 협력적 관계는 두 기업이 같은 방향을 바라보며 서로에게 도움이 되는 방식으로 운영하는 경우를 말한다.

〈하버드 비즈니스 리뷰Harvard Business Review〉에서 데이빗 프라이들링거David Frydlinger, 올리버 하트Oliver Hart, 케이트 비타섹Kate Vitasek은 경쟁적 공급자 관계에서 나타나는 부정적 행동을 '쉐이딩shading'이라는 용어로 설명한다. 이는 고객과 공급업체 간의 관계가 기대와 다르게 흘러갈 때 발생하는데, 한쪽이 불공정하다고 느끼면 상대방의 요구를 충족시키는 데 소극적이거나 비협조적으로 대응한다는 것이다.

위 연구자들은 이런 경쟁적 관계를 방지하는 방법을 조언한다. 기업들이 단기적인 이익을 위해 기회주의적 결정을 하고 싶은 유혹을 이겨내야 한다고 강조한다. 이를 방지하기 위해 '관계 기반 계약formal relations contract'를 활용할 수 있다. 이 계약은 다음과 같은 요소를 포함해야 한다. 관계의 질을 최우선으로 두어야 하며, 계약이 결코 완전할 수 없음을 인정한다. 또한 공동 목표와 관계 관리 프로세스도 포함해야 한다.

커피 산업에서는 이런 '관계 기반 계약'이 일반적이지 않지만, 이와 유사한 다양한 방식이 존재한다. 가장 일반적인 예는 제품의 원가 및 가격 구조를 투명하게 공개하고, 수시로 검토하거나 정기적으로 가격을 검토하는 방식이다. 이를 통해 양측이 서로의 비용을 이해하고 균형잡힌 가격 조정을 할 수 있다. 그러나 이 방식은 기업 내부 정보를 공유해야 하므로 모든 기업이 선호하는 것은 아니다.

이 문제를 해결하기 위한 또다른 방법으로 롤링 입찰이 있다. 여러 기업이 정기적으로 입찰을 통해 계약을 따내는 방식으로, 경쟁을 촉진하여 더 나은 가격을 유도하지만, 자칫 '최저가 경쟁'으로 이어질 가능성이 있다.

최저가 경쟁 Race to the Bottom

엄격한 가격 규제가 없는 비교적 자유로운 시장에서는 자연스럽게 경쟁이 발생한다. 이런 환경에서 경쟁자가 많으면 특정 제품이나 서비스, 혹은 겉보기에는 유사해 보이는 제품들에 대해 최저 가격이 형성된다. 여기서 중요한 점은 겉으로는 비슷해 보여도 실제로는 그렇지 않을 가능성이 크다는 점이다.

'최저가 경쟁'은 공격적인 경쟁으로 인해 가격이 지속 불가능한 수준까지 떨어지면서 품질과 기준이 함께 낮아지는 상황을 의미한다. 이 과정에서 합리적인 경제적 판단은 사라지고, 오로지 계약을 따내는 것이 유일한 목표가 된다. 하지만 이 경쟁이 계속되면 결국 모두가 손해를 본다. 소비자는 시간이 지날수록 품질이 낮은 제품을 구매하게 되고, 기업들은 비현실적인 판매 계약으로 인해 지속 불가능한 사업 구조에 빠진다.

스페셜티 커피 시장은 전 세계적으로 점차 성숙해지고 경쟁은 점점 더 치열해지고 있다. 이제 막 스페셜티 커피 시장이 급성장하고 있는 나라도 있고 성숙한 비즈니스 환경 속에서 경쟁과 포화 상태가 심화된 나라도 있다. 그러나 어느 나라도 완전히 포화된 혹은 '완전히 성숙'한 스페셜티 커피 시장이 형성되었다고 보기는 어렵다. 언제 시장 포화 상태에 도달할지, 또는 그 시점에서 어떤 변화가 일어날지는 지켜봐야 하는 상황이다.

영국의 스페셜티 커피 로스팅 시장은 점점 경쟁이 치열해지면서 가격 경쟁이 심화되는 변화가 나타나고 있다. 로스터들이 부담해야 하는 비용은 상승했지만, 도매 거래처를 확보하기 위해 제시되는 킬로그램당 가격은 지속적으로 하락했다. 여기에는 몇 가지 요인이 있다. 시장에 먼저 진입한 업체들은 규모의 경제를 달성해 가격 경쟁력을 확보했으며, 이들이 사업 확장을 위해 더 많은 고객을 확보하려는 과정에서 더 치열한 가격 경쟁에 직면했다. 이는 가장 경쟁력 있는 가격을 찾는 과정으로, 무분별한 최저가 경쟁과는 다소 차이가 있다.

가격 인하에 영향을 주는 또 다른 요인은 신규 진입자다. 시장에 새로 진입해 고객을 확보하려는 소규모 독립 업체일 수도 있고, 빠른 성장 전략과 외부 자금을 지원받은 기업일 수도 있다. 이들의 목표는 신규 고객을 확보하고 인지도를 높여 일종의 티핑 포인트에 도달하는 것으로, 새로운 입찰을 따내기 위해 낮은 가격을 유인책으로 사용한다. 하지만 먼저 낮은 가격을 제시했다가 이후에 가격을 조정하는 전략에는 치명적인 약점이 있다. 이후 가격을 올렸을 때 고객이 이탈한다면 선택의 여지가 없다. 가격 인상 없이 수익성을 달성하기 위해 제품의 품질을 낮춰야 할 것이다.

여러 로스터리와 거래하는 생두 업체들의 말에 따르면 소규모 로스터들 상당수가 자신들의 원가 구조를 제대로 이해하지 못하는 상태에서 무작정 가격을 책정한다고 말한다. 조롱이 아니라 현실적인 문제를 지적하는 것이다.

열정을 기반으로 한 소규모 독립 비즈니스는 보통 소규모 팀으로 운영되고, 상세한 재무 분석은 잘 하지 않는다. 이런 환경에서 가격 책정은 체계적인 분석이 아니라, 단순한 비교를 통해 이루어지는 경우가 많다. "다른 데는 얼마 받지? 그럼 우리는 비슷하게 받거나 조금 더 싸게 하자." 고객도 이런 가격 경쟁을 부추기는 역할을 할 가능성이 크다. 예를 들어 카페와 로스터리가 가격 협상을 하는 자리에서 카페측이 다른 로스터리가 제시한 가격을 말하면서 더 낮은 가격을 요구하기도 한다. 이렇게 가격 압박이 가해지면 로스터는 적절한 원가 계산 없이 가격을 정해 버리기도 한다. 그리고 이 영향이 비즈니스 전체에 퍼진 후에야 커피 가격이 제대로 책정되지 않았음을 깨닫는 경우가 많다.

이런 모든 요인이 합쳐지면서 많은 스페셜티 부티크 커피 업체들이 자신도 모르게 최저가 경쟁에 휘말린다.

카페는 오히려 이런 경쟁에 영향을 덜 받는다. 대부분의 카페들은 가격을 쉽게 올리거나 내리는 것 자체를 꺼리는 경향이 있다. 고객들의 피드백을 의식하기 때문이다. 따라서 카페 시장에서는 가격이 일정 수준에서 유지되는 '현상 유지형 가격 구조'가 형성되는 경우가 많다.

스페셜티 커피 업계는 커핑 프로토콜을 통해 품질을 객관적으로 평가하는 시스템을 갖추고 있다. 때문에 저품질 커피가 공급 과정에서 고품질 커피로 둔갑하는 경우는 드물다. 그러나 일단 커피가 로스터리나 커피 브랜드에 도달하면 최저가 경쟁이 벌어질 가능성이 있다. 로스터리나 카페는 커핑 점수를 통해 지속적으로 품질을 평가하는 시스템이 없을 가능성이 크다. 이는 생산자가 컵 점수에 따라 받을 수 있는 가격이 크게 달라지는 것과는 극명하게 대비된다. 로스터리나 카페에서는 최저가 경쟁이 컵의 품질 저하로 이어질 수 있다.

책의 후반부에는 **기호학-미학으로서의 스페셜티**라는 제목의 장이 있다. 이 장에서는 스페셜티 커피 비즈니스가 어떻게 보이거나 보여야 하는지에 대한 기대치가 형성된 방식을 깊이 탐구한다. 최저가 경쟁이 벌어지는 상황에서, 커피 브랜드 간의 경쟁은 종종 공급업체와 소비자 간의 경쟁적 관계로 전개된다. 이 과정에서 소비자는 실제 품질이 아닌, '스페셜티' 또는 '고품질'을 나타내는 적절한 브랜드 이미지를 갖춘 공급업체를 찾는 경향이 있다. 즉, 실제로 높은 품질의 커피를 낮은 가격에 확보하는 것보다, '스페셜티 커피'처럼 보이는 브랜드를 선택하는 것이 더 중요하게 여겨진다.

만약 구매자가 커피에 대한 전문성과 깊은 지식을 갖추지 못했다면, 낮은 입찰가로 제공되는 제품이 실제로 어떤 품질을 갖추고 있는지 제대로 평가하기 어려울 수 있다.

덜어내기 Killing Things That Don't Work

이것은 비즈니스에서 아주 중요한 요소다. 성과가 없는 비즈니스 요소를 제거하지 않고 방치하면 심각한 결과를 초래할 수 있다. 구체적 상황에 따라 다르긴 하지만, 매우 심각할 경우 비즈니스는 바로 몰락할 수도 있다.

젊거나 성장 중인 기업들은 많은 것을 시도하고 어떤 아이디어가 효과적인지 확인하고자 하는 경향이 있다. 이런 시도가 별다른 효과를 거두지 못한다면 비용 부담으로 끝날 수도 있지만 새로운 기회를 찾기 위해서는 반드시 필요한 과정이기도 하다.

어느 순간 돌아보니, 수많은 제품, 계획, 채널이 운영 중일 수 있다. 이 중 일부는 시도해 보았으나 효과가 없었다고 결론짓고 정리해야 하는 것들이다. 단지 원재료 비용뿐만 아니라, 기회비용 역시 고려해야 한다. 수익을 내지 못하는 비즈니스 영역에 투입된 자원과 에너지 때문에 비즈니스 전체에 부담을 줄 수 있다.

비단 판매 전략과 신제품뿐만 아니라 내부 프로세스와 절차도 검토해야 한다. 그저 이제껏 그렇게 해 왔으니 계속 하고 있는 것이 아닌지 점검해야 한다. 실제로 효과가 있는가? 비즈니스에 기여하는 부분이 있는가?

나는 업무 문화와 관련된 대화에서 '긍정적 실패'라는 개념을 자주 접한다. 실패가 긍정적인 경험이고 비즈니스에 필요하다는 관점이다. 이것도 맞는 말이지만 더 중요한 것은 실패를 인정하고 정리해야 하는 시점이 언제인지 아는 것이다. 이는 매몰 비용 오류와도 밀접하게 연결된다.

이 주제에 관해 들었던 가장 좋은 사례 중 하나는 아담 그랜트$^{Adam\ Grant}$의 워크라이프^{WorkLife} 팟캐스트에서 들었던 이야기다. 그는 수소 에너지 비즈니스를 탐색하는 임무를 맡은 구글 X의 한 팀원을 예로 들었다. 그는 컨셉 기획과 제안서를 작성했고, 1년 동안 예산을 활용해 프로젝트를 구체화하고 모델을 실현할 수 있는 권한을 받았다. 그리고 1년 후, 그동안의 작업을 발표하는 자리에서 프로젝트 중단이 최선이라는 결론을 내렸다. 프로젝트를 진행하며 실제 비용과 위험을 평가해 보니, 계속 추진하는 것은 합리적이지 않다는 결론이 나왔다고 한다. 놀랍게도 이 직원은 자신의 프로젝트를 중단한 대가로 그해 가장 큰 보너스의 주인공이 됐다.

이는 결단코 쉽지 않다. 자신이 직접 구상하고 책임지고 추진한 프로젝트를 객관적으로 평가하는 건 어려운 일이다. 자신의 성공과 프로젝트 업무가 직접적으로 연관된 것처럼 느껴질 수 있다. 그러나 비즈니스의 성장과 지속 가능성을 위해서는 냉정한 판단이 필수적이다.

물론 구글 X의 사례는 부티크 규모의 비즈니스를 운영하는 우리와는 관련이 없다. 구글 같은 대기업은 새롭고 실험적인 프로젝트를 탐색할 여력이 있지만 대부분의 중소기업은 제한된 자원 안에서 현실적인 선택을 해야 한다.

비슷한 맥락에서 다이슨이 수억 파운드를 투자했던 전기차 프로젝트를 중단한 것도 매우 놀랍지만 중소기업들에게는 현실적으로 적용하기 어려운 사례다.

그렇지만 여기서 분명한 교훈을 얻을 수 있다. 자신이 몸담고 있는 비즈니스를 '현재 이 비즈니스가 아닌 것처럼' 상상할 수 있는 능력은 매우 가치 있다. 이는 외부인이 던질 법한 까다롭고 본질적인 질문을 스스로에게 던져 보는 것을 의미한다.

특히 새로운 프로젝트나 제품의 경우, 실행 가능성에 대한 질문에 답하기는 특히 어렵다. 겉으로 보기에 성공 가능성이 낮아 보이는 프로젝트라면 "아직 시간이 더 필요한 게 아닐까?" 또는 "다른 방식으로 접근하면 성공할 가능성이 있지 않을까?" 같은 질문을 던질 수 있다. 물론 끈질기게 밀어붙인 끝에 마침내 프로젝트에 성공시킨 이야기도 들어 봤을 것이다. 그러나 천재적인 아이디어와 실패한 아이디어 사이에는 종이 한 장의 차이가 있을 뿐이다.

이런 고민은 새로운 가치를 탐색하거나 기존의 사업을 더 크고 성공적으로 키우고자 하는 모든 분야에서 특히 중요하다. 우리는 모두 새로운 것을 시도하며 실수하고 실패도 한다. 중요한 것은 같은 실수를 반복하지 않는 것, 또한 실험적인 아이디어에 따르는 리스크를 관리하는 것이다. 한 번의 실패가 비즈니스 전체를 무너뜨리는 일은 막아야 한다.

때로는 비즈니스 자체를 과감히 중단해야 하는 순간이 온다. 몇 년 전 비즈니스를 시작한 내 친구는 초기와 달리 현재 어려움을 겪고 있다. 상환할 수 없는 빚이 쌓였고, 실적이 좋은 새로운 비즈니스가 기존의 부진한 비즈니스의 손해를 지탱하는 상황이었다. 자연스럽게 '왜 이 비즈니스를 계속 유지하는가?'라는 의문이 들었다. 물론 여러 가지 이유가 있겠지만 쉬운 결정은 아니다. 기존 제품을 좋아하고 지지해 준 고객이나 파트너를 실망시키고 싶지 않았을 것이고, 무엇보다 팀원들의 일자리가 사라진다. 그리고 내 친구 같은 창업자나 오너에게는 비즈니스가 곧 자신의 정체성이기에 비즈니스를 접는 것은 쉽지 않다.

이 결정은 새로운 기회가 존재하는가에 따라 달라진다. 비즈니스 손실이 큰 경우라면 비교적 결정하기 쉽다. 기존 채무나 비즈니스 운영비를 감당할 수 없다면 말이다. 하지만 비즈니스가 어느 정도 가치를 창출하고 있다면 결정하기 어렵다. 이 비즈니스의 상황이 좋아질 가능성이 없다면 수명은 제한적일 것이다. 성과 없는 부분을 다시 검토하고 통합하거나 재조정을 할 필요가 있는지, 건강한 비즈니스 운영을 위해서는 이 모든 질문을 고려한 뒤에 결정해야 한다. 이 모든 과정은 건전한 비즈니스 운영을 위한 필수 과정이다.

우선순위와 자원 관리 | Prioritisation and Resource Management

이 주제에 대해서는 다른 장에서도 다루었지만 별도의 장으로 자세히 서술할 가치가 있다. 모든 스타트업과 소규모 비즈니스는 한정적인 자원 때문에 어려움을 겪는다. 소규모 팀이 다양한 업무를 동시에 처리해야 하는 상황이 일반적이다.

예를 들어 카페 운영자가 다른 업무와 동시에 회계를 관리하는 경우처럼 비즈니스 운영의 기본이 되는 전담 부서나 관리자가 없는 곳도 많다. 이런 사업체의 비즈니스 규모가 커지면 모든 영역을 완벽하게 관리하기가 쉽지 않다.

이전 장에서는 비즈니스에서 우선순위 선정이 왜 중요한지에 대해 논의했다. 우선순위를 정하는 능력은 어떤 분야에서든 수익성 있는 비즈니스를 운영하기 위해 필수적이다. 아마도 커피 산업의 특징인 복합성 때문에 이 능력은 더욱 중요해질 것이다.

하지만 안타깝게도 우선순위 설정이 사후 대응적인 경우가 많다. 목표는 많지만, 그 목표를 실현할 수 있는 능력이 부족한 경우, 업무를 진행하면서 현실적으로 목표 달성이 어렵다는 게 분명해지면 그때그때 긴급한 일들을 우선적으로 처리하게 된다.

조직 내부의 이해관계자는 일반적으로 자신의 역할이나 프로젝트의 성공에 관련 있는 업무와 활동을 우선하게 마련이다. 그러나 이런 방식은 조직 문화에 악영향을 주고 팀 전체가 목표를 달성하지 못하고 있다는 느낌을 줄 수 있다. 사실 느낌만이 아니라, 실제로 고객과의 관계에서 의미 있는 성과를 만드는 데 실패할 가능성이 높다.

업무량이 너무 많으면 우선순위를 지속적으로 잘 조정하기 어렵다. 때로는 두 개 이상의 프로젝트를 끝내야 하는데, 그럴 땐 어떤 고객을 우선적으로 만족시켜야 할지 선택해야 한다. 이는 비즈니스 합리화의 관점이나 고객의 기대치 충족 측면에서도 풀기 어려운 문제다.

너무 많은 일을 동시에 추진하는 비즈니스도 다양한 문제를 일으킨다. 각 부서에서 실수가 빈번하게 발생할 가능성이 크고 장기적으로 진행하는 전략적 목표나 기업이 추구하는 가치 달성이 지연될 수 있다. 매일 급한 불을 꺼야 하는 긴박한 상황이 벌어진다면 장기 프로젝트는 항상 뒤로 밀리고 말 것이다. 지속 가능성에 대한 비전, 더 거시적으로는 회사의 개선 목표 같은 것이 첫 번째 희생양이 된다.

물론 이런 점을 감안하더라도, 현재 비즈니스 역량으로 달성할 수 있는 목표만 세우고 자원의 여유를 충분히 확보한 채로만 운영한다면 비효율적인 조직이 될 가능성이 높다. 특히 스페셜티 부티크 커피 산업에서 비즈니스를 이런 식으로 운영한다면, 수익성을 확보하기 어려울 것이다.

균형을 맞추는 게 쉽지는 않다. 지속 가능한 수익성과 회사의 비전을 달성하기 위해서는 엄격하고 객관적인 자원 분배 전략이 필요하다.

유니콘은 특별하다-승자 편향
Unicorns Aren't the Norm-Winner Bias

승자 편향은 성공을 거둔 사람의 왜곡된 관점을 말한다. 승자가 되면 그가 겪은 모든 과정이 의미를 가지게 된다. 그 과정이 성공으로 이어졌기 때문이다. 그렇다고 이것이 다른 상황에서도 다시 성공을 보장한다는 의미는 아니다. 때로 성공은 순전히 운이고, 시간과 장소가 딱 맞아떨어진 덕이다. 중요한 것은 승자는 보통 한 명이고 패자가 더 많다는 사실이다.

'나는 이렇게 만들었다How I Built This' 팟캐스트의 게스트는 항상 멋진 성공 스토리의 주인공이다. 최고의 성공 스토리는 고난을 겪던 개인이나 팀이 어느 순간 드라마틱하게 성공을 거두는 이야기다. 종종 그들은 큰 위험을 감수할 것이고 친구와 가족은 걱정한다. 자금 조달에 어려움을 겪거나 큰 손해를 보기도 한다. 이제 무슨 이야기인지 알 것이다. 그렇다. 이것은 역경을 딛고 일어서는 약자의 이야기다.

매번 에피소드가 끝날 때, 진행자인 가이 라즈Guy Raz는 게스트에게 "당신의 성공에는 운이 얼마나 작용했을까요? 순전히 노력의 결과입니까?"라고 묻는다. 대부분의 게스트는 둘 다였다고 답한다. 노력이 운을 만든다는 말이 있는데, 실제로 그러하다. 그러나 우리가 이런 이야기에 귀를 기울이는 이유는 특별한 이야기이기 때문이다. 즉, 이런 성공이 흔하지 않기 때문에 더 매력적으로 들린다.

이런 이야기에는 종종 혁신이나 개척자가 등장한다. 어떤 산업에서 유니콘 비즈니스가 탄생할 기회는 매우 드물다. 유니콘 기업의 성공담은 분명 우리 모두에게 교훈을 줄 수 있지만, 그 이야기에서 얻을 수 있는 교훈에는 한계가 있다는 점을 잊지 말아야 한다.

성공적이지만 특별한 케이스를 연구하는 것이 위험한 이유는 자칫 승자 편향의 시점으로 바라보게 되기 때문이다. 이런 사례의 데이터를 근거로, 한 세대에 한 번 일어날까 말까 하는 조건들이 다 맞아떨어져야 하는 케이스를 추구한다면 그 비즈니스는 실패할 위험성이 높다. 많은 기업이 동일한 유니콘이 되려고 시도했지만 성공했다는 소식은 들리지 않는다. 실패했기 때문이다.

재현 가능한 비즈니스 모델을 연구하는 것은 다르다. 즉, 여러 기업이 동일한 방식으로 가치를 창출할 수 있는 모델을 찾는 것이다. 스페셜티 부티크 커피 산업은 이런 점에서 특히 흥미롭다. 스페셜티 커피 업계에서는 커뮤니티라는 단어를 자주 사용한다. 스페셜티 커피 업계는 하나의 커뮤니티로서 협력하며 성장해 왔고 그 안에서 엄청난 성공을 거둔 기업들도 있다. 하지만 대부분의 커피 비즈니스 창업자들에게는 업계의 정상에 오른 몇몇 사례보다는 일반적인 커피 비즈니스의 현실을 이해하는 것이 더 유용할 것이다.

결국 우리가 연구해야 할 것은 유니콘 기업이 아니라, 이 업계에서 성공하는 좋은 비즈니스란 무엇인가에 대한 답을 찾는 것인지도 모른다.

'진정한' 이익 "True" Profit

순이익 수치는 여러 가지 이유로 오해를 불러일으킬 수 있다. 때로는 의도적인 경우도 있지만, 대개는 맥락이 부족하고 공정한 비교로 제시되지 않기 때문이다. 사과와 사과를 비교해야 하는데 사과와 오렌지를 비교하는 셈이다.

예를 들어 보자. 소규모 자영업 비즈니스의 경우 창업자나 업주는 종종 직접적인 급여를 받지 않거나, 세금상의 이유로 소액의 급여만 받고, 나머지 수익은 배당 형태로 가져가는 경우가 많다. 이 경우 급여는 실제 수행되는 업무의 가치를 정확하게 반영하지 않기 때문에, 단순히 급여만을 기준으로 사업의 구조나 운영 상태를 평가하는 적은 적절하지 않다. 반대로 어떤 오너가 수익성 있는 비즈니스를 만들어 놓고 그 이익의 대부분을 급여 형태로 가져간다면, 재무제표상 그 비즈니스는 수익성이 낮은 것처럼 보일 수 있다. 그러나 적절한 방식으로 벤치마킹이 이루어진다면, 이런 급여 구조는 수익성 판단에 영향을 미쳐서는 안 된다. 즉, 오너가 가져가는 수익의 형태가 다를 뿐, 비즈니스 자체의 성과나 건전성을 잘못 판단해서는 안 된다는 의미다.

이런 변수를 보정하기 위해 사용하는 개념이 EBITDA라는 용어다. EBITDA는 이자, 세금, 감가상각비, 무형자산상각비를 제외하기 전 이익을 의미한다. 간단히 말해, 이 수치는 예외적인 비용을 제외한 기본적인 순이익을 나타낸다. 인수합병 시장에서 '공정한 비교'를 위해 널리 사용된다.

여기서 예외적인 비용이란 일회성 비용, 지속적으로 발생하지 않는 비용을 말한다. 새로운 장비나 인프라에 대한 투자일 수도 있고, 일시적인 컨설팅이나 마케팅 비용일 수도 있다. 이런 비용이 포함되면 특정 연도의 순이익이 매우 낮아 보일 수 있지만, 이는 일회성 투자였을 뿐이며 실제 영업이익이 줄어든 것은 아니다.

반대로 EBITDA를 활용해 수익성을 극대화된 형태로 보여주려고 할 수도 있다. 기업이 매각이나 투자를 유치할 때는 가장 높은 값에 매각하기 위해, 또는 높은 가치 평가를 받기 위해 가능한 한 최고의 수익성 시나리오를 제시할 필요가 있다. 이 때문에 매수자와 매도자 간의 EBITDA 조정 협상이 필수적이다.

여러 지점을 운영하는 카페 프렌차이즈를 예로 들어 보자. 각 매장은 개별적으로 수익을 창출하지만, 본사 인력의 급여와 운영비는 개별 매장 비용에 반영되지 않는다. 만약 본사 비용을 고려하지 않고 개별 매장의 수익만 평가한다면 매장의 수익성이 실제보다 더 높아 보일 것이다. 합리적인 접근 방식은 본사 비용의 일부를 각 카페 지점에 추가 비용으로 할당하는 것이다. 이런 수치 조정을 거치지 않는다면, 매장당 순이익 수치가 실제보다 높게 추산되는 오해가 발생할 수 있다.

때로는 비즈니스 내에서 개별 제품이나 고객별 순이익을 정확히 산출하기 어려울 수 있다. 공유 자원과 비용이 존재하기 때문이다.

자기 비즈니스를 운영하는 사람이라면 실제 수익성을 정확하게 이해하고 있어야 한다. 그래야 비즈니스를 효율적으로 운영하고 성장 전략을 세울 수 있다. 또한 업체를 벤치마킹할 때 다른 기업과 공정하게 비교할 수 있어야 좋은 비즈니스의 기준을 세울 수 있다.

PART 3

시장 원리
Market Forces

3부 소개 Introduction to Part Three

2부에서는 비즈니스 운영의 기본 요소와 핵심 수단을 살펴보았다. 나는 시장의 거의 모든 비즈니스가 비슷한 개념의 기반 위에서 운영되고 있음을 강조했다. 이는 분명 사실이지만, 또한 다양한 방식과 광범위한 환경적 요인이 작용한다. 글로벌 산업으로서 커피 산업의 규모는 믿기 어려울 정도로 광범위하다.

카페 운영자는 바로 근처에 오픈한 경쟁 업체나 혹은 날씨 때문에 방문 고객 수가 줄지 않을까 걱정한다. 그가 카페에서 사용하는 원두의 가격은 전 세계 시장 변동의 영향을 받는다. 다른 국가에서 재배된 커피가 자신이 재배한 커피 가격에 미칠 영향을 걱정하는 생산자들이 있고, 이에 대해 정부가 어떤 대응책을 내놓을지 걱정하는 무역업체가 있다.

커피 씨앗이 한 잔의 커피가 되기까지 거치는 여정은 글로벌하다. 이는 곧, 여러 가지 거시적 요소와 시장 원리를 고려하지 않고 커피 비즈니스를 파악하기란 불가능하다는 말이다.

그래서 3부에서는 커피 산업 전반에 영향과 파급력을 미치는, 보다 거시적인 시장 원리를 살피고자 한다.

거시경제학 Macroeconomics

미시경제학이 개별 기업과 소비자의 의사결정에 집중하는 반면, 거시경제학에서는 한 국가 내에서 작용하는 경제를 포함해, 세계 경제가 어떻게 하나의 글로벌 경제 속에서 맞물려 돌아가는지에 대한 광범위한 내용을 다룬다.

거시경제는 예측하기 어렵기로 악명 높다. 경제학자들이 일기예보처럼 경제를 예측하는 이론적인 "모델"을 만들지만 정확히 예측하기란 매우 어렵다. 거시경제 모델은 복잡한 가정의 조합으로 이루어지며 만약 예상치 못한 정책 변화나 글로벌한 사건 때문에 그 중 하나라도 예측했던 결과에서 빗나가면, 전체 모델에서 연쇄적으로 오류가 발생할 가능성이 크다.

C 마켓은 전 세계 커피의 거시경제적 가치를 한 시점에서 보여주는 지표다. 트레이더와 애널리스트들은 C 마켓의 미래 변동을 예측하기 위해 많은 시간을 투자한다. 이 논의는 대부분 수확량, 정책, 상업적 형태가 가격에 미칠 영향을 이해하고자 하는 추측과 신중한 분석이라고 할 수 있다. 가장 경험 많은 트레이더조차도 "그렇지만 확실히 알 수는 없다." 라면서 자신의 예측에 조심스러운 단서를 덧붙이는 경향이 있다.

결국 우리는 이런 거시적 흐름에 영향을 받을 수밖에 없다. 거시경제학적 파동이 커피 업계에 파문을 일으키는 상황에서, 나는 커피 산업이 얼마나 글로벌하며 서로 긴밀히 연결되어 있는가를 자주 실감한다.

혁신 Innovation

혁신은 모든 비즈니스의 화두다. 그럴 만한 이유가 있다. 혁신은 비즈니스의 성공을 이끌고, 나아가 전체 시장을 뒤엎고 변화시킬 잠재력이 있다.

20세기에 구소련의 엔지니어이자 발명가, 작가였던 겐리히 알츠슐러 Genrich Altschuller는 혁신의 다섯 단계를 제시했고, 이를 바탕으로 창의적 문제 해결 이론인 트리즈 TRIZ라는 척도를 탄생시켰다. 이 척도는 혁신을 이해하는 중요한 개념으로 활용된다. 나는 여러 디자인 프로젝트를 이끄는 디자이너이자 영국 다이슨의 수석 디자이너를 역임했던 루크 앳우

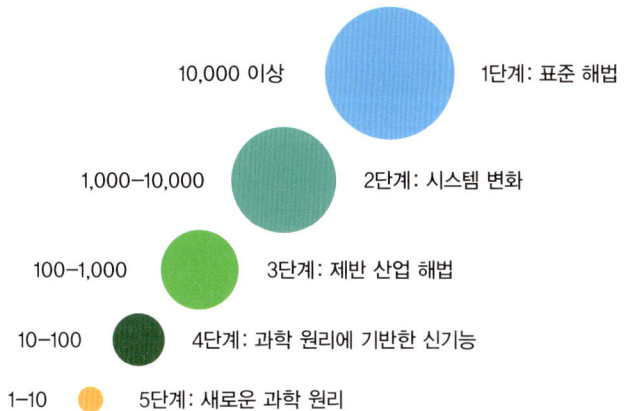

숫자: 특허 등록 수

드Luke Atwood를 통해 이 이론을 알게 되었다.

혁신의 규모는 사소한 개선부터 새로운 발견과 혁신의 전 영역을 뒷받침하는 근본적인 과학적 발견에 이르기까지 다양하다.

1단계는 표준 해법으로, 기존 아이디어를 약간 수정해서 속도를 더 빠르게 하거나 더 크거나 작게 만드는 등 양적 개선을 하는 것이다. (예시: 기존 커피 머신의 추출 속도를 약간 더 빠르게 개선하는 것)

2단계는 시스템 변화로서 질적 개선으로 설명할 수 있다. 이미 존재하는 기능을 결합해 새 제품을 만드는 것이다. (예시: 콜드브루 머신과 기존 에스프레소 머신을 결합해 새로운 추출 방식 개발)

3단계는 산업 간 해법으로, 산업 전반에 걸친 혁신이다. 다른 산업에서 사용하던 독창적인 기술을 커피 산업에 성공적으로 적용하는 것이다. (예시: 와인 발효 기술을 커피 가공 과정에 도입해 새로운 발효 프로세스 개발)

4단계는 과학 원리를 이용해 과거에 없었던 혁신적인 기능을 만드는 것이다. (예시: 기존의 로스팅 방식이 아닌 완전히 새로운 열처리 기술 도입)

5단계는 과학 전반의 해법을 제공하는, 4단계의 근간이 되는 노벨상을 받을 만한 원리 유형을 과학적으로 발견하는 것이다. (예시: 커피 성분 분석을 통해 새로운 건강 효능을 발견하고 이를 활용한 제품 개발)

아이디어가 혁신적일수록 시장에 미치는 영향력도 커진다고 말하고 싶지만, 그 혁신이 만약 시대를 너무 앞설 정도로 새롭다면 사회가 수용하지 못할 수도 있다. 아이디어가 아무리 훌륭하고 가치 잠재력이 높아도 시장이 이 혁신을 받아들일 준비가 되지 않았을 수 있다는 의미다. 큰 규모의 새로운 혁신이 채택되려면 먼저 소비자 행동의 변화와 시장의 구조적 변화가 일어나야 한다. 물론 새로운 혁신이 시장에 나오지 못하는 다른 이유도 있다. 그 혁신이 기존 산업에 위협이 된다고 인식될 경우에는 배척되기도 한다.

비즈니스에서 나타나는 어떤 혁신이든 그 목적은 새로운 가치를 창출하는 것이다. 기존 문제를 해결하거나, 고객이 아직 인식하지 못한 니즈를 충족시키는 것이 핵심이다. 즉, "아직은 모르지만 고객들이 원하게 될 것"을 찾아내는 것이 중요한 혁신 전략이다.

혁신은 기기, 장비, 머신 같은 "물리적 제품"에 국한되지 않는다. 비즈니스의 혁신은 브랜딩, 커뮤니케이션, 소비자 경험, 소비자 참여 등에서도 이루어질 수 있다. 혁신이 일어나는 데는 실질적인 한계가 없다.

혁신은 시장에 큰 영향을 미친다. 혁신을 통해 새로운 기업이 시장 순위를 뒤엎거나 기존 업체가 경쟁사를 앞지를 수도 있다. 혁신에 대한 내용을 시장 원리 섹션에 넣은 이유는 혁신을 개발한 업체만이 아닌 시장 내 모든 이에게 영향을 미칠 가능성이 크기 때문이다.

혁신적인 아이디어가 성공하려면 실제 가치를 제공할 수 있어야 한다. 왜 기존 방식이 유지되고 있는지, 어떻게 하면 더 나아질 수 있는지, 끊임없이 질문을 던져야 한다. "다르게 할 수 있을까?" 어쩌면 그만큼 중요한 질문은 "꼭 다르게 해야 할까?"이다. 새롭기만 한 것은 진정한 혁신이 아니다. "영향력 있는 분야에서 실질적인 변화를 가져올 수 있는가?"가 혁신의 핵심 질문이 되어야 한다.

많은 혁신이 실제 경험에서 비롯된다. "내가 보고 싶은 게 뭘까? 나의 업무를 더 편리하게 만들어줄 요소가 무엇인가? 나에게 가치 있는 혁신은 무엇일까?" 이런 접근 방식은 아주 성공적인 결과를 가져올 수 있다. 많은 사람들이 같은 고민을 했을 가능성이 높기 때문이다. 하지만 너무 개인적인 평가에 의존할 경우, 폭넓은 공감을 얻지 못한 채 끝날 가능성도 있다. 산업 전체에 영향을 미칠 수 있는 혁신을 발견하는 능력은 매우 가치 있는 재능이다.

사람들은 지금까지의 모든 혁신을 당연하게 생각하는 경향이 있다. 끊임없는 진보의 흐름 속에서, 특히나 새로운 혁신을 추구하는 사람들은 기존의 것보다 앞으로 나아가야 한다는 압박감을 가지는 경우가 많다. 그러나 지금까지 이뤄진 혁신이 없었다면 현재의 발전도 불가능했을 것이다. 사실 우리는 모두 거인의 어깨 위에 올라타 있는 셈이다.

인터넷 기반의 커뮤니케이션 플랫폼 덕분에 커피 공급망은 더욱 긴밀하게 연결되었다. 이를 통해 커피라는 상품을 단순한 음료가 아니라 미식적인 관점에서 이해할 수 있도록 촉진시켰고, 커피의 품질에 영향을 주는 여러 가지 요소들에 대한 연구가 활발하게 이루어질 수 있었다. 커피 커뮤니티에서는 커피에 대한 아이디어, 발견, 지식을 공유하면서 오픈 소스 혁신이 일어나고 있다. 역사상 커피를 배우기 가장 쉬운 시대가 도래한 것이다.

그러나 모든 혁신이 오픈 소스는 아니다. 혁신적인 아이디어를 실현하는 과정에는 많은 자금이 필요하고, 그래서 대부분의 기업들은 독점적으로 개발해 경쟁력을 확보하는 방식으로 혁신을 진행한다. 즉, 부티크 커피 업체가 주도하는 소규모의 혁신도 있지만 큰 혁신은 더 자원이 풍부한 업체가 수행하는 경우가 많다. 부티크 커피 업체들은 시장에 도입된 혁신을 빠르게 적용해 기회를 모색하는 것이 현실적인 접근법이다.

개인이나 소규모 그룹이 IP(지식재산권)를 만들어 이를 대형 커피 기업에 라이선싱하는 방식도 있다. 기술 혁신을 직접 사업화하기보다, 기존 커피 산업 내 대기업과 협력해 시장에 진입한다. 대기업에 소속된 발명가나 팀이 이런 전략을 활용하는 경우가 많다.

부티크 커피 업계에서는 기술 혁신이 일어날 수 없다는 말은 아니다. 다만 중요한 혁신이 일어날 가능성이 상대적으로 낮은 것은 사실이다. 스페셜티 부티크 커피 업계의 혁신적인 사고는 최첨단일 수 있지만 그 아이디어를 실현할 자원을 구하기는 쉽지 않다.

혁신과 제조는 본질적으로 다른 접근 방식이 요구된다. 제조업은 일관성과 효율성을 기반으로 동일한 제품을 반복적으로 생산하는 구조인 반면 혁신은 창의적이고 탐구적인 환경에서 이루어진다. 이런 차이점 때문에 대기업들은 R&D 부서를 별도로 운영하여 제조 공정과 분리한다. 하지만 부티크 비즈니스에서는 이 두 영역이 불편하게 타협하며 함께 존재해야 하는 어려움이 있다.

쇼피파이Shopify 같은 앱과 이커머스 플랫폼을 둘러싼 생태계에서 혁신 과정은 상호 이익이 될 수 있다. 온라인 플랫폼이 새로운 기능과 도구를 만들어 출시하면 스페셜티 커피 비즈니스 커뮤니티와 고객이 이를 채택해 온라인 업체와 커피 업체 모두에게 이익을 가져다줄 것이라는 희망이 있다. 커피 장비 업체도 비슷한 방식으로 혁신을 진행한다. 커피 업계에서 사용할 새로운 장비 혹은 개선된 장비를 생산하면 수만 명, 어쩌면 수백만 명의 잠재적 고객을 확보할 수 있다.

모든 커피 기업이 혁신을 추구하는 것은 아니다. 많은 부티크 커피 업체들은 기존 사업 모델을 기반으로 자신만의 독창적인 버전을 만드는 데 초점을 둔다. 기술 혁신이 실현되려면 강력한 상업적 동기가 있어야 한다. 커피 업계에는 기존 기술보다 개선된 기술을 충분히 만들 수 있음에도, 그 개선으로 얻을 수 있는 상업적 이익이 R&D에 필요한 자금보다 크지 않다면 투자 자체가 이루어지기 어렵다. 따라서 많은 혁신이 단순한 가능성이 아닌 실질적인 시장 가치를 창출할 수 있을 때에야 현실화된다.

미래 커피 산업에 등장할 혁신은 우리가 이미 개선될 것이라고 예상하는 영역에서 발생할 수도 있고 아직 인지하지 못한 부분에서 나타날 수도 있다. 성공적인 혁신의 핵심은 가치를 창출하는 것이다. 단지 기술적으로 가능하다고 해서 성공하는 것이 아니다. 커피의 맛을 극적으로 개선할 수 있는 흥미로운 혁신 몇 가지가 개발 중이지만, 현재로서는 비용이 너무 높다. 최고급 품질의 커피에는 이런 아이디어 중 일부를 적용할 수 있겠지만, 이렇게 소수를 겨냥한 혁신은 늘 그렇듯이 시장 규모가 작다.

커피의 혁신과 상업적 성공에 대한 마지막 주의사항은, 성과를 창출하는 혁신이라고 해도 사람들이 반드시 채택하는 것은 아니라는 사실이다. 커피 커뮤니티가 여러분의 혁신을 이해하고 인정하도록 설득하는 과정이 좋은 제품을 만드는 것만큼이나 중요하다.

제대로 된 혁신의 상업적 가치는 엄청나기 때문에, 아이디어 보호 문제와 바로 연결된다. 다음 장에서는 커피 산업에서 지식재산권의 속성을 살펴본다.

지식재산권 Intellectual Property

> 지식재산권(IP)은 당신의 사고를 통해 창조된 것을 의미한다. 예를 들어 이야기, 발명품, 예술 작품 또는 상징 같은 것들이다.
> — 영국 정부

지식재산권은 꽤 까다로운 주제다. 여기서 독창적인 아이디어란 무엇이며, 어떤 지점에서 영감이 아이디어 도용과 표절 영역으로 넘어가는지에 대한 철학적 논쟁을 하려는 건 아니다. 또한 인공지능AI의 등장까지 고려하면 논의는 더 복잡해질 것이다. 나는 이번 장에서 지식재산권이 어떻게 실행되는지(혹은 실행되지 않으며), 커피 산업 비즈니스에 어떤 영향을 미치는지 살펴보려 한다.

기본적인 개념은 다음과 같다. 내가 독창적인 무언가를 창조한 뒤, 이를 공식화하기 위해 지식재산권을 출원할 수 있다. 특허, 상표권, 저작권, 영업비밀 등의 형태가 있다.

이를 공식적으로 보호받기 위해서는 절차를 거쳐야 한다. 당신의 아이디어가 새롭고 독창적이라는 점과 과거 누구도 이와 동일하거나 유사한 것을 만들지 않았음을 입증해야 한다. 이 작업은 결코 간단한 절차가 아니며, 특허 문서의 작성 방식이 해당 특허의 성공 여부를 결정짓는 중요한 역할을 한다.

이 과정이 완료되면 이 지식재산권은 다양한 방식으로 상업적 가치를 창출할 수 있다. 확실한 것은 다른 업체가 당신의 아이디어를 모방하고 상업화하는 것에 대응할 수 있다. 적어도, 원칙대로라면 그렇다. 또 다른 용도는 라이선싱을 통해 타사에 사용권을 제공하고 아이디어의 권리에 대한 로열티 또는 선급금으로 수익을 창출할 수 있다. 대기업에서 주로 쓰는 마키아벨리적인 접근법은, 경쟁자나 다른 비즈니스가 자신의 영역으로 들어올 경로나 아이디어를 막기 위해 지식재산권을 이용한다. 특허를 등록한 뒤, 시장에 출시하지 않고 경쟁사가 해당 기술을 사용할 수 없도록 차단하는 것이다. 영업비밀을 활용해 정보를 공개하지 않음으로써 경쟁사들이 같은 방식으로 혁신하지 못하도록 하는 방법도 있다.

스페셜티 커피 업계에서는 지식재산권 보호가 잘 이루어지지 않는 것 같다. 그 이유는 다음과 같다. 커피 산업은 와인과 비슷하게 원산지, 전통적 제조 방식 등을 중시하는 시장이기 때문이다. 대부분의 커피 관련 기술은 이미 널리 알려져 있어서 특허를 출원하기 어렵다. 커피 시장에서는 특허보다 '상표권'이 더 중요한 역할을 한다.

그리고 지식재산권을 집행할 권리가 있더라도 이를 실제로 집행하는 건 완전히 다른 문제다. 많은 지식재산권은 서류 이상의 가치가 없고, 무엇을 출원했다는 사실에 안심할 수 있을지는 몰라도 실제로 이를 집행하거나 방어하는 시점이 되어야 그 가치를 확인할 수 있다. 특허 문서에 단어 하나라도 잘못된 표현이 있으면 특허가 무용지물이 될 수 있다.

그리고 지식재산권을 집행하기 위해 어마어마한 법적 비용을 들여도 승소를 확신할 수 없다.

커피 산업은 생명공학이나 제약 분야처럼 지식재산권으로 명확히 정의되는 분야는 아니지만, 커피 업계 전반에서 다양한 사례들을 찾아볼 수 있다. 지식재산권은 주로 커피 산업 내 기술 분야에서 가장 많이 출원된다. 그 예로는 에스프레소 머신에 내장된 저울, 원심분리기를 활용한 새로운 커피 추출 방식 등 다양한 형태가 있다.

산업 공정과 포맷 플랫폼은 흔히 지식재산권을 수반하는데, 예를 들어 네스프레소 호환 시스템 또는 특정 인스턴트 커피 제조 기술 등이 있다. 이런 기술들은 대개 대형 커머셜 커피 기업에서 다뤄진다. 다만 (2023년 기준으로) 커미티어^{Cometeer} 사의 신제품인 동결 커피 농축액은 지식재산권 기반 제품 포맷에 집중한 스타트업의 훌륭한 사례다. 이 제품의 지식재산권은 제품 제조에 관한 여러 측면에서 보호받고 있으며, 이는 1세대 부티크 제품에 큰 자금 지원이 이루어진 이례적인 프로젝트다.

최근 새롭게 지식재산권이 등장한 흥미로운 분야는 커피 농장이다. 특히 커피 가공 기술과 관련 있는 사례가 많다. 콜롬비아는 현재 가장 실험적인 가공 방식을 활발하게 적용하는 지역 중 하나인데, 가공 방식과 향미 첨가의 경계가 점점 모호해지고 있다. 원재료에 대해 투명하고 진정성 있는, 산지 중심의 접근 방식을 취하는 것은 스페셜티 커피의 핵심적인 특징 중 하나이기 때문에 이 분야에서 지식재산권을 적용하는 것은 매우 흥미로우면서도 잠재적으로 논쟁의 여지가 있을 수 있다.

박테리아를 오존으로 모두 제거하고 특정 박테리아 배양균을 도입해 특정한 향미를 만드는 고도의 기술이 현재 적용 중이다. 이 공정을 위해 수백만 달러가 투자됐고, 그 공정은 보호 가능한 지식재산권으로 취급된다. 이런 맥락으로 볼 때, 역사 속 많은 식음료 제품들의 '비법 소스' 접근 방식과 크게 다르지 않다.

전자의 경우처럼 경쟁 우위를 유지하기 위한 보호 행위도 분명히 있지만 커피 업계에는 오픈 소스 접근 방식의 좋은 예시도 있다. 소규모 회사들이 주도하는 커피 장비들과 핸드 브루잉 도구의 경우, 아이디어를 재빨리 구현하고 개선해서 시장의 선도자가 되는 것이 성공의 비결이다. 이 분야 기업의 성공은 지식재산권 보호보다는 시장 선점에 달려 있다. 또한 시장에 출시된 지 오래된 제품의 경우, 제품 컨셉에 대한 아주 혁신적인 접근 없이는 지식재산권을 인정받기 어렵다. 커피 시장에서 소비자의 공감을 얻고 잘 팔릴 만한 제품을 만들 수 있다면 지식재산권의 보호가 꼭 필요한 것은 아니다.

스페셜티 부티크 커피는 투명성과 장인 정신에 초점을 두기에 여러 면에서 지식재산권 보호와는 거리가 멀고, 개별 업체들이 아이디어와 노하우를 공유하는 문화가 형성되어 있다. 이런 문화는 전 세계 소규모 독립 업체들이 쉽게 복제하거나 실현할 수 있는 것들과 잘 맞아떨어진다. 그러나 투자 규모가 큰 아이디어라면 상황이 달라진다. 투자금을 회수할 수 있어야 하기 때문이다. 이를 가장 쉽게 달성할 수 있는 방법은 그 아이디어를 독점적으로 상업화하는 것이다.

이에 대한 반론은 지식재산권에 대한 독점권이 없으면 아이디어는 자연히 시장에서 발전할 것이고, 더 많은 인지도와 시장 경쟁을 통해 이익을 얻을 수 있다는 주장이다. 이는 앞으로도 논쟁거리가 될 것이다.

말하자면, 커피 업계는 전체적으로 창의성과 기업가 정신이 넘쳐나지만 그에 비해 지식재산권이 큰 영향을 미치는 시장은 아니다. 대신 부티크 커피 업체들은 관계 형성, 실험적 제품 개발과 브랜딩에 초점을 맞춘다.

기술 Technology

커피의 여정 속 기능적 기술 Functional Technology in Coffee's Journey

세상의 모든 산업은 예외 없이 기술의 영향을 받는다. 어떤 산업은 기술 발전으로 인해 완전히 바뀌거나 심지어 사라지기도 한다. 커피 산업도 다양한 기술에 의해 변화해 왔지만 여전히 많은 부분이 아날로그 방식으로 남아 있고 비교적 변화가 크지 않았다. 즉, 기술이 커피 산업 전반에 많은 영향을 미쳤지만 여전히 커피 산업은 농업적인 원재료, 준비 과정, 그리고 소비 행위에 기반한 사업이라는 것이다.

커피 산업에서 기술이 중요하지 않다는 말은 아니다. 예를 들어 브라질은 커피 농사와 수확 과정에 기술을 가장 적극적으로 도입한 생산국이며, 높은 수준의 기계화를 이루었다. 그리고 지금은 다른 생산국들도 점차 발전하고 있다. 2018년에 콜롬비아에서 출시한 휴대형 선별 수확기(Brudden DSC-18)에는 진동 집게가 달려 있어서 덜 익은 녹색 체리는 따지 않고 붉은 체리만 딴다. 이 장비의 사용으로 인건비를 절감하고 산악 재배지의 수확량도 확대할 수 있었다. 가격 또한 너무 부담스럽지 않아서 혁신적 기술이 갖추어야 할 적절한 균형점을 잘 보여주는 사례라 할 수 있다.

브라질에서 완전한 기계 수확이 가능한 이유는 적당한 고도의 비교적 평평한 지대에서 커피를 재배하기 때문이다. 이런 환경 덕에 나무를 흔들어 열매를 떨어뜨리는 진동 봉을 장착한 트랙터로 수확할 수 있다. 이 기술은 조정이 가능하지만, 결실 정도가 제 각각인 체리들이 한꺼번에 수확된다. 즉, 최대한 효율적으로 수확하기 위해서는 여러 번 수확 시기를 조정해야 한다.

열매 수확 이후 단계에서도 기술이 활용된다. 체리 숙성도의 차이를 보완하기 위해 다양한 정선 및 분류 기술을 사용하고 가공이 끝난 후에는 여러 사이즈의 스크린 분류기, LED 선별기, 진동 테이블 등의 기술을 활용해 커피를 추가적으로 선별한다. 나는 브라질에 머물면서 이런 과정이 얼마나 효과적인지 직접 경험하고 매우 놀랐다. (비록 아마추어였지만) 함께 갔던 동료와 직접 커피를 선별하고 가공할 기회가 있었는데, 우리가 꼼꼼하게 수확하고 분류했음에도 기술을 이용한 검사에서 여전히 문제 있는 열매가 발견되었다.

스페셜티 부티크 커피 업체들은 흔히 씨앗에서 음료가 되기까지의 모든 과정을 수작업으로 진행하는 것을 선호하고 특정 기술이나 자동화를 부정적으로 표현하기도 한다. 충분히 이해할 수 있다. 대개는 그런 방식으로 생산한 커피의 품질 때문일 것이다. 그렇지만 단지 당신이 맛본 결과만을 근거로 자동화 기술 또는 고도의 기술을 부정적으로 평가하는 것은 정당한 판단이라고 볼 수 없다. 어쩌면 당신은 설계 문제 또는 잘못된 방식으로 만들어진, 품질이 떨어지는 커피를 맛본 것일 수도 있다. 배치 브루 커피와 핸드 드립 커피의 경우에도 동일한 역학을 쉽게 관찰할 수 있다. 배치 브루어는 사용 환경과 작동 방식 때문에 제품 품질이 발휘되지 못하는 경우가 많다.

다시 농장으로 돌아가면, 기계식 건조기는 빠른 건조와 높은 효율성이라는 장점이 있지만 너무 높은 건조 온도 때문에 커피 품질을 떨어뜨리는 결과를 가져올 수 있다. 하지만 이것이 기계식 건조기로는 좋은 결과물을 낼 수 없다는 의미는 아니다. 오히려 기계식 건조기의 일관된 건조 환경이 낮과 밤의 온도 차이가 큰 재래식 커피 건조대보다 낫다고 주장할 수도 있다.

물론 모든 산업 분야에는 낮은 수준의 기술이 존재하며 이는 지속적으로 좋지 않은 결과를 만드는 원인이 될 수 있다. 그러나 보다시피 커피의 여정에서 기술이 어떻게 사용되는지 제대로 판단하려면 기술 투입과 활용에 대한 주의 깊은 평가가 필요하다.

부티크 비즈니스의 기술 한계와 불신 Limitations and Mistrust of Technology in Boutique

비즈니스 관점에서 볼 때, 기존 기술과 신기술 모두 커피 산업 전반에서 가장 중요한 고려 사항이다. 그러나 부티크 커피 비즈니스에서는 단지 수작업의 미학적인 이미지 때문에 공정을 기계화하는 데 매우 소극적인 태도를 보이는 경우가 많다. 이 주제로 대화를 나눌 때 나는 항상 이렇게 반문한다. "그럼 당신의 비즈니스 정체성은 원두를 손으로 봉지에 담는 것으로 정의하는 건가요?"

즉각적으로 "그렇다"고 대답하는 경우는 없었지만 어쩌면 (꼭 그래야 하는지 여부는 차치하고) 일부 비즈니스에서 중요한 요소일지도 모른다. 스페셜티 부티크 업계의 많은 브랜드와 정체성은 특정한 비즈니스 미학을 충족하는 데 중점을 둔다. 때때로 이는 기업이 스스로 내세우는 가치보다도 더 큰 정의 요소가 되기도 한다. 이런 점에서, 나는 많은 스페셜티 부티크 기업들이 자신들의 비즈니스와 윤리적 가치에 맞는 최선의 해결책이 무엇인지 평가하고 추구하는 데 있어 확신이 부족한 것 같다. 동종업계에서 뒤처지지 않기 위해, 다른 기업들과 비슷한 선택을 시도하는 경우가 많다.

물론 어떤 기업이든 새로운 기술과 자동화를 도입하는 데는 여러 가지 장벽이 존재한다. 가장 큰 허들은 비용 문제일 가능성이 높다. 특히 부티크 규모로 운영하는 비즈니스에서는 초기 자본 지출이 진입 장벽일 것이고 투자에 대한 회수 기간은 대체로 길기 마련이다. 하지만 비즈니스가 병목 현상이나 생산 용량 한계에 부딪힐 때 기술이 이를 해결하는 수단이 될 수도 있다. 이를 통해 매출 증가가 이루어지고, 장비에 대한 투자도 효율적으로 회수할 수 있다. 그러나 그런 경우라 할지라도 커피 산업의 낮은 순이익 구조를 고려할 때, 새로운 기술을 도입하는 것은 결코 쉬운 결정이 아니다.

또한 운용의 까다로움에 대한 우려도 존재한다. 일부 자동화 공정은 코드만 꽂으면 되는 간단한 방식이지만, 어떤 자동화 공정은 장비 운영을 위해 깊은 공학적 지식과 이해가 요구되기도 한다.

검증을 위해 기술을 사용하는 방법도 현재 연구 중이다. 매우 흥미롭지만, 현재로서는 엄두가 나지 않을 정도로 비용이 높다. 현재 커피 농장의 그늘재배 비율을 측정하는 용도로 고비용의 복잡한 감시 시스템이 개발되어 있다. (현재 그늘 목표는 40%로, 이 수치는 농장의 생물 다양성에 도움이 되는 것으로 보인다.) 일부 국가의 소규모 농가들은 이미 이 수치를 달성했지만, 공식적으로 인증을 받지 못한 경우가 많은데, 기술이 이런 부분을 해결할 수 있다.

네슬레Nestlé는 커피 농장 환경을 매핑하는 데 위성을 활용하는 방법을 연구 중이다. 하지만 구름이 많으면 위성이 효과적으로 데이터를 수집하기 어렵다. 이럴 땐 드론이 도움이 되겠지만 이 기술 역시 비용이 저렴하지 않다. 이처럼 흥미로운 기술 중 일부는 여전히 대규모 자원을 투입해야만 실행이 가능하다. 그에 비해 저렴한 비용의 기술은 더 폭넓게 영향을 미칠 잠재력이 있다.

현재 기술로는 숙련된 노동자를 완전히 대체하기에는 한계가 있다. 아직까지 커피 테이스팅은 사람이 직접 커피를 맛보는 방식에 의존한다. 경험이 풍부하고 숙련된 사람이 맛을 통해 다양한 요소를 종합적으로 분석할 수 있다.

여러 커피 관련 비즈니스에서 커피 전문가들을 위한 기술적 보조 수단으로 인공지능 시스템을 사용할 수 있다. 가장 명확한 적용 사례는 로스터리에서 볼 수 있다. 물론 로스터는 여전히 자신이 커피 맛을 결정하고자 하겠지만, 로스팅 장비의 변수와 작동 상태에 기반한 데이터 기반의 시스템이 제공된다면, 이는 판도를 바꿀 수 있는 요소가 될 것이다. 현재 로스터들은 특정 시간에 특정 커피를 로스팅했던 방식을 기록한 데이터 라이브러리를 직접 구축해야 한다. 만약 로스터가 자신의 경험을 최대한 활용할 수 있게 해주는 시스템을 사용할 수 있다면, 분명 큰 도움이 될 것이다.

몇 년 전, 일부 기업들의 마케팅 서사에 따르면 머신 커피의 등장으로 바리스타 존재 자체의 위기가 올 것이라고 예측했다. 완전 자동화된 시스템이 발전함에 따라 바리스타의 역할이 불필요해질 것이라는 주장이었다. 당시 나는 그 예측에 반대 의견을 냈다. 실제로 그런 일이 벌어질까 걱정해서가 아니라, 그럴 가능성이 아주 낮다고 생각했기 때문이다.

첫째, 에버시스Eversys 같은 일부 자동화 장비가 근사한 커피를 추출할 수 있긴 하지만, 이런 시스템을 사용하면 작업자는 하나의 통합된 시스템에 얽매여 버린다. 반면, 탐구적인 부티크 카페들은 커피 커뮤니티가 새 기법을 발견할 때마다 수작업 추출 시스템에 자유롭게 적용할 수 있다. 예를 들어, 그라인더를 교체하거나 새로운 기술을 시험해 보고 원두를 냉동 보관하는 등 다양한 시도를 자유롭게 할 수 있다. 공정 중 일부를 자동화하더라도 에스프레소 및 필터 커피 제조 장비를 모듈식으로 유지하는 것이 이런 부티크 비즈니스에 더욱 적합하다.

둘째, 바리스타들에게 있어서 중요한 가치는 '손으로 무언가를 만들어내는 경험에서' 비롯된다. 바리스타들은 단순히 버튼을 누르는 것이 아니라 커피를 직접 만드는 과정을 중요하게 여긴다. 이런 점이 직업적 몰입도를 높이며 여러 방식으로 상업적 가치를 창출한다. 커피에 대한 열정과 자부심을 가진 직원들은 고객과 적극적으로 소통하며, 카페 분위기와 경험을 차별화할 수 있다. 반면, 단순히 버튼만 누르는 방식의 작업 환경에서는 이런 것들이 불가능하다.

셋째, 고객들도 바리스타가 커피를 제조하는 과정에서 드러나는 장인정신과 퍼포먼스에 매력을 느낀다. 물론 지나치게 보여주기에만 집중하는 것도 문제가 될 수 있다. 하지만 브랜드 챕터에서 살펴보겠지만, 고객들은 고품질 커피의 시각적 요소와 퍼포먼스를 중요시한다. 요즘 레코드판이 최신 트렌드가 된 것과 비슷한 맥락이다. 사람들은 점점 더 디지털화되는 삶에 아날로그적 요소를 추가하고 싶어 한다. 커피는 이런 아날로그적 경험을 제공할 수 있는 대표적인 분야 중 하나다. 특히 스페셜티 커피의 경우, 다양한 추출 기법이나 장비 등 기술의 새로운 흐름을 통해, 소비자들은 보다 직접적으로 새로운 경험과 감각을 체험할 수 있다.

이 모든 점을 고려할 때, 자동화는 바리스타 중심이 아닌 공간, 즉 사무실이나 공항 라운지, 혹은 일반적인 상업 카페처럼 커피에 대한 집중도가 낮은 환경에서 더욱 성장하고 발전할 것으로 본다. 반면, 스페셜티 커피의 최전선에서는 도구와 기기 중심의 수작업 프로세스를 유지할 가능성이 훨씬 더 크다.

스페셜티 부티크 커피가 수작업 기반 산업이라는 인식에도 불구하고, 나는 기술 발전이 이 분야에 큰 영향을 미쳤으며, 또한 앞으로도 그럴 것이라는 점이 이제 명확해졌기를 바란다. 커피 애호가로서 나는 커피 체인의 어느 지점에서든 커피의 맛을 더 좋게 만들 수 있는 기술에 큰 기대를 가지고 있다. 비즈니스 관점에서는 기술이 이 산업에 어떤 영향을 미칠지에 대한 기대와 궁금증이 크다. 이런 기술들이 결국 더 훌륭한 커피를 기반으로 지속 가능한 비즈니스를 구축하는 데 더 기여할 수 있기를 바란다.

날씨, 떼루아, 농업 Weather, Terroir and Agriculture

날씨는 모든 산업에 영향을 미친다. 특히 기후 변화가 극단적이거나 예상을 벗어나는 경우에는 더욱 그렇다. 카페나 로스터리 같은 상업적 환경의 적절한 온도 유지를 위한 비용도 고려사항이 될 수 있지만, 커피 산업에서 날씨가 미치는 가장 중대한 영향은 농업에서 발생한다.

기후 변화는 커피를 포함한 모든 식량 작물 재배에 중대한 영향을 미칠 수 있고 경우에 따라 재앙으로 이어질 수 있다. 이 책을 쓰는 시점 기준, 최근 브라질에서 대규모 서리가 내려 연간 생산량이 20% 감소할 것으로 추정되면서 커피 가격이 급등했다. 브라질은 전 세계 커피 공급량의 약 40%를 차지하는 최대 생산국이기에 이는 브라질뿐만 아니라 커피 시장 전체에 엄청난 영향을 미친다. 또한 콜롬비아에서는 계속되는 폭우로 인해 일부 지역의 수확량이 최대 50%까지 감소했다.

환경 재해를 둘러싼 논의는 누구와 이야기하느냐에 따라 달라진다. 일부 트레이더들은 과거 브라질을 강타했던 서리를 언급하며 지난 10년간 커피 공급이 비교적 안정적이었다고 지적할 것이다. 이번 사태 또한 주기적으로 발생하는 자연재해로 이해할 수 있다는 것이다. 반대로 이번 서리는 기후 변화로 인한 기후위기의 시작에 불과하다는 해석도 있다.

어떤 의미에서 모두 맞는 말이다. 과거에도 유사한 기상 이변들이 있었고, 그 영향도 상당했다. 다만 기후 변화로 인해 이런 이변의 빈도가 증가할 가능성이 높다는 점은 부인할 수 없다.

기후 변화가 초래하는 영향은 단순히 기상이변의 증가에만 그치지 않는다. 기후 변화는 환경의 안정적인 기본 조건들에도 변화를 일으킨다.

특정 작물을 재배하기에 이상적인 지리적 조건은 단순히 토양과 고도뿐만 아니라 특정 기후, 강우량, 일조량, 구름량, 바람과 밀접하게 관련되어 있다. 인류가 농업을 시작한 이래로 이런 요소들은 농업에 얼마나 적합한가 평가되어 왔고, 작물은 보다 적합한 환경에서 재배되었다.

잘 알려진 사실이지만, 아라비카 품종은 비교적 취약한 관목에 속하고, 지나치게 덥거나 추운 환경에서는 생육에 큰 타격을 입기 쉽고 커피 열매와 씨앗의 품질도 영향을 받는다. 현대 농업 기술은 이런 문제를 어느 정도 보완하고 더 나은 재배 환경을 조성하기 위해 애쓰고 있지만, 극단적인 온도 변화와 급격한 기후 변화는 쉽게 해결할 수 있는 문제가 아니다.

환경의 근본적인 요소가 지속적으로 변화하면 논의의 초점은 단순한 날씨에서 생태로 옮아간다. 특정 지역의 기후 조건이 달라지면 그곳에 사는 미생물과 유기체 또한 변화할 것이다. 기후 변화와 관련된 논의는 **지속 가능성** 챕터에서 다시 다루겠지만, 기후 변화가 커피 산업뿐 아니라 전 세계와 수많은 다른 산업에 중대한 영향을 미친다는 점은 분명하다.

영국 와인 산업에서 볼 수 있듯이, 기후 변화는 특정 작물과 식품 생산 방식에 유리한 기회가 될 수도 있다. 일부 지역에서는 새로운 작물이 더 잘 자라거나, 특정한 식품의 품질이 향상될 가능성이 있다. 하지만 이런 긍정적인 사례들은 인류가 직면한 기후 변화의 부정적 전망에 비하면 미미한 수준이라 생각한다.

농업, 생태, 기후는 불가분의 관계다. 농업은 인간이 작물을 생산하고 토양을 관리하는 활동을 의미한다. 중남미의 대규모 농장을 방문하면 농장을 관리하는 전담 농학자를 만날 수 있다. 이들은 농장의 토양과 작물을 분석하고 관리 방법을 검토한다. 대부분 이 역할은 외부 컨설턴트가 맡는다. 컨설턴트들은 여러 농장을 돌아다니며 각 운영자에게 맞춤형 조언을 제공하고 이를 통해 더 나은 성과를 낼 수 있도록 돕는다. 이런 방식은 포도밭이나 다른 작물 비즈니스에서도 흔히 볼 수 있다. 소규모 농장은 전담 인력을 고용할 여력이 없지만 최소한 이런 지식을 습득하고 적용하려고 노력한다.

지식재산권 챕터에서 간략히 살펴본 것처럼 커피 재배와 수확에 영향을 미치는 운영자만의 고유한 방식들을 지식재산권으로 간주할 수 있다. 농업은 일반적으로 커피 가공 과정과 별개로 이루어지지만, 농장에서 오존을 사용해 특정 박테리아를 죽이거나 반대로 발효 가공 기술에 활용하고자 환경과 미생물 및 이스트를 이용하는 경우에는 교차하기도 한다.

본질적으로 커피의 특정 향미가 어떻게 형성되는지 그리고 그 향미가 커피가 자라는 자연환경과 어떤 관련이 있는지에 대해 아직 과학적으로 명확히 규명되지 않은 많은 질문이 남아 있다.

흥미로운 점은, 특정한 토지가 독창적인 향미 프로필을 만든다는 개념이 아주 강력한 비즈니스 모델이 될 수 있다는 점이다. 이는 농학, 기후, 가공 방식 등 커피 재배에 영향을 미치는 다양한 요소와 관련되어 있다. 그래서 어떻게 하면 커피에서 최대의 가치를 창출할 수 있을 것인가에 대한 지속적인 고민은, 이러한 핵심 요소들은 떼루아라는 개념으로만 볼 게 아니라 상업적 관점에서도 함께 이해해야 함을 의미한다.

커피 생산자로서, 주어진 토지가 갖는 한계와 가능성은 비즈니스의 본질적인 제약 조건이다. 이는 카페를 운영하는 비즈니스 속성과도 일부 유사성을 가진다. 카페 운영자는 우선 자신의 공간을 최대한 활용한 뒤, 새로운 공간을 오픈하는 게 좋을지 아니면 매장을 다른 곳으로 옮길지 고려해야 한다. 반면, 농장과 매장 사이에 위치한 중간 단계의 비즈니스들은, 일반적으로 확장이 용이하고 특정 지역에 크게 얽매이지 않기 때문에, 상당히 유연한 사고방식을 가질 수 있다. 각 구조마다 제약은 존재하지만, 중간 비즈니스가 진화하고 규모를 키울 수 있는 가능성은 다른 단계들과 비교했을 때 상당히 큰 편이다.

제한된 역량과 규모라는 관점에서 비즈니스를 바라보면 모든 의사 결정이 달라진다. 예를 들어 기업 인증(비콥 B Corp 또는 레인포리스트 얼라이언스 Rainforest Alliance)을 받기로 한다면, 그 결정은 해당 인증이 사업 과정이나 장래 매출에 도움이 될 때만 의미가 있다. 만약 비즈니스가 생산량을 증가시킬 수 없는 구조라면, 인증을 받는 것은 단순히 추가 비용을 부담하는 것에 불과하다.

고정된 토지에서 운영하는 것에 여러 제약이 있는 것은 분명하지만, 비즈니스 측면에서 보면 몇 가지 이점을 찾을 수도 있다. 유명한 산지에 있거나 뚜렷한 떼루아를 가진 커피 농장이라면 산지를 브랜드로 개발할 수 있다. 이는 동일한 지역 내에 토지를 보유하지 않는 한, 경쟁업체가 모방하기 어려운 요소이며, 성공한다면 운영 가치를 최대화할 수 있는 최고의 상업적 전략이 될 수 있다.

이 사고방식을 커피 산업 전반으로 확장해서 적용할 수 있다. 브랜드를 개발하는 능력은 가장 큰 가치를 실현할 수 있는 길이며, 그 외의 대안들은 흔히 쉽게 대체 가능한 재료나 서비스를 공급하는 데 그치는 경우가 많다. 이 점은 스페셜티 커피의 강점을 잘 보여준다. 이는 단순히 몇몇 부티크 생산자들의 시도에 그치는 것이 아니라, 역사적으로는 특정 국가들이 커피 생산국으로서의 정체성을 구축해 온 과정에서도 확인할 수 있는 현상이다.

물리적 위치란 그 혜택을 누릴 수 있는 위치에 있는 사람에게는 강점이 되지만, 그렇지 않은 사람들에게는 큰 약점이 될 수 있다. 와인은 매우 좋은 비교 대상이다. 특정 지역의 가치는 와인 시장에서 매우 중요한 부분이다. '최고의 생산지'에 속하지 않은 지역에서 생산된 와인은 일반적으로 높은 가격을 받지 못한다. 와인의 경우, 프랑스의 AOC$^{\text{appellation d'origine contrôlée}}$와 같은 법적 규제를 통해 원산지에 대한 정의가 엄격하게 통제된다. 이런 보호체계의 장점은 품질과 가격을 일정 수준으로 유지할 수 있고 동일한 이름의 신제품이 시장에 넘쳐나는 것을 방지할 수 있다는 것이다. 또한 AOC는 해당 지역 내 생산자들이 협력하여 공동 브랜드를 운영하도록 장려하기 때문에 품질 관리 면에서도 이점이 있다. 한편 '신대륙 와인' 같은 흐름이 등장하면서 엄격하고 제한적인 전통 시장을 벗어나 새로운 시장을 개척하는 사례도 나타나고 있다.

토지에 묶인 처지라는 건, 농부가 통제할 수 없는 다양한 변수들 때문에 약점이 될 수도 있다. 기후 변화, 정부의 규제와 무역 관행의 변화, 소비자 트렌드와 선호도의 변화, 특정 지역이나 농장의 평판 등은 개별 농부가 장기적으로 통제하기 어려운 요인들이다. 커피 농업 비즈니스를 평가하는 데 있어 개별 사례를 살펴보고 이해하려면 많은 맥락이 필요하다. 기후와 생태계가 커피 산업의 비즈니스 기회에 직접적으로, 어느 정도는 결정적인 영향을 미친다는 사실은 부인할 수 없다.

최근 커피 음료의 프로필을 결정하는 가공 방식의 발전으로 특정 지역에 국한되지 않은 향미 프로필을 만들 수 있는 기술이 등장하고 있다. 특정 미생물 활동을 이용해 특유의 향미를 만드는 기술 덕에, 이제 다양한 장소에서 이 향미를 재현할 수 있다. 기존에는 불가능하다고 여겨졌던 장소에서 더 높은 가치를 지닌 향미 프로필을 구현하게 된 것이다. 그러나 나는 여러 지역에서 향미를 재현할 수 있는 솔루션은 오히려 가치가 떨어질 것이라고 생각한다. 특정 향미 프로필의 희소성 자체가 시장 가치를 높이는 요소이기 때문이다. 다만 전통적인 방식으로 가공하는 아라비카 커피가 경제적 요인과 기후 변화로 인해 공급에 차질이 생길 경우, 과일 향을 가진 중급 커머셜 제품을 만드는 데 도움이 될 수 있다.
(커피 생신의 양극화가 다가오고 있는가? 참조)

특정 품종과 떼루아에 기반한, 소비자들이 열광하는 독창적인 향미 프로필은 항상 최고의 가치를 인정받을 것이다. 그렇다고 해서 가공을 통해 특정 속성의 커피를 생산하는 것이 가치가 없다는 뜻은 아니다. 또한 이런 가공 기술이 컵 프로필을 결정하는 매우 강력한 방법임이 입증되고 있다.

예기치 못한 변화 – 팬데믹 Sudden Change–A Pandemic

코로나19는 세상을 바꿨다. 우리는 세상이 이렇게 빠르게 변하는 경험을 해 본 적이 없다. 전 세계적인 팬데믹은 놀라울 정도로 짧은 시간에 사회적, 경제적 변화를 일으켰다.

비즈니스는 살아 있는 존재처럼 우리 일상에 깊숙이 자리 잡고 있다. 따라서 대중의 변화는 시장에 직접적으로 영향을 미칠 수 있다. 팬데믹이 시작되자마자 어떤 업계는 문을 닫기도 했고, 어떤 업계는 폭발적으로 성장했다. 자전거 용품을 만드는 업체라면 엄청난 판매량을 기록했을 것이고 이후 몇 달간 수요를 따라잡느라 바빴을 것이다. 반면 이벤트 기획을 하던 사람들은 갑자기 비즈니스 전체가 멈춰 버리는 상황을 맞이했다.

커피 산업은 그 사이에서 복합적인 결과를 보였다. 전체적으로 본다면 커피는 팬데믹 동안 운이 좋았던 산업 중 하나였다. 다만 기업 간 거래 차원에서 살펴보면 천차만별 수준으로 다른 결과를 맞이했다.

카페는 강력한 제한 조치로 인해 이벤트 업계와 비슷한 운명을 겪었다. 강력한 영업 제한이 내려지면서 테이크아웃 영업만 허용되거나, 완전 폐쇄되었던 시기를 거쳐 사회적 거리두기를 준수하는 형태로 전환해야 했다. 정부 지원 정책도 국가마다 달랐다.

접객업 운영자가 계속 바뀌는 공공 제한 조치에 적응하는 동안 어떤 커피 비즈니스는 이 변화 속에서 기회를 잡기도 했다.

카페를 이용하던 고객들이 집에 머물게 되면서 좋아하는 카페에서 마시던 스페셜티 커피의 맛을 어떻게 하면 집에서 재현할 수 있을지 고민하기 시작했다. 곧장 커피를 가장 잘 아는 친구에게 연락해 어떤 장비와 그라인더를 사야 할지 물었다. 장비 제조업체의 재고가 동났고 유명 로스터리의 이커머스 매출이 수백 퍼센트 성장하기도 했다. 바리스타처럼 커피를 추출하는 방법을 보여주는 유튜브 동영상은 엄청난 조회수를 기록했다. 사람들은 바리스타에게 커피를 사 마시던 소비자에서 직접 커피를 배우고 열정을 불태우는 홈 바리스타로 변신하기 시작했다. 같은 시기에 사우어도우 빵 만들기 붐이 일어난 것과 비슷한 현상이다.

커피를 집에서 즐기는 트렌드는 단순히 홈카페족에게만 국한된 일이 아니었다. 케이터링 업체들도 기존 고객들이 사라지면서 새로운 시장을 찾아야 했고 재택근무의 확산으로 커피 소비의 중심이 직장에서 집으로 옮겨졌다. 단순히 이커머스 매출뿐만 아니라 슈퍼마켓 커피 매출까지 덩달아 증가했다.

대부분의 로스터들은 한쪽 판매 채널이 줄어드는 동시에 다른 채널은 급증하는 시소 같은 변화를 경험했다.

이런 불확실성 속에서 기업들은 빠르게 변화하는 거래 환경에 적응하기 위해 제품 다각화와 판매 채널 다각화를 모색했다. 다각화는 그야말로 모든 비즈니스의 최신 유행어가 되었다.

당시 나는 다양한 커피 비즈니스를 운영하고 있었는데, 사람들은 내가 코로나19를 예견이라도 한 것 같다고 칭찬하곤 했다. 하지만 사실은 전혀 그렇지 않다. 사실 코로나 이전까지만 해도 오히려 나의 비즈니스가 지나치게 복잡하고 방만한 것은 아닌지 고민하고 있었다. 나는 점점 단순한 형태의, 고도로 집중된 비즈니스를 동경하게 됐다. 내가 만든 사업 구조가 기회 비용를 낭비하고 핵심을 놓치고 있을까봐 걱정스러웠다. 그런데 어떤 환경에서 완벽했던 모델이 다른 환경에서는 정반대일 수 있다는 사실을 뼈저리게 깨달았다.

지금은 각종 규제가 완화되었고 코로나19의 극단적인 영향도 어느 정도 누그러들었다. 접객업은 대부분 활기를 되찾았고 부티크 로스터리들도 다시 도매업으로 돌아갔다. 다만 팬데믹 시기에 늘어난 이커머스 매출은 대체로 유지하고 있다.

흥미로운 점은 소비자들이 커피에 대해 더 많은 지식을 가지게 되었다는 것이다. 팬데믹은 이 변화를 훨씬 더 빠르게 앞당기는 촉매 역할을 했고 그 덕분에 커피를 '요리' 같은 미식의 영역으로 이해하는 시각이 확산됐다. 이는 팬데믹이 남긴 중요한 유산이다.

글로벌 자동차 시장은, 효율성과 수익성을 극대화하도록 최적화된 글로벌 공급망이 예상치 못한 혼란에 얼마나 취약한지를 보여주는 좋은 사례다. 이 산업의 공급망은 기본적으로 적시 생산Just-in-Time manufacturing 방식에 기반하고 있다. 이는 여유 재고나 부품 비축분 없이 운영하는 것을 의미한다. 재고를 보유하는 것은 비용이 들고, 현금 흐름에 부담을 주며, 리스크를 초래할 수 있다. 필요한 시점과 가장 가까운 시기에 생산하거나 준비하는 방식은 이런 리스크를 줄이는 데 도움이 된다. 특히 겉보기에는 안정적이고 변함없이 보이는 산업일수록, 이 방식은 현명한 전략이 될 수 있다.

코로나19가 닥치자 미국의 대형 렌터카 회사들은 현금을 확보하기 위해 차량을 대량 매각했다. 그러나 국경이 거의 폐쇄되자 많은 미국인이 국내 여행을 다니기 시작했고 렌터카 수요가 증가했다. 렌터카 회사들이 신차와 중고차를 구매하기 시작했지만 자동차 회사는 불확실성 때문에 생산량을 줄인 상태였으므로 이 수요를 충족시키지 못했고, 이로 인해 신차 출시가 기록적으로 지연되고 중고차 가격이 폭등했다. 이러한 유형의 산업은 일정한 속도로 꾸준히 움직이는 것이 매우 중요하다. 멈췄다가 다시 시작하는 일, 혹은 예기치 못한 혼란에는 제대로 대응하기 어렵다.

비슷한 현상이 전 세계 해운 및 물류 산업에서도 일어났다. 자동차 산업과는 달리 물류는 커피와 직접적으로 연결되는 산업이다. 팬데믹 초기에는 공장들이 멈추면서 세계 무역량이 즉각 감소했고, 이후엔 위에서 언급한 모든 이유로 수요가 급증했다. 이로 인해 공급 부족과 지연, 운임 폭등 같은 문제가 연쇄적으로 발생했고, 이 여파는 앞으로도 몇 년간 계속될 전망이다.

코로나19 같은 사태가 다시 일어나지 않았으면 좋겠다. 사실 팬데믹 이후 다른 거시경제 및 지정학적 사건이 잇달아 일어나면서 팬데믹의 영향을 빠르게 밀어냈다. 지금 커피 업계에 코로나19의 영향이 무엇이었냐고 물어보면 아마도 기억을 떠올리기 위해 잠시 시간이 필요하다는 답변이 나올 것이다. 현재 업계 사람들의 머릿속을 가득 채우고 있는 건 치솟는 비용과 인플레이션 같은 문제들이다. 이런 인플레이션의 상당 부분은 전 세계 정부의 휴직 제도나 보조금 및 비상 사태에 대한 통화 정책으로 인해 발생했고, 그 여파는 앞으로도 상당 기간 지속될 것이다.

나는 이 책에 코로나19 이야기를 꼭 넣고 싶었다. 전 세계적 규모의 사건이 우리 산업의 작동 방식을 얼마나 빠르게 변화시킬 수 있는지를 보여주는 사례였기 때문이다. 코로나는 모든 비즈니스가 항상 진화하고 움직이는 존재라는 것을 극명하게 보여줬다. 결국 비즈니스에서 가장 중요한 것은 '적응력'이고, 팬데믹을 겪은 우리는 언제든 상황이 바뀌면 지금 하는 일을 전환해 새로운 방식으로 변경할 수 있어야 한다는 사실을 마음 한구석에 품게 되었다. 커피 산업이 마치 오랜 시간 안정적인 속도로 묵묵히 항해하는 대형 유조선으로 느껴지겠지만, 배는 언제든 빙산에 부딪힐 수도 있다는 사실을 기억하자.

C 마켓, 디퍼렌셜과 통화가치

The C-market, Differentials and Currency Value

C 마켓은 자주 오해를 불러일으키는 혼란스러운 개념이다. 그중에서도 흔한 오해 중 하나는 스페셜티 등급 커피와 C 마켓의 관계에 대한 것이다. 스페셜티 커피는 C 마켓 가격에 영향을 받지 않는다는 말을 예전부터 자주 들었다. 하지만 2022년 브라질에서 발생한 심각한 서리로 인해 업계 전체 가격이 상승했던 사건은 이런 오해가 얼마나 잘못된 것인지 명백하게 보여줬다. 높은 점수의 비싼 커피가 가격 변동의 여파를 일부 피할 수 있는 것은 사실이지만 결국 시장 가격의 흐름에 영향을 받을 수밖에 없다. 최근의 급격한 가격 상승을 보면 더욱 분명해진다.

경매를 통해 판매되는 극소량의 슈퍼 프리미엄 커피 정도만이 C 마켓과 완전히 동떨어진 별도의 시장에서 거래된다. 하지만 대부분의 경우, 아라비카 커피라면 등급을 막론하고 C 마켓 가격과 디퍼렌셜의 조합이 기준 가격 역할을 한다.

스페셜티 부티크 커피에서 C 마켓이 어떤 의미를 갖는지 이해하려면 우선 C 마켓이 무엇인지(또한 무엇이 아닌지) 확실히 이해해야 한다. 간단히 말해 C 마켓은 전 세계에서 생산하는 식용 농산물인 아라비카 커피의 시장 지표라고 할 수 있으며 전 세계 커피의 대략적인 평균값을 보여준다. C 마켓은 반응형 시장이지 가격을 통제하는 기관은 아니다.

C 마켓은 ICE$^{Intercontinental\ Exchange}$가 인증한 커피 재고를 기준으로 구성된다. 인증 커피는 '입찰 가능 등급'으로, 페어트레이드나 RFA$^{Rainforest\ Alliance}$ 같은 인증과 무관하며 특정 품질의 아라비카 커피 거래 가격의 기준을 제공한다. 이 품질 이상의 평가를 받은 커피는 프리미엄 가격을 받고, 그보다 낮은 품질의 커피는 더 낮은 가격에 거래된다.

C 마켓의 가격은 파운드당 커피 가격을 미국 달러로 공시한다. 이 가격이 각 국가, 생산자, 재배자에게 매우 다른 의미를 가진다는 점은 이미 잘 알려져 있다. 그리고 그 영향은 커피를 사는 모든 사람과 최종 소비자에게도 이어진다.

커피 가격은 다른 작물과 마찬가지로 수요와 공급의 법칙에 가장 직접적인 영향을 받는다. 예를 들어, 오렌지를 구매할 때, 오렌지의 '세계' 가격은 산지의 수확량, 성장 중인 산지 또는 신흥 산지의 등장, 제품을 소비하는 모든 국가의 수요 등 시장 전반의 사건에 따라 오르내린다. 커피도 마찬가지다.

여기서 자주 간과되는 요소가 '디퍼렌셜differential(가격 조정분)'이다. C 마켓 가격은 모든 국가의 특정 품질 아라비카 커피의 거래 가격이고, 개별 커피의 가격은 반드시 '디퍼렌셜' 요소와 결합한다. 이는 C 마켓보다 덜 언급되지만 그만큼 영향력이 크다.

디퍼렌셜은 국가별로, 또한 각 국가의 커피 등급별로도 독립적으로 적용된다. C 마켓 가격에 대한 조정값으로서 작용하며 시간에 따라 변동하지만 일반적으로 C 마켓 가격만큼 변동성이 크지는 않다. 커피를 구매할 때, 디퍼렌셜은 C 가격 대비 플러스 또는 마이너스로 표시된다. 품질이 낮은 커피는 마이너스 디퍼렌셜, 거의 모든 스페셜티 커피에는 플러스 디퍼렌셜이 붙는다.

때문에 커피 로스터나 매장의 마케팅 자료에 C 마켓 가격을 언급하면서 자신들이 더 높은 가격을 지불했다고 강조하는 경우, 상당한 오해를 불러일으킬 수 있다. 예를 들어 현재 콜롬비아 커피의 디퍼렌셜이 1파운드당 0.40달러라고 하면, (슈퍼 프리미엄이 아닌) 무난한 등급의 생두 가격은 C 마켓 가격에 1kg당 0.88달러가 추가된 수준일 것이다. 결국 C 마켓 가격에 디퍼렌셜을 더하면 해당 국가의 '실제' C 마켓 가격이 된다. 이 가격에 커피를 구매했다고 해서 그 회사가 커피 생산자에게 더 많은 금액을 준 것은 아니다. 그냥 시세대로 지불했을 뿐이다.

카페 임포츠Cafe Imports의 인포그래픽은 C 가격에 산지별 디퍼렌셜을 더한 스페셜티 가격, 그리고 이 둘에 더해 카페 임포츠가 지불하는 추가 프리미엄을 보여준다.

브라질은 세계 최대의 아라비카 생산국이기 때문에 C 가격에 가장 큰 영향을 미치고, 이는 스페셜티 커피에서도 브라질산에는 가장 낮은 디퍼렌셜이 붙을 가능성이 높음을 의미한다.

디퍼렌셜 개념은 일단 이해하기만 하면 상당히 흥미롭다. 사실상 디퍼렌셜은 커피 향미와 산지의 영향력을 보여주는 지표 역할을 한다. 디퍼렌셜은 특정 원산지 커피의 가치가 어느 정도인지 실질적으로 보여준다. 브라질을 제외한 대부분의 원산지에서 생산 비용이 더 높은 것도 한 가지 이유지만, 이런 가격 차이는 커피 맛이 모두 같지 않다는 인식에서 비롯된다. 만약 모든 커피의 맛이 똑같다면 C 마켓은 전량 브라질 커피로만 구매할 것이다. 리스크 분산과 같은 합리적인 비즈니스 이유 외에도, 실제로 그런 일이 발생하지 않는다는 사실은 한 가지 중요한 점을 보여준다. 즉, 이것은 커피 업계가 국가별 커피의 고유한 맛과 특성, 프로필에 큰 가치를 두고 있다는 것을 보여주는 사례다.

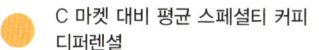 C 마켓 대비 평균 스페셜티 커피 디퍼렌셜

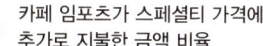 카페 임포츠가 스페셜티 가격에 추가로 지불한 금액 비율

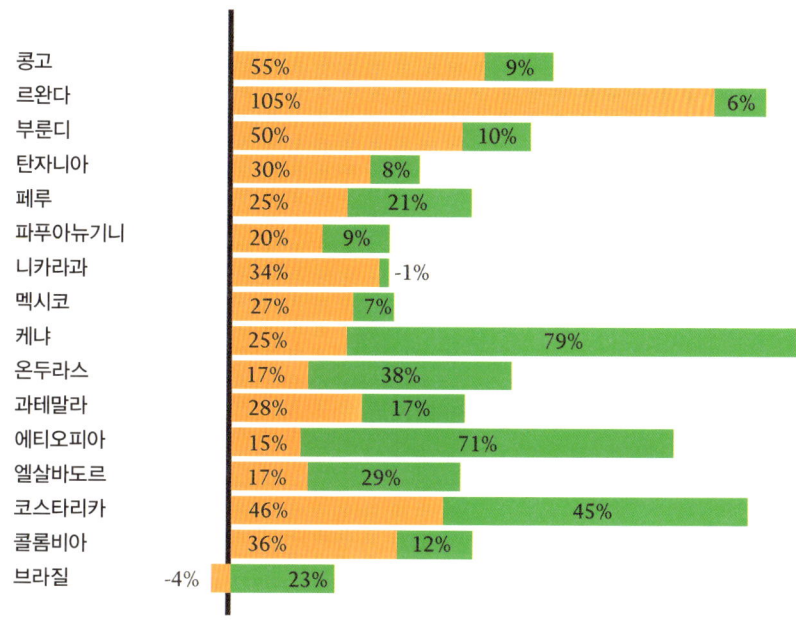

국가	C 마켓 대비 평균 스페셜티 커피 디퍼렌셜	카페 임포츠가 스페셜티 가격에 추가로 지불한 금액 비율
콩고	55%	9%
르완다	105%	6%
부룬디	50%	10%
탄자니아	30%	8%
페루	25%	21%
파푸아뉴기니	20%	9%
니카라과	34%	-1%
멕시코	27%	7%
케냐	25%	79%
온두라스	17%	38%
과테말라	28%	17%
에티오피아	15%	71%
엘살바도르	17%	29%
코스타리카	46%	45%
콜롬비아	36%	12%
브라질	-4%	23%

지난 5년간 C 마켓 동향

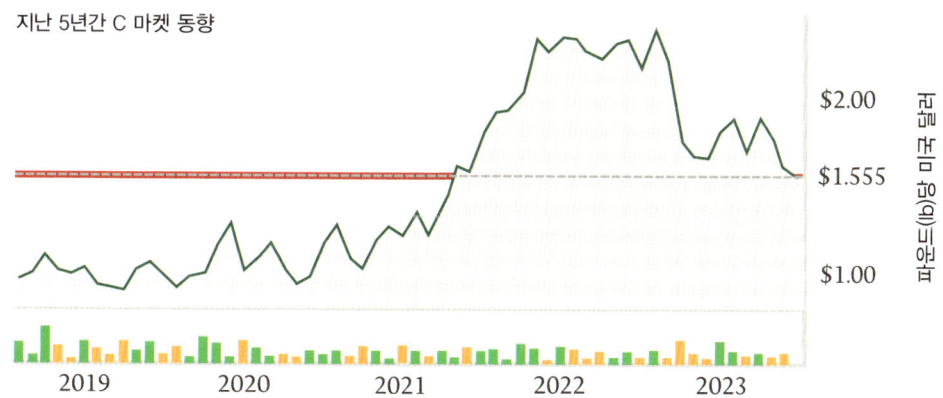

산지, 향미, 희소성에 많은 가치를 두는 스페셜티 커피 업계에서는 아마도 당연하게 들리겠지만, 일반적인 커피 시장의 가격 체계를 생각하면 향미와 다양성이 인정받는다는 게 놀랍게 느껴진다. 스페셜티 등급의 커피는 종종 희귀하고 독특한 프로필 또는 이국적인 향미와 가공 방식이라는 이유만으로 C 마켓 가격에 디퍼렌셜을 더한 것보다 훨씬 높은 가격을 받는 경우가 많다.

C 마켓 가격과 달리 디퍼렌셜은 종종 계약에 포함될 수 있다. 수입업체는 생산자나 수출업체와 C 가격에 일정 디퍼렌셜 값을 더하는 형태로 계약을 체결하는 것이 유리할 수 있다. 계약이 체결되는 시점에 C 마켓 가격이 고정되며, 여기에 디퍼렌셜까지 함께 고정하면 전체 가격을 결정짓는 마지막 요소까지 확정하는 셈이다.

이제 C 마켓과 디퍼렌셜이 어떻게 커피 가격을 형성하는지에 대한 개념을 이해했을 것이다. 그런데 커피에 실제로 지불하는 가격을 이해하려면 또 하나 중요한 요소를 알아야 한다. 바로 현지 통화와 미국 달러의 환율 관계다. 이는 생산자뿐만 아니라 통화가 미국 달러가 아닌 모든 커피 수입국에게도 매우 중요한 요소다.

2021년에 C 마켓 가격이 수년 만에 최고치를 기록하며 모든 커피 거래에 영향을 미쳤다. 2022년 말 영국에서는 파운드화 가치가 미국 달러 대비 급격히 하락하는 일이 발생했다. 미국 달러로 거래되는 모든 상품의 가격이 상승했다. 2022년 9월에 달러로 커피 계약을 체결하고 파운드화로 환산했을 때와 2023년 4월에 같은 달러 가격으로 계약한 것을 영국 파운드화로 환전한 금액을 비교하면, 9월에는 4월보다 영국 파운드화 기준으로 15% 더 비쌌을 것이다.

브라질에서도 브라질 헤알화와 미국 달러 간의 환율에 따라 비슷한 현상이 나타난다. 달러 기준 C 마켓 가격이 올랐더라도 브라질 헤알화가 달러 대비 강세라면 브라질 생산자는 커피 판매를 보류할 것이다. 환차익이 줄기 때문이다. 마찬가지로 콜롬비아 페소화가 달러 대비 약세라면 C 마켓의 달러 가격이 높지 않더라도 괜찮은 수익을 낼 수 있다. 물론 특정 국가의 인플레이션을 이해하지 않고 통화를 이야기할 수는 없다. 기본적으로 인플레이션은 통화의 내부 가치를 의미하며, 이는 미국 달러 대비 환율 못지않게 중요한 요소다.

헤지된 외환 포지션을 보유한 사람이라면 이런 변동성을 완화할 수 있지만 대부분의 경우 폭풍 속 배처럼 파도를 견디며 기다릴 수밖에 없다.

C 마켓은 '선물^{futures}'이라 불리는 계약을 중심으로 이루어진다. 선물 계약이란 미래에

인도될 상품을 정해진 가격으로 계약하는 것이다. 즉, 커피를 생산하기 전에 구매가 먼저 이뤄진다. 누구나 선물 계약을 할 수 있기 때문에 실제로 커피 구매에 관심이 없는 사람들도 거래에 참여하는데, 이런 점이 시장의 변동성을 높이고 시장을 왜곡시킬 수 있다. 이런 현상은 실제로 커피 실물을 거래하는 사람의 실제 커피 가격에도 영향을 미친다.

지금까지 살펴본 이런 이유로, C 마켓을 단순히 변동성을 유발하는 문제적 도구로 생각하기 쉽지만, 상업적 시장 관점에서는 분명한 장점이 있다. 가장 중요한 것은 무엇보다도 유동성을 제공한다는 점이다. 유동성^{liquidity}이란 자산을 현금으로 얼마나 쉽게 전환할 수 있는지를 의미한다. C 마켓은 언제든지 커피를 거래할 수 있는 플랫폼 역할을 하기 때문에, 가격이 높더라도 거래가 이어진다. 최근 가격 급등 국면에서 많은 커피 업체들이 구매를 보류하고 가격이 내려가기를 기다렸지만, C 마켓 덕분에 여전히 구매자가 존재했고 가격 협상으로 인해 산업이 멈추지 않았다.

다만 시장 가격이 계속 변하기 때문에 계약된 가격도 영향을 받을 수 있다. C 마켓 가격이 계약 체결 당시 가격에서 너무 많이 벗어나면 계약 불이행(디폴트)의 위험이 현실화되며, 재협상 없이는 커피가 납품되지 않는 상황이 발생할 수 있다.

C 마켓은 세계화의 장단점을 모두 분명하게 보여준다. 모든 공급망, 심지어 각국의 시장에서도 가격 변동이 있지만, 각국의 국내 시장을 하나의 글로벌 시장으로 묶으면 경쟁은 더 치열해지고 가격의 변동성도 더 커진다. 반면, 유동성과 수급에 따른 가격 발견$^{price\ discovery}$ 기능은 개선된다.

시장 지배력이 있는 초대형 기업은 시장 가치 균형에 영향을 미칠 수 있는 반면, 소규모 기업들은 할 수 있는 한 최선을 다해 변동성을 견디며 따라갈 뿐이다. 여기에 매년 변화하는 날씨의 영향으로 인해 생산량과 품질이 달라지는 요인까지 더해지면 비즈니스적 도전 과제가 상당하다는 것을 알 수 있다.

앞서 살펴보았듯이 고가의 부티크 커피는 이러한 변동성으로부터 어느 정도 안정적이지만, 완전히 자유로운 것은 아니다. 커머셜 커피 업체들은 가격 변동을 고려하고 이에 대한 계획을 세우며 금융 메커니즘을 활용해 리스크를 줄여야 한다.

지금은 사라진 국제커피협정^{ICA} 시대에는 쿼터제로 인해 시장 가격이 높게 유지되었지만, 지금처럼 개방된 시장에서는 C 마켓 가격이 커피 산업에 종사하는 모든 사람에게 큰 영향을 미친다. 그러므로 공급망에 속한 모든 기업은 이를 주시해야 한다.

정부 정책 Government Policy

전 세계 어디에 있든 국가 정책은 커피 비즈니스에 어떤 식으로든 영향을 미친다. 영국의 브렉시트는 유럽에 탄탄한 고객층을 둔 영국 로스터리에 큰 타격을 줬다. 접객업에 대한 세금이나 지원 정책은 카페, 레스토랑, 커피 공급자에게 큰 영향을 줄 수 있다. 코로나19 한가운데에서도 사람들은 각국의 정부가 어떤 대응을 내놓을지 초조하게 발표를 기다렸다. 강력한 봉쇄 조치를 취할까? 문을 닫은 사업장을 지원할까? 등등.

정부의 경제 정책은 상당한 파급 효과를 일으킨다. 글로벌 시장은 선거 결과나 통화 정책 변화에 따라 부정적 또는 긍정적으로든 반응한다. 이는 (다른 여러 요인과 함께) 현지 통화 가치, 금융 비용 등에 영향을 미친다. 글로벌 거시경제와 마찬가지로 정부 정책도 전 세계로 확산된다. 일부 국가의 경제는 이런 영향으로부터 상대적으로 더 보호받기도 한다.

대부분의 커피 생산국에서는 커피가 GDP의 큰 비중을 차지하기 때문에 정부는 커피에 다양한 방식으로 개입한다. 물론 정책은 국가마다 다르다. 예를 들어 에티오피아는 다른 나라들과 달리 C 마켓 가격과 직접적으로 연동하지 않고, 자신들의 커피 가격 정책에 따른다.

커피 산업 컨설턴트이자 바이어인 크리스토퍼 페란 Christopher Feran 은 '전진하라, 조국 에티오피아여 March Forward, Dear Mother Ethiopia'라는 기고문에서 2014년부터 정기적으로 에티오피아를 방문하면서 관찰한 내용을 바탕으로 에티오피아 커피 산업에 영향을 미친 변화들을 역사적 맥락과 함께 자세히 기록했다. 그가 쓴 치밀하고 구체적인 기고문을 꼭 읽어 보기 바란다.

에티오피아 커피 역사에는 국유지 재분배부터, 산지별 구분과 추적 가능성보다 생산량과 일관성을 우선시하는 ECX(에티오피아 상품 거래소)의 도입에 이르기까지, 정부가 커피 산업에 어떻게 개입했는지에 대한 내용이 등장한다. 에티오피아는 커피 산업에 정부가 적극적으로 개입하는 대표적인 사례로 볼 수 있다. 이와 같은 개입은 해당 산지의 커피 비즈니스뿐만 아니라 공급망 하류의 제품에도 직접적인 영향을 미친다.

해당 국가의 정부 정책뿐만 아니라 다른 나라의 외교 정책도 커피 산업에 영향을 준다. 커피에 세금을 부과할 수도 있고, 페루에서는 코카인의 재료인 코카 농사를 줄이기 위한 전략의 하나로 커피 농업을 장려하는 지원금을 주기도 한다. USAID(미국 국제 개발처)

의 기금 지원도 그중 하나다.

아마도 전 세계적으로 가장 큰 규모의 정치적 개입은 국제커피협정[ICA] 체결일 것이다. 커피 가격을 안정적으로 높게 유지하기 위해 쿼터제로 공급과 수요를 통제하는 공식적인 협정이었다. 이 협정은 27년 동안(그리고 협정이 공식화되기 전 상당 기간 동안) 이 목적을 달성했지만, 1989년 국제커피기구와 회원국 간의 합의가 이루어지지 않아 갱신에 실패했다.

국제커피협정은 제2차 세계대전 중에 시작된 과정의 결과물로 볼 수 있다. 전쟁 중 유럽 시장이 폐쇄되었고 커피 가격은 하락했다. 미국은 커피가 경제적으로 중요한 브라질 같은 나라에서 커피 가격이 계속 하락할 경우 공산주의 확산에 도움이 될까 우려했다. 이에 미국은 브라질과 각각 수입과 수출을 제한하는 협정을 체결했고 이 조치로 커피 가격을 올리는 데 성공했다. 생산자들은 전쟁 이후에도 가격을 유지하려고 노력했고, 결국 많은 국가가 참여한 국제커피협정이 탄생했다.

이처럼 정부 정책은 거시경제와 국가 간의 상호작용을 통해 글로벌 시장에 참여하는 모든 사람에게 영향을 미친다. 각국의 다양한 정책은 비즈니스 운영 환경에 제약을 만들거나 변화를 일으키기 마련이다. 커피 비즈니스 모델을 계획할 때, 이러한 정책 변화가 만들어내는 시장 환경을 간과하기 쉽다.

예를 들어, 농장이 수출업까지 겸하며 수직통합하는 아이디어는 이론적으로 수익성을 극대화할 수 있는 좋은 전략으로 보인다. 하지만 실제로는 수출을 위해 자금 조달이 필요할 뿐 아니라, 커피 생산국에 따라 까다로운 수출 라이선스가 요구되기도 한다. 마찬가지로 농장에서 드라이밀을 만들고 싶다 해도 이것 역시 간단한 일은 아니다. 케냐의 경우 드라이밀 운영이 정부 시스템과 라이선스 규제에 묶여 있기 때문에 쉽게 추진하기 어렵다.

업계 관계자들에게 정부 개입이 거의 없거나 전혀 없는 커피 생산국이 있는지 물어봤지만, 그런 나라는 없었다. 커피 산업이 여러 나라의 수출 경제에서 큰 부분을 차지한다는 점을 생각하면 절대 놀라운 일이 아니다. 결국 커피 비즈니스를 이해하는 데 있어 정부 정책은 언제나 핵심 요소라는 뜻이다. 전 세계 커피 산업을 이야기할 때 과도하게 일반화해서는 안 되며, 맥락을 고려해 정확한 그림을 그려야 하는 이유를 보여주는 또 다른 예다.

커피 생산국의 정부 및 기타 주체들은 국제 시장에서 상품을 수입하기 위해 달러를 확보하는 수단으로 커피 농산물을 활용하기도 한다. 이런 경우 커피는 농산물이라기보다 달러를 얻기 위한 도구로 여겨진다. 이런 사고방식에서는 커피는 더 이상 수익을 위한 실물 작물이 아니라 통화 수단으로 간주되고, 이해관계자들이 커피를 바라보는 관점도 크게 달라진다. 이는 선물시장에서 커피를 실제 소비재가 아닌 주식처럼 사고팔며 수익을 내는 트레이더와 비슷한 영향을 미친다. 이들은 실제로는 커피 산업에 관여하지 않지만, 커피 시장에 영향을 미치는 집단이다.

존 M. 탈봇John M. Talbot은 저서 《동의의 근거: 커피 상품 사슬의 정치경제학Grounds for Agreement: The Political Economy of the Coffee Commodity Chain》에서 국제커피협정을 통해 이뤄졌던 정부 개입과 협력의 시기를 사례로 삼아, 커피 가격의 지속 가능성을 해치는 불안정한 상품 시장 구조를 해결하기 위한 방법으로 다시금 정치적 개입이 필요하다고 주장한다.

나도 이 주장에 공감한다. 자본주의적이고 세계화된 관점에서 볼 때, 커피 산업에서 수익성과 경제적 지속 가능성을 갖춘 비즈니스가 되려면 시장의 수급 변동성을 견딜 수 있어야 한다. 과거의 쿼터제로 돌아가는 것이 당장은 불가능해 보일지라도, 무역에 대한 정치적 개입만이 이러한 변동성에 확실히 균형을 맞출 수 있는 유일한 방법으로 보인다.

식민시대와 제국주의의 유산-자본주의와 세계화
Colonial and Imperial Legacy-Capitalism and Globalism

커피의 역사는 차나 코코아 등 다른 각성제에 비해 그리 오래되지 않았다. 커피의 초기 상업화는 16세기 예멘에서 시작되었고, 구자라트 상인이 씨앗을 사치재로 판매하기도 했지만, 이 소규모 시장은 오래 지속되지 않았다.

이후 식민지 시대 열강은 전 세계 아열대 지역에 커피를 심기 시작했다. 식민주의와 제국주의 지배 아래 대규모 커피 재배를 위해 노예들이 동원되었고, 그 결과 커피 가격은 하락했다. 이는 분명히 식민지 수탈의 한 형태였다.

식민주의의 흔적은 전 세계, 특히 한때 식민지였던 커피 생산국에서 쉽게 찾아볼 수 있다. 식민주의가 끼친 영향은 눈에 보이는 것보다 훨씬 더 강력하고 광범위하다. 전 세계 곳곳에 퍼진 식민 제국의 역사를 기록하는 것과 오늘날까지 이어진 식민 잔재가 어떤 방식으로 작동하고 있는지를 들여다보는 것은 전혀 별개의 문제다. 나는 커피 업계의 여러 관계자들에게 커피 산업에 남아 있는 식민주의의 영향이 무엇이라고 생각하는지 물었다.

이 논의는 당연히 국가마다 다를 수밖에 없겠지만, 가장 눈에 띄고 명백한 유산 중 하나는 토지 소유 구조와 사회경제적 기회에서 찾아볼 수 있다. 식민지 시기 토지가 어떻게 점유되었고 식민 열강이 물러난 후 어떤 방식으로 재분배되었는지는 오늘날에도 여전히 해당 국가의 토지 소유 역학에 영향을 미치고 있다. 토지 분배 문제뿐만 아니라, 사회 각층의 사회경제적 위치나 계층에 따라 경제적 기회에도 큰 차이가 생긴다. 이는 전 세계 모든 문화권에서 볼 수 있는 현상이지만, 특히 식민지 이후 커피 생산국에서 뚜렷하게 드러난다. 토지 소유권이 여전히 식민지 시대 지배 계층의 후손들에게 있고, 노동자는 주로 과거 강제 동원된 노예의 후손이거나 그 지역의 다른 토착민들이다.

나는 특권을 가진 백인 남성 유럽인으로서 이 책을 쓰고 있다. 어느 나라, 어떤 계층으로 태어났느냐는 비즈니스의 성공 가능성에 영향을 미친다. 교육과 네트워크에 대한 접근성은 금융과 더 넓은 시장에서의 비즈니스 기회로 이어지며, 이는 커피 산업을 포함한 모든 산업에서 중요한 이점으로 작용한다. 그리고 지금 이 책이 영어로 쓰여진 것처럼 영어를 할 수 있다는 것도 핵심 시장에 접근하고 기회를 극대화하는 데 유리하다.

오늘날의 커피 시장이 과거 식민지 시대의 커피 무역 시스템과 얼마나 다를까? 커피는 수많은 국가에서 재배하고 있으며 글로벌 C 마켓에서 자유롭게 거래된다. 그런 점에서 보면 오렌지나 사탕수수와 마찬가지로 개방된 자유 시장 안에 있다고 주장할 수 있다. 실제로 어느 정도는 사실이다. 물론 국가별 정부 정책에 따라 제약이 있을 수는 있다. 그러나 오늘날 널리 퍼진 세계화된 자본주의 시장 자체가 식민주의의 유산이라는 점은 부정하기가 어렵다. 공급자와 구매자가 각각 자신의 입장을 협상하고 관리할 수 있는 역량에 있어서, 여전히 글로벌 무역의 역학 관계에는 불균형한 힘의 관계가 남아 있다.

사실 커피는 식민지 농업이 시작되기 전까지는 그렇게 대규모로 재배되지 않았다. 제국주의 국가들이 강제로 시행한 대규모 커피 프로그램으로 인해 많은 국가에 커피 재배가 뿌리를 내렸다. 식민지 세력이 떠난 후에도 커피에 대한 의존은 사라지지 않았다. 커피라는 생계 수단에 대한 의존은 오늘날까지 많은 사람들의 삶에 깊이 뿌리내리고 있다.

국가별 다양한 거시경제적 요인은, 앞으로 그 나라와 정부, 국민이 커피를 어떻게 바라보고 커피와 어떤 관계를 맺을지에 영향을 미친다. 대부분의 경우, 커피는 여전히 즉각적이고 지속적인 수익을 안겨주는 현금 작물이다. 한편, 과거 식민 제국주의 국가들은 지금도 이 작물의 주요 소비국으로 남아 있다. 결국 커피 수출의 경제적 구조를 들여다보면 과거 식민 지배국들과 생산국 간의 무역이 여전히 반복되고 있는 셈이다.

더 넓게 보면, 소비 시장은 최저 가격을 추구하는 경향이 있다. 브라질 같은 나라는 지형적 이점을 최대한 활용해 설비에 투자하고 규모의 경제를 이루어 세계적으로 경쟁력 있는 가격을 달성할 수 있었지만, 대부분의 커피 생산국들에서는 값싼 노동력과 경제적 대안 부재 속에서 커피 가격이 형성된다. 이런 점을 종합해 보면, 오늘날에도 여전히 식민 무역 구조의 권력 관계와 그로 인한 영향력이 가격 형성에 작동하고 있다고 볼 수 있다.

지금까지 남아 있는 이런 역사적 구조뿐만 아니라 그와 연결되는 새로운 비즈니스 관행도 있다. 많은 스페셜티 커피 기업들은 마케팅의 일환으로 자신들이 커피 농부와 생산자를 돕는다고 홍보한다. 실제로 업계 내 구조적 문제를 조금이나마 해결하고자 하는 배려 깊은 구매 관행이 긍정적인 변화를 만들어내고 있는 것도 사실이다.

하지만 일부에서는 백인 구세주적 태도와 탈식민주의적 죄책감을 바탕으로 공급망에 접근하는 경우도 있다. 아이러니하게도 이런 접근은 농부와 가공업자 등 공급망의 생산 단계에서 일하는 사람에 대한 존중과 배려 부족으로 나타난다. 커피 바이어가 현지 생산자에게 문제 해결법에 대해 이래라저래라 지시하는 경우가 그 예다. 겉으로 보기엔 선의로 보일 수 있지만, 만약 바이어가 충분한 전문성과 경험을 갖추지 않았다면 이런 제안은 도움이 아니라 오히려 피해를 줄 수 있다. 심지어 폭넓은 지식과 전문성이 있는 사람의 제안이라 하더라도 당사자가 원치 않는 개입이라면 언제나 환영받거나 유익한 것은 아니다. 모든 비즈니스에서, 실제로 리스크를 감당해야 하는 주체가 아닌 외부인의 조언은 한계가 있기 마련이다.

이것은 복잡한 주제이고, 나도 더 잘 이해하려고 노력해 왔다. 우리가 살고 있는 세계화 시대는 명암이 아주 뚜렷하다. 자유 시장이라는 개념이 어떤 시장에서는 효과적으로 작동할 수 있지만, 커피 산업에 관련된 모든 사람들에게 최선의 결과를 가져다주지는 않는다는 증거도 있다. 나도 그 한계를 인정한다. 광범위하고 복잡한 주제에 대해 쓰다 보니 깊이가 부족한 부분이 있다. 부디 다른 책과 추가 자료를 통해 더 심도 있게 이해를 키워 나가길 권한다.

이번 장에서는 커피 산업에 대해 이야기했지만, 내가 이 책의 다른 부분에서도 언급했듯이, 스페셜티 커피는 별도의 산업이나 대체 공급망이 아니라 동일한 커피 상품의 프리미엄 버전이다. C 마켓의 영향을 받는 것처럼 세계화와 커피의 역사적 유산에도 영향을 받는다.

이런 과제를 해결하는 것은 소규모 기업에게 벅찬 일일 수 있다. 부티크 규모에서 현실적으로 달성할 수 있는 성과에는 한계가 있다. 하지만 현재의 메커니즘을 인정하는 것이 핵심이며, 존중하는 마음으로 신중하게 거래 방식을 추구하고 실천하는 것이 모든 스페셜티 커피 비즈니스의 주된 목표가 되어야 한다고 생각한다.

커피 업계에서는 '윤리적'이라는 용어를 자주 사용하지만, 이런 주장을 뒷받침할 만한 근거는 거의 없어 보인다. 커피의 품질을 반영하는 가격표가 붙은 스페셜티 커피를 판매하는 것이 윤리적 거래를 의미하는 것은 아니다(**그린워싱** 참조). 부티크 기업이 이런 복잡한 문제를 해결하는 것은 쉽지 않을 것이다. 그러나 자신들이 추구하는 바에 따라 현실을 되돌아보고 포장지에 쓴 주장과 실제 내용이 얼마나 일치하는지를 질문해 보는 것은 기업의 책무다.

이 책의 뒷부분에서 커피 산업이 앞으로 어떤 잠재적 변화를 맞이할지 살펴볼 것이다. 커피 시장은 변화할 수밖에 없다. 이번 장에서 다룬 문제들을 비롯해 스페셜티 커피를 포함한 커피의 재배와 커피 가격 및 리스크의 불균형이 그 핵심 원인이다. 아열대 국가들의 경제가 발전하고 새로운 기회가 생기더라도, 그 많은 사람들에게 커피 농사는 여전히 과거 식민지 시절과 연결된 생계 수단이다.

글로벌 커뮤니티 A Global Community

스페셜티 커피는 종종 하나의 커뮤니티로 묘사된다. 나 역시 이 표현이 정말 적절하다고 생각한다. 여기서 말하는 커뮤니티란 커피에 대한 공통된 열정을 바탕으로 형성된 공동체다. 커피는 전 세계 다양한 문화권의 사람들을 연결해 주는, 명백히 국제적인 제품이다.

커피 업계에서 일하거나 커피에 열정을 가진 사람들이 무역 박람회, 커피 대회, 온라인 등을 통해 소통하는 글로벌 커뮤니티가 있다. 글로벌 산업이 연결되는 가장 확실한 방법은 여행이다. 부티크 규모의 업체는 보통 산지를 직접 방문하는 경우가 많고 생산자와 수출업체도 여건이 된다면 고객이 있는 도시나 지역을 방문하곤 한다. 카페와 로스터리 또한 여행 선택에 영감을 주는 수많은 "목적지" 브랜드를 만들어낸다.

스페셜티 커피를 즐기는 고객층은 일반적으로 경험과 품질을 추구하는 호기심 많은 사람이다. 나 또한 커피 업계에 입문하기 전부터 여행을 많이 다니면서 도전적이고 흥미롭고 가치 있는 경험을 했지만, 커피 커뮤니티에 합류한 이후의 여행은 새로운 차원의 연결과 즐거움을 주었다. 커피에 대한 공통된 관심사를 바탕으로, 전 세계 어디에서든 사람들과 장소를 통해 교감할 수 있는 글로벌 네트워크가 생겼기 때문이다.

이 글로벌 커뮤니티는 단순히 사람 사이의 연결에만 그치지 않고 커피 비즈니스에도 영향을 미친다. 커뮤니티는 자연스럽게 커피에 대한 다양한 아이디어와 관점이 교류되도록 만들어주고, 여행은 이런 아이디어가 커피 비즈니스에서 실현되는 것을 볼 수 있는 기회를 제공한다. 이러한 방식으로 글로벌 커피 커뮤니티는 커피에 대한 다양한 아이디어와 접근 방식의 확산을 촉진한다. 카페와 바리스타 커뮤니티는 정기적으로 기술을 공유하고, 장비 업체는 이 바이럴 커뮤니티를 활용해 자신들의 발명품과 개발품을 공유한다. 이 과정에서 커피 보관법 및 추출 트렌드가 전 세계로 확산되고, 새로운 품종과 실험적인 가공 방식이 놀라울 만큼 빠르게 확산되는 현상이 이어졌다. 그렇다고 해서 글로벌 커피 커뮤니티가 모두 동일한 취향을 공유하는 것은 아니다. 특정 아이디어의 성공 여부는 문화마다 완전히 다를 수 있다.

많은 스페셜티 부티크 커피 로스터리 브랜드들은 매달 여러 나라로 커피를 배송한다. 우리 로스터리 역시 국제 시장을 타깃으로 삼게 된 계기가 있다. 내가 크리스토퍼 헨던과 함께 쓴 《커피를 위한 물 Water for Coffee》이 전 세계적 관심을 받은 덕분이다.

프리미엄 제품을 다루는 비즈니스는 판매율이 높지 않은 것이 일반적이다. 하지만 관심을 갖는 고객층이 좁더라도 그 소규모 시장이 사업을 유지할 수 있을 만큼 충분히 크다면 문제가 되지 않는다. 프리미엄 브랜드는 역사적으로 인구 밀도가 높은 대도시를 거점으로 삼는다. 즉, 인구가 아주 많으면 그중 극히 일부만 고객으로 확보해도 충분한 수요가 되기 때문이다. 경매 역사상 가장 높은 가격을 기록한 게이샤 같은 비싼 커피 수요가 가장 높은 곳은 인구 밀도가 높은 아시아다.

이 글로벌 커뮤니티가 어떻게 기능하고 진화하는지를 보여주는 사례들은 매우 다양하다. 각 국가와 시장이 각각 다른 방식으로 변화하면서, 스페셜티 부티크 커피 업계에 종사하는 사람이라면 누구나 글로벌 커뮤니티가 비즈니스에 미치는 영향을 체감할 수 있다.

어떤 경우에는 명확하게, 어떤 경우에는 미묘하게 작용한다는 것을 알 수 있을 것이다.

시장 차이 Market Differences

지금까지 커피 산업에 관한 다양한 주제와 비즈니스의 전 세계적인 영향력을 살폈고, 각 시장마다 명백한 차이점이 있음을 알 수 있었다. 내가 주로 영국 시장에서 일하기 때문에 영국 시장에 편향된 관점을 가지고 글을 쓰는 것은 사실이다. 다만 다른 국가의 비즈니스 프로젝트에도 참여하고 있으며, 이 책을 쓰기 위해 전 세계 다양한 사람들과 기업들로부터 인사이트를 얻으려고 노력해 왔다.

커피 비즈니스의 핵심적인 작동 원리와 주제들은 전 세계적으로 비슷하게 통용되지만, 어떤 방식이 실제로 효과가 있는지, 그 이유는 시장마다 다르다. 커피 농업 비즈니스는 세계 각지에서 매우 다른 형태로 운영된다. 공급망 하류의 비즈니스들은 좀 더 공통된 범주로 묶을 수는 있지만, 이 역시 국가마다 차이가 있다. 이런 차이 때문에 각 비즈니스가 운영되는 방식에도 다양한 전략적 접근이 필요하다. 이런 차이는 기존 비즈니스 환경, 경쟁자와 시장 포화 상태, 음료 형태나 맛에 대한 특정 고객 선호도에 이르기까지 다양한 분야에서 나타난다.

공급망 전반에는 물량을 세는 일정한 기준이 있다. 커피 1파운드, 1까르가^{carga}, 컨테이너 단위, 톤, 킬로그램 등 다양한 단위를 사용한다. 하지만 평균 단가에 대한 이해 없이 물량만 보면 잘못 해석하기 쉽다. 예를 들어 같은 양을 두 배의 가격에 팔 수 있는 회사라면 절반만 팔아도 같은 매출을 낼 수 있기 때문이다.

시장에서 흔히 사용하는 에스프레소 바스켓조차도 시장에 중요한 영향을 줄 수 있다. 에스프레소 바스켓의 크기는 커피 한 잔에 들어가는 분쇄 커피의 양에 직접적으로 영향을 준다. 이는 곧 도매 고객이 주간 판매량에 맞춰 커피를 몇 킬로그램 구매할지에 영향을 미친다. 결국 이 수치는 로스터리의 원두 판매량과 생두 구매량에도 영향을 미친다. 이렇듯 작은 차이 하나가 공급망 전체에 영향을 미치는 것이다.

전에 인스타그램에서 간단한 설문조사를 통해 영국과 호주 시장의 상당한 차이를 확인할 수 있었다. 두 나라의 카페 모두 에스프레소 기반 메뉴가 중심인데, 호주 카페의 경우

20~22g 바스켓을 사용하는 경우가 많고 영국은 16~18g 바스켓이 좀 더 일반적이다. 간단히 말해 각각의 더블샷에 사용하는 커피의 양이 21g과 17g이라고 가정하면, 더블샷 음료 한 잔에 사용하는 커피의 양 차이는 약 20%에 달한다. 이 정도 차이는 상당한 편으로, 각각의 시장과 비즈니스에 분명한 영향을 미칠 만한 수치다.

영국과 호주는 인스턴트 커피 소비량이 많다는 흥미로운 공통점이 있다. 또한 두 나라 모두 비교적 최근에 커피 혁명을 겪었다. 호주의 스페셜티 운동이 영국보다 먼저 시작되었지만, 영국 역시 가정에서 차를 마시는 문화에서 벗어나 카페와 가정에서 커피를 소비하는 문화로 대규모 변화가 일어났다. 이는 이미 수 세대 전에 필터 커피 문화가 정착된 미국과는 완전히 대조적이다.

국가별 1인당 커피 소비량은 그 시장의 광고와 비즈니스 환경에 당연히 영향을 미친다. 과거에는 커피 소비량이 적었던 중국 같은 대형 시장에서 커피의 인기가 높아지면서 전 세계 커피 기업들은 이 시장을 어떻게 공략할지 방법을 모색 중이다.

신흥 시장, 성장 시장, 포화 시장이라는 개념도 물론 중요하다. 그러나 이번 장에서는 시장마다 존재하는 근본적인 차이와 문화적 차이에 더 주목했다. 특히 고객 참여와 소비자 트렌드에서 나타나는 시장 특성의 차이에 더 집중해 보고자 한다.

커피 향미 관점에서 보면, 발효와 로스팅 프로파일을 포함해 소비자들의 선호도에 대한 논의가 끊이지 않는다. 어떤 향미 프로필이 더 좋은가에 대한 소비자 선호는 명확히 존재한다. 또한 단맛, 쓴맛, 감칠맛에 대한 선호도는 국가마다 차이가 분명하다. 이런 생각은, 이 책 앞부분에서 언급한 "품질에 대한 합의는 지역마다 어떻게 달라질 수 있는가?"라는 질문으로 다시 이어질 수 있다.

이런 차이는 국가만이 아니고 지역 단위에서도 나타날 수 있다. 노스캐롤라이나에 본사를 둔 블랙 앤 화이트 커피의 공동 창업자 카일 램페이지Kyle Rampage는 콜드브루의 수요가 지역에 따라 크게 다르다고 이야기했다. 중동부보다 북동부에서 콜드브루의 판매량이 훨씬 높다는 것이다. 이렇게 뚜렷한 차이는 아니지만 영국에서도 지역에 따른 소비자 습관의 차이를 볼 수 있다.

이번 장에서 살펴본 것처럼 업계 선반에서 이런 차이점은 끝도 없이 찾을 수 있다. 이런 차이를 만드는 요소는 매우 다면적이고 복잡하며, 이 책에서 다뤘거나 또는 논의할 예정인 정부 정책, 무역 관계, 경제적 차이, 전통과 문화 등의 주제들과도 연관되어 있다. 내가 얻은 교훈은 주어진 환경에서 비즈니스를 이해하려면 제품과 상황에 따라 이런 차이를 관찰하고 이해해야 한다는 것이다. 커피 비즈니스의 특정 영역에서 유효한 법칙이 다른 환경에서는 전혀 통하지 않을 수 있다는 점을 명심해야 한다.

타이밍과 트렌드 Timing and Trends

타이밍은 모든 비즈니스의 핵심이다. 거의 모든 비즈니스는 다양한 트렌드와 소비 습관에 의해 형성되는 시장의 일부이며, 대부분의 시장에는 비슷한 영역에서 활동하는 다른 경쟁자가 있다. 지난 장에서 살펴본 것처럼, 스페셜티 커피 커뮤니티를 통해 확산되는 글로벌 트렌드 역시 비즈니스와 소비자에게 영향을 미친다. 이 모든 요소가 비즈니스 성공 시기를 결정한다. 우리가 흥미로운 연구 사례로 꼽는 많은 성공 스토리들에는 타이밍이 잘 맞았다는 공통점이 있다.

나는 운 좋게도 상장기업인 이벤트브라이트Eventbrite의 창업자 케빈 하츠Kevin Hartz와 실리콘밸리에서 일주일을 보낸 적이 있다. 케빈은 실리콘밸리의 수많은 성공적인 프로젝트의 초기 투자자였으며, 당시 그와 그의 팀은 온라인 커피 캡슐 비즈니스를 시작하려는 참이었다.

케빈의 세계를 지켜보는 것은 무척 흥미로운 일이었다. 그는 다양한 규모의 투자 수백 건을 진행하고 있었고, 이른 새벽부터 자택 사무실에서 업무를 처리하며 많은 시간을 보냈다. 시차 적응 덕분에 새벽 5시에 그에게 질문을 할 수 있는 기회가 있었고, 그는 친절하게 대답했다. 그의 포트폴리오에는 온갖 기발하고 멋진 비즈니스가 많았는데, 성공보다 실패한 사례가 더 많다는 것을 알았다. 나는 그에게 "그 비즈니스가 실패한 이유를 정확히 파악할 수 있었나요?"라고 질문했다.

케빈은 창업자의 한계인지, 팀의 한계인지, 전략적 실패인지 고민해 볼 수 있겠지만, 20년 동안의 경험 끝에 가장 큰 요인 타이밍이 아닐까 생각하게 되었다고 한다. 특정 시점에 실패했던 아이디어가 불과 몇 년 후 다른 기업에 의해 성공하는 사례를 충분히 보아 왔기에 이 생각에 확신을 갖게 되었다는 것이다.

내 친구 스티븐 딕Steven Dick은 밀턴 케인즈에서 작은 카페를 몇 개 운영한다. 그는 과거 버진 액티브Virgin Active에서 커머셜 담당으로 일했는데, 그 회사의 모토는 "우리는 선두주자가 아니라 민첩한 2등이 되자!"였다고 한다. 이 모토의 의미는 시장의 첫 진입자에게는 많은 도전과 리스크가 따른다는 것이다. 새로운 개념이 자리 잡기 위해서는 많은 노력이 필요하다. 그에 비해 시장에 두 번째로 진입하는 기업은 선두주자가 했던 많은 실수를 피하면서 새로운 기회를 빠르게 활용할 수 있다.

비즈니스 트렌드는 놀라울 정도로 빠르게 변화하고, 그 새로운 트렌드도 급성장에서 성장으로, 그리고 언제 그렇게 됐는지 알아채기도 전에 포화 상태로 바뀐다. 주변에서 '새로운' 트렌드가 널리 채택되는 것을 확인한 시점이라면 이미 그 시장에 진입하기엔 늦었다고 보는 게 타당하다.

콜드브루의 등장, 플랫화이트의 확산, 콜롬비아 마이크로 로트의 과일 폭탄 발효 기술 등 커피 산업 전반, 커머셜 커피와 스페셜티 커피 모두에서 트렌드와 새로움이 중요한 역할을 한다. 비즈니스 관점에서 볼 때, 트렌드를 파악하는 것은 큰 인센티브다. 기존의 대형 브랜드들은 시장에서 뒤처지지 않기 위해 제품 개발 파이프라인을 유지함으로써 지속적인 성공과 브랜드 가치를 지켜야 한다. 신생 기업이라면 시장의 트렌드를 파악함으로써 영향력 있고 독특한 브랜드 입지를 확보할 수 있다.

이런 점에서 커피 산업의 부티크 영역은 흥미롭다. 진정성과 통합성을 추구하지만, 성공은 차별성과 새로움에서 비롯된다. 여기서 작용하는 가치는 탐구과 희소성으로, 이는 자연스럽게 참신함과 트렌드를 위한 자양분이 된다.

나는 한 대형 커피 회사가 인터넷 리스닝 도구를 활용해 소비자 트렌드를 파악하는 프로젝트에 참여한 적이 있다. 그들은 베스트셀러 제품과 아이디어가 더 이상 자사 제품 개발팀에서 나오지 않으며, 독립적인 스페셜티 커피 씬에서 탄생한 트렌드가 이후 더 넓은 영역으로 확산되는 경우가 많다는 것을 발견했다. 그래서 그들은 컴퓨터가 뽑은 키워드를 검증하고, 광고 지출이 결과를 왜곡하지 않는지 확인하기 위해 여러 사람들의 이야기를 듣고 싶어 했다.

이처럼 커피 산업에서 트렌드가 중요하다는 인식은 가장 부티크한 공간부터 가장 상업적인 대기업에 이르기까지 널리 퍼져 있다. 커피 시장은 끊임없이 진화하며, 소비자와 커피의 관계 역시 진화하고 발전한다. 트렌드와 타이밍을 제대로 파악하는 비즈니스라면 반드시 성공할 것이다.

PART 4

가치
Values

4부 소개 Introduction to Part Four

스페셜티 커피 산업은 품질과 진정성을 함께 추구하려는 의지를 가진 개인과 기업이 모여 있는 공간이다. 부티크 스페셜티 커피는 지속 가능한 비즈니스를 실현할 수 있는 가능성을 지니고 있지만, 동시에 한계와 제약도 존재한다.

3부에서 우리는 업계 전반에 영향을 미치는 다양한 시장 요인들을 살펴보았다. 이런 요인들은 커피의 상업적 환경에 직접적, 간접적으로 작용하며, 업계 이해관계자들의 역할에도 영향을 준다. 글로벌 경제와 원자재 시장에는 불가피한 구조적 제약이 존재한다. 경제적으로 시장을 주도하는 국가들은 기회를 극대화할 수 있는 유리한 위치에 있는 반면, 글로벌 경쟁에서 상대적으로 뒤처진 국가들은 자신들의 역할을 온전히 통제하기 어려운 구조에 놓여 있다.

앞서 여러 장에서 살펴본 것처럼, 특정 시장에서 경쟁력을 갖추기 위해서는 다양한 요소들이 복합적으로 작용한다. 그리고 커피 산업이 모든 이해관계자에게 수익성 있고 지속 가능한 사업이 되기 위한 해법을 찾으려는 고민 역시 끊이지 않는다.

이번 장에서는 스페셜티 커피 시장에서 가치 기반 브랜딩과 마케팅을 통해 강조되고 있는 투명성, 그린워싱 같은 개념들을 비판적으로 검토하고자 한다.

스페셜티 커피 비즈니스에서 이야기하는 가치들은 단순히 공급망의 공정성에만 국한되지 않는다. 커피는 하나의 글로벌 커뮤니티이며, 이 안에서 유사 산업들 또한 주목해야 할 다양한 윤리적, 도덕적 주제들이 드러난다. 이번 장에서는 커피 비즈니스 운영에 있어 중요하게 고려해야 할, 혹은 점차 중심이 되고 있는 핵심 가치 주제들을 살펴보고자 한다. 이러한 가치들은 커피 공급망의 상류와 하류 전반에 걸쳐 작동하고 있다.

윤리적 커피란? What is Ethical Coffee?

모든 비즈니스와 산업에서 윤리, 도덕, 가치에 대한 논의는 중요한 부분이다. 그러나 나는 '윤리적 커피'를 브랜드로 내세우는 커피를 보면 마음이 매우 불편하다. 윤리는 어디에나 존재한다. 사회 전반에는 합의가 이루어지지 않는 수많은 도덕적 질문들이 있고 그것은 커피 업계도 마찬가지다. 커피를 둘러싼 구체적인 윤리적 기준이 존재하지 않기 때문에 '윤리적' 커피란 실제로 존재하지 않는다. 즉, 지키기로 합의한 윤리 체제가 존재하지 않는다는 점에서, 자기 커피가 윤리적 기준을 준수한다고 주장할 수는 없다.

대부분의 경우, 이 용어는 일종의 공정한 공급망 또는 취약한 집단과 개인에 대한 지원 같은 개념을 가리킬 때 사용된다. 전 세계의 수많은 소농 커피 생산자들이 절대적 빈곤선 이하에서 살아간다. 앞서 살펴본 것처럼 커피 농업의 경제성을 결정하는 주 요인은 규모다. 만약 농지가 너무 작다면, 높은 프리미엄을 받을 수 있는 스페셜티 커피를 재배한다 해도 생계를 유지하기엔 역부족이다. 다음 장에서는 기업들이 커피 포장지에 적어 넣은 여러 주장이 실제로 증명 가능한지 살펴보겠지만, '윤리적 커피'라는 개념에는 궁극적으로 도달할 수 없다.

브랜드들은 어떤 방식으로 커피를 조달할지 결정한다. 분명히 말하지만, 비생산국의 커피 브랜드들이 '윤리적' 커피라는 말을 쓸 때는 거의 항상 바로 이 조달 방식에 관한 이야기를 하는 것이다. 물론 최근에는 비생산국의 브랜드들 중에도 지역사회와 함께하는 것에 집중하는 커피 브랜드가 점점 늘고 있지만, 이런 경우를 두고 윤리적이라는 말을 쓰지는 않는다. 많은 비생산국 브랜드들이 사용하는 윤리적 서사는 탈식민주의적, 백인 구세주적 사고방식과 맞닿아 있다. 커피를 생산하는 국가들은 저마다 다른 어려움을 가지고 있다. 어떤 경우에는 비즈니스적인 과제가, 어떤 경우에는 도덕적 고민이 더 크게 작용한다. 커피 공급망의 특정 맥락에서 어떤 브랜드가 어떤 선택을 했는가를 전달하고 싶다면 단순히 그대로 알리면 된다. 만약 회사가 오직 소농 생산자와 거래하기로 결정했다면 그 사실만 그대로 이야기하면 된다. 물론 이때에도 실제로 거래하는 방식과 그 설명이 정확히 일치해야 한다. 그러나 대부분의 경우, **그린워싱** 챕터에서 살펴보겠지만, 많은 독립 부티크 비즈니스들은 깊은 고민 없이 그저 스페셜티 커피를 구매했다는 이유로 포괄적인 마케팅 용어를 사용하는 경우가 많다.

커피 공급망 서사에서 가장 큰 문제는 그 이야기가 지나치게 일반화되어 있다는 점이다. 커피는 다양한 아열대 국가에서 재배되며, 각국의 생산 방식과 상황도 매우 다르다. 하지만 스페셜티 커피 업계는 커피 농가에 대한 고정된 이미지를 그려내곤 한다. 물론 생계를 유지하기 힘들 정도로 어려움을 겪는 소농들이 많은 건 사실이지만, 라틴 아메리카의 최고급 부티크 커피 생산자들 다수는 매우 풍족한 자금을 보유한 기업들이다. 이들은 커피 농장뿐 아니라 다양한 비즈니스를 소유한 경우가 많고 자금 조달 능력이 뛰어나며 강력한 브랜드 가치와 시장 접근성을 갖추고 있다. 그러니까 마치 프리미엄 와인을 사면서 그것을 윤리적 소비 행위라고 설명하는 게 어색한 일이듯, 커피에서도 이건 이상한 일이다.

나는 우수한 품질에 집중하는 생산자들이 훌륭하다고 생각하며 그들의 성공적인 비즈니스를 지지한다. 동시에, 더 열악한 환경에 처한 농업 종사자와 소농 생산자들이 성공적인 커피 재배 비즈니스 모델을 개발할 수 있도록 지원하는 것도 매우 가치 있는 일이다. 공급망 전반에서 보면 소규모, 장인정신이라는 가치와 프리미엄, 럭셔리라는 가치가 공존하고 있다. 그리고 사실 80점 이상을 받는 커피가 꼭 부유한 프리미엄 생산자들로부터 나오는 것도 아니다. 이처럼 부티크 스페셜티 커피에는 여러 복잡한 요소가 얽혀 있기 때문에 각 사례를 이야기할 때 그 맥락을 정확하게 짚는 것이 필요하다.

또 다른 문제는, 어떤 커피를 윤리적이라고 주장하는 순간, '그 외 다른 것'은 그렇지 않다는 뉘앙스를 주게 된다는 점이다. 법적 최저임금이나 현지 생활임금보다 높은 임금을 지불하는, 커머셜 커피나 스페셜티 커피를 대규모로 생산하는 대형 농장을 비윤리적이라고 할 수는 없다. 그들은 소규모 부티크 생산자가 아니지만, 그렇다고 해서 부정적으로 볼 필요는 없다. 다른 국가의 자율성을 존중하지 않는 태도는 종종 백인 구세주적 관점에서 비롯되는 문제이며, 지나치게 일반화된 윤리적 메시지는 상대국에 대한 무례로 느껴질 수 있다.

커피 산업의 하류에 위치한 기업들은 다양한 국제적 정치 상황과 맞물린 윤리적 과제들을 마주하게 된다. 그중 하나는 바로 보이콧이라는 개념과 관련한 윤리적 딜레마다. 특정 기준에 따라 어떤 기업이나 개인과의 거래를 선택하고 다른 쪽과는 거래하지 않는 것 자체가 일종의 사업 철수이며, 이는 소극적인 형태의 보이콧이라고 볼 수 있다. 보다 직접적인 보이콧은, 예를 들어 인권 침해나 차별적 법률을 시행하는 국가의 정책에 반대하기 위해 그 나라 전체와 커피 거래를 중단하는 방식일 것이다. 또는 해당 국가의 공급망에 악영향을 끼치는 특정 세력의 개입을 이유로 보이콧을 검토할 수도 있다.

이러한 상황에서 가장 큰 딜레마는, 보이콧을 통해 어떤 입장을 분명히 밝힘으로써 그 정책과는 무관한 농부와 생산자들이 피해를 입게 된다는 점이다. 이들은 아무 잘못도 하지 않았는데 보이콧으로 인해 직접적인 피해를 입는다.

커피 산업에서 보이콧을 선택해야 하는 상황이 온다면, 가능한 한 커피 구매를 지속하면서도 보다 건설적인 방식으로 문제를 해결할 수 있는 방법을 찾는 것이 바람직하다고 생각한다.

영향력을 행사하는 모든 주장에는 맥락이 있어야 한다. 나는 품질 중심의 성공 사례들이 매우 중요하고 축하를 받아 마땅하지만, 이런 사례들을 마치 업계에 광범위하게 영향을 주는 예시로 일반화해서는 안 된다고 생각한다.

이 책에서는 커피 산업 내 윤리적 주제를 논의할 때 얼마나 복잡하고 모호한 측면이 많은지를 짚고자 했다. 이를 통해 스페셜티 커피 업계에서 당연하게 여겨지는 여러 입장들에 질문을 던지고자 한다. 하지만 오해는 하지 않았으면 한다. 나는 모든 산업, 특히 커피 산업에서 공정한 공급망을 추구하고 추진하는 데 찬성한다. 그리고 이런 어려운 질문과 대화야말로 의미 있고 필수적인 과정이라고 생각한다.

전 세계 커피 공급망 곳곳에는 특정 지역의 산업적 특성을 이해하고 지속 가능한 커피 생산 방식을 모색하는 멋진 프로젝트들이 있다. 이런 시도는 경제적, 환경적 측면 모두에서 긍정적인 변화를 만들어낼 수 있다.

스페셜티 부티크 비즈니스가 커피 공급망 상류의 환경 개선에 기여하고자 한다면, 우리 모두가 공급망을 더 깊이 이해하고 실제로 도움이 되는 솔루션이 무엇인지 고민해야 한다고 생각한다. 동시에 공급망 안에 있는 각기 다른 비즈니스를 존중하고, 스스로를 윤리적으로 우월하다고 과장하는 포괄적 주장은 자제해야 한다.

공정가격이란? What is a Fair Price?

어쩌면 이 질문은 "지속 가능한 가격이란 무엇인가?"로 바꿔야 할지도 모른다. '공정한' 또는 '적정한' 가격이라는 개념을 이야기할 때 전제가 되는 것은, 단순히 손해를 보지 않는 선에서 그치는 것이 아니라 비즈니스를 최적화하기 위한 재투자와 소유자 및 노동자에게 '합리적인' 수익을 제공할 수 있는 가격이어야 한다는 점이다.

수익과 이익을 이야기할 때 '공정성'이라는 개념을 함께 논의하기란 쉽지 않다. 한 사람에게는 합리적인 이익이 다른 사람에게는 지나친 폭리로 느껴질 수 있다. 어느 정도를 적정선으로 볼 것인가에 대한 논의는 정치적 신념, 부의 축적과 분배에 대한 사회적 시스템과 개인적 가치관의 문제로 이어질 수밖에 없다.

커피 업계에서는 이 주제를 조금 더 실용적으로 접근하는 방법은, 책 초반에 다룬 것처럼 같은 업계 내 다양한 비즈니스를 비교해 보는 것이다. 나아가 이 주제를 논의할 때는 특정 국가나 지역의 생활임금 개념을 이해하고 이를 가격 산정에 반영해야 한다.

예를 들어 어떤 비즈니스가 순이익 목표를 20%로 삼고, 합리적인 노동 비용 기준을 설정한 모델을 만든다고 가정해 보자. 그 다음은 규모와 고객 분포에 관한 다양한 비즈니스 시나리오를 설정해 생산 비용을 면밀하게 분석해야 한다. 비즈니스가 달성하고자 희망하는 가격과 수익성에 영향을 미치는 요소는 매우 많다. 동일 품질의 커피 1kg이라고 해도 '적정'하다고 할 수 있는 가격은 비즈니스마다 다르다. 스페셜티 커피는 음료 품질에 기반한 프리미엄이 실제로 실현 가능하다는 점을 잘 보여준다.

또한 디퍼렌셜(원두 산지에 따라 책정되는 가격 조정액) 덕분에 산지별로 다른 가격이 형성된다. 결국 각 산지 생산자가 경제적으로 자립할 수 있는 가격에는 편차가 생길 수밖에 없다.

까라벨라는 2019년 7월《라틴 아메리카 생산 비용에 관한 연구》라는 백서에서 여러 라틴 아메리카 국가들의 생산 비용을 비교했다. 이 연구에서는 헥타르당 30포대를 생산하는 효율성 높은 3헥타르 농장 모델을 사용했다. 저자는 지속 가능한 커피 농업이 가능하려면 농장 규모가 중요하다고 강조한다. 1헥타르 면적으로는 어떤 단가를 책정하더라도 지속 가능한 단위당 가격이 나오지 않는다. 효율성이 높은 3헥타르 면적에서부터 비로소 현실적인 수익이 발생하기 시작한다. 또한 수작업으로 커피를 수확하는 국가들의 경우, 수확 노동력과 품질 관리를 유지하기 위해서는 30헥타르 정도가 최적으로 보인다. 이 정도면 시장 가격에서도 제법 수익성을 확보할 수 있고 스페셜티 프리미엄이 더해진다면 상당한 수익을 기대할 수 있다.

이런 사례에서 우리가 얻을 수 있는 결론은, 와인 업계 친구들이 "포도 농장이 일정 규모 이상이 되지 않으면 비즈니스가 될 수 없다."고 말했던 것처럼, 티핑 포인트에 도달할 수 있는 규모의 땅을 확보하는 데 자원을 집중해야 한다는 것이다.

가격 책정은 특히 스페셜티 커피에서 아주 흥미로운 역동성을 보여주는 주제다. 10년 전만 해도 많은 소규모 부티크 커피 수입업자들이 시장의 가격 결정자 역할을 했다. 이들은 생산자를 만나고, 커핑을 통해 로트별 가격을 제시했다. 그러나 지금은 상황이 완전히 달라졌다. 거의 모든 경우 생산자들이 가격을 정한다. 이는 매우 긍정적인 변화이며 생산자가 시장을 인식함으로써 이익을 낼 수 있는 영역이 있고, 그 영역에서 큰 개선이 이루어졌음을 보여준다.

기후 변화와 불안정한 기상 패턴은 '적정한' 가격이 무엇인지에 대한 기준을 완전히 바꾸어 놓았다. 폭우와 가뭄이 지속적으로 발생하면서, 지속 가능한 가격에 큰 영향을 미치고 있기 때문이다. 농부들은 이런 기후 영향을 비즈니스 예측에 반영하기 시작했다. 본질적으로 기후 변화로 인해 커피 생산량이 줄어들면 경작지 면적도 커져야 하고 가격도 올라야 한다.

각 국가의 금융 접근성 및 정부 대출 지원 역시 농업 비즈니스의 기회와 수익성에 큰 영향을 미친다. 이런 다양한 맥락을 이야기하는 이유는 혹여 이 논의가 "너무 복잡해서 답이 없다."는 패배주의로 이어지지 않을까 하는 걱정 때문이다. 하지만 커피 비즈니스의 사업성을 이해하기 위해서는 현실적인 맥락을 짚어 보고 논의를 더욱 발전시켜야 한다. 커피 공급망 상류의 비즈니스를 이해하려는 하류 단계 커피 기업들은 자신들이 커피를 구매하는 국가의 공급업체들이 어떻게 비즈니스를 운영하는지 연구하고 이해해야 한다.

공정한 공급망을 구축하고 커피 산지에 대한 이해를 보여주고자 하는 커피 브랜드라면, 각 산지와 생산자 유형별로 다양한 변수를 반영한 공급망 정책을 수립해야 한다. 그런데 이런 다양한 변수들은 너무 부담스럽다고 말하는 로스터나 커피 브랜드들이 많다. 너무 복잡해서 고객들에게도 설명할 수 없다고 말한다. 그러나 이런 태도는 문제가 있다. 이런 노력을 기울이지 않는다면, 자신들이 공급망에서 성과를 이루었다고 공공연히 언급해서는 안 된다. 자신들의 접근법에 한계가 있다는 것을 스스로 알고 있으면서도, 최선을 다해 탐구해 보려는 노력을 하지 않았기 때문이다.

스페셜티 커피는 파운드당 더 높은 가격을 받을 수 있고 더 많은 비즈니스 기회를 제공한다. 그러나 농장 단위에서 지속 가능한 수익성 있는 비즈니스를 구축하는 것은, 단순히 하류 브랜드가 스페셜티 커피를 구매한다고 해서 해결할 수 없는 문제다. 실제로 몇몇 국가에서는 커머셜 등급 커피로도 적절한 규모, 위치, 운영을 통해 수익성 있는 비즈니스를 만들어내는 경우가 있다. 공급망의 문제를 해결하고자 하는 의지가 있는 커피 브랜드라면 구매 행태를 통해 실질적으로 개선할 수 있는 부분을 고민해야 한다. 대표적으로 가격과 물량을 고정한 다년 구매 계약 방식이 있다.

벤치마크 가격 책정Benchmark Pricing은 여전히 의미가 있다. 가격에 대한 논의가 맥락 속에서 이뤄지도록 기준점을 마련해 주기 때문이다. 그러나 **경쟁자인가, 협력자인가?**에서 언급된 관계 기반 계약formal relations contract 같은 협력적 구매 모델이 대부분의 비즈니스에서 더 바람직한 방식이라 할 수 있다. 농부는 고정 가격에 묶이는 것보다, 가격이 오를 가능성이 있을 경우 시세에 맞춰 거래하기를 원할 수도 있다. 물론 이 경우 리스크가 더 높기 때문에 이런 경우에는 고정 가격 계약과 협력적 구매 모델을 혼합한 하이브리드 접근 방식도 바람직할 수 있다.

투명성, 추적 가능성, 다이렉트 트레이드
Transparency, Traceability and Direct Trade

윤리적 커피 또는 지속 가능한 커피라는 개념은 특히 스페셜티 부티크 커피 비즈니스에서는 가격 책정을 위한 명목으로 사용되었을 뿐, 사업 운영 전반을 아우르는 포괄적 개념으로 자리 잡지는 못했다.

기업들이 흔히 내세우는 설명은 대체로 이렇다. "우리는 투명한 거래에 집중하고 뛰어난 커피에 프리미엄을 지불한다." 또는 이런 설명도 있다. "페어트레이드 가격의 두 배를 지불하는, 윤리적으로 거래한 다이렉트 트레이드 커피"

첫 번째 설명은 투명성이 실제로 무엇을 의미하는지에 따라 다르긴 하겠지만 비교적 타당해 보인다. 반면 두 번째 설명은 얼핏 보기에는 인상적일 수 있겠지만 내가 보기엔 분명 오해의 소지가 있다.

투명성에 대한 주장을 정당화하기 위해 로스터는 해당 커피를 공개된 가격으로 직거래했고 농장이나 생산자 이름까지 명확히 추적할 수 있다고 말할 것이다. 이런 개념이 중요하게 여겨지는 이유는, 기존의 전통적인 공급망 메커니즘에서 투명성이 부족했던 부분을 개선하고자 했기 때문이다. 투명성이 부족했던 이유는 업계나 소비자의 관심 부족뿐만 아니라, 글로벌 시장에서 발생하는 다양한 어려움 때문이었다. 예를 들어, 수많은 소농 생산자들이 생산한 커피는 한데 섞여 지역별 혹은 국가별 등급으로(브라질 상투스나 콜롬비아 엑셀소) 출하되기 때문에 개별 농장 단위로 추적하기 불가능하다. 커머셜 커피 업체는 매년 특정 프로필의 커피를 안정적으로 확보하기 위해 이런 제품을 대량으로 사들인다.

투명성에는 몇 가지 잠재적인 이점이 있다. 우선 여기서 말하는 투명성은 "추적 가능성 traceability"이라고 표현하는 게 더 적합할 것 같다. 그 커피가 생산된 농장이 어디인지 추적할 수 있는 가능성을 의미한다. 스페셜티 커피가 이런 접근법을 추구하는 것은 단지 공정한 거래 개념에만 국한되지 않는다. 그보다는 식품의 원산지에 대한 미식적 접근이 주된 이유다. 특정 산지가 만들어낼 수 있는 독특한 향미 특성을 이해하고 경험하고 싶다면, 국가나 지역 단위로 블렌딩한 일반 등급 커피에 그 커피가 섞여서는 안 되기 때문이다.

추적 가능성과 더불어, 생산자들이 자신의 커피에 대한 잠재적 가격이나 가치를 더 높일 수 있는 기회도 존재한다. 이를 위해서는 그 커피가 지역의 평균치보다는 고품질이어야 한다. 추적 가능성은 그 자체로도 상업적 가치가 있다. 동일한 품질의 커피라도 지역별 블렌드 로트에 속한 커피보다 단일 농장 로트 커피가 더 높은 가격을 받을 수 있다. 또한 유통 단계를 줄임으로써 얻을 수 있는 상업적 이점도 존재하지만 이 때문에 다른 리스크가 발생할 수 있다.

핵심은 커피 품질이 우수해야 한다는 점이다. 이것이 앞서 언급한 두 번째 설명에 의문이 드는 이유다. 저 문장은 더 높은 가격을 지불했다는 의미를 전달하고 싶은 것 같지만, 실제로는 낮은 가격으로 팔릴 커피에 두 배 가격을 지급한 것처럼 보이게 한다. 하지만 실제 상황은 그렇지 않다.

그 로스터리가 구매한 커피는 페어트레이드 가격을 기준으로 평가되는 커피가 아니라, 프리미엄 스페셜티 커피일 것이다. 이 로스터리가 더 높은 가치를 가진 커피를 구매했다고 해서 커머셜 커피의 가격 문제를 해결하는 것은 아니다. 그들은 그저 더 높은 가격의 제품을 더 높은 가격에 거래했을 뿐이다. 만약 이 로스터리가 그 커피를 사지 않았다면 다른 구매자가 같은 금액을 지불하고 구매했을 가능성이 크다.

앞선 장에서 언급했듯, 시장이 성숙해짐에 따라 부티크 스페셜티 생산자들은 그 어느 때보다 자기 상품의 가치를 잘 알고 있다. 커피 업계에서 시장 가격에 대한 문제를 파악하고 효과적으로 개선을 이루면서 그로 인한 문제는 전보다 줄었다. 이제 고품질 커피에 프리미엄 가격을 확실히 지불해야 한다는 과제는 어느 정도 해결된 것 같다. 이것이 바로 스페셜티 커피가 이뤄낸 가장 중요한 성과라고 생각한다. 스페셜티 커피는 프리미엄 커피 시장을 극대화하는 데 기여해 왔고 앞으로도 계속 기여할 것이다.

다만 스페셜티 커피의 가격 프리미엄이 업계 전반의 가격 문제를 해결하지는 못한다. 이는 시장의 부티크 영역을 확장한 것에 불과하다. 물론 스페셜티 시장이 성장하면서 전체 시장에도 영향은 미치겠지만 스페셜티 커피가 시장의 지배적인 유형이 될 조짐은 보이지 않는다. 이런 점에서 스페셜티 커피 업계에서 이런 종류의 주장이 반복적으로 나오는 것은 아쉬운 일이다. 고급 와인 업계가 저가 와인 시장의 가격 문제를 해결할 수 있다는 주장은 들어 보지 못했을 것이다. 커피와 마찬가지로 저렴한 와인 역시 글로벌 가격 변동에 취약하고 페어트레이드나 형평성을 고려한 와인으로 소개되는 경우가 더 많다.

특정 재배 지역의 가치를 높이거나 판매 경로 및 판매망을 개선할 수 있는 기회를 찾아낸 수출업체, 생두 거래업체, 로스터리도 있다. 컵 오브 엑설런스 프로그램은 생산자와 구매자를 효과적으로 연결해 주는 좋은 예다. 하지만 이 경우에도 희소성이 있고 높은 점수를 받은 커피여야 한다는 전제 조건이 있다. 이 프로그램이 국가 전체에 긍정적인 영향을 미칠 수 있다는 주장도 있지만, 회의적인 시각도 많다.

일부 로스터리나 수입업체는 가공 공장에 투자하기도 한다. 이를 통해 농부나 생산자가 커피 품질을 개선할 수 있도록 도움을 줄 수 있다. 제대로 진행한다면 이는 서로에게 좋은 비즈니스 방식이 될 수 있다. 다만 로스터리가 이를 시도하려면 일정 수준 이상의 규모와 수익성을 갖추거나 금융 접근성이 좋아야 한다. 그러나 부티크 스페셜티 커피 산업을 보면, 이런 사례는 예외적으로 보인다. 부티크 커피 업계는 일반적으로 규모가 작고, 이런 적극적인 프로젝트를 실행할 수 있는 로스터리는 많지 않다. 또한 이런 역할이 로스터리의 영역인지에 대한 논의도 있다.

소규모 로스터리와 카페는 커피 공급망 내에서 성과를 내기 위해 업계 네트워크와 구조에 의존할 수밖에 없다. 이런 의미에서 생두 수출입 업체는 스페셜티 커피의 진정한 중추라 할 수 있다. 앞에서도 언급했듯, 생두 업체는 스페셜티 커피 산업의 은행 역할을 하고 전체 업계에 자금을 지원한다. 또한 생산자로부터 많은 로트를 구매하고 이를 구매자와 연결하는 역할을 한다. 스페셜티 로스터들이 자신들이 구매한 커피의 원산지에 대해 많은 이야기를 할 수 있는 것은 사실 생두 수출입 업체가 실행하는 프로그램 덕분이다.

스페셜티 부티크 업계 종사자들은 다국적 커피 기업에서 운영하는 프로그램이 많다는 사실에 매우 놀라곤 한다. 특히 네스프레소의 프로그램은 매우 특별하다. 나는 모잠비크 프로젝트에 참여하면서 이를 직접 확인한 바 있다. 네스프레소는 새로운 산지 또는 옛 명성을 되찾고자 하는 산지에 자원을 지원하는 정책을 펴는데, 경험이 풍부한 인력을 상업적 대가 없이 무상으로 현지에 투입한다. 커피 산업을 지원하기 위한 이런 광범위한 노력은 분명한 영향력을 끼치며, 대기업이 이런 전략을 만들고 실행하기에 더 유리한 위치인 것은 당연하다.

스페셜티 커피의 추적 가능성과 투명성에 대한 주장을 살펴보면 짚고 넘어가야 할 부분이 많다. 스페셜티 커피가 '투명하게' 거래되는 단일한 플랫폼은 없다. 대부분의 거래는 제품과 관계를 기반으로 한 개별 비즈니스 거래의 연속이라고 볼 수 있다. 이 과정은 보통 개인의 구매 평가에서 시작한다. 그리고 이 평가는 커피 품질과 산지에 대한 직접적인 경험 혹은 커피 생산에 관여한 이해관계자의 구두 설명에 기반한다. 이후 이 커피에 대한 정보는 로스터리나 카페로 전달되는데, 보통 커피 사양과 생산자 또는 생산조직에 대한 설명이 담긴 마케팅 자료를 통해 이루어진다.

선의에 기반한 정보들이긴 하지만 신뢰할 만한 시스템에 의해 검증된 정보는 아니다. 정보에 대한 검증이나 감사를 요구하는 규정이 없기 때문에, 마케팅 정보가 전달되는 수준에 머물게 된다.

물론 이것은 일반적인 사례이며 그저 참고로 이해해 주기 바란다. 그러나 내가 보기엔 꽤 전형적인 사례로 보인다. 물론 스페셜티 커피에는 더 강력한 전략, 더 밀접한 관계도 존재한다. 예를 들어, 알그라노^{Algrano}는 스위스의 소프트웨어 플랫폼으로 커피 농부와 소규모 로스터들이 중간 거래인을 거치지 않고 직접 연결될 수 있도록 지원한다. 이는 확실히 더 직접적인 거래를 가능하게 하지만, 그렇다고 해서 모든 커피 비즈니스에 최적의 판매 경로라고 단정할 수는 없다.

또는 동일한 생산자에게서 정기적으로 커피를 구매하고 오랜 기간 거래 관계를 유지하는 로스터들도 있다. (부티크나 스페셜티가 아닌 기업, 상업적 커피 기업에서도 사례를 찾아볼 수 있다.) 이런 관계에도 분명 어느 정도 투명성이 있다고 할 수 있지만 대부분의 경우 금융업자(생두 거래업체 등)가 관여하므로 다이렉트 트레이드는 아니다.

내 경험과 연구에 따르면 수입업체들은 과도한 이익을 취하지 않는다. 이는 앞부분에 언급한 수익률, 순이익에서도 확인할 수 있다. 수입업체는 규모를 통해서만 큰 이익을 실현할 수 있다. 생두 거래업체와 수입업체를 생략하고 다이렉트 트레이드를 한다고 해서 반드시 공급망의 마지막에 있는 생산자나 농부에게 더 많은 금액이 돌아가는 것은 아니다. 단지 거래 구조가 바뀌는 것뿐이다. 생두 거래업체는 업무에 최적화된 구성을 갖추고 있기 때문에 이를 빼 버린 다이렉트 트레이드가 오히려 부정적인 결과를 초래하기도 한다.

비슷한 맥락에서 다이렉트 트레이드가 표면상으로는 로스터리에 유리한 비즈니스처럼 보이지만, 실제로는 자금 조달의 필요와 리스크 발생 가능성도 염두에 두어야 한다. 또 컨테이너 하나를 채우지 못할 정도로 주문 물량이 적은 로스터리에게 직판매를 하려면 생산자의 물류 비용이 증가한다. 생두 수입업체라면 많은 물량을 운송할 수 있기 때문에 이쪽으로 판매했다면 그 비용을 아낄 수 있었을 것이다.

같은 맥락에서, 규모가 큰 소비국에 생산자가 직접 수입 사무소를 세우고 로스터와 더 직접적으로 거래하는 다이렉트 트레이트 방식도 있다. 하지만 많은 생산자들이 이 과정에서 많은 어려움을 겪었다고 호소하며, 오히려 수입 파트너를 활용하는 쪽이 여러 면에서 이점이 더 많다고 설명하기도 한다.

'컨테이너를 채울 수 있는 물량'이 왜 중요한가에 대한 이야기는 우리 로스터리가 팔레트 단위로 커피를 파는 게 더 유리한 이유와 다르지 않다. 커피 단가가 동일하다면 배송 물량이 클 때 이익이 더 많이 남는다. 각지의 여러 고객에게 각각 다른 박스로 포장해서 배송하려면 놀라울 만큼 많은 추가 비용이 든다.

물론 다이렉트 트레이드가 반드시 수익만을 목적으로 할 필요는 없다. 공급망 양측이 서로를 더 잘 이해하고 배울 수 있는 기회를 제공한다는 측면에서도 그 가치는 충분하다. 사람 사이의 연결은 소중하고 중요하다.

내가 만난 여러 생산자와 수출업체는 고정 가격으로 다년 계약을 체결하고 싶다고 말한다. 이런 구조가 마련되지 않는다면, 로스터리는 일반적인 무역업체와 다를 바 없는 또 다른 고객에 불과하다. 그러므로 차별화된 협업적 구매 모델이 반드시 다이렉트 트레이드나 투명성을 전제로 할 필요는 없다. 그보다는 어떤 약속과 관계를 만들어낼 수 있는지가 더 중요하다. 추적 가능성, 투명성, 다이렉트 같은 단어는 이런 관계를 보장해 주지는 않는다.

그래서 나는 본질적으로 투명성이 무엇을 해결하는지 묻고 싶다. 투명성 자체가 목표인가? 아니면 지속 가능한 공급 관계를 구축하기 위한 하나의 도구일까? 스페셜티 부티크 로스터리들이 자신들이 커피에 '공정'한 가격을 지불했다는 것을 알리기 위해 가격 투명성 보고서를 발행하는 사례가 점점 많아지고 있다. 하지만 이런 보고서에서 흔히 나타나는 문제는 대부분의 가격이 모두 '본선 인도' 기준이라는 점이다. 그렇지 않은 경우라도 서로 다른 나라의 커피들은 각기 다른 방식으로 시장에 도달하며, 그에 따르는 각각의 다양한 부대 비용이 발생하는데, 보고서에는 이런 차이가 드러나지 않는다.

이런 보고서로 인해 커피 가격이 달라질까? 이 보고서는 누가 읽고 어떻게 평가할까? 이런 관점에서 볼 때, 커피 투명성 보고서는 공정성을 입증하는 문서라기보다는 브랜드의 마케팅 수단이 될 위험성이 있다.

가격 관련 투명성 보고서 트렌드에 대한 가장 일반적인 비판은 가격 책정에 대한 기대치가 일방적이라는 점이다. 투명성 보고서를 공개하는 로스터리들은 자신들의 고객 계좌나 각 고객에게 제공한 가격과 계약은 공개하지 않는다. 로스터리가 각 고객과 어떤 거래를 했는지 공개하고 싶지 않은 이유는 충분히 이해가 된다. 각 관계마다 가격에 영향을 미치는 많은 맥락이 존재하기 때문이다. 또한 이 과정을 통해 로스터리의 상업적 관계 정보가 경쟁업체에게 공개될 수도 있다. 그러면서도 정작 로스터리는 생산자 파트너에게 이런 투명성과 공개를 요구한다. 이 모든 상황에도 불구하고 농부나 생산자는 다년간 고정된 가격이나 확정된 물량을 보장받지 못할 수도 있다.

더불어 로스터가 얻을 수 있는 마케팅적인 이점도 명확하지 않다. 최종 소비자는 이런 가격 정보에 대해 완전히 이해하지 못하는 경우가 많으며, 업계 내에서도 생두 구매에 대한 깊은 지식을 가진 사람들만이 그 맥락을 온전히 파악할 수 있다. 이 투명성 보고서가 가장 큰 마케팅 효과를 발휘하는 순간은, 아마도 CSR 프로그램을 운영하는 B2B 고객을 대상으로 입찰할 때일 것이다. 이때 이 보고서는 특정 구매 조건을 채우는 역할을 한다.

나는 가격 투명성 보고서 자체가 공정한 비즈니스 상호작용을 증명하겠다는 목적을 실제로 달성하고 있는지 의구심이 든다. 커피 업계의 기업들이 가격에 대한 정보를 인지하는 것은 유익하다고 생각한다. 내가 책을 쓴 중요한 이유 중 하나는 부티크 커피 비즈니스와 경제에 대한 이해를 높이는 데 목적이 있기 때문이다. 가격 투명성은 이러한 이해를 돕는 데 기여할 수 있지만 내가 접한 가격 정보들은 현재 시장 상황을 고려하면 예측 가능한 수준에 머무르고 있다.

물론 이 수치를 어떻게 입증할 것인가를 두고 많은 논의가 진행 중이다. 블록체인 같은 기술을 활용하자는 제안도 나오고 있다. 물론 수치를 검증해야 한다는 데에는 전적으로 동의한다. 하지만 투명성 이니셔티브를 검증하기 위해 막대한 돈과 시간, 자원을 투입할 만큼 실질적인 효과가 있는지는 함께 따져 볼 필요가 있다.

가격은 커피의 투명성과 추적 가능성 기준 중 하나일 뿐이며 최근 가장 주목받는 기준이 되기는 했지만, 전부는 아니다. 개방적인 비즈니스 문화는 많은 긍정적인 효과를 낳을 수 있고, 프로세스, 가치, 의도에 대한 투명성은 칭찬받아 마땅하다. 추적 가능성은 명백히 준수해야 할 핵심 기준이고, 식품 회사라면 자신이 판매하는 제품이 자신이 주장하는 정보와 일치하는지 합리적으로 추적할 수 있어야 한다.

그러나 스페셜티 커피 업계에서는 실제로는 증명할 수 없는 많은 것을 이야기한다. 현재 부티크 커피 브랜드들은 '투명하게 다이렉트 트레이드로 구매한 윤리적 커피' 같은 포괄적인 문구를 쉽게 쓰는 편이다. 업계의 한 동료는 이런 슬로건을 사용하는 회사의 팀원들에게 그 슬로건의 정확한 의미를 설명할 수 있느냐고 물어본 적이 있다고 한다. 물론 답변을 듣고자 한 질문은 아니다. 팀원들끼리도 그 의미에 대해 서로 합의가 어려운 경우가 대부분이고, 고객에게 명확하게 전달하는 것은 더더욱 어려운 일이다.

스페셜티 커피 업계에 오래 종사한 사람들과 이야기를 나누다 보면 이들이 실제로 자신의 목표가 무엇인지 혼란스러워하고 있다는 것을 느낀다. 많은 사람들이 어떤 가치를 실현하기 위한 운동에 동참한다는 마음으로 이 산업에 참여했다. 그러나 업계에서 일하면서 그 방법과 목표를 되짚다 보면, 때로는 자신들의 거창한 미션과 목표가 그저 구호에 불과했던 것은 아닌지 의문을 품게 된다. 다이렉트 트레이드, 투명성과 같은 용어들이 스페셜티 커피 문화 속에서 자리를 잡았지만 이러한 주장에 냉소적인 반응이 많았던 것도 사

가치

실이다.

커피 업계에서 진정성 있고 공정한 비즈니스 관계를 추구하는 자세는 매우 긍정적이라는 점을 분명히 하고 싶다. 투명성이라는 개념 역시 긍정적이라고 생각한다. 게다가 이 책의 목표 중 하나는 커피 업계가 운영되는 방식을 더 개방적이고 투명하게 드러내는 것이다. 가격, 거래와 관련된 지식과 정보는 업계 구성원이 더 나은 비즈니스를 운영하는 데 참고할 수 있다면 모두에게 이익이 될 수 있다. 그러나 투명성이라는 것 자체가 궁극적인 해결책은 아니라는 점도 함께 강조하고 싶다.

영향 - 스페셜티 커피와 커머셜 커피
Impact-Specialty Versus Commercial Coffee

스페셜티 커피의 정의, 나아가 커머셜 커피의 정의는 점수와 관련 있다. 이 개념은 커피가 80점 이상을 받으면 스페셜티 커피 기준에 도달했다고 보지만 79점 커피는 그렇지 않다고 본다. 나는 이런 식으로 경계선을 긋는 게 언제나 어색하게 느껴졌고, 점수제 대신 품질이 점진적으로 이어지는 스펙트럼으로 이해하는 게 더 낫지 않나 생각했다. 업계 전반에서 점수가 어떤 의미를 갖는지 깊이 분석하지는 않겠지만, 점수가 영향을 미치는 것은 분명하다.

80점을 기준으로 그 아래 커피는 커머셜, 그 위 점수 커피는 스페셜티라고 이름 붙이고 분류하는 방식이 과도하게 뚜렷한 경계를 만들어냈다고 본다. 여기에 향미는 물론이거니와 윤리적 영향 면에서도 스페셜티 커피가 우월하다는 인식이 더해지면 선악 구도의 서사가 되는데, 이는 특히나 바람직하지 않다.

나는 오랫동안 커피 업계에서 일하며 커피가 어떻게 움직이는지를 파악하려고 노력해 왔고, 이런 구분은 업계의 실제 모습을 왜곡한다고 판단했다.

당신의 비즈니스가 커피 비즈니스 스펙트럼의 어느 선상에 있든, 모든 비즈니스의 목표는 품질과 물량의 균형점을 찾는 것이다. 제품 품질이 더 뛰어나다고 해서 반드시 더 지속 가능하거나 수익성 있는 비즈니스로 이어지는 것은 아니다. 이 책에서 반복해서 언급했듯이 부티크 프리미엄 식품 생산은 비용이 더 많이 든다. 패션 브랜드가 저가 원단을 사용해 가치 상승을 이끌어내는 것 같은 방식으로는 작동하지 않는다.

물론 부티크 고품질 커피를 생산할 수 있고 적절한 판매 채널과 고객을 찾을 수 있다면 그램당 더 높은 수익을 기대할 수 있을 것이다. 그리고 더 중요한 것은, 이를 통해 시장의 전반적인 수요와 공급 변동성에 의한 리스크를 덜 받는, 차별화된 비즈니스 모델을 구축할 수 있다는 점이다.

고품질을 가능하게 하는 지리적 특성, '떼루아'가 있다. 그런데 효율적으로 재배한 대규모 물량의 커피에도 떼루아가 동일하게 적용된다는 점을 간과하는 경우가 있다. 부티크 시장에 판매하기 위해 필요한 갖가지 비용도 모두 실질 마진 안에서 해결해야 한다. 만약 커피가 소량으로 판매되고 물류 효율이 극대화되지 않는다면 이런 추가 비용은 모두 '본선 인도' 가격에서 차감된다.

대부분의 국가에서 생산자들은 커피 체리를 상업용 가공장에 쉽게 판매할 수 있다. 규모가 큰 상업 시장에서는 엄청나게 많은 커피가 필요하기 때문이다. 예를 들어 콜롬비아는 커피 경제가 매우 '유동적'인 것으로 알려져 있다. 전국 곳곳에 체리를 수매하는 가공장이 있어서, 체리를 수확하는 당일에도 체리 판매가 가능하다. 2022년 C 마켓 가격이 상승했을 때, 많은 농민들이 까다로운 가공 작업을 하지 않고 체리 상태로 판매함으로써 비용과 시간을 절약하는 선택을 했다.

여기서 오해하지 말아야 할 점은, 대형 작업장에서도 80점 이상의 커피가 나온다는 사실이다. 실제로 대규모 다국적 커피 공급망에서 만들어지는 80점 이상 커피의 양은 사람들이 생각하는 것보다 훨씬 많다. 커피 산업은 커머셜 커피와 스페셜티 커피를 둘러싼 브랜딩 서사가 보여주는 것보다 훨씬 더 긴밀하게 연결되어 있다. 스페셜티라는 '라벨' 시장은 지난 20~30년 동안 꾸준히 성장해 왔다. (처음은 아니지만) 2022년에 C 마켓 가격이 급등했을 때, C 마켓 가격에 디퍼렌셜이 더해지면서, 지난 10년간 많은 스페셜티 로스터리나 생두 수입업체가 설정했던 프리미엄 기준 가격을 뛰어넘을 정도로 올랐다.

분명히 말하자면, 모든 커피가 C 마켓 거래 대상이 되는 것은 아니다. 다시 강소하지만 C 마켓 가격은 최소 가격이 아니라 글로벌 평균 가치다. 품질이 낮은 커피에는 C 마켓 가격에서 마이너스 디퍼렌셜을 적용한다.

모든 등급의 커피가 거래될 수 있는 시장이 있다는 것은 중요하다. 동일 농장에서 생산한 여러 등급의 커피를 모두 판매할 수 있다면 생산자는 다양한 고도, 다른 토양을 최대한 활용할 수 있고 생산한 커피를 낭비하지 않고 팔 수 있다.

스페셜티 커피는 시장의 부티크, 프리미엄 영역이다. 스페셜티 커피는 대안적인 시장도 분리된 시장도 아니다. 이 사실을 인지하고 나면 다음 질문이 특히 중요해질 것이다. 스페셜티 커피는 실제로 어느 정도의 임팩트를 만들어낼 수 있을까?

사실상 그 영향력에는 한계가 있다. 품질을 보장하는 고급 스페셜티 커피는 업계에서 마이너에 속하는 영역이다. 이론적으로 전체 시장이 더 좋은 품질의 커피로 이동한다면 스페셜티 부티크 영역은 또 다른 차별화 지점으로 이동할 것이다. 게이샤가 표준이 된다면, 더 이상 특별하지 않다. 물론 맛은 좋겠지만 차별화된 커피는 아니다. 과잉 공급은 결국 가격을 떨어뜨릴 것이다.

물론 그런 일은 일어날 수 없다. 커피는 지리적인 특성의 영향을 받는 상품이고, 따라서 떼루아에 따라 품질 차이가 크다. 즉, 스페셜티 커피는 전체 커피 산업에 큰 영향을 미칠 만큼 수량이 충분하지 않다. 가공과 품종의 발전으로 스페셜티 프리미엄의 잠재적 영역이 늘어난 것은 사실이지만, 어디까지 가능할지는 여전히 미지수다. 또한 앞서 언급한 바와 같이 차별화 요소가 사라지면 시장의 수요도 제한되기 때문에 생산만으로 기회가 확장되는 것은 아니다. 결국 시장 수요가 성장을 제한하는 셈이다.

커머셜 커피 시장만큼 큰 규모의 스페셜티 부티크 시장은 존재할 수 없다. 스페셜티 커피의 높은 가격은 시장 확장을 제한한다. 부티크 커피 비즈니스가 점점 증가하면서 오히려 스페셜티 커피 산업이 한계에 가까워지고 있다는 의견도 설득력이 있다. 스페셜티 커피는 결국 커피 시장의 작은 일부분일 뿐이고, 글로벌 시장은 여전히 커머셜 가격대의 커피를 원하기 때문이다.

어떤 시장이든, 낮은 가치의 제품을 생산하는 사람들이 모두 높은 가치의 제품으로 전환해야 한다고 말하는 것은 수요와 공급의 관점에서 터무니없는 이야기다. 모든 커피의 가격이 상승할 수 있는 유일한 경우는 품질 향상이 아니라 공급 부족이 발생할 때다. 아마도 그럴 경우에는 수요를 충족하기 위해 로부스타 생산량도 증가할 가능성이 높다. 다만 기후 변화로 인해 로부스타도 영향을 받을 것이다.

씨앗에서부터 한 잔의 커피가 되기까지 커피 산업 전체에서 고수익을 올리는 비즈니스는 거의 없으며, 생산 단계에서 더 많은 수익을 내려면 최종 소비자에게 판매하는 커피 한 잔의 가격도 더 높아져야 한다. 그렇다면 자연스레 이어지는 질문은 이것이다. "소비자

가격이 더 올라야 할까요?" 8부 **커피 한 잔의 가격**에서 더 자세히 살펴보겠다.

현재 스페셜티 커피는 여전히 가격 상한선을 찾고 있지만 한편으로는 그 한계가 보이기 시작했다. 대량으로 소비되는 제품은 사람들이 감당할 수 있는 가격의 상한선이 있기 마련이고, 스페셜티 커피 역시 현재의 가격 수준이 그 한계에 점점 가까워지고 있다는 현실적인 전망이 나오고 있다.

결론적으로 커머셜 커피는 시장에서 훨씬 더 큰 비중을 차지하고 있으며, 사실상 대부분을 차지하고 있다. 따라서 커피 재배의 지속 가능성에 영향을 미치려는 모든 노력은 가격, 환경, 기타 지속 가능성 목표에 상관없이 커머셜 커피까지 함께 고려해야만 실질적인 변화를 만들어낼 수 있다.

통계적 관점에서 보면, 좀 더 공감되기 쉬운 개별 사례 때문에 큰 그림이 잘 보이지 않는 경우가 많다. 특히 스페셜티 커피 시장은 소규모의 개별적이고 한정적인 이야기에 집중하는 경향이 있다. 물론 이런 접근을 통해 얻는 가치도 분명히 있지만 그 과정에서 더 넓은 시야를 놓칠 수도 있다.

모든 생산자는 다양한 등급의 커피를 생산할 수 있고 실제로 생산한다. 그리고 각 등급의 시장 기회는 경쟁 상황에 따라 달라진다.

앞서 살펴본 것처럼, 스페셜티 커피와 커머셜 커피가 완전히 동떨어진 세계에 있는 것은 아니다. 특히 80점대 커피와 70점대 후반 커피를 비교해 보면, 두 시장 사이의 거리는 생각보다 가깝다. **커피 생산의 양극화가 다가오고 있는가?**에서 살펴보겠지만, 향후 공급 상황에 따라 이 관계는 달라질 수 있다.

다른 산업과 마찬가지로 커피 산업에도 다양한 유형의 사업자가 존재하며 앞으로도 계속 존재할 것이다. 서로 다른 시장을 겨냥하기 위해 다양한 비즈니스가 만들어지기 때문이다. 소규모 생산자가 커머셜 혹은 원자재 시장에서 대규모 사업자와 경쟁하기 어렵다는 건 분명한 사실이고, 사업 방향을 정할 때는 선천적인 강점과 약점 그리고 자신의 선택이 만든 요소를 고려해야 한다. 이런 점에서 소규모 생산자라면 커머셜 대규모 운영사와 경쟁하기보다는 스페셜티 커피 등급에 집중하는 것이 합리적인 전략이라고 할 수 있다.

인증 Certifications

커피 업계에는 여러 인증 기관이 있고 특히 부티크 스페셜티 커피 업계는 이런 인증 체계에 엇갈린 입장을 가지고 있다. 모든 규정 준수 기반 프로그램이 그렇듯, 업체가 인증을 받기 위해 개별 인증 기관의 검증에 참여하려면 비용과 작업을 감당해야 한다. 커피 재배를 위한 농업 인증이라면 생산자가 인증에 필요한 비용과 작업을 부담해야 한다는 뜻이다. 이 장은 주로 제3자 인증 프로그램에 대해 논의한다. 이는 개별 기업이 자체적으로 운영하는 내부 프로그램과는 다른 주제다.

인증의 가치는 늘 많은 논쟁을 불러일으킨다. 아주 어려운 과제를 안고 있기 때문이다. 참여자에게 더 높은 기준을 요구해야 더 의미 있는 결과를 낼 수 있지만, 동시에 누구나 참여할 수 있을 만큼 접근성이 좋아야 한다. 이 두 가지를 모두 충족하기는 매우 어렵다. 인증은 자발적 참여를 전제로 하지만 인증을 받기 위해 많은 자원, 인프라, 비용이 필요하기 때문에 자원이 부족한 소규모 기업은 참여하기 쉽지 않다.

먼저 페어트레이드부터 시작하는 것이 좋겠다. 페어트레이드는 국제커피협정이 종료되면서 시작했다. 쿼터제가 종료되면서 경쟁이 치열해진 시장의 변동성을 완화하고 최저가를 보장해 가격 붕괴를 방지하기 위한 것이었다. 또한 인증을 통해 개발 프로젝트에 프리미엄을 제공하고, 커피 비즈니스 개선을 위한 여러 활동 원칙들을 우선시한다.

여기서 중요한 점은, 페어트레이드는 스페셜티 커피 시장이 아닌 커머셜 커피 인증 기구로 인식된다는 것이다. 스페셜티 커피는 품질로 프리미엄을 받으므로, 페어트레이드에서 제시하는 가격은 스페셜티 생산자에게 매력적이지 않을 때가 많다. 물론 스페셜티 등급의 페어트레이드 커피도 있다. 이론적으로 시장 가격이 매우 낮아질 경우에는 그 프리미엄이 유효할 수 있다. 생각보다 스페셜티 가격과 커머셜 커피 가격의 차이가 크지 않기 때문이다.

2011년, 페어트레이드 USA는 영향력을 극대화하는 방법에 대한 견해 차이로 페어트레이드 인터내셔널과 결별했다. 최근 두 기구는 최저 가격 정책에서도 다른 길을 선택했다. 인플레이션과 생산 비용 상승에 대비해 페어트레이드 인터내셔널은 파운드당 최저 가격을 크게 인상한 반면 페어트레이드 USA는 가격이 너무 높으면 수요가 위축될 수 있다는 우려로 기존 가격을 유지하기로 결정했다. 이 사례는 인증 시스템이 안고 있는 딜레마를 잘 보여준다. 인증은 시장 전체에 적용되는 규제나 정책이 아니기 때문에 결국 판매 경쟁을 거쳐야 한다. 이는 스페셜티 커피와 마찬가지로 시장 점유율이라는 한계에 부딪힌다. 중요한 점은 페어트레이드가 고가의 스페셜티 커피가 닿지 않는 시장에서 긍정적인 영향력을 발휘하는 데 집중하고 있다는 점이다.

영국 시장에서 소비자 인지도가 높은 인증 중 하나는 레인포레스트 얼라이언스 Rainforest Alliance다. 이 인증은 지속 가능성을 기반으로 한 농법에 집중하고, 최저가격이 아닌 프리미엄을 지급하는 구조다. 많은 생산자들이 레인포레스트 얼라이언스 인증을 긍정적으로 평가하는데, 인증 절차가 지나치게 부담스럽지 않으면서도 긍정적인 결과를 가져오기 때문이다. 다만 달성할 수 있는 성과에는 분명 한계가 있다.

반면, 스미소니언 연구소 Smithsonian Institute의 버드 프렌들리 인증 Bird Friendly Certification은 커피 인증 중에서 가장 엄격한 기준을 요구하는 것으로 알려져 있다. 이 인증은 생태적 목표를 바탕으로 하고 있으며, 그 기준도 매우 세부적이다. 그늘 관리, 구조적 다양성, 혼합 재배, 유기농 인증 등 매우 다양한 조건을 충족해야 인증을 받을 수 있다. 인증 기관이 얼마나 많은 규정을 요구하는지에 따라 인증 참여율이 결정된다. 기준이 너무 엄격하고 까다롭다면 많은 농장과 생산자들이 참여하지 못하거나, 아예 참여를 꺼릴 것이다. 반대로 기준이 너무 느슨하고 포괄적이면 인증의 영향력과 가치가 떨어져 업계와 소비자를 유인하지 못한다.

부티크 카페에서 손님이 "이 커피는 페어트레이드 인증인가요?"라고 물었을 때 대답하기 곤란하다는 건 이해한다. 로스터와 바리스타 입장에서는 그 인증을 깎아내리는 것이 가장 쉬운 대처 방법일 수 있지만, 별로 적절하거나 건설적인 대응이라고 보기 어렵다.

커피 공급망 내 사업자들이 인증 프로그램에 참여하거나 하지 않는 이유를 이해하기 위해서는, 이를 비즈니스 관점에서 평가해 보는 게 도움이 된다. 대부분의 경우, 기업이 비용과 자원을 부담해야 하는 프로그램에 참여하려면 그에 상응하는 비즈니스적 이익이 있어야만 한다. 단순히 감사 비용이나 회비를 내는 것을 넘어서, 내부 시스템을 갖추고 감사에 대비해 문서 작업도 해야 한다. 인증 기준을 충족하기 위한 준비는 사업자에게 많은 부담을 준다.

우리 로스터리도 새로운 파트너십을 시작하기 위해 BRC British Retail Consortium 식품 인증을 받기로 결정했다. 이 과정에서 수만 파운드에 달하는 자원과 시간, 설비 개선 비용이 투자되었다. 문제는 기존 매출 실적이 전혀 없는 신제품을 위한 파트너십이라는 점이다. 즉, 투자 당시에 돈을 지출했지만 그렇다고 당장 수입이 늘어나지는 않았다. 설령 제품이 성공하더라도 투자 경제성을 확보할 만큼 충분한 규모가 되지 않을 가능성이 높았다. 그럼에도 이번 인증을 통해 향후 더 많은 비즈니스 기회가 열릴 것이라는 기대로 투자를 결정한 것이다.

이런 상황을 염두에 두고, 여러분이 고정 토지를 소유한 생산자라고 상상해 보자. 이미 한정된 농지에서 적당한 수확량과 생산성 있는 품질 수준을 유지하고 있고, 판매 경로와 고객도 이미 확보하고 있다면, 인증으로 얻을 수 있는 상업적 인센티브는 무엇일까? 인증을 통해 커피 가치가 상승하는 효과가 있어야 할 것이다. 또는 우리 로스터리가 인증을 받았던 경우와 마찬가지로 고객의 요구와 새로운 거래처 확보라는 기회가 필요할 때에야 비로소 도전할 만한 이유가 생기는 것이다.

물론 장기적으로 지속 가능성을 추구하는 기업이라면, 인증을 회사 비전의 일부로 도입하는 경우도 있을 것이다. 커피 농장은 지속 가능한 사업 운영을 위해 다양한 이니셔티브를 도입하기로 결정할 수 있다. 이때 주요 보상이 반드시 상업적 이익만은 아닐 수 있지만, 그렇다고 상업적 측면을 완전히 무시할 수도 없다. 또한 지속 가능성을 위해 반드시 인증 기관이 필요한 것은 아니다. 인증이란 단지 생산자가 이미 하고 있는 일을 제3자가 검증해 줄 뿐이라는 점을 유의해야 한다.

이러한 이유로, 스페셜티 부티크 커피 업계에서는 상대적으로 인증 도입에 관심이 덜한 편이다. 씨앗에서 음료까지 이어지는 여정에 참여한 이해관계자 수가 적고, 각 농장이나 협동조합의 이야기와 이니셔티브가 더욱 개별적이다. 이 자체로는 충분히 납득할 만한 이유지만, 한편으로는 그로 인해가 근거 없는 주장이나 그린워싱 문제가 발생할 여지도 있다. 결국 믿음에 의존할 수밖에 없는데, 상업적인 세계에서 이런 믿음만으로 버티기엔 위험 부담이 크다. 그래서 스페셜티 부티크 커피는 애매한 위치에 놓여 있으며, 이 공백을 메우기 위해 기술 발전으로 감사를 대체하거나 주장 검증을 지원하는 방식이 등장할 수도 있다.

최근 스페셜티 부티크 커피 업계에 비콥$^{B\ Corp}$ 인증이 인기를 끌고 있는 것은, 긍정적이고 신중한 방식으로 사업을 운영한다는 검증을 받고, 기업이 지향하는 가치에 대한 공식적인 승인을 얻고자 하는 욕구가 있음을 보여준다. 비콥 인증은 단순히 "우리가 이미 잘

하고 있다."는 것을 증명하기 위한 수단이 아니라 기업이 진화하고 개선하는 과정에 필요한 프레임워크로 제시된다. 다만 비콥은 공급망 검증이 아니라, 기업 문화와 상업적 행위 전반에 대한 검증과 기준을 구축하는 회사 운영 프로그램에 가깝다. 한편, 유기농 인증은 비교적 가장 단순한 인증이지만 다른 모든 프로그램과 마찬가지로 365일 내내 기준을 준수하고 있다는 것을 증명하기란 쉬운 일이 아니다.

　　대기업들이 자체 인증 프로그램을 운영하는 경우가 있다. 때로 매우 인상적인 사례도 있지만, 제3자 검증과 달리 편향된 결과가 나올 수 있다는 의심을 받기 쉽다. 또 다른 문제는, 이런 프로그램을 도입했을 때 특정 고객사에 종속되기 쉽다는 점이다. 특정 고객을 위해 비용, 자원, 에너지를 투입한 인증이 정작 구매로 이어지지 않는다면 많은 노력이 헛수고가 된다. 그래서 요즘 기업들은 다양한 고객을 상대로 비즈니스를 하기 위해 자사 내에 더욱 견고한 검증 체계를 갖춰야 할 필요성을 인식하고 있다.

　　나는 종종 스페셜티 커피의 미학적 감각aesthetic이 소비자들에게는 일종의 인증처럼 작용하는 건 아닌가 하는 생각이 들 때가 있다. 독립적이면서 품질에 중점을 두는 브랜드에서 부티크 커피를 구매할 때, 소비자들은 자연스럽게 그 업체가 좋은 공급망을 갖춘 잘 운영되는 기업이라고 생각하기 쉽다. 하지만 이런 가정은 객관적 근거가 부족하고, 많은 브랜드들이 이런 스페셜티 이미지를 허울처럼 이용하는 사례가 늘어나면, 결국 소비자의 신뢰를 잃을 수 있다. 이런 서사를 활용하는 브랜드들이 인증 없이도 더 좋은 성과를 내고 있는지를 분석해 볼 가치가 있을지도 모른다.

　　인증이 할 수 있는 일과 할 수 없는 일에 대한 논의는 여전히 스페셜티 부티크 커피 업계에서 고민할 만한 중요한 주제다. 특히 규모가 커지고 확장하는 브랜드일수록 더 그렇다. 앞으로 인증 기관까지는 아니더라도 특정 목표에 기반한 이니셔티브나 주장을 검증하고 지원할 수 있는 기술과 프로세스가 더 다양하게 등장할 것이라 생각한다.

커피 산업의 지속 가능성 Sustainability in Coffee

지속 가능성이라는 핵심 개념은 경제적 필요를 충족해야 한다는 점을 분명히 하지만 실제로 지속 가능성과 비즈니스는 종종 서로 충돌하거나 긴장감을 동반하는 관계에 놓이곤 한다. 쉽지 않은 동맹 관계라고 할 수 있다. 흔히 언급하는 지속 가능성의 네 가지 축은 다음과 같다.

환경 / 경제 / 문화 / 정치

나는 예전에 일하던 바스의 매장 지하 공간에서 커피 강좌를 하곤 했다. 이 강좌는 호기심 많고 탐험심이 강한, 그리고 까다로운 취향의 파트너나 친구를 위한 선물 용도로 많이 알려졌다. 흥미로운 점은, 이 강좌에 참여하는 사람들이 각자의 분야에서 아주 독특하고 흥미로운 일을 하고 있다는 사실이었다. 덕분에 나에게도 상당히 좋은 경험이 되었다. 때로는 내가 가르치는 것보다 수강생에게 더 많은 것을 배우는 느낌이 들 정도였다.

한번은 지속 가능성 관련 NGO에서 일하는 분이 수강생으로 온 적이 있다. 이 단체는 펩시PepsiCo 같은 대기업에 지속 가능성 개선을 위한 자문을 하는 곳이었는데, 나는 그 수강생에게 식품 농업 분야에서 지속 가능한 해법을 찾는 방법에 대해 끊임없이 질문을 던졌다. 그 수강생의 대답은 지속 가능성의 핵심 요소 중 하나만을 해결하는 것이 아니라, 모든 요소를 종합적으로 고려하고 이익이 되게 해야 한다는 것이었다. 물론 절대 쉬운 일은 아니다. 특히 경제적 목표와 환경적 목표, 두 가지 목표가 충돌하기 때문이다.

그 회사가 참여했던 흥미로운 사례로 남미의 감자 농장을 들 수 있다. 해당 지역 농장은 3년마다 산사태로 농사를 완전히 망쳤는데, 땅 전체를 조사한 결과, 과도한 경작으로 인해 생태적 다양성이 사라진 상태였다. 토양 안정에 도움이 되는 뿌리 식생이 사라진 결과였다.

이 프로젝트의 해법은 해당 지역 생태계를 다양화하는 것이었다. 감자 재배 면적을 줄이는 대신, 토양을 보호하고 산사태를 방지할 수 있는 다른 식생을 심도록 유도했다. 단기적으로는 생산량이 줄었지만, 장기적으로는 대규모 피해를 막아 오히려 평균 수확량은 오히려 높아졌다. 물론 이런 식으로 모든 사람이 이득을 보는 사례는 흔하지 않지만, 기후 변화가 심화되는 지금 시대에는 이런 접근이 더욱 필요하다는 데 이견이 없다. 기후 변화로 인해 불안정한 날씨와 환경적 변화가 장기적으로 농업을 위협할 것이기 때문이다.

이 책 전체에서 가격에 대해 여러 차례 이야기했듯, 경제적 지속 *가능성*은 여전히 커피 산업에서 가장 주목받는 축이다. 법적 규제가 없다면 생물 다양성이나 환경을 위한 결정 역시 결국 미시적 경제 논리에 의해 좌우되기 마련이다. 가격에 대한 논의가 여전히 중심이 될 수밖에 없는 이유다. 또 어떤 커피 생산국에서는 정부 정책이나 정치적, 문화적 변화를 통해 문화적, 정치적 지속 가능성이 더 중요한 이슈가 되기도 한다.

그렇다면 만약 커피 농사를 더 수익성 있게 만든다면, 환경적 지속 가능성에 더 집중하게 될까? 대답은 분명하다. "아니다." 더 수익성 높은 산업이 지구를 생물 다양성과 순환 농업의 안식처로 바꾸지 않았다는 것을 우리는 분명히 알고 있다. 물론 수익 부족이 지속 가능성 이니셔티브 도입을 막는 요인이 될 수 있지만, 수익이 생긴다고 해서 저절로 지속 가능성을 위한 움직임이 일어나지 않는다. 대부분 산업에서 수익이 발생하면, 그 수익을 보호하고 최대화하는 것이 기업의 기본적인 생리이기 때문이다.

이러한 이유로 소비자와 기업은 지속 가능한 관행을 우선순위에 두기 위해 다양한 방법을 찾는다. 제3자 인증 프로그램에 참여하거나, 최근 대기업들처럼 자체적인 내부 프로그램을 개발하는 방식이 대표적이다. 물론 이런 시스템도 내부의 상업적 성향이나 단순한 의욕 부족 같은 한계가 있을 수 있지만, 그렇다고 해서 도움이 되지 않는다는 뜻은 아니다.

기업들이 자기 스스로를 효과적으로 규제하지 못하는 것은 어쩌면 당연하다. 그래서 지속 가능한 관행을 강제로라도 도입하게 하는 법률과 정부 정책이 필요하다는 이야기가 나온다. 이 책을 쓰는 시점에도 유럽에서는 관련 입법이 진행 중이다. 기업들은 곧 EU에서 시행될 '삼림 파괴 없는 제품 규정'에 대비하고 있다. 이 규제는 목재, 소, 대두, 팜유, 커피, 코코아, 고무 산업에 중점적으로 적용된다. 이 규정에 따라 해당 제품을 수입하는 기업은 2020년 12월 31일 이후 삼림 파괴가 진행된 지역에서 생산된 제품이 아님을 입증해야 할 책임이 있다.

이 법안은, 이 정책이 시행된다는 것을 인지하지 못한 많은 독립 스페셜티 커피 업체들에게는 다소 충격적일 것이다. 반면 대형 커피 기업들은 이미 법 집행 시기에 맞춰 대응할 수 있도록 프로세스를 개발하고 변화를 준비하고 있다. 법이 시행되면 대기업은 18개월, 소규모 기업은 더 긴 24개월의 유예 기간을 받는다. 각 국가는 저위험에서 고위험까지 등급이 매겨질 것이고 해당 지역이 규정을 위반하지 않았음을 증명하기 위해 GIS 위치 데이터와 폴리곤 매핑 자료를 제출해야 한다.

탄소발자국 관점에서 보면, 한 잔의 커피가 환경에 미치는 영향을 분석한 생애주기 연구가 다수 있었다. 생애주기 연구는 하나의 제품이 탄생해 폐기되기 전까지의 전 과정을 추적하고, 재사용이나 재활용이 가능한 경우에는 이후 과정까지 고려해 분석하는 것이다. 생산지에서 소비자에 도달하기까지의 여정이 긴 제품일수록, 이런 연구를 통해 어느 과정에서 가장 큰 영향이 발생하는지 파악할 수 있다.

물론 탄소는 수많은 환경적 지표 중 하나일 뿐이다. 산림 훼손, 수자원 사용, 플라스틱 폐기물 등의 다른 환경적 요소들을 함께 고려해야 한다. 또한 탄소발자국 연구는 어디까지나 모델에 기반하기 때문에, 입력값에 따라 오류가 발생할 수 있다는 점도 감안해야 한다.

널리 알려진 인식과는 달리, 소규모 장인형 사업체들은 일반적으로 비효율적인 운영 구조를 가지고 있으며, 같은 업계의 대기업들보다 단위당 탄소 배출량이 더 클 가능성이 크다. 커피 공급망의 양쪽 끝, 즉 커피 재배와 커피 추출 과정이 가장 많은 탄소를 배출한다. 물류 이동을 위한 해상 운송은 상대적으로 효율적이고 환경에 미치는 영향도 적은 편이며, 로스팅과 포장 역시 방식에 따라 다를 수 있지만 상대적으로 비중이 크지 않다.

커피 추출 과정은 물을 끓이는 데 많은 에너지를 사용하기 때문에 탄소 배출량이 높은 편이다. 이런 점을 감안할 때, 탄소발자국을 줄이기 위해서는 추출 수율의 극대화, 즉 원두 사용량을 줄여야 한다. 인스턴트 커피는 적은 양의 커피로 높은 추출 수율을 내기 때문에 다른 어떤 방식보다 효율적이다. 여기서 말하는 인스턴트 커피는 대중적인 제품을 의미한다. 부티크 인스턴트 커피는 가장 많은 에너지를 사용하는 방식이다.

나는 커피 산업이 추출 단계의 효율성이나 탄소 저감에 대해 관심이 적다는 점이 다소 놀라웠다. 그라인더의 성능 개선, 더 효율적인 추출 시스템 개발, 커피 낭비 최소화는 모두 탄소발자국을 줄이는 데 의미 있는 영향을 주는 요소들이다. 영국 같은 시장에서는 여기에 더해, 얼마나 많은 우유를 사용하는지도 중요한 고려 사항이다.

탄소 중립 커피 농장을 비롯해, 커피 재배를 둘러싼 생태계를 지속 가능하게 하기 위한 다양한 농업 방식이 있다. 커피는 숲 그늘에서 자라는 관목이므로 공생 작물로서의 잠재력이 있다는 점도 종종 언급된다. 연구원 맨디 코딜Mandi Caudill은 포유류 개체수와 조류에 대한 긍정적인 영향(현재로서는 이쪽이 더 널리 알려져 있음)에 초점을 맞춰 그늘재배가 커피 농장에 미치는 영향을 연구했다.

이런 주제들이 대개 그렇듯, 복잡하고 다양한 변수들이 존재하지만, 맨디의 연구에 따르면 그늘을 40% 수준으로 유지하는 것이 실현 가능한 목표이자 토지의 생물 다양성을 높이는 효과적인 방법이라고 한다. 물론 이처럼 다양한 환경에서는 헥타르당 커피나무 수가 줄어들어 수확량이 감소할 수 있지만, 그럼에도 불구하고 커피는 이런 환경에서도 충분히 생산성을 낼 수 있다. 맨디는 이미 이 정도 생태적 다양성을 갖춘 농장들이 많지만 인증을 받은 경우는 별로 없다고 덧붙였다. 이런 농업 방식을 보다 간단하고 쉽게 인증할 방법이 있다면 큰 도움이 될 것이다.

파나마의 핀카 산타 테레사Finca Santa Teresa의 공동 농장주인 그랜트 플레밍Grant Fleming과 니콜라 플레밍Nicola Fleming 부부는 농장을 맡은 후 지금까지 계속해서 배우고 탐구해 왔다고 한다. 두 사람은 커피 농사뿐만 아니라, 농업 전반에 대한 이해를 넓혀 왔으며, 세계 각지의 혁신적인 농장을 찾아다니며 다양한 지속 가능한 농법을 살펴보았다. 전통적인 농법의 농장부터 첨단 기술과 새로운 개념을 적용한 농장까지 다양한 곳을 방문했다. 그들의 농장은 지금도 진화하고 있는 프로젝트다. 최근에는 커피 전문가의 분석을 통해 탁월한 커피 농장이라는 평가를 받았다. 당연히 기뻤지만, 그랜트는 단순히 훌륭한 커피 농장을 넘어서 진정한 의미의 '훌륭한 농장'을 만들고 싶다고 강조했다. 그랜트는 또한 전 세계적으로 지속 가능성 개선을 요구하는 대중들의 목소리가 커지고 있다는 점에 대해서도 이야기했다.

지속 가능성은 오늘날 우리가 마주한 가장 중요한 화두며, 커피는 일상적이고 익숙한 상품인 만큼, 지속 가능한 비즈니스 모델을 실현할 수 있는 가능성을 가진 분야다. 그러나 그 목표를 달성하기 위해 해야 할 일이 아직 많다.

독립 비즈니스-소규모, 로컬, 크래프트
Independent Business-Small, Local and Craft

스페셜티 커피는 여러 면에서 독립 비즈니스의 개념과 결합되어 있다. 독립 비즈니스라는 개념이 스페셜티 부티크 가치관의 일부로 자리 잡고 있음을 의미한다.

작고 열정적이며, 오너가 직접 운영에 참여하는 비즈니스에는 잠재적인 가치가 많다. 이런 형태의 비즈니스는 대형 조직에서는 결코 흉내낼 수 없는 독특하고 개성 있는 경험과 관계를 만들어내는 경우가 많다. 전 세계 어디에서든, 자기 제품과 고객을 진심으로 아끼고 서비스 정신이 투철한 사람들이 카페를 운영한다면 그 비즈니스는 성공할 것이라고 본다. 인간적인 요소가 제대로 구현되는 경우는 흔하지 않으며, 대부분의 환경에서 경쟁 우위를 만드는 비즈니스로 이어진다.

작은 이야기와 작은 비즈니스에는 인간적인 연결이 있다. 이 외에도 소규모 독립 비즈니스를 지지해야 하는 이유는 여러 방면에서 찾을 수 있다. (커피에 국한시키지 않더라도) 독립 비즈니스는 대기업의 조세 회피 전략에 맞서 획일화된 시장의 단조로움을 깨뜨리는 긍정적인 역할을 할 수 있다. 로컬 독립 비즈니스는 그 지역 사회에 속한 사람이 운영하는 경우가 많기 때문에 지역 사회에 의미 있는 기여를 할 수도 있다.

우리는 세계화된 신자유주의적 자본주의 경제 속에 살고 있지만, 법원은 여전히 시장 경쟁을 위협하고 독점을 초래하는 합병에 반대한다. 카페 시장에서도 대기업은 여러 방식으로 영향력을 행사할 수 있고, 소비자들은 이런 역학에 대항하기 위해 독립 비즈니스를 선택하는 경우가 많다.

독립 비즈니스는 시장의 다양성과 개성을 지키는 데 기여한다. 다양한 접객업 비즈니스는 지역 고유의 정체성과 공간감을 조성한다. 스토리텔링과 인테리어 디자인에 많은 창의성을 발휘한 독립 커피 브랜드의 공간은 다양한 사람들이 품질과 맛이라는 주제를 각자의 방식으로 탐구할 기회를 제공했다. 어쩌면 오픈소스 기술이나 지식재산권에 비유할 수 있다.

하지만 독립 비즈니스가 단지 독립적이라는 이유만으로 성공할 수 있다고 기대해서는 안 된다. 2009년에 바스에 매장을 열었을 때가 기억난다. 바스의 독립 카페였던 우리는 로컬 비즈니스를 지원하기 위한 프로그램에 참여하라는 제안을 자주 받았다. 그러나 우리 매장이 단지 독립적이고 로컬이라는 이유만으로 손님 유치를 위해 할인을 제공하는 방식이 답답하게 느껴졌다. 우리가 좋은 품질과 가치 창출하고 있으니 오히려 그들이 우리를 찾아와야 한다고 생각했고, 지금도 그렇다. 그래서 그 가치를 할인으로 깎고 싶지 않았다. 독립 비즈니스는 고객에게 특별하고 차별화된 경험과 제품을 제공할 수 있다. 그러나 단지 독립적이라는 이유만으로 누군가 내 커피를 구매해 줄 것이라고 생각한다면 그건 큰 착각이다.

독립이라는 개념뿐만 아니라, 사업 규모에 대해서도 다양한 생각과 편견이 따르곤 한다. 흔히 작은 것이 더 낫다는 암묵적인 인식이 있다. 소규모 비즈니스는 단 하나뿐이라는 점에서 고유성을 지니고 있으며, 만약 이런 고유함을 원한다면 독립 시장은 그런 다양성을 경험할 수 있는 공간이 되어 줄 것이다. 그러나 한편으로는 익숙한 유명 브랜드를 선호하는 소비자들은 바로 그 이유 때문에 독립 비즈니스를 꺼리기도 한다. 이런 소비자들은 독립 브랜드가 어떤 경험을 제공할지 예측하기 어렵다고 느끼는 반면, 대형 브랜드는 친숙함을 제공하며 믿을 수 있다고 생각한다.

탐구적인 성향을 가진 스페셜티 커피 애호가들은 다양한 독립 커피 비즈니스 환경에서 최고의 음료와 경험을 즐길 수 있을 것이다. 따라서 독립 비즈니스에 자연스럽게 적응한다.

나는 까페에서 얻을 수 있는 최고의 경험은 단일 매장으로 운영되는 카페에서 찾을 수 있다고 생각한다. 그러나 커피 비즈니스를 시작하면서 소규모 커피 비즈니스라고 해서 품질을 추구하기에 유리하지 않다는 것을 곧 깨달았다. 물론 내가 원하는 커피를 만들 수는 있다. 다만 적절한 가격을 책정하고, 그 가격을 기꺼이 지불하고자 하는 고객을 찾을 수만 있다면 말이다. 그런데 공급망을 거슬러 올라가다 보면 이 논리는 더 이상 통하지 않는다.

규모가 아주 작으면 여러 가지 장벽이 생기고 자본을 확보하기는 더 어렵다. 따라서 많은 비즈니스가 투자를 받는 방법을 고민하게 되고, 결국 독립성을 잃는다. 물론 여기서 말하는 독립이란 개념이 무엇인지에 따라 달라질 수 있다. 독립이 소유 구조의 기술적 평가인지, 비즈니스 규모에 대한 감각적인 기준인지에 따라 달라지기 때문이다. 반대로, 대를 이어온 가족 기업이 큰 기업 규모로 성장한 사례들도 있다. 그러므로 반드시 대규모 투자와 다수의 주주를 가진 사모펀드나 상장을 통해서만 규모를 확장할 수 있는 것은 아니다.

비콥 인증이 성공적으로 확산된 이유도 여기서 찾을 수 있다. 기업이 성공하고 성장할수록 의사 결정이 오로지 이익 극대화에만 집중될 가능성이 커지는데, 비콥 인증은 기업의 규모나 소유 구조와 무관하게 기업 운영 방식에 관한 가치 기준을 설정하는 역할을 한다.

독립 비즈니스가 성장의 단계를 지나 성공적으로 자리를 잡은 사례도 있지만, 동시에 새로운 독립 사업자들이 끊임없이 유입되고 있다. 부티크 커피 시장은 독립 비즈니스와 창업에 적합한 구조를 갖추고 있고 특히 이를 지원하고 투자하는 환경이 갖춰진 국가들에서는 더욱 활발하다. 물론 커피 공급망 곳곳에는 너무 작은 사업자가 뛰어들기 어려운 영역도 분명 존재하다. 예를 들어 소규모 독립 사업자가 생두 거래 영역에 진출하는 것은 결코 쉽지 않다. 나는 건강한 시장이란 대기업과 함께 소규모 독립 비즈니스가 균형을 이루는 시장이라고 생각한다. 대기업과 독립 비즈니스 기업 모두 훌륭한 프로젝트와 개선책을 만들어낼 수 있다. 다만 나는 스페셜티 커피 시장이 소규모 사업자들을 북돋우는 것은 매우 긍정적인 일이라고 생각한다.

그린워싱 Greenwashing

> 그린워싱은 실제보다 더 친환경적인 것처럼 보이게 만드는 과장된 환경 마케팅 활동을 뜻한다. 즉, 마케팅을 통해 그 비즈니스의 운영이 실제보다 환경에 더 많이 기여한다는 인상을 만드는 것이다.
> — 그린 비즈니스 뷰로 The Green Business Bureau

이번 장에서는 그린워싱이라는 용어를 단순히 과장된 환경적 주장에만 한정하지 않고, 가치 소비를 지향하는 소비자들의 마음을 교묘하게 이용하는 미덕 마케팅 전반을 아우르는 의미로 사용하고자 한다.

사실 스페셜티 커피 업계에서 발생하는 그린워싱은 의도적으로 소비자를 속이려고 했다기보다는 무심코 저지르는 경우가 더 많다. 많은 기업들이 '우리는 선한 의도를 가진 작은 회사'라는 내러티브로 마케팅을 해 왔는데 이런 사고방식 속에서 그린워싱이 나타나기 쉽다. 독립 비즈니스 특유의, 감사나 검증 문화가 부족한 현실도 이런 문제를 더 악화시킨다.

최근 온라인 마케팅이 급증하면서 기업들은 가장 효과가 있는 광고 문구를 알아내기 위해 다양한 메시지를 즉흥적으로 실험한다. 이렇게 즉흥적으로 던지는 메시지들은 신중한 고민 끝에 선택한 메시지와는 매우 다를 수밖에 없다.

일반적으로 조직 내부 부서, 프리랜서 또는 대행사에서는 다양한 시나리오를 활용해 클릭당 지불 pay-per-click 및 광고 지출 방법을 결정한다. 이 과정에서 비용 대비 전환율이 높고 특정 고객층과 연결 가능성이 높은 다양한 단어를 발굴한다. 문제는 윤리적이거나 친

환경적인 분야에서도 이렇게 접근하는 경우가 많다는 것이다. 기업이 진정으로 추구하는 가치를 전달하기보다는 가치 소비를 지향하는 고객층이 있으니, 그들을 겨냥한 마케팅을 하는 것이다.

물론 이런 현상은 커피 업계에만 국한된 것은 아니다. 그리고 그런 사업 기회를 추구해 회사를 운영하는 게 나쁜 것도 아니다. 만약 그 가치를 실현할 수만 있다면 말이다. 하지만 실제로 존재하지도 않는 가치를 마치 있는 것처럼 포장해서 마케팅하는 것은 다른 문제다.

어쩌면 더 큰 문제는, 그린워싱 여부조차 판단하기 어렵게 만드는 애매한 용어들이다. 어떤 주장들은 자세히 들여다보면 내용이 거의 없거나 의미가 모호해서 거짓이라고 단정하기도 애매하다. 첫 번째 장에서 이야기한 것처럼 커피에 '윤리적'이라는 라벨을 붙이는 게 문제인 이유도 마찬가지다. 윤리의 기준은 사람마다 다르고, 그 단어가 구체적으로 뭘 의미하는지 명확하지 않다. 지식재산권 차원에서도 너무 포괄적인 개념은 보호받기 어렵다. 이미 있는 개념과 겹치기 때문이다. 지금 이야기하는 이 마케팅 문구들은 오히려 그 반대로 작용한다. 애매모호함 덕분에 거짓이라는 지적을 피할 수 있다.

예를 들어, '다이렉트 트레이드'라는 말은 어떤 거래를 의미할까? 상황에 따라 천차만별이다. '투명'한 커피, '추적 가능한' 커피라는 표현도 마찬가지다. 그래도 이런 단어들이 주는 인상이 있다. 아무튼 어떤 좋은 의미를 전달하겠다는 의도는 분명하다.

상황을 더 복잡하게 만드는 건 통계 수치의 사용이다. 커피 브랜드들이 의미 없는 수치를 사용해 마치 대단한 변화를 이뤄낸 것처럼 포장하는 경우를 종종 본다. 예를 들어, 어떤 수치를 기준으로 50% 증가했다고 말하지만 만약 그 기준 자체가 아주 미미한 수치라면, 실제로는 거의 차이가 없다. 이런 건 전형적인 그린워싱은 아니고 맥락을 왜곡한 사례라고 할 수 있다. 하지만 그 수치를 지속 가능성이나 환경적 성과를 강조하는 용도로 사용한다면 역시 그린워싱의 범주에 포함될 수 있다.

커피 업계에서는 특정 제품의 공급망이나 환경적 임팩트를 그 기업 전체의 운영 방식인 것처럼 보여주는 사례도 많다. 이런 특별한 프로젝트 제품은 자동차 회사의 컨셉카 같은 역할을 한다. 컨셉카를 통해 브랜드의 혁신적인 이미지를 보여주듯, 기업도 이 제품을 통해 브랜드 이미지를 포장한다. 물론 소비자가 컨셉카가 실제 매장에서 사는 차와 다르다는 것을 알고 있다면 문제는 없다. 결국 이런 마케팅은 소비자의 기대와 암시를 건드리는 방식이다.

알다시피 이 주제는 맥락에 따라 매우 달라진다. 진정성을 주장하지만 정밀한 검증으로 입증하는 데 어려움을 겪는 기업이 있고, 반대로 자신들의 주장이 의도하는 바를 알면서도 의도적으로 선을 넘나드는 기업도 있다. 실제로 인스타그램 @50percentarabica 같은 계정이 올리는 밈에 대한 반응을 보면 스페셜티 커피 업계의 그린워싱에 대한 인식이 이미 자리 잡고 있는 듯하다. 흥미로운 점은, 이런 유머 섞인 분위기가 오히려 이 모든 게 너무 당연한 일, 업계의 일부로 받아들이게 한다는 것이다. 나는 이것이 긍정적인 커뮤니티 문화의 이면에 있는 부정적인 측면이 아닌가 한다. 업계 전체가 비슷한 행태를 보이고, "우리는 모두 좋은 의도를 가진 작은 회사고, 스페셜티 커피로 긍정적인 일을 하려는 중"이라는 방어적인 메시지를 계속 내세운다면 커뮤니티 내에서 적절한 내부 비판은 불가능할 것이다.

비즈니스 운영자들과 이야기를 나눠 보면 '언더독' 마인드가 작동하는 것을 볼 수 있다. 대기업은 당연히 그들의 주장에 책임을 져야 한다고 기대하면서 자신들에게는 같은 기준이 적용되지 않을 것이라 기대하는 것이다.

물론 기업의 규모, 자원, 시장 우위를 고려해 기대치가 달라져야 한다고 생각한다. 이것은 비즈니스의 공정성을 위한 방식이지만, 그렇다고 책임감의 기준이 극단적으로 달라져서는 안 된다. 지속 가능성에 관한 논의는 본질적으로 복잡하고 모호하기 때문에 명확한 정답은 없다. 실용적인 해결책과 개선점을 찾기 위해 우리 모두가 노력해야 하는 과정이다. 그러나 복잡함과 어려움을 핑계로 자신들의 주장에 대한 증명과 검증의 책임을 회피한다면 큰 문제가 된다. 앞으로 사회와 비즈니스에서 지속 가능성이 더욱 중요해짐에 따라 문제는 더 심각해질 것이다. 정책 변화든 소비자 압력이든, 앞으로는 지금처럼 쉽게 모호하거나 검증되지 않은 주장을 내놓을 수 없을 것이다.

스페셜티 부티크 커피 업계 역시, 이제는 우리가 사용하는 언어나 내세우는 주장에 대해 좀 더 비판적인 시각을 가져야 한다. 이는 스페셜티 커피 산업이 성장하면서 따라오는 긍정적인 변화이기도 하다. 이제 작은 독립 회사라는 이유만으로 그린워싱 논란에서 면죄부를 받을 수 있는 시기는 지났다.

평등, 공정, 다양성 Equality, Equity & Diversity

우리는 불평등과 불공정이 공존하는 복잡한 세상에 살고 있다. 평등이란 모든 개인이나 집단이 동일한 기회와 자원에 접근할 수 있는 상태를 의미한다. 반면 공정은 사람들이 처한 상황이 다르다는 점을 인식하고, 이런 차이를 고려해 각기 다른 방식으로 기회와 자원을 적절하게 분배해야만 평등이 실현될 수 있음을 뜻한다.

이 챕터에서는 커피 업계에서 가장 흔하게 논의되는 공정성 이슈, 즉 생산자에게 파운드당 얼마를 지불해야 하는가에 대한 문제를 살펴보겠다. 앞서 여러 차례 살펴본 바와 같이, 시장은 규모가 크고 높은 효율성을 갖춘 이들에게 유리하게 작동한다. 스페셜티 커피는 더 높은 가격을 받을 수 있지만, 그만큼 더 높은 품질이 요구되며 시장 규모도 상대적으로 작다.

여기에는 지정학적 요인에서 비롯된 불평등이 작용한다. 기후 변화는 이를 더욱 악화시켜 이미 불리한 위치에 있는 지역과 국가에 속한 사람들에게 더 많은 불평등과 불공정을 초래할 것이다. 전 세계적으로 기후 변화 완화의 필요성에 대한 합의가 형성되었지만, 부유한 국가들이 빈곤한 아열대 지역 국가들의 토지 관리 방식을 제한하려는 정책은 오히려 전 세계적인 불평등을 더욱 심화시킬 위험이 있다.

커피 산업에는 가치를 중심으로 움직이는 기업과 사람들이 많다. 우리가 흔히 말하는 스페셜티 커피 글로벌 커뮤니티는 매우 다양하며, 어쩌면 이러한 다양성이 커피 산업뿐만 아니라 비즈니스와 사회 전반에 걸친 다양한 윤리적, 도덕적 문제를 더 또렷하게 인식하게 해주는 것 같다.

특정 윤리적 문제를 해결하고자 하는 스페셜티 기업들은 '어떤 도움이 진정한 도움이 되는지', '좋은 해결책이란 무엇인지'를 제대로 이해해야 하는 어려움에 직면한다. 그 다음으로는 실제로 공급망 안에 그 이니셔티브를 구현하거나 특정 주장이 실제로 실현되고 있는지를 검증하는 문제가 있다.

여기서 더 복잡한 질문은, 그렇게 추진한 활동이 실제로 공정성과 평등을 지지하는 결과로 이어지고 있는가 하는 것이다. 커피 업계에서 다양한 역할을 맡아 온 안드레아 오테 Andrea Orte의 말에 따르면 성능 중심 프로그램을 설계할 때, 획일적인 결과를 요구하는 기업들의 기대 때문에 실행이 무척 어렵다고 한다.

그가 과테말라에서 50/50 여성 커피 소싱 프로그램의 일환으로 함께 일했던 여성 협동조합은 사실 선택이라기보다 환경적 요인에 의해 만들어진 경우가 많았다. 지역 사회의 남성들이 미국으로 이주하면서, 남아 있던 여성들이 협동조합을 꾸리게 된 것이다. 그는 이 사례를 언급하면서 원하는 결과를 얻기 위해 규범적인 틀에 따라 프로그램을 설계하는 방식이 실질적으로 역량을 강화하는 데 도움이 되지 않는 경우가 많다고 강조했다. 많은 공급망 프로그램들이 이런 식의 형식적인 요건 충족 때문에 어려움을 겪고 있으며, 이로 인해 목표를 지나치게 단순화하는 방식으로 이어져, 실제로 공정성을 달성하지 못하는 경우가 많다. 물론 그런 목표 설정의 출발점을 이해할 수는 있다. 실질적인 대표성 확보는 성공을 판단하는 합리적인 기준이 되기 때문이다.

때로는 공정함이란 '이래야 한다'는 엄격한 기준이 또 다른 불공정을 만들어내기도 한다. 공급망 윤리는 국제 정치 정책이 그렇듯, 매우 까다로운 문제다. 한편으로는 인권 침해나 환경 파괴 없이 윤리적이고 책임 있는 공급망을 만들겠다는 바람이 당연하게 여겨지지만, 또 한편으로는 다른 나라 사람들과 기업에게 일방적으로 지시하는, 일종의 식민주의적 태도를 취하게 될 위험이 존재한다. 그리고 과연 자신에게 그런 자격이 있는지도 고민해 봐야 한다.

아주 거대하고 복잡한 문제다. 물론 인류가 보편적으로 공유하는 윤리와 도덕이 있다. 예를 들어, 사이코패스가 아닌 한, 다른 사람을 살해하는 것이 도덕적으로 잘못이라는 데 동의할 것이다. 이는 학습되거나 문화적으로 영향을 받은 것이 아니라 본능적인 것이다. 그러나 문화마다 다양한 도덕적, 윤리적 관점에 대한 합의는 이루어진 적이 없다. 심지어 한 국가 안에서도 옳고 그름에 대한 생각은 저마다 다르다.

나는 21살 때 6개월 동안 인도를 여행하면서 다양한 책을 읽으며 복잡한 다문화 국가인 인도를 이해해 보려고 노력했다. 영국에서 자란 나에게 인도는 매우 낯선 나라였다. 조너선 하이트Jonathon Haidt의 《바른 마음The Righteous Mind》은 나중에 읽었는데 이 책의 핵심은 정치적 스펙트럼의 좌파와 우파가 결국 원하는 것은 비슷하지만 목표를 달성하는 방법에 대한 견해가 다르다는 점이다. 책의 전반부는 인류 전체의 도덕과 윤리에 관한 탐구로, 어떤 도덕과 윤리가 본능적인지, 어떤 것들이 학습된 것인지에 대한 논의를 담고 있다.

이 책에서는 오늘날 우리가 살고 있는 세계에서 도덕적 규범에 영향을 미치는 중요한 문화적 차이를 보이는 두 문화권으로 북미와 인도를 예로 들었다. 북미는 개인의 자율성을 중시하는 문화를 대표하고 인도는 개인보다 커뮤니티의 권리를 더 우선시하는 문화를 대표한다. 인도는 영국 식민 지배가 끝난 후 한 국가가 되었지만, 사실 오래전부터 여러 개의 국가들로 구성된 곳이었다.

이런 개념적 사고 실험은 여전히 유효하다. 인류의 다양한 문화는 '옳은' 행동이 무엇인지에 대해 각각 다른 입장을 가진다. 이는 종종 그 문화가 사회적 구조의 맥락에서 개인과 커뮤니티 또는 집단 중 어디에 더 가치를 두느냐에 따라 달라진다. 서구의 개입주의적 interventionist 태도는, 자신들의 문화적 윤리와 도덕을 문화적 차이를 고려하지 않고 상대 문화에 적용하려는 방식으로 드러나곤 한다.

커피 가격 문제 역시 마찬가지다. 어느 한 가지 방식으로 모든 상황에 적용 가능한 해결책을 찾으려 한다면, 진정한 공정성을 확보하기는 어렵다. 공정한 가격 책정을 위한 소싱 정책을 만든다면, 각국의 상황은 물론 생산자의 규모와 배경에 따른 맥락까지 고려해야 한다. 이런 심층적인 접근은 소싱 정책이 추구하는 모든 목표에 적용되어야 하며, 그 안에 담긴 윤리적, 도덕적 기준까지도 포함한다.

보이콧이란 개념은 특히 흥미로운 논쟁 주제다. 공급망에서 문제가 발견되었을 때, 가장 쉬운 해결책은 해당 국가나 공급망에서 구매를 중단하는 것이다. 그러나 비즈니스 공급망에서 악의적인 행위자를 배제하려는 시도는 종종 아무 잘못 없는 사람들까지 같이 배제하는 결과를 낳곤 한다. 또한 이 경우 더 나은 자원과 혜택을 갖춘, 애초에 더 유리한 조건을 갖춘 공급망으로 이동하는 결과를 낳을 수도 있다.

이런 복잡하고 모호한 특성 때문에 당황스럽고 좌절하기 쉽다. 나는 지금 운영 중인 로스팅 비즈니스에서 각 국가나 생산자 유형별로 어떤 문제가 있는지 파악하고 각 상황에 맞는 맞춤형 프레임워크를 만드는 작업을 진행하고 있다. 진보란 이전에 비해 무엇이 나아졌는지 상대적으로 파악하는 것이므로 각 상황에서 "더 나은 상태"가 무엇인지 정의할 필요가 있다.

나는 모잠비크에서 진행 중인 프로젝트에 참여해 왔는데 이 프로젝트는 과거 분생 시역이었던 한 국립공원 내에서 운영되고 있다. 이 커피 프로젝트는 해마다 개선 중이다. 아직 세계 최고 수준에 도달하지는 못했지만 몇 년 전에 비하면 눈에 띄는 발전을 이뤘다. 앞으로도 지속적인 섬검과 기준섬 설정, 성공 지표의 개발 및 검토를 통해 진행 상황을 채계적으로 모니터링할 필요가 있다.

커피 소싱 관계에 대한 글을 여러 차례 저술한 크리스토퍼 페란은 공정한 소싱 관계를 구축하려면 공급망에 있는 모든 사람에 대한 이해와 존중을 바탕으로 한 개방성, 공감, 협력이 필요하다고 설명한다.

물론 쉬운 길을 찾고 싶겠지만 이 분야에 그런 해결책은 없다. 이런 시도는 긍정적인 결과를 만들고자 하는 진심 어린 열망에서 비롯된 것이기도 하고, 소비자에게 전달하기 쉬운 간단명료한 이야기를 만들고자 하는 마케팅적 이유도 있다. 그린워싱과 검증 가능한 소싱 주장에 대해 이야기할 때, 우리는 단순히 포장지에 적힌 주장이 실현되고 있는지를 넘어, 그 주장 자체가 올바른 목표인지까지 질문해야 한다.

커피 농장부터 한 잔의 커피에 이르는 과정에 연결된 조직들 내에서, 과연 평등과 공정성이 실현되고 있는지 질문해야 한다. 이것도 중요한 논점이다. 공정하고 평등한 비즈니스 관행의 발전은 단지 공급망에만 국한된 목표가 아니라, 모든 비즈니스가 적극적으로 실현해야 할 목표다. 가부장제, 백인 특권, 인종 문제 등, 공정하고 평등한 기회와 일터를 제공하려면 극복해야 할 과제가 많다. 이 책에서 다루는 다른 복잡한 주제들과 마찬가지로, 내가 이 문제에 대해 이야기하는 데 한계가 있다는 점을 알고 있다. 유럽 출신 백인 남성이라는 특권적 위치도 인지하고 있다. 그럼에도 불구하고 나는 이런 주제들이 커피 산업의 비즈니스적 고려 사항으로서 반드시 다뤄야 할 중요한 주제라고 믿는다.

부티크 스페셜티 커피 분야는 풀뿌리 운동의 성격을 띠며, 다양한 사람들이 특정한 연줄 없이도 참여하고 성공할 수 있는 기회가 열려 있다. 그럼에도 여전히 많은 불평등이 존재한다. 이런 창업 중심 산업에서는 자원이 풍부하고 지원 체계를 갖춘 사람들이 성공할 가능성이 더 높다. 보수가 좋은 일자리, 대기업의 일자리도 역시 다른 산업과 마찬가지로 동일한 문제들이 존재한다.

기업의 규모 역시 이런 문제에 특정한 역학을 만든다. 소규모 스타트업은 보통 몇 명으로 시작한다. 친구들이나 부부가 시작하기도 한다. 어느 시점이 되면 첫 번째 직원을 고용하고, 이후 계속 직원을 고용해야 한다. 이런 시기에는 인원이 적기 때문에 기업 문화라는 개념 자체가 없을 수 있다. HR 부서나 회사 구조라고 할 만한 것도 없다. 하지만 어느 시점이 되면 더 이상 친구 몇 명이 모인 팀이 아니라 직원들과 기업 문화가 있는 비즈니스로 성장해야 하고, 이때부터 창업자는 고민해야 한다. 그런데 이런 전환 시기를 놓치는 경우가 있다.

비즈니스가 성장함에 따라 조직으로서, 고용주로서 자각이 필요하고, 적절한 시스템과 구조를 마련해야 한다. 너무 열심히 일하느라 지친 창업자들은 회사가 커져도 여전히 작은 팀처럼 운영하거나, 자신과 비슷한 사람들만 고용하기 쉽다. 그러나 작은 회사라고 해서 조직 문화가 쉽게 부실해지는 것이 정당화되지는 않는다.

나는 스페셜티 커피 기업들이 가진 다양성이 조직에 가져다줄 긍정적인 영향이 크다고 믿는다. 많은 소규모 독립 기업들이 라이프스타일 비즈니스 형태를 띠다 보니, 창업자나 관리자들은 자신과 잘 맞을 것 같은 사람만 채용하는 함정에 빠지기 쉽다. 물론 팀에는 사명과 목표에 대한 공감대가 필요하지만, 직장이 친목 모임이 되어서는 안 된다. 물론 팀워크와 동료애도 중요하지만 이는 우정과는 완전히 다른 문제다. 서로 다른 시각과 생각을 가진 사람들로 구성된 팀은 가치가 크다.

사회적 불평등은 어린 시절과 교육을 거쳐 직장 생활에 이르기까지 개인의 불이익을 초래한다. 단순히 능력주의적 관점만으로 비즈니스를 운영하는 것은 바람직하지 않다는 뜻이다. 태어날 때부터 더 많은 특권을 사람들이 여러 가지 사회적 기준을 충족할 가능성이 높다. 이런 문제는 공공 정책과 교육, 폭넓은 문화적 변화를 바탕으로 사회 전반적으로 해결해야 한다.

고용주들은 이 문제를 인식하고 이에 대한 대응을 고민해야 한다. 채용 과정에 블라인드 평가 같은 절차를 도입할 수 있다. 또한 각 고용주가 자신의 인지적 편견을 분석해 문제를 해결할 수도 있다. 더 어려운 문제는 이해관계자 간의 일상에서 차별적인 문제가 발생하지 않는지 확인하는 것이다. 이를 위해서는 팀을 관리하고 조율할 수 있도록 피드백과 점검을 위한 시스템을 만들 필요가 있다. 공정성을 지키기 위해서는 좋은 기업 문화와 신뢰할 수 있는 시스템이 필요하다. 이는 개별 업체뿐만 아니라 업계의 다양한 이벤트, 프로젝트, 프로그램에도 적용된다. 커피 업계에서 전문적으로 일하고자 하는 우리 모두에게 이 주제는 전문 역량 개발의 일부다. 많은 부티크 기업들이 더 나은 기업이 되기 위해, 그리고 자신들이 만든 것을 발전시키기 위해 배우고 있다. 공정하고 평등한 근무 환경을 조성하고 구축하는 방법을 배우는 것은 좋은 기업으로 성장하기 위해 꼭 필요한 일이다.

커피 세계 안팎의 가치 기반 이니셔티브
Values Driven Initiatives Inside and Outside of Coffee

이 책의 가치에 관한 장에서는 주로 커피라는 제품과 그 커피가 영향을 미치는 사람들에 관한 가치에 대해 살펴보았다. 스페셜티 커피 시장에는 창의적이고 열정적인 사람들이 모여 더 나은 비즈니스를 통해 긍정적인 영향을 만들고자 고민한다. 그리고 이런 노력은 단순히 커피 자체의 영역을 넘어, 좀 더 광범위한 문제에 대한 새롭고 다양한 이니셔티브와 프로그램을 통해서도 확인할 수 있다.

앞장에서 이미 언급한 바 있는 비콥 인증은 더 나은 기업 운영을 위해 노력하겠다는 의지를 담은 하나의 약속이다. 또 '지구를 위한 1%1% for the Planet'는 커피 외의 긍정적인 프로젝트에 매출의 일부를 기부하겠다는 결의를 보여준다. 외부에서 보기에는 매출의 1%가 적게 느껴질 수 있지만, 커피 업계 대부분의 비즈니스에서는 이 금액이 순이익의 5~15%에 해당하기 때문에 결코 작지 않다. 이런 점을 감안했을 때, 다양한 이니셔티브를 지속적으로 운영하려면 비즈니스를 안정적이고 철저하게 관리할 수 있는 역량이 필요하다는 점은 분명하다.

커피 업계 곳곳에는 기부나 협업을 통해 사회에 기여하는 다양한 프로젝트들이 있다. 콜롬비아의 다농장 생산자이자 수출업체인 카펠럼부스Cafelumbus는 파트너사의 도움을 받아 여러 분야에 도움을 주는 활동을 이어가고 있다. 그중 하나인 '대지의 수호자Watchers of the Land'는 안티오키아주 시우다드 볼리바르Ciudad Bolivar 산악 지대에 서식하는 다양한 조류와 포유류 종의 보존을 목표로 하는 프로그램이다. 이 외에도 메데진Medellin의 뇌 손상 환자 지원 단체에도 기부를 하고 있다.

이처럼 사업을 통해 얻은 자원으로 다시 커피 공급망의 긍정적인 변화를 만들고자 노력하고 있다. 커피 업계에는 어려운 처지에 있거나 재활 중인 사람에게 일자리 기회를 제공하는 프로그램이 많다. 접객업 분야는 다양한 배경의 사람들이 전문 직업인으로 성장할 수 있는 기회를 제공한다. 그러나 여전히 많은 진입 장벽이 존재한다.

런던의 센드 커피SEND Coffee는 특수 교육이 필요한 사람, 장애가 있는 이들을 대상으로 멘토링 프로그램을 진행하는 사회적 기업으로, 커피 기술과 직장 생활에 필요한 소프트 스킬 교육까지 함께 진행한다. 교육을 마친 참여자들은 센드 카페뿐 아니라 도매 파트너사들이 운영하는 매장에서 일할 수 있는 기회를 얻게 된다. 이와 같이 커피 업계는 긍정적인 영향력을 만들기 위해 다양한 시도를 하고 있다.

나는 이런 점에서 커피가 꽤 흥미로운 산업이라고 생각한다. 커피 산업은 전통적인 교육 시스템에 얽매이지 않았기에 적절한 지원만 있으면 더 다양한 사람들이 진입할 수 있다. 또한 커피 업계는 흥미롭고 매력적인 산업이기도 하며, 이러한 고용 이니셔티브를 활성화하기에 적합한 환경이 되기도 한다.

스페셜티 커피 산업이 완벽하다고 할 수는 없다. 그러나 실제로 많은 가치 중심 기업들이 있으며, 그들은 자신들의 사업을 통해 긍정적인 영향력을 만들고자 진지하게 고민하고 실천하고 있다. 비즈니스 관점에서 보면, 이 역시 고품질 커피에 대한 열정적인 프로젝트를 성공시키는 것과 다르지 않다. 어떤 가치를 추구하고 의미 있는 활동을 이어가기 위해서는 그 기반이 되는 비즈니스 자체가 지속 가능하도록 잘 운영해야 한다.

번아웃, 정신 건강과 신체 건강
Burnout and Mental Health and Physical Health

나는 항상 내가 일하는 걸 좋아하는 사람이라고 생각해 왔다. 지금도 여전히 그렇지만, 번아웃을 겪고 나서는 조금 다르게 생각하게 되었다. 무언가를 창조하고 바쁘게 지내는 걸 좋아하지만, 결국 내가 만든 프로젝트는 내가 책임져야 하는 일로 바뀌었고 아주 오랫동안 나 자신을 한계까지 몰아붙이며 일했다. 모든 결정을 책임져야 하는 자리는 때로 외로울 수 있다. 모든 책임이 결국 자신의 몫이기 때문이다. 고용주와 직원 관계에는 장단점이 있다.

나는 의욕적으로 일했고, 일하는 걸 즐겼기 때문에 스트레스를 제대로 인지하지 못했다. 하지만 그 결과 나는 지속적으로 아드레날린이 너무 많이 분출되는 상태로 지내 왔다. 많은 양은 아니었지만 매일 술을 마신 것도 도움이 되지 않았다. 일뿐만 아니라 개인적으로 큰 스트레스를 받는 일도 있었다. 결국 건강이 많이 나빠졌고 몇 달간 만성피로에 시달린 끝에 여러 병을 얻으면서 결국, 하고 있던 일의 속도를 완전히 늦출 수밖에 없었다. 진행 중이던 부수적인 프로젝트들을 중단했고, 하루에 단 몇 시간만 생계와 관련된 핵심 업무를 처리했다. 나는 운이 좋았기에 일의 속도를 늦추면서 다시 정비할 시간을 가질 수 있었다. 또한 우리 팀원들이 더 많은 책임감과 자율성을 가지고 성장하는 기회가 되기도 했다.

나는 그때까지 한 번도 경험해 보지 못했던 한계에 도달했다. 하지만 이런 일은 나만 겪는 특별한 일이 아니라, 누구나 언젠가(운이 좋다면 겪지 않을 수도 있지만) 마주할 수 있는 일이다. 열심히 오래 일하는 것이 성공의 열쇠로 여겨지고, 실제로 보상을 받기도 한다. 하지만 단순히 바쁘게 움직이는 것만으로는 충분하지 않다. 진짜 중요한 것은 얼마나 효율적으로 일하고 그 일을 통해 어떤 가치를 만들어내는가 하는 것이다.

또한 일과 열정이 결합되면 오히려 경계가 흐려질 수도 있다. "좋아하는 일을 하면 평생 하루도 일하지 않는 것"이라는 말은, 유감이지만 사실이 아니다. 열정과 일이 맞물리는 지점은 참 흥미롭다. 나는 스페셜티 커피 업계에서 일할 수 있어 정말 감사하고 이 일을 정말 좋아하지만, 그렇다고 이게 놀이가 되는 건 아니다. 일을 좋아하기 때문에 더 열심히 일하고 많은 에너지를 쏟으며, 그로 인해 행복을 느낄 (혹은 느끼지 못할) 수 있다. 또한 좌절이 더 큰 타격을 줄 수 있고, 거의 모든 업무가 역동적이고 복합적이며, 좋아하는 부분과 스트레스가 큰 일 또는 덜 즐거운 일이 섞여 있다는 것도 분명하다.

분명히 말하자면, 성공적인 비즈니스를 운영하려면 자기가 좋아하는 부분만 추구하는 것이 아니라 좋은 성과를 내기 위해 고려해야 할 모든 일에 어떻게 참여할지를 고민해야 한다. 일은 개인의 삶에서 목적의식을 형성하는 데 큰 역할을 할 수 있고, 보람을 주고 긍정적인 정신 건강에 도움이 될 잠재력도 가지고 있다. 다만 장기적으로 지속 가능하게 일하려면 반드시 균형 감각이 필요하다.

이 글에서는 내 경험과 창업자와 사업주에 대한 이야기를 주로 했지만, 사실 모든 역할에서 발생할 수 있다. 정신 건강에 영향을 미치는 구체적인 요인은 사람마다 다르다. 기업과 직장은 더 넓은 차원의 사내 프로그램과 문화, 그리고 직원 개개인을 이해하는 데 시간을 할애하고 구성원들의 정신 건강을 돕는 역할을 할 수 있다. 직원들이 자신의 감정과 어려움을 편하게 공유할 수 있는 환경과 관리 스타일을 조성할 수도 있다.

나는 이 책에서 이 주제에 대해 언급하는 것이 중요하다고 생각했다. 이 이야기도 비즈니스 세계의 일부이기 때문이다. 물론 내가 쓴 것보다 훨씬 복잡하고 중요한 문제임에도 여기에서는 그저 가볍게 접근할 수밖에 없었다. 하지만 결국 비즈니스는 사람이 없이는 아무것도 성립하지 않는다. 이런 점을 생각하면 팀의 정신적, 신체적 건강 상태가 긍정적일수록 비즈니스 성공 가능성이 높아진다는 사실은 전혀 놀랍지 않다.

공급망 전반의 많은 업무들이 신체적으로 매우 힘들 수도 있다. 나는 생두 포대를 나르는 것을 좋아하지만 그건 근력 운동이 내 취미이기 때문이란 것을 깨달았다. 평균적인 커피 포대 무게는 남성 25kg, 여성 16kg이라는 영국의 수작업 권장 무게 제한을 한참 초과한다. 일반적으로 소규모 로스터리들은 이 문제를 쉽게 해결할 만한 인프라를 가지고 있지 않다. 무거운 물건을 들어올리는 능력은 몸이 그 무게에 얼마나 적응했느냐에 달려 있기 때문에 평소 무거운 것을 드는 훈련을 하는 사람은 25kg이 가벼울 수 있지만, 그렇지 않은 사람에게는 위험한 무게일 수 있다.

농작물 수확 또한 극히 고된 노동이다. 그러나 동시에 활력과 보람을 얻는 일이기도 하다. 이런 작업에서 중요한 것은 균형이다. 접객업은 오랜 시간 서서 일해야 하며, 반복적인 동작이 하루하루 쌓여 부상으로 이어지는 경우가 흔하다.

신체적, 정신적 건강에 대한 문제는 개인마다 다르므로 기업이 개인의 요구를 어떻게 수용하고 지원할지 고민하며 적절한 지점을 찾아야 한다. 특정 역할에는 그 역할을 수행하기 위해 필요한 과업들이 있지만, 동시에 각 직원을 이해하고 필요한 부분을 돕고 배려하며, 근무 환경을 합리적으로 조정할 수 있는 방법을 고려해야 한다.

부티크 스페셜티 커피 업계는 훌륭한 일터가 될 수 있지만, 고된 업무도 많다. 모든 업무 및 비즈니스 환경과 마찬가지로 신체적, 정신적 건강을 증진하려는 노력이 무엇보다 중요하다.

PART 5

브랜딩과 마케팅
Branding and Marketing

5부 소개 Introduction to Part Five

모든 회사는 고유한 정체성을 가지고 있다. 다만 그 정체성에 얼마나 주의를 기울이느냐는 각기 다르다. 그리고 이 정체성을 세상에 어떻게 보여주고 전달하는지가 바로 브랜드다. 제품과 서비스는 그 회사 정체성의 일부이며, 고객이 브랜드를 경험하는 방식이기도 하다. 그리고 우리는 제품과 서비스를 세상에 알리는 활동, 즉 마케팅을 한다.

이 주제는 매우 복잡하고 방대하다. 단순히 광고와 브랜딩 구조만의 문제가 아니라, 인간의 행동과 심리를 함께 다루는 영역이기도 하다.

기억에 남는 브랜드와 센스메이킹 Sticky Brands and Sensemaking

모든 기업은 새로운 고객을 유치하는 것뿐 아니라, 그 고객이 계속 머무르기를 원한다. 너 나아가 고객과 최적의 관계를 구축하는 것을 목표로 삼는다. 커피 업계에시는 이 짐이 득히 중요하다. 사업의 지속성을 위해 반복적인 구매가 필수적이기 때문이다. 이러한 특성은 카페에서 가장 극단적으로 나타난다. 카페는 하루에 수백 명의 고객에게 3.80파운드짜리 커피를 판매할 뿐만 아니라, 크리스마스나 1월 중순 잠깐의 휴일을 제외하고는 일 년 내내 그 일을 반복해야 한다

고객은 커피 브랜드와 회사를 쉽게 바꾼다. 네스프레소 같은 시스템이 아니라면, 고객을 붙잡아 둘 연결고리가 약하므로 치열한 경쟁에서 살아남기 위해서는 다른 방식으로 고객을 사로잡아야 한다. 나는 바로 이러한 측면에서 스페셜티 커피의 복합적인 특성이야말로 오히려 강점이 될 수 있다고 생각해 왔다. 고객과 끈끈한 관계를 만들 수 있는 기회가 있기 때문이다.

마이클 베벌랜드Michael Beverland는 마케팅과 브랜딩에 관해 여러 권의 책을 쓴 마케팅 교수로, 우리 카페의 단골이었다. 우린 그를 참 좋아했는데 첫째, 그는 커피를 많이 마셨고, 둘째, 스페셜티 커피 시장에 대해 마케팅 관점에서 함께 이야기할 수 있었기 때문이다.

우리는 그를 베브 교수Prof Bev라고 불렀다. 그는 〈마케팅 과학 아카데미 저널Journal of the Academy of Marketing Science〉에 논문 '센스메이킹 관점에서 본 교육적 소비자 영역Co-creating educational consumer journeys: A sensemaking perspective'을 공동 기고했다. 그는 이 논문에서 스페셜티 커피가 고객과 교육적 상호작용을 통해 관계를 쌓을 수 있는 기회를 제공한다고 설명한다. 이 논문은 "교육적 여정에서 고객과 함께 의미와 가치를 만들기 위해 어떤 실천들이 필요한가?"라는 질문을 던진다. 여기서 센스메이킹sensemaking이라는 개념이 등장한다. 간단히 말해 고객이 어떤 것에 참여하면서 스스로 이해를 쌓고 그 경험을 통해 새로운 인식을 만드는 과정을 말한다. 이 과정에는 그보다 앞서 센스브레이킹sensebreaking과 센스가이딩senseguiding이 있다.

센스메이킹이 흥미로운 이유는, 고객을 브랜드가 제공하는 지식을 수동적으로 받는 대상이 아니라, 의미를 함께 만드는 주체로 바라보기 때문이다. 전통적인 방식의 교육, 예를 들면 역사 수업에서 영국 왕들의 재위 연도를 앵무새처럼 외우는 방식과는 다른 접근이다. 센스메이킹은 고객 스스로 커피에 대해 반짝 '깨닫는' 순간을 경험하게 한다.

물론 이 과정은 고객의 적극적인 참여 없이는 이루어질 수 없다. 나는 고객에게 스페셜티 커피를 소개할 때, 교육이라는 단어를 쓰는 것을 좋아하지 않는다. 나 역시 커피에 빠져들었을 때 누군가에게 일방적으로 교육을 받는다는 느낌보다는, 직접 참여하고 경험하면서 자연스럽게 배우고 있다고 느꼈다.

이렇듯 고객이 커피에 대한 인식을 새롭게 정리하고 의미를 만드는 과정에 함께하면 아주 강력한 연결고리를 만들 수 있다. 누군가 "아, 커피가 정말 단순하지 않구나. 이렇게 흥미롭다니!"라는 생각을 하는 순간은 한 번뿐이다. 커피라는 개념이 대중문화의 일부가

되면 그런 감동을 만들어낼 수 있는 기회는 점점 줄어들 가능성이 크다. 다만, 커피 같은 전문 분야의 매력은 센스메이킹이 계속된다는 데 있다. 나 역시 이 책을 쓰는 지금도 16년째 커피에 대한 새로운 깨달음을 얻고 있다.

이렇게 학습하고 새로운 인식을 만들어 가는 과정을 고객과 함께한다면 브랜드에 대한 강한 애착을 만드는 데 도움이 된다. 때로는 커뮤니티적 성향을 띠기도 한다. 스스로를 '커피 덕후'라고 부르며 자기를 정의하는 경우도 있다. 물론 참여 정도와 깊이는 개인마다 다르겠지만, 스페셜티 커피를 접하는 고객이라면 최소한 선호하는 산지나 음료 스타일을 알아가는 단계부터 이런 센스메이킹 과정에 어느 정도 함께하고 있다고 볼 수 있다.

센스브레이킹은 어떤 주제에 대해 개인이 가지고 있던 기존의 생각이나 관점이 도전받고 그로 인해 다시 생각하게 되는 순간을 말한다. 이 과정을 통해 기존의 인식이 깨지면서 센스메이킹이 시작되고, 해당 주제에 대한 새롭고 반복적인 의미를 조금씩 쌓아 갈 수 있다.

센스가이딩은 센스메이킹을 돕는 과정이다. 지식 기반의 브랜드가 자사 제품이 어떻게, 왜 그런 특징을 갖게 되었는지에 대한 설명을 제시하는 것이 센스가이딩의 대표적인 사례라고 할 수 있다. 가장 흔하게는 커피를 어떻게 추출하고 어떻게 마시면 좋은지에 대한 설명과 추천이 이에 해당하지만, 스페셜티 커피 브랜드가 고객과 나누는 다양한 상황과 상호작용 속에서 센스가이딩이 얼마든지 이루어질 수 있다. 이런 과정은 고객에게 의미 있는 경험을 선사하고, 브랜드와 고객의 관계를 긴밀하게 만든다.

센스메이킹 과정은 직접 대면할 때 가장 강력하며 커피 공급망 전체에서 이 과정을 발전시킬 수 있는 기회가 있다. 다만 대부분의 카페에서는 패스트푸드 서비스 모델의 한계 때문에 이런 센스메이킹 과정을 만들기 어려운 게 사실이다. 하지만 커피 공급망의 각 단계에서 공급자와 구매자는 센스브레이킹, 센스가이딩, 센스메이킹을 반복적으로 경험하게 된다.

또한 많은 커피 기업들이 영상 콘텐츠나 뉴스레터 같은 온라인 채널을 통해 이와 비슷한 과정을 만들고 있다. 스페셜티 커피 업계 전반적으로 고객과 브랜드 사이에 이런 대화를 형성하는 것이 중요하다는 점을 인식하고 있으며, 어쩌면 이런 점이 우리가 스페셜티 커피 문화를 떠올릴 때 가장 핵심적인 특징이라고 할 수 있다.

물리적 경험-오프라인 공간의 가치
Physical Experiences-The Value of Bricks and Mortar

앞서 이야기한 것처럼, 고객과 브랜드가 함께 만드는 커피 경험은 엄청난 가치를 창출한다. 당연한 이야기처럼 들릴 수도 있지만, 이런 커피 경험이 가능하려면 결국 커피를 마셔야 한다. 그리고 커피를 어디서 마시느냐에 따라 제품과 브랜드에 대한 인식이 크게 달라질 수 있다.

많은 사람들이 집이나 직장에서, 때로는 여행 중에 커피를 즐긴다. 그러나 나는 스페셜티 커피 문화의 핵심은 카페에 있다고 항상 생각해 왔다. 그리고 바로 카페에서 가장 강력한 센스메이킹이 일어날 수 있다.

예전에 한 와인 마스터와 커피에 대해 이야기한 적이 있었다. 그는 바리스타 역할을 부러워하며, 와인 업계에는 비슷한 역할이 없다고 아쉬워했다. 물론 소믈리에가 있지만, 이 역할은 음료 제조와는 관련이 없는 경우가 많다. 훌륭한 소믈리에는 많지만, 그 역할은 단순히 병을 열거나 리스트에서 와인을 추천하는 정도로 인식되곤 한다. 그에 비해 커피는 음료를 직접 제조하는 과정을 바리스타가 진행하기 때문에 열정적인 바리스타라면 커피를 만들면서 고객과 적극적으로 상호작용할 기회가 더 많다는 것이다. 이런 역동적인 상호작용은 수작업 중심의 시스템이 보편적일 때 가능하다. 하지만 완전 자동화 시스템의 성능이 점점 더 향상되고 보급되면서 이런 상호작용이 줄어들 가능성이 있다. 또한 이 주장은 고객과 대화를 나누고 싶어 하는 훌륭한 바리스타의 존재를 전제로 한다. 그렇기 때문에 현실적으로 한계가 있기는 하지만 나는 그의 말에 일리가 있다고 생각한다.

자동 머신을 사용하는 매장이라 하더라도, 커피를 경험할 수 있는 적절한 환경을 조성하는 것만으로도 상당한 가치를 만들 수 있다. 네스프레소 부티크가 그 대표적인 예다. 네스프레소는 강력한 온라인 마케팅 역량을 가진 브랜드임에도, 오프라인 매장의 경험을 매우 중요시한다. 그만큼 커피라는 제품은 물리적 경험을 통해 가장 강력한 힘을 발휘하기 때문이다. 그래서 많은 브랜드들이 매장이라는 물리적 공간을 통해 고객과 관계를 맺고, 이후 온라인 구매나 도매 거래 등으로 연결한다.

바리스타들에게 서비스와 공간의 중요성을 일깨워주기 위해 자주 던지는 질문이 있다. "훌륭한 커피와 나쁜 경험, 아니면 훌륭한 경험과 나쁜 커피 중 무엇을 선택해야 할까?" 열렬한 커피 애호가라면 주로 전자를 선택하지만, 대부분의 사람들은 후자를 선택한다. 이 질문은 우리가 커피를 소비할 때 두 요소가 얼마나 깊게 연결되어 있는지를 상기시킨다.

물론 커피 업계에서는 가능한 한 경험 요소를 배제하고 커피를 평가하기 위해 블라인드 테이스팅을 하는 경우도 있다. 하지만 마케팅 관점에서 보면 경험은 공급망 전반에 걸쳐 중요한 역할을 한다. 수입업체가 주최하는 그룹 커핑이나 원산지의 농장 및 공장 방문 등에서도 확인할 수 있다.

최근 몇몇 생산자와 이야기를 나눴는데, 이들은 잠재적 생두 구매자를 위한 공간을 넘어, 관광 비즈니스로서 숙박형 관광 사업을 고민하고 있었다. 한 생산자는 미국 텍사스 와인 산업의 성공 사례를 예로 들며, 그 비즈니스가 그렇게 성장할 수 있었던 이유는 와인의 품질보다는 와이너리 체험, 관광 및 접객업이 원동력이 되었기 때문이라고 설명한다.

나는 커피가 단순한 원자재를 넘어 특별한 제품으로 인식되는 이유 중 하나가, 바로 이처럼 다양한 물리적 접점을 갖고 있기 때문이라고 생각한다. 특히 스페셜티 부티크 커피 브랜드들은 제품과 경험을 밀접하게 연결하는 데 집중한다. 하루 종일 수많은 브랜드들이 우리의 관심을 끌기 위해 경쟁하는 바쁜 세상에서, 이런 물리적 접점은 브랜드가 고객과의 관계를 유지하고, 끈끈한 유대감을 만들 수 있는 중요한 수단이다.

어찌 보면 당연한 이야기처럼 들리겠지만, 오프라인 공간을 가진다는 건 그 브랜드가 자사의 커피가 "어떤 식으로 제공되어야 하는지"를 직접 보여줄 수 있는 기회가 생기는 것이다. 추출부터 제공 방식까지 모든 요소를 브랜드가 원하는 방식으로 통제할 수 있으므로, 고객이 최상의 기준을 경험할 수 있다. 이런 경험은 집에서 커피를 만들 때 참고가 되고, 도매 고객의 구매 담당자에게도 좋은 참고가 될 수 있다. 자체 매장이 없는 커피 브랜드는 도매 고객과의 상호작용을 위해 쇼룸이나 교육 공간 같은 체험 중심의 공간을 운영하기도 한다. 테이스팅 이벤트 역시 브랜드가 고객과 의미 있는 관계를 만들 수 있는 대표적인 센스메이킹 기회다.

그런 사례는 무수히 많다. 매장 없이 성공한 커피 브랜드들도 있지만, 브랜드와 고객이 함께하는 물리적 경험이야말로 커피 마케팅과 고객 소통의 핵심 요소라는 점은 부정할 수 없다.

전문성, 신뢰 그리고 입소문 Expertise, Trust and Word of Mouth

대부분의 소규모 스페셜티 커피 브랜드는 가장 고전적인 마케팅, 즉 입소문에 의존한다고 보는 게 맞을 것이다. 입소문은 한 사람이 다른 사람에게 무언가를 추천하거나 알리는 단순한 행위다. 그런데 스페셜티 커피에서는 이 입소문이 정말 강력하게 작용한다. 덕분에 막대한 마케팅 예산이 없는 작은 브랜드라도 충분히 의미 있는 규모로 성장할 수 있다. 물론 더 많은 자본과 자원을 투입할수록 경쟁력을 높일 수 있겠지만, 그러기엔 브랜딩과 마케팅에는 정말 돈이 많이 든다.

나는 입소문과 스페셜티 부티크 커피가 밀접하게 연결된 이유가, 이 제품에 대해 배우는 과정이 너무 복잡하고 어렵기 때문이 아닌가 생각해 왔다. 앞서 논의했듯, 많은 사람들이 매장이나 브랜드가 제공하는 교육적 경험 자체에 가치를 느낀다. 그러나 커피의 다양한 요소들을 어느 정도 인식하게 되면 대부분 배움을 중단할 것이다. 기본적인 몇 가지 원리를 배우고 나면 자신이 모르는 것이 많다는 것, 그리고 아마 앞으로도 다 알게 되는 날은 없을 것임을 깨닫는다.

오해는 하지 않길 바란다. 지금은 커피를 배우기가 그 어느 때보다 쉬워졌지만, 여전히 시간과 의지가 필요하다. 전문가와 숙련자들이 커피에 대해 계속 파고들수록 일반적인 고객의 관점에서는 점점 더 멀어진다. 이건 사람들이 커피를 이해하지 못해서가 아니라, 전문가와 숙련자와 달리 커피에 그렇게 오랜 시간을 투자하기로 마음먹지 않기 때문이다.

복잡한 주제란 원래 그렇다. 아무리 접근하기 쉽고 친근하게, 그리고 흥미롭게 전달하려고 방법을 연구해도, 결국은 시간과 에너지를 투자해야 한다. 나는 호기심이 많고 관심사도 다양한 편인데, 특히 끝이 없고 계속 탐구할 수 있는 주제에 더 매력을 느낀다. 게임을 예로 들어 설명하자면, '클리어'하기 어려울수록 더 끌린다. 평생을 두고 천천히 탐구해야 하는 주제들이 더 매력적이다. 커피 역시 그런 잠재적인 복합성을 품고 있다. 마케팅 및 브랜딩 관점에서 보면, 이것이 강점이자 약점이 되기도 한다.

이런 이유로, 스페셜티 커피 시장의 구성원들은 스스로를 전문가라고 생각하지 않는 경우가 많다. 시장 조사를 하다 보면 이런 질문을 하곤 한다. "당신의 고객층에는 전문가가 있나요? 커피 애호가, 미식가가 많은가요?" 하지만 이런 질문은 사실 커피 시장을 구분하기 어렵게 한다. 커피를 마시는 사람들은 정말 많지만 이 시장을 정의할 명확한 언어가 부족하다 보니 오히려 혼란을 초래할 가능성이 높다.

이 시장에서 가장 중요한 핵심 메커니즘은 커피의 전문성과 복합성을 인정하는 것이다. 수많은 고객들이 커피가 흥미롭고 복잡한 주제라는 것을 알고 있다. 그러니까 자신이 커피에 대한 모든 것을 알 수 없다는 것을 인지한다는 의미다. 또한 그들은 자신이 좋은 커피를 원한다는 것을 안다. 그런데 좋은 커피를 어디서 찾을 수 있을까? 정보와 광고가 넘치는 세상에서 가장 쉬운 방법은 결국 신뢰할 수 있는 사람에게 묻는 것이다.

온라인 리뷰 시스템은 그 브랜드가 약속한 품질을 지키는지, 기본적인 신뢰도를 확인하는 데 도움이 될 수 있지만, 그 분야의 전문성이나 브랜드와 서비스를 파악하기에는 한계가 있다. 예를 들어 세계 최고의 레스토랑이 트립어드바이저에서는 최고 평점을 받지 못하는 경우가 많다. 그런 레스토랑들은 고객에게 도전적인 경험을 제공하기 때문이다. 때로는 그것이 그들의 미션이기도 하다. 반면, 고객들이 기대하는 평범한 서비스를 안정적으로 제공하는 곳들이 종합 리뷰 시스템에서 더 높은 평점을 받는 경향이 있다. 이런 비즈니스들은 보다 '전형적인' 소비자 가치를 제공하는 경우가 많다.

이 모든 것은 입소문이 스페셜티 부티크 커피에서 가장 강력한 마케팅 도구라는 것을 말해 준다. 팬데믹 기간 동안 업계에서 평판이 좋던 브랜드들의 매출이 크게 증가하면서 이런 사실이 입증되었다. 아마 집에서 커피를 내려야겠다고 마음먹은 사람들은 커피를 좋아하는 친구에게 어떤 커피를 사야 할지 물었을 것이고, 기존에 신뢰받던 브랜드들이 가장 큰 혜택을 본 것이다.

단순히 포장지에 적힌 정보만으로 최고의 제품을 구별할 수는 없다. 물론 커피에만 해당되는 문제는 아니지만, 결국 고객이 믿을 수 있는 품질의 제품을 찾기 위해서는 다른 수단이 필요하다는 뜻이다.

입소문 효과는 소비자 단계에서 가장 강력하게 작용하지만, 커피 산업 전반에서도 나타난다. 커피 업계 종사자들의 역량을 깎아내리려는 의도가 아니라, 업계에서 자연스럽게 발생하는 현상을 관찰한 결과가 그렇다. 커피 로스딩 회사 구성원들의 전문 지식과 경험 수준은 매우 다양하다. 창업자나 핵심 팀원이 충분한 경험치를 가지고 있지 않다면, 일하면서 배우고 있을 가능성이 크다. 그러다 보니 추천을 받게 되고, 동시에 공급망 전반에서 미묘한 검증이 이루어지기도 한다.

예를 들어, 믿을 만한 생두를 구매하고자 하는 커피 바이어라면 신뢰할 수 있는 생두 수입 브랜드를 선택할 것이다. 이는 브랜드 신뢰의 중요성을 보여주는 훌륭한 예다. 그리고 신뢰라는 요소는 스페셜티 커피 업계 전반에 흐르고 있다. 또한 특정 브랜드나 인물들이 트렌드를 만들고, 그것이 '좋음'의 기준처럼 여겨지는 일종의 바이럴 모방 현상이 일어나기도 한다.

나는 종종 스페셜티 커피 시장이 소비자와의 상호작용에서 출발하기보다, 업계 내부에서 서로를 관찰하고 모방하는 커뮤니티적 움직임에 의해 주도되는 것이 아닐까 생각하곤 했다. 많은 커피 회사들이 동료 브랜드들 사이에서 자신의 위치를 신경쓰느라, 정작 자기 브랜드의 가치나 미션에 맞는 제품이나 방식을 고민하지 않는 경우도 있다. 물론 자신의 브랜드 이미지와 고객층에 맞는 방향을 찾아 나가는 과정에서 이런 태도가 도움이 되기도 하지만, 다른 커피 브랜드의 시선을 의식한 결정을 브랜드 본연의 미션보다 우선시하는 모습을 보면 아쉽기도 하다. 다만 이런 접근이 그 브랜드에 얼마나 적절한지는, 결국 그 브랜드가 처음부터 어떤 방향성을 가지고 있었고, 어떤 고객층을 쌓아 왔는지에 따라 달라진다.

입소문 마케팅은 대규모 자본이 투입된 마케팅 전략에도 활용된다. 이런 경우 최종 목표는 입소문 효과를 더 빠르게, 더 널리 확장시키는 것이다. 모든 브랜드는 사람들이 정수기 앞에서, 또는 커피를 마시는 자리에서 자기 브랜드 이야기를 하기를 바란다. 입소문을 위한 기술적 기반은 존재하지만, 커피는 온라인 플랫폼의 전형적인 마케팅 방식과 다소 맞지 않는 것 같다. 인플루언서 마케팅이 특히 커피 업계에 잘 통하지 않는 이유도 여기 있다. 커피 인플루언서가 일반적인 인플루언서가 되는 경우는 매우 드물고, 반대로 일반적인 인스타그램 인플루언서가 커피를 홍보한다고 해서 사람들이 크게 관심을 가질지 의문이다. 운동 선수나 연예인이 무슨 커피를 마신다고 해서 그 커피를 따라 사는 경우는 별로 없다는 뜻이다.

인플루언서가 어떤 제품의 구매자를 성공적으로 늘릴 수 있는가 여부는, 결국 사람들이 그 인플루언서를 어떻게 보고 또 얼마나 신뢰하느냐에 달려 있다. 물론 커피에도 인플루언서들이 있다. 다만 그들은 보통 업계 내부에 영향력을 행사하며, 이 영향력이 업계 종사자와 커피 애호가를 거쳐, 이후에는 마침내 입소문과 평판이라는 파도를 타고 더 넓은 대중에게 퍼져 나간다.

나는 종종 커피 브랜드들이 만든 소셜 미디어 컨텐츠가 최종 소비자보다는 업계 사람들을 더 겨냥하는 게 아닌가 하는 생각이 든다. 실제로 업계 종사자들은 이런 컨텐츠에 많이 반응하지만, 직접적으로 소비자 구매로 이어지는 경우는 많지 않다. 만약 영향을 미친다면, 그것은 입소문 효과를 통한 것이다.

B2B 커피 비즈니스라면 이런 업계 중심의 소셜 미디어 활동이 당연히 효과적인 전략이 될 수 있다. 물론 그래도 여전히, 장기적으로는 직접 대면하는 고객 경험을 대체할 수 없다. 때문에 소셜 미디어를 거의 사용하지 않으면서도 성공적으로 운영하는 커피 비즈니스를 많이 볼 수 있다.

훌륭한 매장은 결국 로컬 고객을 사로잡고, 입소문을 통해 소셜 미디어를 훨씬 뛰어넘는 평판을 쌓는다. 지금 이 순간에도 꼭 사야 할 콜롬비아 생산자의 커피, 에티오피아 가공 공장의 원두 같은 정보들이 소셜 미디어를 통해 확산되며, 어쩌면 커피의 최종 제품인 원두 한 봉지보다 더 큰 영향력을 발휘한다.

커피 업계 사람들은 박람회나 대회 같은 자리에서 서로 교류하며 입소문 마케팅 기회를 많이 만든다. 그러나 디지털 플랫폼을 통해서도 연중 누가 어떤 일을 하고 있는지를 계속 공유한다. 대회에서 좋은 성적을 낸 커피나 유명하고 존경받는 로스터가 구매한 커피는 그 자체로 검증이 되어 다른 커피 회사들이 샘플을 확보하고자 할 것이다. 이게 바로 스페셜티 부티크 커피 업계에서 볼 수 있는 바이럴 효과이고, 품질, 희소성, 참신함을 찾는 순환 과정 속에서 공급망 전반을 따라 이어진다.

입소문은 거의 모든 산업에서 분명히 작용하지만, 특히 스페셜티 커피만큼 이 현상이 더욱 강력한 힘을 발휘하는 분야도 드물다.

프리미엄과 럭셔리 vs 크래프트와 로컬
Premium and Luxury Versus Craft and Local

스페셜티 커피는 한정된 고객층만 소비할까? 달리 말하면, 스페셜티 커피를 즐기는 사람들은 모두 비슷한 부류일까?

내 대답은 "그렇지 않다"는 것이다. 나는 스페셜티 커피 시장의 온라인 광고가 어려운 이유 중 하나가, 타깃 고객이 너무 광범위하기 때문이라고 생각한다. 이런 상황을 흔히 세분화된 시장이라고 한다. 온라인 광고 데이터 전문가들은 타깃이 명확한 업계의 예로 자전거를 자주 언급한다. 사이클링을 좋아하는 사람들의 행동 패턴과 특성은 비교적 쉽게 정의할 수 있다. 이런 경우라면 브랜드는 다양한 마케팅 기법을 활용해 이 잠재 고객을 정확히 겨냥할 수 있다.

물론 스페셜티 커피를 즐기는 사람들에 대한 이미지나 정체성이 있긴 하다. 하지만 생각해 보면 그 이미지는 카페를 찾는 고객보다는 바리스타의 모습에 더 가까운 경우가 많다. 고객들은 스페셜티 커피가 세련되고 트렌디하다고 묘사하는 경우가 많지만, 실제 스페셜티 커피의 매력은 이보다 훨씬 더 광범위하다.

그러므로 사실 스페셜티 부티크 커피에서는 "당신의 고객은 누구인가?"라는 아주 간단한 질문에 놀라울 정도로 답하기 어렵다. 물론 모든 사람을 위한 커피는 아니다. 그렇지만 정확히 누구를 위한 커피일까?

제품군을 좁히면 이 질문은 조금 쉬워진다. 예를 들어, 가정용 에스프레소 머신 제조업체라면 훨씬 쉽게 접근할 수 있을 것이다. 가격대가 매우 높고, 주로 '장비'에 관심이 높은 남성 고객층을 겨냥할 가능성이 크다.

반면 제3의 물결 카페들은 훨씬 광범위한 고객층을 상대한다. 이런 카페들에서 판매하는 많은 음료들이 엄밀히 말해 스페셜티 커피의 정수를 보여주지 못한다는 주장도 있고, 사실 일리 있는 지적이다. 이런 카페들은 열정적인 커피 마니아들이나 헌신적인 커뮤니티를 갖고 있을 수 있지만, 동시에 품질을 중시하는 폭넓은 일반 고객층도 필요하다. 앞서 **전문성, 신뢰 그리고 입소문**에서 이야기했듯이, 좋은 품질을 중시하고 인식하지만 스스로를 "스페셜티 커피 마니아"로 생각하지 않는 고객들이다. 그렇다고 해서 이들이 스페셜티 커피를 마시고 싶어 하지 않는다는 뜻은 아니다.

또 하나 주목할 점은, 브랜드와 사람 간의 관계다. 열정적인 오너나 직원들이 이끄는 스페셜티 커피 브랜드는 그 모습 자체가 매력적이다. 이런 경우라면 고객은 커피에 크게 연연하지 않고, 공간과 사람의 매력 때문에 계속 찾아올 수도 있다.

흥미로운 고객층 구분 방식 중 하나는 로컬과 크래프트를 중시하는 고객과 럭셔리와 프리미엄을 추구하는 고객의 구분이다. 스페셜티 커피 안에서도 이 두 개념이 흔히 등장하지만, 로컬과 크래프트를 중시하는 고객이 반드시 프리미엄에 관심이 있는 건 아니고, 그 반대도 마찬가지다. 물론 두 요소가 겹치는 부분도 있지만, 때로는 아주 다른 영역에 있기도 하다.

네스프레소는 대중 브랜드라고 할 수 있지만, 프리미엄을 중시하는 소비자에게 어필하는 데 가장 성공한 사례라고 할 수 있다. 네스프레소는 초콜릿 상자 같은 고급스러운 포장과 버튼 하나로 커피를 만들 수 있는 편리함을 더한 럭셔리한 커피 경험을 제공한다. 이 브랜드는 로컬이나 크래프트 이야기는 전혀 하지 않고 오로지 럭셔리 또는 프리미엄 스토리를 강조한다. 연간 매출이 수십억 달러에 달하는 네스프레소는 결코 부티크 브랜드는 아니지만, 커피 시장 전체로 보면 프리미엄 럭셔리 포지션을 확실히 차지하고 있다. 그리고 독립 카페나 마이크로 로스터리는 로컬에서 갓 로스팅한 커피라는 이야기를 중심에 둔다.

그리고 많은 사람들이 의외라고 생각하겠지만, 네스프레소는 스페셜티 등급의 커피를 꽤 많이 구매한다. 결국 출발점은 같은 스페셜티 커피지만, 두 회사는 전혀 다른 방식으로 활용하는 것이다. 물론 네스프레소 스타일의 강배전을 하면 애초에 등급 평가 때 있었던 속성이 모두 사라져 버린다고 주장할 수도 있다.

고객이 무엇을 원하고 무엇을 원하지 않는지(여기에는 라이트 또는 다크 로스트 선호도 포함된다.) 알고 싶을 것이다. 답은 명확하다. 모든 고객을 만족시키는 단일한 향미 프로필은 없다. 브랜드가 커질수록 더 크고 광범위한 고객층을 만족시키기 위해, 최소한 그 기대치에서 크게 벗어나지 않는 선에서만 도전을 하게 된다.

나는 언제나 스페셜티 커피가 모두를 위한 커피는 아니라고 꾸준히 말해 왔다. 스페셜티는 선택적으로 참여하는 opt-in 공간이라고 생각하기 때문이다. 다만 어쩌면 그 선택이라는 것이 스페셜티 커피라는 원재료 자체보다 한 기업의 스타일과 사업 계획에 더 크게 영향을 받는지도 모른다.

누군가는 네스프레소의 성공 사례를 들어, 상업적인 향미 프로필을 유지하면서도 프리미엄 제품의 내러티브를 원하는 소비자의 욕구가 존재한다는 점을 이야기할 수 있을 것이다. 우리는 흔히 스페셜티 부티크 커피에서 내러티브와 향미를 연결시키지만, 그게 항상 필요한 것은 아니라는 걸 보여주는 예이기도 하다.

다시 독립, 로컬, 크래프트 커피 브랜드 이야기로 돌아가 보자. 이런 비즈니스가 고객의 공감을 얻는 것은 스페셜티 등급의 커피를 제공하기 때문일까? 아니면 커피가 가진 다른 가치 때문일까? 둘 다일 수도 있다. 또 어떤 경우에는 아주 무난한 82점짜리 블렌드를 상당히 강하게 로스팅해서 좋은 우유 베이스 커피 메뉴를 만드는 곳일 수도 있다. 이런 경우, 오히려 스페셜티 커피의 정체성을 강조하는 면에서는 네스프레소보다 약할 수 있다. 많은 사람들이 스페셜티 커피는 산지 특성을 잘 드러내야 하고, 이 특성을 죽이는 로스팅을 피해야 한다고 주장하지만, 더 강한 로스트 프로파일을 원하면서도 산지를 중요하게 여기는 고객층도 분명히 존재한다.

얼마 전 나는 국제무역센터 International Trade Centre 의 《커피 가이드 The Coffee Guide》 4판에 참여했던 커피 컨설턴트이자 트레이너인 폴 아네피 Paul Arnephy 와 대화를 나눴다. 당시 가이드 제작 과정에서 80점대 초반 커피를 여전히 스페셜티 커피라고 할 수 있는지를 두고 논쟁이 있었다고 한다. 나는 앞으로도 이 논쟁이 계속될 것이라 확신한다. 예를 들어 프리미엄 커피, 매스 프리미엄, 스페셜리스트 등으로 등급을 더 세분화하고 층위를 나누려는 경향이 있기 때문이다. 실제로 80점 커피는 90점 커피와 완전히 다른 제품이고, 시장 포지션도 매우 다르다.

다만 80점 이상이라는 기준이 여전히 스페셜티 커피를 정의하는 일반적인 방법으로 사용되는 한, 비즈니스 관점에서 스페셜티 커피는 생산 과정의 어딘가에서 이 임의적인 기준선을 넘긴 커피로 여겨질 것이다. 물론 좀 더 세부적인 정의와 세분화가 도움이 될 수 있는 사례들도 있을지 모르겠다. 하지만 그런 경계를 설정하고 통제하는 역할은 어느 한 사람이나 기관이 맡아야 할 일이라고 생각하지 않는다.

앞서 언급했듯이 나는 나 자신을 '스페셜티 커피 회사'를 운영하는 사람이라기보다는 '다양한 프리미엄 커피와 고품질 커피를 다루는 회사'를 운영하는 사람이라고 생각한다. 창업자로서 내 취향이 비즈니스에 반영되기 때문에, 자연스럽게 내가 가장 좋아하는 향미 프로필을 더 많이 다루게 된다. 물론 일부 협업 프로젝트에서는 내 개인적인 취향과 다르더라도, 고품질 제품 기준을 달성하기 위해 좀 더 탐구적이고 열린 마음으로 임하고 있다.

이 장에서 소개한 여러 사례를 통해 스페셜티 커피를 다루는 브랜드들이 각기 다른 브랜드 내러티브를 가지고 있다는 점을 알 수 있다. 그중 일부는 실제 커피 자체와 밀접하게 연결된 내러티브를 가지고 있었지만 그렇지 않은 경우도 있었다. 그리고 그에 따라 고객의 특성과 마케팅 전략이 다양해진다. 스페셜티 커피를 단순명료하게 정의하고 싶은 욕구는 자연스러운 일이지만, 스페셜티 커피는 다양한 시장에서 여러 매력을 발휘하는 복잡한 제품이다. 그 덕분에 넓은 시장에도, 세분화된 시장에도 어필할 수 있는 유연함을 가진다. 그리고 이 유연함은 스페셜티 커피를 둘러싼 논의를 어렵게 만들기도 하지만, 이는 또한 스페셜티 커피의 강점 중 하나다. 이는 브랜딩과 마케팅에도 반영된다.

기호학 – 미학으로서의 스페셜티
Semiotics – Specialty as an Aesthetic

> 미학: 특정 예술가나 예술 운동 작업에 기반한 일련의 원칙들
> 기호학: 기호, 상징, 그리고 그 의미와 사용에 대한 연구
> — 옥스포드 사전

스페셜티 부티크 커피를 관통하는 가치들에 대해 이야기하고 정의하는 건 비교적 쉽다. 하지만 이 가치들이 실제로 고객과 비즈니스의 행동을 이끄는 핵심 동인인지에 대해서는 의문이 남는다.

커피 브랜드의 가치는 실제로 얼마나 일관되게 실현되고 있을까? 단지 회사 소개서나 미션, 비전 페이지에 쓰기 위해 요약된 문구에 불과한 경우도 있지 않을까?

또한 몇몇 공통점을 묶어 스페셜티 커피 산업 전체를 한 줄로 깔끔하게 정의하고 싶은 유혹도 들 것이다. 하지만 이 회사들을 그저 고품질 등급의 커피를 구매한다는 공통점만으로 하나로 묶기에는 각 사업체들이 결코 동일하지 않다는 사실을 확인했다.(이미 앞장에서 다뤘던 내용이다.)

브랜딩과 제품 디자이너인 지인이 이런 말을 했다. 스페셜티 커피를 즐기는 최종 소비자들은 매우 세분화되어 있어 아주 흥미롭다고 한다. 소비자들이 스페셜티 커피에 끌리는 동기는 저마다 다양하기 때문에 고객을 끌어들이기 위한 미션도 다양해야 한다는 의미다. 확실히 스페셜티 부티크 커피를 소비하는 이유는, 단순히 카페인을 섭취하는 것 이상의 의미를 가진다.

고객층의 다양성은 커피를 즐기기 위한 수많은 장비와 스타일의 다양성만 봐도 알 수 있다. 다양한 커피 추출 기기는 각기 다른 취향의 고객들이 있음을 보여준다. 어떤 것은 정밀함을, 어떤 것은 경험과 형식을, 어떤 것은 자동화와 편리함을, 혹은 일부러 복잡하고 숙

련도를 요하는 방식을 선호하는 고객을 위한 것도 있다. 여기서 더 나아가 사람들의 구매 행동 이면에 있는 이유, 그리고 사람이 커피 음료나 커피를 판매하는 사업체와 어떻게 연결되는지 생각해 볼 수 있다.

스페셜티 커피 산업은 커뮤니티적 성격이 강해서, 공통된 가치를 중심으로 움직이는 흐름처럼 보이기도 한다. 실제로 그런 요소가 있지만, 스페셜티 커피는 다양한 가치가 모인 집합체이기 때문에, 그 안의 가치들이 얼마나 다른지 발견하게 된다. 이를 예상하지 못한 사람들에게는 의외로 느껴질 수도 있다.

커피 행사나 무역 박람회에 가 보면 커피에 대한 열정으로 가득한 사람들이 넘치는데, 조금만 이야기를 더 들어 보면 스페셜티 커피에 끌려 직업으로 삼은 이유는 저마다 다르다. 앞서 살폈듯이, 프리미엄 소비자와 독립 및 로컬 비즈니스 소비자가 반드시 겹치는 것은 아니다. 두 가치는 서로 배타적인 것은 아니지만, 실제 구매 패턴이나 기업 문화에서는 분리되기도 한다.

어떤 로스터리는 생산자와의 관계 구축에 집중하고, 또 다른 로스터리는 그해 가장 흥미롭고 특별한 커피를 찾는 데 집중한다. 각각 장단점이 있다. 예를 들어, 특정 커피 사전 예약 구매가 오히려 품질 리스크를 높이기도 한다.

그렇다면 결국 질문은 이렇게 이어진다. "대체 스페셜티 커피란 무엇인가?" 그에 대한 답은 당연히 '여러 요소의 집합'이라는 것이다. 만약 커핑 점수를 기준으로 스페셜티를 정의(이 책에서 이미 여러 번 비판한)한다면, 한 가지는 반드시 기억해야 한다. 높은 점수를 받은 커피라 해도 스페셜티 커피의 철학이나 분위기와는 전혀 무관한 기업들이 구매해서 로스팅하고 판매할 수 있다는 사실이다.

스페셜티 커피가 대안적인 구매 모델을 제공한다고 주장하는 이들도 있다. 공급 관계에서 약간의 차이가 있긴 하지만 현실적으로 보면 스페셜티 커피도 다양한 경로를 통해 시장에 나오며, 그중에는 일반 커피와 동일한 방식을 거치는 경우도 있다. 그리고 설령 차별화된 유통 경로가 있더라도 그 차이가 큰 경우는 드물다.

투명성이 주는 이점이 일부 있을 수 있지만, 그것이 가장 큰 영향을 미치는 것은 제품의 산지와 관련한 맥락이다. 즉, 특정 지역에 기반한 독특하고 뚜렷한 향미 프로필을 찾는 것이 목표라면, 더 구체적이고 명확한 추적 가능성이 요구된다.

이 모든 것을 고려하면, 스페셜티 커피 시장에는 분명 '느낌'이 있다. 그렇다면 스페셜티 커피는 어떤 방식으로 무언가를 실천하는 비즈니스의 움직임인지, 아니면 어떤 특정 목적보다는 미학에 가까운 것인지 궁금하다.

헤드스탠드Headstand의 창립자인 조슈아 탈로Joshua Tarlo는 나와 왓츠앱을 통해 이야기하면서 흥미로운 관점을 제시했다. "커피가 처음에 특정 디자인 요소를 채택했을 때, 그것은 어떤 가치를 드러내는 상징이었다. 예를 들어, 미니멀한 카페 디자인은 공간을 복잡하게 하는 것을 배제하고 제품에 더 집중할 수 있도록 불필요한 요소를 줄이려는 시도였다. 투명한 구조는 커피 조달의 투명성을 나타낸다. 이런 디자인은 처음에는 가치value를 전달하기 위해 선택된 요소들이었으나, 시간이 지나면서 그 자체가 하나의 '무언가', 즉 고유한 정체성이나 메시지로 자리 잡게 되었다. 이 디자인이 다양한 곳에 적용되면서, 원래 그 상징이 나타내려 했던 가치를 공유하는 이들뿐 아니라, 단지 그 이미지에 혹한 소비자를 사로잡기 위해 이 디자인을 차용하는 곳들이 생겼다. 시간이 흐르면서 그 상징이 전달하던 원래 가치가 퇴색하고 상징 자체가 더 중요해졌다."

조슈아의 말처럼, 나는 많은 커피 회사의 마케팅이 스페셜티 커피의 '느낌'이나 미학만을 소비한다고 생각한다. 이런 상황은 때로 사람들을 혼란스럽게 한다. 이 산업에 참여함으로써 가치 있는 커피를 위한 대의를 실현한다고 믿었는데 막상 들여다보니 실체 없는 말에 불과하고, 실제로는 특정 미학을 이용해 잘 팔리겠다 싶은 상품을 만드는 경우가 많았기 때문이다.

조슈아는 또한 최근 소셜 미디어에서 커피 업계 종사자들이 일종의 "도덕적 손상"을 경험하는 것은 아닐까 하는 질문을 던졌다. 그의 논지는 사람들이 자신이 믿고 의미 있다고 생각하는 일을 하기 위해 커피 업계에 들어오지만, 시간이 지나거나 특정한 경험을 통해, 현실이 기대와 다르다는 것을 깨닫게 된다는 것이다.

이런 관점에서 보면 커피 브랜드들이 때로는 근거가 부족하거나 과장된 주장을 하는 것도 이해가 된다. (**그린워싱** 참조) 독립적인 성격이 강한 부티크 커피 시장에서는, 제품 패키지나 마케팅 자료의 내용을 감사받거나 검증을 받을 일이 거의 없다. 심지어 기업 내부에서도 굳이 이런 주장을 증명해야 할 필요성을 느끼지 않을 수 있다. 이런 상황이 반복되면 스페셜티 커피는 결국 특정한 마케팅 전략과 브랜딩 아이디어의 집합에 불과한 것으로 전락할 위험에 처한다.

하지만 나는 스페셜티 커피라는 말 자체가 완벽하게 이 업계의 사람들, 커피, 그리고 비즈니스를 모두 포괄하거나 일관되게 정의하지 못하더라도, 많은 사람들을 이 세계로 끌어들이는 공통된 열정이 분명히 존재한다고 생각한다. 크래프트 맥주처럼, 어쩌면 스페셜티 커피도 명확하게 정의할 수 없을지도 모르고 그럴 필요조차 없을 수 있다.

그럼에도 불구하고 이 용어는 계속 사용될 것이고, 대부분의 사람들에게 여전히 의미 있는 단어로 남게 될 것이다. 커피 업계에 일하는 사람들의 공통점은 커피를 단순한 음료가 아닌 공급망과 문화의 매개체로 바라보며 깊이 탐구하고 이해하려는 태도를 가지고 있다는 점이다. 앞서 센스메이킹 이야기할 때 살폈듯이 커피의 복합성을 배우고 이해하는 과정 자체가 우리가 스페셜티 커피라고 부르는 것의 핵심이라고 나는 생각한다.

스페셜티 커피를 단순히 하나의 '미학'으로 보는 시각은 이 업계에서 일하는 사람들에게 가장 불편한 부분일 수도 있다. 우리는 공정한 거래를 거친 고품질의 커피가 그 자체로 가치를 증명할 것이라고 믿고 싶어 한다. 즉, 진정성 있는 기업이라면 스스로에게 정직하고 자신들이 실제로 이룬 것과 부족한 점이 무엇인지 객관적으로 평가할 것이라고 기대한다. 하지만 현실적으로 쉽지 않다. 브랜드와 마케팅이 존재하는 한, 스페셜티 커피 산업 역시 '기호학', 즉 상징과 시각적 언어의 영향을 받을 수밖에 없다. 사실 이 업계에서 이루어지는 모든 브랜딩과 마케팅은 의도적이든 아니든 기호학적 요소를 활용하고 있다.

우리가 처음 카페를 열었을 때, 우리가 의도한 경험을 제대로 전달하지 못했다는 걸 깨달았다. 너무 '평범한' 카페처럼 보였던 것이다. 그래서 몇 가지 변화를 주었는데, 지금 생각해 보면 그것들은 기호학적 결정이었다. 전형적인 시각적 요소들(윈도우 장식, 거리에서 눈에 띄는 간판, 일반적인 음료 메뉴 등)을 없애고 일부러 약간의 혼란을 유도했다. 이를 통해 기존 카페와 차별화된 더 큐레이팅된 커피 경험을 만들고자 했다.

각 분야의 많은 기업들은 기존의 기호가 지니는 상징적 의미를 완전히 바꾸기보다는 오히려 적극 활용해 특정 고객층을 타깃으로 삼으려 한다. 사실 우리 역시 일부 상징적 요소를 제거하면서도 동시에 스페셜티 부티크 커피와 연관된 여러 요소들은 포함시키기도 했다.

기호학적 관점에서 보면, 스페셜티 커피 업계에는 특정한 시각적 상징과 의미가 존재한다. 브랜딩에서는 이를 '문화 코드'라고도 하는데, 특정 산업이나 제품군에 따라 다르게 나타난다. 예를 들어, 커피 산업에서 볼 수 있는 기호학적 요소들은 위스키 같은 다른 산업에서도 유사하게 활용할 수 있다.

나는 기호학이 맛 중심의 복합적이고 주관적인 산업에서 중요한 역할을 한다고 생각한다. 고객들은 무의식적으로 기호학적 상징을 해석하며 브랜드를 선택한다. 하지만 기호학이 모든 걸 해결해 주는 건 아니다. 스페셜티 부티크 커피 시장에서 브랜드가 기호학적 요소를 적절하게 활용하는 것도 중요하지만, 진정성 없는 브랜드는 결국 장기적으로 어려움을 겪을 것이다. 물론 반론도 있을 수 있다.

커피 산업에서는 브랜드 차별화가 큰 과제다. 많은 브랜드가 비슷한 메시지와 미학적 요소를 공유하기 때문에 소비자는 이 차이를 어떻게 구별하고 선택할지 고민해야 한다. 브랜드가 문화적 코드를 활용하면서도 고유한 정체성을 유지하는 것이 중요하다.

조슈아 탈로의 말처럼 커피 산업의 기호학적 요소들은 때로 오해를 불러일으키거나 소비자를 잘못된 방향으로 이끌 수도 있다. 그렇기 때문에 전문성, 신뢰, 입소문 같은 요소들이 커피 산업에서 더욱 중요한 역할을 한다. 기호학은 하나의 가이드라인일 뿐, 절대 전부는 아니다.

소비자들의 선택을 이끄는 기호학적 요소와 문화적 코드에 대해 이야기했으니, 이제 다음 장으로 넘어가자.

디자인과 차별화 Design and Differentiation

독립 카페 체인 The Chain of Independent Coffee Shops

영국 전역에 스페셜티 커피 독립 카페 문화가 확산되던 시기에, 카페 인테리어가 점점 비슷해진다고 말하는 사람들이 많았던 것이 기억난다. 그 말들은 비판적인 뉘앙스를 담고 있었고, 왜 그런 반응이 나왔는지도 이해할 수 있었다. 하지만 나는 이런 현상을 긍정적인 시각으로 볼 수 있다고 생각한다.

그런 비판 중에는 독창성과 창의성이 부족하다는 아쉬움도 있었고, 진정성 없이 성공한 카페를 그대로 베낀다는 지적도 있었다. 하지만 동시에, 하나의 문화적 흐름이 형성될 때 비슷한 미적 요소가 나타나는 건 자연스러운 일이다. 마치 어떤 시대의 음악 장르에 특정한 사운드와 스타일이 공통적으로 나타나는 것과 비슷하다. 스페셜티 커피, 제3의 물결 커피는 다른 어떤 용어를 사용하든, 흔히 하나의 커뮤니티로 묘사된다. 이 커뮤니티는 실제로 형성되어 있는 꽤 멋진 공동체다. 본질적으로 이 커뮤니티는 비즈니스 커뮤니티다. 즉, 커피에 대한 열정을 공유하는 다양한 기업과 개인들이 모여 있다. 저마다 커피 한 잔에서 기대하는 맛은 조금씩 다르겠지만, 대체로 어떤 커피가 좋은 커피인지에 대해 비슷한 가치를 공유한다.

특히 초창기 스페셜티 커피 시장을 보면, 하나의 비즈니스 서브컬처라고 할 수 있을 정도로 강한 정체성을 가지고 있다. 서브컬처는 일반적으로 특정한 행동 방식과 시각적 요소를 동반한다. 영국에서 스페셜티 커피 산업이 막 자리 잡기 시작했을 때, 특정 모델의 에스프레소 머신과 그라인더를 사용하는 카페는 당연히 스페셜티 커피에 집중하는 곳이라는 인식이 있었다. 물론 꼭 이런 기구가 좋은 커피를 만들 수 있는 유일한 조건이라는 의미는 아니다. 당시에는 로스팅 업계가 작았고 특정 로스터들은 자신들의 원두를 어디에 납품할지 까다롭게 선택했기 때문에, 특정 로스터의 커피를 사용하는 것 자체가 하나의 기준이 될 수 있었다.

모든 운동이 그렇듯, 제품에 대한 관심에서 시작한 움직임은 시간이 지나면 점차 하나의 정체성으로 발전하는 경향이 있다. 그리고 어떤 관심사는 더 광범위한 공감과 참여를 불러일으키기도 한다.

초기 스페셜티 커피 운동에 이끌려 일하게 된 사람들을 살펴보면, 대체로 반문화적counter-cultural이고, 창의적이며, 독립적인 성향을 가진 사람들이 많았다. 물론 그런 성향의 고객층도 많았겠지만, 결국 카페가 비즈니스로서 성공하려면 훨씬 더 다양한 고객층이 필요하다. 커피 한 잔의 가격이 상대적으로 낮은 만큼, 폐쇄적인 분위기로는 사업을 성장시킬 수 없다. 결국 스페셜티 커피를 찾는 고객층은 음식과 음료 전반에서 열정과 품질을 중요하게 생각하는 호기심 많은 사람들이라는 공통점을 갖게 되었다. 그리고 이는 생각보다 폭넓은 소비자층을 아우를 수 있는 특성이다.

초창기에는 카페의 인테리어나 직원들의 태도뿐만 아니라 라떼아트도 스페셜티 카페의 특성을 보여주는 중요한 요소였다. 당시만 해도 라떼아트를 하는 곳은 많지 않았고, 잘하는 곳도 드물었다. 메뉴도 중요한 차별화 요소였다. 플랫화이트 같은 음료는 제3의 물결 카페가 아니라면 볼 수 없었지만, 지금은 대형 체인점에서도 쉽게 볼 수 있으며 영국에서 가장 인기 있는 메뉴가 되었다.

이야기가 조금 옆으로 샜지만, 독립 카페들 사이에서 비슷한 디자인적 요소가 발견되는 것은 자연스러운 현상이며, 오히려 이것이 커피 문화의 확산을 돕는 역할을 했다.

그러나 노골적인 모방은 분명 문제가 있다. 비즈니스 커뮤니티 안에는 자연스러운 긴장감이 존재한다. 시장에 스페셜티 커피에 대한 수요가 많을 때는 업체들이 서로 도우면서도 공존할 수 있다. 이런 상황에서는 우호적인 분위기가 유지되기 쉽다. 하지만 이들이 서로 경쟁 관계라는 점은 분명하다.

그래서 국제 커피 행사에서는 좀 더 자유롭게 네트워킹이 이루어진다. 같은 제품에 대한 열정을 공유하는 업계 사람들이 모이지만, 서로 다른 시장에서 활동하기 때문에 직접적인 경쟁 관계가 아니다. 이런 환경에서는 순수한 열정과 관심을 공유할 수 있는 즐거움이 있다.

스페셜티 부티크 커피 업계의 브랜드들은 공통된 문화적 특성을 공유하고 있지만 동시에 차별화의 필요성도 당연히 존재한다. 사실 차별화는 항상 필요했던 요소다. 커피 산업의 초기에, 스페셜티 부티크 카페는 기존 카페와 단순히 다르다는 이유만으로 자연스레 차별화가 이루어졌다. 그러나 같은 지역에 스페셜티 카페가 점점 늘어나면서 이런 차별성은 점차 희석되었다.

라니 킹스턴Lani Kingston은 《디자이닝 커피Designing Coffee》에서 전 세계 다양한 디자인과 브랜딩을 살피고 "디자인은 포화된 시장에서 카페, 로스터, 카페, 생산자들이 차별화할 수 있는 한 가지 방법"이라고 설명한다. 점점 더 많은 사람들이 브랜드 정체성을 개발하고 효과적으로 소통하고자 하면서, 커피 업계의 비주얼과 브랜딩은 그 어느 때보다 다양해졌고, 실제로 다른 산업보다 더 넓은 스펙트럼을 가지고 있다.

그러나 스페셜티 커피 업계에서 차별화는 쉬운 일이 아니다. 대부분 비슷한 이야기를 하기 때문이다. **전문성, 신뢰 그리고 입소문** 장에서 살펴본 것처럼, 부티크 커피 브랜드의 성공은 단순히 멋진 디자인을 달성하는 것뿐 아니라 입소문에 의해 결정되기도 한다. 물론 디자인 자체가 입소문 마케팅에 도움이 될 수 있다. 그러나 멋진 디자인만으로는 충분하지 않고 훌륭한 커피만으로도 충분하지 않다. 카페는 브랜드의 총체적인 공간이며, 다양한 요소들이 어우러져 성공을 결정한다.

이런 점을 고려할 때, 스페셜티 부티크 커피 브랜드는 동시에 두 가지 요소를 충족해야 한다. 즉, 스페셜티 부티크 커피 브랜드라는 정체성을 전달하면서도 단순한 모방이 아닌 독창적인 브랜드로서의 가치를 보여줘야 한다. 이를 통해 고객들이 진정성 있는 브랜드로 인식하고, 차별화된 정체성에 공감할 수 있도록 해야 한다.

디자인은 본질적으로 유동적인 개념이다. 특히 스페셜티 부티크 커피처럼 창의적인 업계에서는 다양한 창작자들이 지속적으로 새로운 디자인 언어를 창조한다. 어떤 디자인이 독창적이고 차별적인가의 기준은 빠르게 변한다. 특정 스타일이 여러 브랜드에 사용되면 더 이상 독창적으로 보이지 않으며, 유행에만 편승한 디자인은 금세 진부하게 느껴질 수 있다. 흥미롭게도, 스페셜티 부티크 커피 산업이 성숙하면서 일부 브랜드들은 최신 트렌드를 따르기보다, 오히려 역사와 전통을 강조하는 방향으로 브랜딩을 강화하기도 한다.

스페셜티 부티크 시장을 넘어 커피가 소비되고 제공되는 다양한 환경을 살펴보면 그 어느 때보다 스펙트럼이 넓어진 것을 알 수 있다. 일부 기업들은 부티크 스타일을 의도적으로 배제하고, 좀 더 주류 취향의 소비자층을 공략하기도 한다. 이는 커피 산업 전반에서 융합이 이루어지고 있음을 보여준다. 즉, 일부 스페셜티 커피 기업들은 보다 대중적인 커뮤니케이션 방식을 도입하는 한편, 대형 브랜드들은 스페셜티 커피의 스토리텔링과 디자인 감성을 차용하는 모습을 보인다.

커피는 문화적 중요성과 광범위한 소비층을 가진 독특한 제품이다. 이로 인해 다양한 스타일과 테마를 아우르는 디자인과 브랜딩의 융합이 이루어지고 있다. 업계의 소비자와 바이어들에게 디자인은, 그들이 브랜드와 상호작용하는 핵심 요소다. 브랜드의 디자인 요소를 통해 기업이 전달하려는 메시지를 직관적으로 판단할 수 있기 때문이다.

라이프스타일과 커피 브랜드 상품화
Lifestyle and Merchandising Coffee Brands

《디자이닝 커피》의 저자 라니 킹스턴과 커피 디자인과 브랜딩에 대한 대화를 하면서, 세계적으로 다양한 커피 브랜드 정체성이 나타나고 있다는 이야기를 나누었다. 특히 흥미로웠던 부분은 커피 브랜드가 단순히 커피에 대해서만 이야기하는 것을 넘어, 라이프스타일 브랜드로 확장하고 있다는 점이다.

영국에서는 커피 브랜드에 대한 인식이 비교적 단순하고 직접적이다. 이는 영국의 최근 역사에서 비롯된 현상일 가능성이 크다. 영국은 몇십 년 전까지 커피보다는 차를 마시는 나라였고 그 이후 커피 소비가 증가했지만, 그 중심은 여전히 인스턴트 커피였다. 1990년대 중반까지만 해도 커피는 영국 문화에 뿌리내리지 않았다. (17세기 영국에서 커피가 유행했던 적이 있지만 이후로 오랫동안 차에 밀렸다.) 또한 영국 문화 특유의 회의적인 경향 때문인지 커피 브랜드를 라이프스타일로 인식하기보다는 철저히 비즈니스로 보는 경향이 강하다. 사회문화적 이유가 무엇이든, 영국에는 다른 나라와 달리 일상적인 커피 브랜드가 없었다.

그런데 영국 시장에서도 브랜드 정체성이 커피 자체를 넘어서는 사례가 나타나고 있다. 다크 아트 커피 Dark Arts Coffee는 독특한 사례다. 이 브랜드는 고품질 커피를 유지하면서도 커피에 국한되지 않은 독특한 브랜드 정체성을 가지고 있다. 유머, 밈, 상품을 통해 고객, 팔로워와 소통한다. 창립자 브랜드 모리슨 Brad Morrison은 고객이 사용하는 언어, 즉 인터넷 언어를 사용해 고객과 소통한다고 말한다. 디자인 영감을 얻기 위해 밈 문화나 거리의 패션 트렌드도 살펴본다. 브래드는 다크 아트의 상품이 브랜드와 고객과의 연결고리로 작용한다는 것을 잘 알고 있다. 주목할 점은 이 브랜드가 이스트 런던 대중문화의 일부가 되었다는 점이다.

브래드가 상품 매출을 추적해 본 결과 많은 고객들이 커피가 아니라 상품을 구매하기 위해 웹사이트를 찾는 경우가 많았다고 한다. 그리고 상품 매출이 증가할수록 커피 매출도 같이 증가하는 상관관계가 나타났다. 이는 다크 아트가 강력하고 개성 있는 브랜드 정체성을 구축했으며, 사람들이 커피 소비를 넘어 브랜드 자체에 애착을 느낀다는 사실을 보여준다.

사람들은 종종 커피뿐만 아니라 자기가 커피를 구매하는 회사와도 강한 유대감을 형성한다. 이런 관계는 일반적인 식음료 산업에서 흔치 않은 현상이다. 크래프트 맥주 산업에서 비슷한 현상을 찾아볼 수 있으며, 이는 커피 브랜드가 또 하나의 특별한 시장을 형성하고 있음을 보여준다.

결과적으로 많은 스페셜티 커피 브랜드는 커피 브랜드를 넘어 라이프스타일 브랜드의 성격을 가지게 되었다. 일부 커피 브랜드는 의류 라인, 아트, 기타 식음료까지 브랜드 영역을 확장하고 있다. 시장이 성숙해질수록 커피 품질과 원산지 이야기를 넘어서는, 이런 브랜드들이 늘어날 가능성이 크다. 이는 차별화의 필요성이 점점 더 커지고 있다는 것을 의미한다.

B2B 브랜딩 B2B Branding

카페와 커피 소매업을 제외한 대부분의 커피 산업은 B2B 거래로 이루어진다. 브랜딩과 마케팅은 B2B 영역에서도 중요한 역할을 한다. 사실 이 책에서 다룬 내용들이 B2B 시장에서는 더욱 중요하게 적용될 거라 생각한다. B2B 브랜드는 공급망 내 고객들에게 어필해야 하고, 경우에 따라서는 공급망의 여러 단계에 동시에 영향을 미쳐야 한다. 예를 들어, 로스팅 머신 회사는 로스팅 커뮤니티에서 신뢰와 기술적 공신력을 쌓아야 한다.

반면 커피 생산자나 로스팅 브랜드는 최종 소비자에게 브랜드를 인식시키기 위해 풀-스루pull-through 전략이 필요하다. 이는 다음과 같은 시나리오로 전개될 수 있다. 브랜드가 점차 업계 내에서 인지도를 쌓아 업계 종사자들에게 인정을 받기 시작하면, 이들이 자신의 고객과 커피 기업들에게 제품을 소개한다. 이제 최종 소비자들이 해당 브랜드를 직접 찾고, 이를 통해 B2B 거래의 기회도 확대되는 선순환이 이루어진다. 예를 들어 소비자들이 특정 커피 농장의 고품질 원두를 적극적으로 찾는다면, 로스터리는 해당 농장의 커피를 제공하는 연결고리 역할을 하면서 브랜드 가치를 더욱 높일 수 있다.

마찬가지로 로스터리 브랜드 평판이 높아지면 소비자들은 해당 브랜드를 인지하고 직접 문의하거나 찾아나선다. 이는 소비자 수요에서 시작한 것이지만, 결과적으로 B2B 거래를 활성화하는 효과를 낳는다. 이런 현상은 오트밀크 같은 제품에서 명확하게 나타난다. 고객들은 단순히 오트밀크를 주문하는 것이 아니라, 자신이 선호하는 특정 브랜드의 오트밀크를 요청한다. 특정 추출 장비도 마찬가지다.

반면 브랜드를 신중하게 큐레이션하는 비즈니스 모델도 있다. 이런 업체들은 소비자들이 이미 알고 있는 브랜드에 반응하기보다 자신들만의 독창적이고 새로운 셀렉션을 제공하는 데 집중한다. 이런 비즈니스는 새롭고 독특한 브랜드를 소개하는 것을 핵심 가치로 삼으며, 이를 통해 차별성을 구축한다.

이런 큐레이션 모델을 채택한 비즈니스들은 새로운 브랜드와 업체를 시장에 소개하는 역할을 하며 일부 브랜드는 시간이 지나면서 '새로운' 발견에서 시작해 '알려진' 브랜드로 발전할 것이다. 예를 들어 많은 부티크 로스터리들은 열렬한 마니아층을 가지고 있으며, 이런 고객들에게 어떤 커피를 사서 어떻게 추출해야 하는지 알려 주고, 나아가 커피에 대한 견해와 정보를 안내하는 역할을 한다. 이런 경우, 로스터리는 단순한 커피 판매자가 아니라 브랜드를 소개하고 신뢰를 구축하는 역할도 수행한다.

다만 '새로운' 브랜드가 영원히 새로울 수는 없다. 다행히 그럴 필요도 없다. 스페셜티 커피 시장에는 많은 브랜드들이 여러 고객을 대상으로 제품을 판매하며, 많은 업체들은 전혀 새로운 브랜드보다 이미 검증된 품질의 제품을 생산할 수 있는 브랜드와 협업하는 것을 선호한다. 브랜드가 점점 더 많은 고객과 연결되면서 인지도와 인맥이 쌓이면 다시 풀-스루 전략으로 이어지는 순환이 지속된다.

앞서 **물리적 경험-오프라인 공간의 가치**에서 살펴본 것처럼, B2B 시장에서는 사람과 커피를 직접 연결하는 것이 매우 중요하다. B2B 거래에서도 커피 자체의 품질뿐만 아니라, 비즈니스 관계를 형성하는 사람 간의 상호작용이 중요한 역할을 한다. B2B 비즈니스의 성공은 소수의 중요한 상업적 관계를 구축하는 데 달려 있고, 이는 결국 거래와 협력을 진행하는 주요 이해관계자 간의 인간적인 유대감에 기반한다. 그러나 이런 관계 중심의 비즈니스 모델은 핵심 인물에 대한 의존성을 가져올 수 있다. 장기적으로는 특정 인물에 덜 의존하면서도 지속 가능한 브랜드로 발전시키는 것이 목표가 될 것이다.

PART 6

전략
Strategy

6부 소개 Introduction to Part Six

전략: 장기적이거나 전반적인 목표를 달성하기 위해 설계한 행동 계획
— 옥스포드 사전

비즈니스 운영에는 수많은 변수들이 얽혀 있기 때문에, 각 기업은 고유한 전략을 통해 자신만의 길을 찾는다. 그리고 어떤 전략은 다른 전략보다 더 포괄적이고 복잡한 방식으로 작동하기도 한다.

효과적인 전략을 수립하려면 기업이 시장에서 현재 가지고 있는 가치와 잠재적 가치를 명확히 이해해야 한다. 또한 미시경제와 거시경제를 모두 고려해 전략을 설정해야 한다. 이를 위해 명확한 미션 선언문을 수립하면, 기업이 지속적으로 참고할 수 있는 '북극성' 역할을 하여 전략 수립의 기준이 될 수 있다.

많은 조직들이 장기 전략 없이 단기적인 전술에 치중하는 경향이 있다는 지적을 받는다. 전술은 전략을 실현하기 위해 일상적인 주간 단위의 실행 계획을 의미한다. 효과적으로 활용한다면 장기 전략을 달성하는 데 도움이 된다. 2부에서는 근본적인 비즈니스 운영 전술에 대해 탐구했다. 그러나 비즈니스 운영 과정에서 당장의 전술적 의사 결정에 집중하다 보면 장기 전략이 점차 희미해질 수 있다. 물론 전략은 필요에 따라 변경하거나 조정할 수 있지만 그 과정은 반드시 의도적이고 계획적으로 이루어져야 하며, 우연에 의해 변

화해서는 안 된다.

이번 장에서는 비즈니스에서 중요한 전략적 사고방식을 살펴보고, 그것이 스페셜티 부티크 커피 산업에서 어떻게 적용되는지를 살핀다.

당신의 '왜'는 무엇인가? What is Your 'Why'?

리더십 전문가 사이먼 시넥 Simon Sinek 은 《골든 서클 The Golden Circle》에서 '왜 Why, 어떻게 How, 무엇을 What'이라는 접근법을 개척했다. 그는 이 접근법으로 기업의 전략 수립을 돕고 올바른 조직 문화를 만들 수 있다고 설명한다.

이 접근법의 핵심 개념은 다음과 같다.

왜	비즈니스를 운영하는 근본적인 목적은 무엇인가? 제품과 회사를 통해 이루고자 하는 목표는 무엇인가?
어떻게	'왜'를 실현하기 위해 어떤 방식으로 접근할 것인가? 어떤 방식으로 목적을 달성할 것인가?
무엇	결국 만들어낸 제품, 서비스는 무엇인가?

시넥의 이론에 따르면 성공적인 기업들은 '왜'에서 시작하며, 많은 기업들이 자신의 '왜'조차도 정확히 알지 못한 채 사업을 운영한다고 지적한다.

비즈니스에 대한 책을 쓴 도미닉 먼크하우스 Dominic Monkhouse 는 '왜'도 중요하지만 '누구' 또한 못지않게 중요하다고 주장한다. 즉, '왜'가 명확하더라도 그것이 '누구'에게 매력적으로 다가갈 것인지를 이해하는 것이 핵심이라는 것이다. 그러나 커피 산업에서는 다양한 고객층을 상대해야 하므로, 특정한 '누구'를 정의하기란 쉽지 않다. 이처럼 전략 수립에서 경제적 요소 또한 중요한 역할을 하며, 이는 '누구'를 정의하는 데 도움이 된다. 궁극적으로 경제적 분석을 통해 '누구'를 정의하고 그에 따라 '왜'를 조정할 필요가 있다.

앞서 **고객과 공급업체의 조율**에서 이 점을 경제적 관점에서 살펴본 바 있다. 즉, 특정 제품이 특정 고객 유형과 규모에 맞는 수익성을 가질 수 있는지를 파악해야 한다. 이런 접

사이먼 시넥의 골든 서클

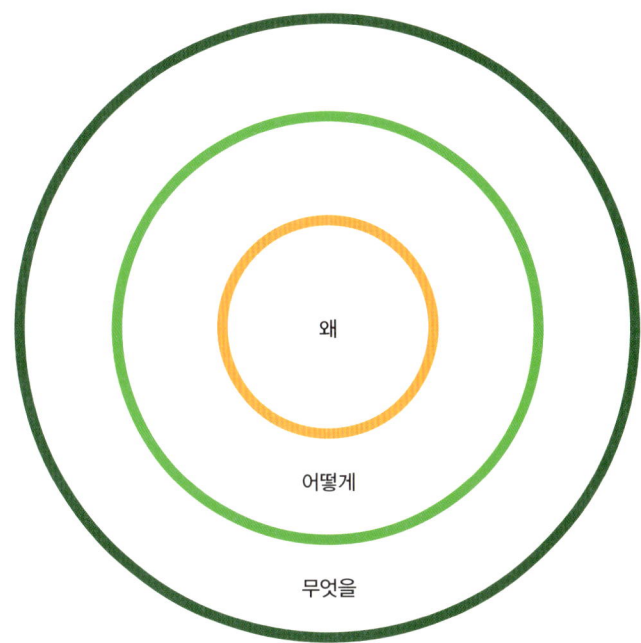

근 방식은 '왜'라는 목적 지향적 질문만큼 고무적이거나 영감을 주는 표현으로 들리지 않겠지만, 커피 산업에는 경제적 현실과 맞지 않아 실현되지 못하는 수많은 '왜'가 존재한다. 이 책은 스페셜티 부티크 커피 비즈니스를 운영하는 데 따르는 제약과 도전 과제를 설명하는 데 초점을 맞추고 있다. 성공적인 스페셜티 부티크 비즈니스를 운영하려면 이런 현실적 제약에 대해 이해해야 한다.

많은 스페셜티 커피 비즈니스의 '왜'는 훌륭한 커피를 추구하는 것이다. 아주 탁월한 커피를 재배, 유통, 로스팅, 제공하는 방식으로 실현될 수 있다. 이런 '왜'는 20년 전만 해도 전략적으로 독특한 개념이었지만, 이제는 커피 업계에서 꽤나 보편화되었다. 그러나 각 기업이 정의하는 '최고의 커피' 기준은 저마다 다르다. 특정한 생산자, 향미 프로필, 추출 방식 등을 중심으로 '왜'를 더욱 구체화할 수 있다. 이런 복합적인 특성 덕에 다양성을 위한 여지가 많아지고, 스페셜티 커피 산업에는 여러 목표를 추구하는 다양한 비즈니스 모델이 공존할 수 있다.

'왜'와 '누구'가 결합되면, 전략은 보다 명확하게 목표를 향해 집중할 수 있다. 예를 들어, 특정 산지나 지역을 대표하는 커피를 시장에 진입시키려는 커피 수입업체, 또한 특정 지역 스페셜티 생산자를 위해 부티크 시장과 연결해 주는 수출업체 들이다. 이처럼 다양한 사례가 있고, 일부 커피 기업들은 특별한 커피 자체를 추구하기보다, 좋은 커피를 중심으로 한 경험과 문화를 구축하는 것을 목표로 삼기도 한다.

짐 콜린스 Jim Collins는 그의 저서 《좋은 기업을 넘어 위대한 기업으로 Good to Great》에서 '고슴도치 컨셉 Hedgehog Concept'을 통해 '왜'를 더욱 구체적으로 정리할 수 있는 세 가지 질문을 제시한다.

우리가 가장 열정을 가지고 추구하는 것은 무엇인가?
우리의 비즈니스를 지속 가능하게 하는 원동력은 무엇인가?
우리는 어떤 분야에서 세계 최고가 될 수 있는가?

이 중 "지속 가능하게 하는 원동력은 무엇인가?"는 모든 비즈니스에서 필수적인 질문이다. '왜'를 실행하기 위해서는 이를 뒷받침할 수 있는 지속 가능한 수익 구조가 필요하다. 따라서 기업은 수익을 창출하면서도 장기적으로 '왜'를 실현할 수 있는 상업적 구조를 전략적으로 구축해야 한다.

반면, "세계 최고가 되는 것"은 지속 가능한 스페셜티 커피 사업을 운영하는 데 있어 반드시 필요한 요소는 아닐 수 있다. 물론 최고가 되는 것도 중요하지만, 지속 가능한 좋은 비즈니스를 운영하기 위한 핵심 조건은 아닌 것 같다.

결과적으로 '왜'에 대한 답이 무엇이든 기업의 이정표 역할을 할 수 있는 기준이 될 수 있다. 스페셜티 커피 산업의 매력 중 하나는 업계 전반에 열정이 넘친다는 점이다. 다른 산업에서 스페셜티 커피 업계로 넘어온 많은 사람들은 공통적으로, 스페셜티 커피 업계가 그 어느 산업보다 포용적이고, 협력적이며 열정적인 공간이라고 말한다. 이런 분위기 덕분에 커피 산업에는 수많은 '왜'가 존재한다. 중요한 것은 이러한 '왜'를 전략적으로 생각하고, 기업이 스스로 자기 위치를 비판적으로 평가하고 반성적 질문을 통해 지속 가능한 성장 전략을 수립하는 과정이 필요하다는 점이다.

고슴도치 컨셉의 3원

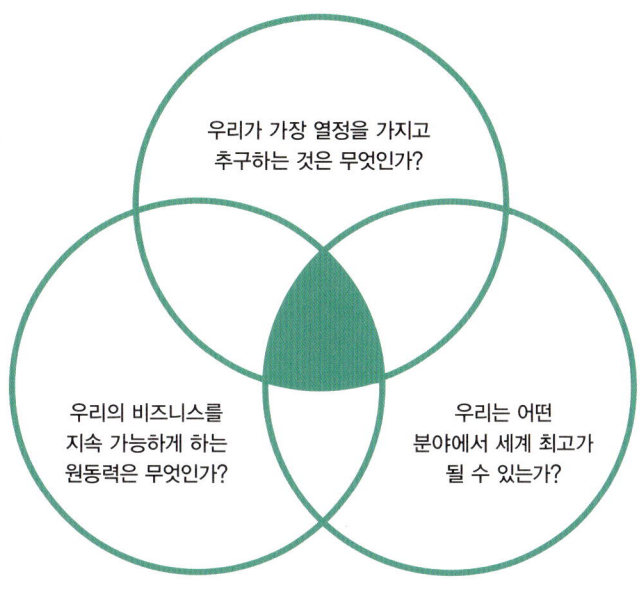

포터의 비즈니스 전략 Porter's Business Strategies

마이클 포터Michael Porter는 1980년대에 다양한 비즈니스 전략 이론을 정립한 미국의 학자다. 그의 개념들은 오늘날 전 세계 MBA 과정에 널리 활용되고 있다. 물론 일부 개념들은 시대에 따라 변화했지만, 여전히 유효한 전략적 개념들이 있다.

네 가지 일반적 전략 The Four Generic Strategies

포터의 이론은 비용과 집중이라는 두 가지 사고 축을 기반으로 한다. 기업은 비용 면에서 경쟁사보다 낮은 가격으로 경쟁할 것인지, 아니면 차별화된 가치를 인정받아 더 높은 가격을 책정할 것인지 결정해야 한다. 집중 측면에서는 기업이 특정한 세분시장market segment에 집중할 것인지, 혹은 광범위한 시장을 목표로 삼을 것인지 결정해야 한다. 각 기업은 네 가지 전략 중 하나의 비용 전략(저비용 vs. 차별화)과 집중 전략(세분시장 vs. 광범위 시장)을 선택해 조합해야 한다.

그렇다면 스페셜티 커피 산업에서는 이 전략이 어떻게 작용할까? 가장 명확한 선택지는 차별화된 제품을 특정 세분시장에 제공하는 전략이다. 즉 고유한 차별성을 가진 커피 제품을 특정 소비자층에게 제공하고 프리미엄 가격을 책정한다.

특히 고급 스페셜티 커피 시장에서 이런 전략을 잘 볼 수 있다. 하지만 커피숍에서는 상황이 조금 더 복잡하다. 많은 스페셜티 카페들은 대형 프랜차이즈 브랜드(스타벅스)보다 더 높은 가격을 책정하려는 의도가 없다. 그렇다고 해서 더 낮은 가격을 목표로 하는 것도 아니다. 대신 차별화된 커피를 제공하면서도 대중적인 가격을 유지하는 전략을 취한다. 이 전략은 광범위한 고객층을 타깃으로 하지만, 동시에 스페셜티 커피 애호가를 확보하려는 전략이다.

많은 스페셜티 커피 기업들은 포터의 일반적 전략 중 하나만 따르기보다, 여러 전략을 혼합한 스프레드 전략을 활용한다. 스페셜티 부티크 카페는 일반적인 제품과는 차별적인 제품을 메뉴에 넣을 가능성이 크다. 일반적으로 가격이 저렴한 배치 브루를 메뉴에 넣고 동시에 고품질 냉동 보관 커피 a freezer meun of coffee*를 높은 가격으로 제공할 수 있다.

이처럼 한 기업 내에서도 제품군에 따라 다른 전략이 적용될 수 있다. 이는 커피 농장이나 수입업체도 마찬가지다. 다양한 제품군을 제공해 다양한 고객층을 확보하고 싶겠지만 커피 시장의 모든 부분에 다 맞출 수는 없기 때문에, 전략적 선택과 집중이 필요하다. 스페셜티 커피 업계에서 장기적으로 경쟁 우위를 유지하는 것은 쉽지 않다. 커피 트렌드, 소비자 취향, 시장 환경이 끊임없이 변화하기 때문에 기업들은 지속적으로 전략을 조정하고 진화해야 한다.

포터의 이론에서는 브랜드의 중요성이 충분히 반영되지 않았다. 브랜드는 차별화의 중요한 요소지만 비용 대 집중이라는 프레임에서는 제대로 설명되지 않는다. 소비자들은 브랜드가 제공하는 제품 및 서비스의 품질과 가치를 브랜드 포지셔닝과 연결해서 평가한다.

스프레드 전략은 운영적으로 매우 어렵다. 다양한 고객층을 만족시키려면 자원과 인

- 고가의 스페셜티 커피를 냉동 보관해 품질을 오래 유지하는 방식. 고객은 냉동 보관 커피 목록을 보고 원하는 원두를 선택해 주문할 수 있음. 최근 스페셜티 커피 업계와 일부 하이엔드 카페, 로스터리에서 점차 늘고 있는 추세다. _ 편집자주

력이 많이 필요하다. 너무 많은 것을 아우르려 하다 정체성도 모호해질 수 있다. 결국 대부분의 기업은 특정 시장을 중심으로 전략적 초점을 설정한다. 결론적으로 기업의 '왜'와 '누구'라는 질문은 결국 시장과 운영 전략의 중심축과 연결되어 있다.

다섯 가지 경쟁 요인 The Five Forces

마이클 포터의 '다섯 가지 경쟁 요인'은 시장 분석 프로세스의 하나로, 기업이 시장 내 경쟁 환경에서 어떤 위치에 있는지를 확인할 수 있다.

1. 시장 내 경쟁   경쟁자의 수가 많고 유사한 제품 및 서비스가 많을수록 개별 기업의 지배력은 약해진다.

2. 신규 진입자의 잠재력   아직 시장에 진입하지 않은 경쟁자의 영향력을 의미한다. 새로운 경쟁자가 얼마나 빨리 당신의 비즈니스에 영향을 미칠까?

3. 공급자의 힘   공급자가 원재료 등의 가격을 올릴 수 있는가? 기업은 경쟁력 있는 공급 시장을 이용해 원가를 절감할 수 있는가?

4. 고객의 힘   소수의 고부가가치 고객 그룹은 더 좋은 거래를 가능하게 하고 광범위한 고객층을 가진 기업은 가격 정책을 조정해 수익을 극대화할 수 있다.

5. 대체재의 위협   기업이 제공하는 제품이나 서비스 대신 고객이 선택할 수 있는 대체재가 있는가? 대체재의 존재는 고객 유지에 위협이 될 수 있다.

포터의 '다섯 가지 경쟁 요인'은 기업 내부 요소를 분석하는 SWOT 분석(강점, 약점, 기회, 위협)과 다르다. 다섯 가지 경쟁 요인은 보다 시장 중심적인 접근 방식을 취하며, 기업이 시장에서 어떻게 포지셔닝해야 하는지를 분석하는 데 초점을 맞춘다.

1번 요인의 측면에서 볼 때, 커피 산업은 원두에서 한 잔의 커피에 이르기까지 다양한 단계를 거친다. 따라서 시장 내 기업 수가 많고, 유사한 제품과 서비스가 존재하는 만큼 경쟁이 매우 치열하다.

2번 요인을 보면, 커피 시장에는 신규 진입자가 등장할 가능성이 매우 높다. 스페셜티 커피 시장에도 새로운 로스터리, 카페, 수입업체 등이 쉽게 진입할 수 있다. 커피 산업에서 공급자의 힘은 다양한 요인에 따라 달라진다. 국제 생두 커피 시장은 강력한 영향력을 가지고 있으며, 공급량이 부족할 경우 가격이 올라간다. 그러나 일반적인 상황에서는 공급자가 개별적으로 가격을 올리기 어렵다. 다만 프리미엄 시장에서는 공급자의 힘이 훨씬 더 강력하다. 예를 들어 아시엔다 라 에스메랄다$^{\text{Hacienda La Esmeralda}}$ 농장에서 생산한 게이샤를 원한다면 이 생두를 구할 곳은 여기 한 곳뿐이다. 따라서 가격 협상의 여지가 없다. 마찬가지로 까페 그란하 라 에스뻬란자$^{\text{Café Granja La Esperanza}}$에서 생산한 CGLE 17 교배종(게이샤와 까뚜라 교배종)도 아시아 시장에서 높은 수요를 기록하며 가격이 급등하고 있다. 우리는 3년 전 이 커피가 처음 생산되었을 때 전량 구매했는데, 평판이 올라가면서 가격이 두 배 이상 올랐다.

공급망의 하류로 내려가면, 수입업체는 특정 생산자나 수출업체와 계약을 맺고 시장에서 해당 커피를 대표하는 역할을 한다. 따라서 수요가 많다면 수입업체가 유리한 입장에 설 수 있다. 로스터리나 카페 역시 비슷한 역학을 경험하기도 한다. 하지만 일반적으로 경쟁이 심한 시장에서는 공급자가 유리한 입지에 서기 어렵다. 그러므로 좋은 가격을 유지하고 싶다면 브랜드와 관계 구축을 통해 생존해야 한다.

4번 고객의 힘 역시 위치에 따라 다르게 나타난다. 가장 강력한 고객은 도매 공급 관계를 맺고 있는 기업들이다. 이들은 대량 구매를 통해 가격 협상을 유리하게 진행할 수 있으며, 때문에 개별 기업이 특정 고객에게 지나치게 의존하는 것은 위험할 수 있다. 특히 매출의 10% 이상을 차지하는 단일 고객이 있다면 경영 리스크로 작용할 수 있다.

5번을 고려할 때, 커피 시장을 전체적으로 보면 대체재의 위협은 크지 않다. 커피에 대한 소비자 수요는 꾸준히 증가하고 있으며, 건강과 관련된 연구들도 커피가 전반적으로는 긍정적인 면이 많다는 주장을 뒷받침한다. (물론 반대 입장도 있다.) 물론 일부 소비자들은 버섯커피 같은 일부 대체 음료를 선택할 수 있지만, 아직 커피는 입지가 탄탄해 보인다.

그러나 특정 시장에는 대체재의 위협이 존재한다. 예를 들어 영국의 차 산업은 커피의 대체제로 볼 수 있으며, 실제로 차 소비가 감소하고 커피 소비가 증가한 사례가 있다. 마찬가지로 두유 브랜드는 오트밀크 브랜드를 대체제로 인식할 수 있다.

    커피 산업의 개별 기업들은 공급망 전반에서 다양한 대체제의 위협을 받는다. 포터의 다섯 가지 경쟁 요인, 네 가지 일반 전략, 그리고 SWOT 분석을 활용하면, 커피 시장의 경쟁이 얼마나 치열한지 알 수 있다. 따라서 차별화된 브랜드 전략과 효과적인 커뮤니케이션은 기업의 강력한 경쟁력이 될 수 있다. 스페셜티 커피 시장에서 기업의 전략적 위치는 브랜드 인지도뿐 아니라, 특정 매장의 입지, 유명 농장에서 생산한 커피 소싱 능력, 최고의 금융 접근성, 그리고 로스팅과 포장의 기술력과 유연성 같은 요소에 의해 결정된다. 기업은 자신만의 차별화 포인트를 고민해야 하며, 이러한 요소들이 경쟁이 치열한 스페셜티 커피 시장에서 중요한 전략적 자산이 될 수 있음을 잊지 말아야 한다.

규모, 다각화, 수직적 통합 Scale, Diversification & Vertical Integration

커피 산업의 다양한 영역에서 작용하는 기본적인 비즈니스 경제학을 살펴보면 '규모'가 커피 비즈니스의 모든 전략에서 핵심 요소라는 점이 분명해진다. 커피 비즈니스에서 살아남으려면 최소 생존 규모가 필요하다. 워낙 마진이 적기 때문에 나노 혹은 마이크로 정도로 작은 규모의 비즈니스는 취미가 아닌 한 지속하기 어렵다. 특히 생두 수입업체는 마진이 가장 적은 비즈니스로서, 큰 규모를 추구할 동기가 가장 크다.

    규모의 영향에서 지적했듯이, 규모는 모든 상황에 적용할 수 있는 하나의 해결책이 아니며, 상황에 따라 달라진다. 그러나 분명한 것은 비즈니스의 순이익이 낮을수록 더 높은 매출 목표가 필요하다는 점이다. 부티크 수입업체가 카페와 동일한 순이익을 얻기 위해서는 적어도 세 배 이상의 매출을 올려야 한다.

    2부에서 다룬 내용 중 상당 부분이, 커피 비즈니스에서 규모와 최적의 지점에 대한 논의였다. 어떤 비즈니스 전략이든 규모가 비즈니스의 지속 가능성에 미치는 영향을 면밀히 인식해야 한다는 점을 강조했다. 규모는 또한 투자와 리스크 가능성을 높이는 경향이 있으므로 단순히 규모만 목표로 삼아서는 안 된다. 성공적인 전략은 다양한 규모 단계와 그 변화를 통해 비즈니스가 어떻게 나아가야 할지 고려해야 한다. 현재의 손실을 만회

하기 위한 수단으로 규모 확장을 추진하는 것은 좋은 생각이 아니다. 커피 산업은 기술 기반 비즈니스처럼 운영할 수 있는 구조가 아니다. 즉, 먼저 비용 기반을 구축한 뒤, 손실을 감수하더라도 고객이 기하급수적으로 증가할 때까지 기다리는 방식은 통하지 않는다. 기술 비즈니스의 경우 비용 기반이 고정되어 있기 때문에 고객이 많을수록 수익성이 향상되고, 결국 규모의 경제를 통해 높은 수익성을 달성할 수 있다. 그러나 커피 산업에서는 매출이 증가할수록 비용도 함께 높아진다. 만약 투자 자료에 EBITDA 5%가 3년 내 단순한 규모 확장으로 30%까지 상승한다는 예측이 써 있다면 의심스럽게 살펴볼 필요가 있다.

미국에 있는 친구들은 미국의 스페셜티 커피 비즈니스가 초반부터 대규모 확장을 목표로 하는 경향이 있다고 말한다. 반면 영국과 유럽의 많은 스페셜티 부티크 기업들은 오랜 기간 소규모에 머무르거나 점진적인 성장을 선호하는 것으로 보인다. 까라벨라 커피 Caravela Coffee의 연구에 따르면 커피 농업의 지속 가능성을 위해서는 일정 규모를 충족해야 하며, 라틴 아메리카의 커피 농가들이 최적의 규모를 달성할 수 있도록 유도하는 비즈니스적 접근 방식이 필요하다고 한다.

스페셜티 부티크 커피 시장의 규모 확장에 대한 논의는 품질에 대한 초점과 맞물려 있다. 스페셜티 부티크 커피는 전략적으로 품질을 중시하는 만큼, 규모를 확장하려는 모든 전략은 브랜드의 핵심 품질 가치를 어떻게 유지할 것인지 반드시 고려해야 한다.

수직적 통합은 자연스럽게 규모 확장 논의와 연결되며, 일반적으로 더 큰 규모에서 전략적으로 유리한 요소가 될 수 있다. 수직적 통합은 부가가치 창출에 대한 연장선으로 볼 수 있으며, 핵심 질문은 다음과 같다. "우리가 직접 할 수 있을까?" 즉, 기존에 외부 업체가 제공하던 공급망 내 특정 기능을 내부에서 직접 실행함으로써, 운영을 보다 능률적으로 만들기 위한 전략적 접근이다.

만약 수직적 통합이 궁극적으로 더 나은 비즈니스로 이어진다면, 일정 규모 이상의 모든 기업이 왜 공급망 전체를 직접 운영하지 않을까? 가장 중요한 답은 리스크와 유연성이다. 아무리 규모가 큰 기업이라도 내부 운영 요소가 늘어날수록 리스크는 더 많이 축적된다.

또 다른 이유는 집중력이다. 기업 규모가 커지고 외부적으로 보기엔 수직적으로 통합된 것 같아도 실제로는 소유권 수준에서 통합이 이루어지는 경우가 많다. 만약 특정 프로세스나 서비스가 인프라, 전문성 및 운영 방식 면에서 크게 차이가 난다면, 기업은 조직을 각각의 자율적인 팀들로 구성하기 마련이다. 이런 방식으로 기업은 공급망의 더 많은 부분을 소유함으로써 통제력을 확보할 수 있다.

커피 공급망이 복합적으로 구성되어 있기 때문에, 업계 내 다양한 비즈니스들은 통합을 위한 각기 다른 모듈형 접근 방식을 적용하고 있다. 수직적 통합은 전략적으로 기업이 특정 공급망 요소를 직접 운영하면서 외부 업체에 과도하게 의존하는 상황을 줄이고, 외부 업체가 납품을 제때 하지 않거나 심지어 경쟁자로 변하는 위험을 줄여 준다. 따라서 수직적 통합은 기업의 전략적 방향성이 될 수 있지만, 이때 발생하는 실제 비용과 도전 과제를 정확히 이해하는 것이 필수적이다.

공급망 상류에서 이루어지는 수직적 통합은 다각화를 통해 하류 시장에 접근하는 것을 목적으로 한다. 나는 이 주제에 대해 여러 생산자와 이야기를 나눴다. 많은 생산자들이 단지 농업에만 머무르지 않고, 공급망의 다른 영역까지 확장하는 것을 고민하고 있다. 예를 들어, 커피 소비량이 많은 국가에 수입 사무소를 설립하거나 직접 로스팅 사업을 운영하는 방법, 심지어는 커피 포드 같은 유통기한이 긴 제품을 개발해 글로벌 시장에 판매하는 방안을 모색하는 사례도 있다.

이러한 비즈니스 전략은 단순히 매출 성장을 위한 것이 아니라 리스크 관리와 수익, 이익 안정화를 위한 것이다. 다각화는 리스크를 줄이는 데 도움이 될 수 있지만, 조직이 점차 복잡해짐에 따라 늘어나는 추가 비용이 관리되지 않으면 심각한 문제가 발생할 수 있다. 다각화 전략은 균형 잡힌 리스크 투자 포트폴리오처럼 접근해야 한다. 동시에 너무 많은 고위험 프로젝트를 추진하다가 '카드로 만든 집 house of cards'처럼 한 요소가 무너지면 전체 사업이 붕괴할 수 있다는 점을 인식해야 한다.

규모와 수직적 통합, 그리고 다각화는 각각 커피 산업에서 일반적으로 사용하는 구체적인 전략적 접근 방식으로, 많은 기업들의 핵심 운영 방식이라고 할 수 있다.

비즈니스 성장 – 빠른 성장 vs 느린 성장
Growing Business – Quick vs Slow Growth

비즈니스를 시작하거나 새로운 방향으로 나아가는 여러 가지 방법이 있다. 테크 업계와 실리콘 밸리의 성공 사례들은, 빠르게 성장해서 창업자와 투자자에게 빠르게 수익을 안겨주는 기업이 가능하다는 것을 보여주면서 사람들을 들뜨게 했다.

커피 기업의 성장 속도는 단순히 "천천히 성장할 것인가, 빠르게 성장할 것인가?" 같은 선택의 문제가 아니다. 빠른 또는 느린 성장을 의도할 수 있지만 실제로는 다양한 요인이 영향을 미친다. 예를 들어, 강력한 가치 제안value proposition을 가진 기업이 성장 전략 없이 비즈니스를 시작할 경우, 예상보다 빠르게 성장하는 상황이 발생하면서 그에 따르는 수요를 감당할 방법을 나중에야 고민하는 경우도 있다. 반대로, 빠른 성장을 목표로 삼은 기업의 성장 전략이 효과적이지 않다면 기대했던 성장은 실현되지 않을 것이다.

많은 부티크 스페셜티 커피 기업들이 매우 제한적인 성장 전략을 세우거나 아예 전략을 세우지 않는 경우도 있다. 많은 경우 이 업계의 비즈니스들은 현재 하고 있는 일을 최적화하거나 다음 단계 프로젝트를 만드는 것에 전략이 맞춰져 있으며, 그 전략은 명확한 계획이라기보다는 점진적으로 발전하는 형태인 경우가 많다. 자금과 자원이 제한된 상황에서는 지금 당장 실행할 수 있는 일부터 시작해 성과를 만들고 그 성과를 바탕으로 다음 기회를 이어가는 방식이 필요하다. 이런 유연한 운영 방식은 위험을 감수하면서도 기회를 추구하는 기업가적 접근이라고 할 수 있다. 부티크 커피 업계에서 자주 활용하는 전략이다. 특히 자금이 한정적인 소규모 독립 비즈니스의 경우, 현실적으로 당장 눈앞에 닥친 일부터 처리할 수밖에 없다.

성장에 대한 전략, 전술은 기업마다 다를 것이고, 이런 논의는 전후 맥락에 따라 달라진다. 이 책을 통해 시장의 다양한 요소들이 어떻게 작동하는지 관찰하고 분석함으로써, 업계의 성장 전략에 대한 통찰을 제공하려고 한다.

많은 경우, 빠른 성장을 막는 가장 근본적인 허들은 자금 조달이다. 커피 업계의 다양한 사업 모델에서 얻을 수 있는 이익률을 고려할 때 자체 이익만으로 성장을 지속적으로 이어가기는 어렵다. 예를 들어 카페는 손익분기점에 도달하기까지 몇 년이 걸릴 수 있다. 최적 수익 창출 지점에 도달하는 데는 또 몇 년이 더 걸릴 수 있다. 매장 확장을 목표로 하는 경우, 첫 번째 매장이 성공한 뒤에 다시 추가 매장을 열 자금을 마련하려면 4~5년이 더 필요할 수도 있다. 인테리어 비용이 높은 경우라면 추가 매장을 열기까지 10년 이상의 시간이 필요할 수도 있다. 이 경우, 외부 자금 조달이 필수적이다.

매장 입지를 선정하는 것도 큰 과제다. 그리고 임대료, 위치, 면적에 대한 구체적인 조건을 정해 뒀다면 여러 지점으로 확장할 수 있는 가능성은 결국 '적합한 입지'를 얼마나 빠르고 효율적으로 찾아낼 수 있는가에 달려 있다.

마찬가지로, 커피 농장의 경우 적절한 입지를 찾는 능력, 토지를 구하는 데 필요한 자금, 필요한 물품을 구비할 수 있는 현금과 운영 자금 확보가 필수적이다. 그리고 이 모든 것은 예전에도 해당 토지가 커피를 성공적으로 재배했는지 여부, 그리고 그곳에서 생산한 커피의 품질이 어땠는지에 따라 크게 달라진다.

수출업체와 수입업체는 시장에서 안정적인 판매처를 확보해야 하고, 지속적으로 사업 확장을 위한 자금을 조달해야 한다. 더 많은 커피를 다룬다는 것은 간단히 말해 더 많은 자금이 필요하다는 의미다. 로스터리는 식품 제조업으로서의 역량을 확장해야 하며, 팀 구성뿐 아니라 장비와 인프라에도 지속적인 투자가 필요하다.

이 장의 서두에서 언급했듯이, 어떤 기업이 가치를 창출하고 이후 예상보다 빠른 성공을 거두는 경우, 폭발적으로 증가한 수요를 감당하기 위해 초과 근무를 하며 운영을 확장해 나간다. 이런 식의 빠른 성장을 목표로 삼는 많은 기업들은 선제적으로 성장을 추구하고 이를 위한 자금을 능동적으로 확보한다. 이런 경우 재무적인 과제는 무언가를 더 많이 생산하거나 서비스를 확대하는 능력을 키우는 것이 아니라, 오히려 '판매'에 집중하는 것이다. 이를 위해 마케팅 전략을 강화하거나 전통적인 방식인 현장 중심의 세일즈 방식 등이 활용된다. 그러나 영업 및 마케팅 활동에는 지연 효과$^{\text{lag dynamic}}$가 존재한다. 즉, 많은 노력이 투입되더라도 즉각적인 성과가 나타나지 않는 경우가 많다. 이런 방식은 많은 비용이 들기 때문에 기업들은 시행착오를 거치면서 효과적인 전략을 찾기 위해 여러 가지 방법을 시도하게 된다.

이 과정에서 '산탄총식 접근법$^{\text{scattergun approach}}$'이 나타나는데, 한마디로 많은 자금을 투자하고도 어느 것도 제대로 성공하지 못할 위험이 있다. 이건 리스크가 너무 크다. 빠르게 성장하기 위해 마구잡이로 돈을 쏟아붓는 전략으로 얻을 수 있는, 단 하나의 확실한 결과는 그저 엄청난 비용을 쓰게 된다는 사실뿐이다.

지분희석을 통해 자금을 마련하는 경우에도 기업의 미래 위상(그리고 방향)에 대한 고민이 필요하다. 이 전략이 효과를 발휘하려면 상당히 높은 성장율이 뒷받침되어야 한다. 향후 자금을 마련할 여지가 있어야 하고 또한 각 투자 단계에서 모든 투자자에게 충분한 인센티브가 유지되어야 한다. 공격적으로 자금을 조달하는 모델의 리스크와 도전 과제를 고려하면, 이런 접근법이 실패한 경우가 드물지 않다는 것을 알 수 있다. 이런 모델에서는 기업 가치가 높아야 하는데, 앞서 살펴본 바와 같이 대체로 시장은 기업의 가치를 보수적으로 평가하는 경향이 있다.

물론 자금을 활용해 성장을 촉진하는 더 확실한 방법이 있다. 그중 하나가 기업 인수 및 합병이다. 유능한 매장 운영자들은 시장에 나온 유망한 매장을 주시하면서, 기존 운영자의 명백한 전술적 실수가 있었는지 평가한다. 그러면 주어진 기반을 활용해 보다 빨리 성장과 성공을 이룰 수 있다. 또한 합병이나 협업을 통해 자원을 통합하고 효율성과 규모의 경제를 달성하는 방법도 있다. 다만 같은 목표와 비전을 공유하는 협력 업체를 찾기란 쉽지 않다.

빠른 성장 속에서도 품질과 가치를 유지해야 하는 어려움 또한 현실적인 문제다. 특히 부티크 스페셜티 커피 업계에서 자주 겪는 일이다. 이런 이유로 일부 기업들은 성장을 적극적으로 추진하지 않을 뿐 아니라, 나아가 의도적으로 성장을 통제하고 제어하는 전략을 취한다. 이 책의 후반부 **제5의 물결**에서 다루는 "품질은 확장할 수 있는가?"라는 개념은 성장과 품질 유지의 균형에 대한 고민에서 비롯된 것이다. 단순히 생산량을 극대화하거나 빠른 성장만을 추구하는 전략으로 품질 유지에 어려움을 초래하는 사례는 많다. 여기서 말하는 품질은 단순히 제품의 물리적 품질뿐만 아니라, 고객 경험의 품질과 브랜드의 일관된 품질도 포함한다. 또한 팀 규모가 커질 때 발생하는 조직적 과제도 고려해야 할 부분이다. 이는 2부에서 래리 그레이너Larry Greiner의 조직 성장 단계를 연구할 때 간단히 언급했는데, 기업이 성장할수록 조직의 구조와 운영 방식이 변해야 하는 이유를 설명한다.

스페셜티 부티크 브랜드들은 품질과 경험을 우선시하는 경향이 강하다. 따라서 성장은 특정한 비전을 실현하기 위한 단계적 과정으로 이루어진다. 이 접근 방식에서 전략의 핵심은 명확한 아이디어를 실현하는 것이고, 창업자와 팀은 이를 성공적으로 이루기 위해 노력한다. 그다음 단계에서 성장, 다각화 또는 수직적 통합을 추진할 수도 있다.

이런 '유기적'인 성장 전략은 장점이 많다. 심각한 리스크가 발생할 가능성이 적고, 운영자는 성장 단계에 따라 위험 인자를 즉시 파악하고 제거할 수 있다. 급격한 성장 전략과 달리 대규모 자본이 필요하지 않으므로 지속 가능한 성장 단계를 밟는 점진적인 접근법이다. 그리고 현재까지 구축한 것을 안전 기반으로 활용해 새로운 성장 전략을 모색할 수 있어야 한다.

빠른 성장을 목표로 하든 점진적인 성장을 목표로 하든, 혹은 성장 자체를 목표로 하지 않든 간에, 성공을 위해서는 커피 산업이 어떻게 작동하는지 이해하는 것이 핵심이라고 생각한다. 결국 2부에서 다루었던 시장 내 다양한 성장 레버를 효과적으로 활용하는 것이 중요하다. 시장의 선례를 살펴보면 스페셜티 부티크 브랜드들은 급성장보다는 수십 년에 걸쳐 구축될 때 더 성공 가능성이 높다.

자금 조달 Funding and Financing

금융 접근성 – 차입금에 의존하는 산업에서 살펴보았듯이, 다양한 형태의 자금 조달은 커피 산업 운영의 핵심적인 요소이며, 공급망의 어느 단계에서든 거의 모든 커피 기업들이 금융 혜택을 받는다. 어떤 산업이든 기업이 특정한 전략적 입지를 확보하려면 그에 따른 재무적 요구사항을 고려해야 한다.

커피 산업의 낮은 마진율은 커피 기업들이 자체 이익만으로 빠른 성장 전략을 추진하기 어려운 핵심적인 원인이다. 이는 많은 산업에서 공통적으로 나타나는 현상이다. 따라서, 젊거나 빠르게 성장하는 기업은 외부 투자 자금에 의존하는 경우가 많다.

보다 전략적인 자금 조달 방식으로 그룹 비즈니스를 활용하는 방법이 있다. 이는 서로 다른 성장 단계에 있는 비즈니스나 다른 전략을 수행하는 비즈니스를 균형 있게 조합하는 방식이다. 예를 들어 그룹 내 한 사업부는 수익성을 목표로 운영한다. 이 비즈니스는 일정 수준의 성숙도를 갖췄고 안정적인 이익을 창출할 수 있다. 이를 '현금 창출 유지 모드'라고 하는데, 단기적으로 수익 극대화를 위해 무리한 운영을 하지 않고, 중장기적으로 사업을 유지하는 방식을 의미한다. 이와 동시에, 같은 그룹 내 다른 사업부는 이 안정적인 비즈니스에서 창출한 수익을 활용해 보다 공격적인 성장 전략을 추진할 수 있다. 특히 빠른 성장 전략에는 마케팅 및 영업 비용뿐만 아니라 설비 투자, 운영 자금도 추가적으로 필요하다.

이런 전략은 비교적 규모가 큰 중소기업 그룹에서 이루어지지만 소규모 기업이나, 심지어는 단일 기업 내부에서도 특정 고객층에서 창출한 수익을 활용해 새로운 고객을 확보하는 경우도 많다.

예를 들어 중앙아메리카의 한 플라스틱 제조업체는 커피 농장을 운영하고 있는데, 플라스틱 비즈니스에서 얻은 이익을 커피 농장 다각화 자금으로 활용한다. 카페를 운영하는 커피 로스터리의 경우, 일반적으로 로스터리가 카페를 지원할 것이라고 생각하겠지만 실제로는 그 반대의 경우가 많다. 그러나 더 공격적인 성장 전략을 추진하는 브랜드라면, 이런 방식만으로는 충분하지 않을 것이다.

공격적인 성장 전략을 추진하는 경우, 일반적으로 기업은 자금을 확보하기 위해 지분을 제공한다. 즉, 투자금 확보를 위해 지분을 희석해야 한다. 단순히 부채만 추가하는 방식은 오히려 기업에 더 큰 압박을 줄 위험이 있다.

자금을 확보한 기업들은 '티핑 포인트 tipping point'를 만들기 위해 성장 전략을 수립한다. 이 전략은 소비자 인지도와 브랜드 참여도를 빠르게 확립하는 것을 목표로 한다. 제품을 시장 곳곳에 동시에 출시하는 전략은, 대형 식음료 기업이 지금까지 성공적으로 취해 왔던 전형적인 경로다. 비용이 많이 들고 리스크도 높지만 충분한 자금이 투입된다면 효과가 있다. 다만 스페셜티 커피에서는 흔하지 않은 방식이다.

자금 조달 전략이 성공하려면 일정 시점에서는 지출이 수익으로 전환되어야 한다. 즉, 규모 확장이 결국 수익성을 만들어내야 한다.

물론 규모의 경제를 활용해 전략적으로 비용을 절감할 수 있지만, 대부분의 제품 기반 비즈니스에서는 성장과 함께 비용이 증가하는 경우가 많다.

하지만 사업을 운영하고 성장시키는 데 필요한 자금과 전략을 얻기 위해 꼭 외부 투자를 받거나 펀딩을 해야 하는 것은 아니다. 금융의 중요성을 인식한다면 기업들은 이를 염두에 두고 전략을 실행할 수 있다. 자체 비즈니스 운영, 또는 경쟁 우위 확보 측면에서 이를 활용할 수 있다.

예를 들어, 커피 로스터리는 카페에 머신을 임대하는 금융 상품을 시도할 수 있다. 이는 자동차 리스 계약과 유사한 모델로, 도매 커피 고객을 확보하고 유지할 수 있는 전략적 수단이다. **금융 접근성** 장에서 언급한 것처럼, 스페셜티 커피 수출을 위한 자금을 모으기 위해 커머셜 커피의 백투백 금융 전략을 활용하는 전술 전략에 대해 살폈다.

물론 금융 요건은 비즈니스 규모에 따라 달라진다. 생두 수입업체는 성장할수록 더 많은 금융이 필요하다. 반면 로스터리는 규모가 커질수록 금융 비용을 줄일 수 있다. 로스터리가 정기적으로 컨테이너 단위로 생두를 구매할 수 있다면 좀더 유리한 가격으로 협상할 수 있다. 가장 큰 비용 절감 요소는 재고 보유 및 금융 비용을 최소화하는 것이다.

　이 책의 다른 챕터들과 마찬가지로 여기서 다룬 개념들이 모든 금융 전략을 망라하는 것은 아니다. 그러나 이런 요소들이 커피 산업에서 작용하는 방식을 이해하는 데 도움이 되기를 바란다. 자금 조달 및 금융 전략은 커피 산업의 기업들에게 필수적인 부분이다.

PART 7

업체별 비즈니스
Business by Business

7부 소개 Introduction to Part Seven

나는 업종이나 지역에 관계없이 커피 산업 전반에 적용할 수 있는 비즈니스 운영의 핵심 원리가 있다는 전제를 기반으로 이 책을 구성했다. 나는 각 비즈니스를 우선 하나의 비즈니스로 바라보며, 이를 통해 스페셜티 커피 산업이 어떻게 작동하는지 이해하고자 했다. 이 분석이 독자뿐만 아니라 커피 업계에 종사하는 사업자 및 전문가들에게도 유용한 자료가 되길 바란다.

이제 이 책의 마무리에 앞서, 공급망 내의 대표적인 비즈니스 유형별로 다시 돌아가 보려 한다. 지금까지 살펴본 주요 시장 요인을 적용해 각 분야에서의 사업적 관점을 살펴보겠다.

커피 재배와 가공 Growing and Processing Coffee

경제성과 규모 Economics and Scale

책의 전반부에서 커피 공급망을 구성하는 다양한 사업 유형의 경제적 기본 요소를 요약 제시했다.

소규모 농장, 특히 아주 영세한 규모의 농장은 재정적으로 운영이 가장 어려운 사업 형태다. 까라벨라 커피의 알레한드로 까데나가 쓴 '부자 농부, 가난한 농부Rich Farmer, Poor Farmer'라는 글에서 까라벨라 커피가 속한 라틴 아메리카 국가들의 자료를 바탕으로 소규모 농가의 수익성을 분석했다.

알레한드로는 2010년에서 2018년 사이 평균 생산 비용 대비 C 가격을, 30센트의 디퍼렌셜을 적용한 평균 생산 비용과 비교해 분석했다. 분석 결과, C 가격 변동에 따라 이익률은 52%에서 -2%까지 폭넓게 변동했으며 평균 수익률은 24%였다. 백분율로는 꽤 높아 보이지만, 생산량이 적기 때문에 실제 현금 수익은 매우 적다. 그의 연구에 따르면 1헥타르 규모의 면적으로는 지속 가능한 수익을 내기 어렵다. 반면, 생산성 좋은 3헥타르 규모의 농장에서는 연평균 2,227달러의 순이익을 얻을 수 있다. 그러나 이 금액도 다음 해의 수확을 위해 다시 투자해야 한다. 그리고 시장 변동성에 대한 대응 비용은 아직 고려하지도 않은 것이다.

까라벨라의 연구는 농업 전략을 수립하는 데 유용한 인사이트를 제공한다. 커피 생산국에서 최소한의 경제적 지속 가능성을 확보하기 위한 최소 규모 기준과, 효율적인 생산 모델 및 시장 접근 전략을 수립하는 데 도움이 될 것이다.

대형 스페셜티 커피 생산자들 즉, 큰 농장을 운영하거나 여러 농장을 보유하고 있고, 자체적으로 드라이 밀링을 하지 않더라도 수출은 직접 수행하는 곳들은 비교적 비슷한 마진율을 목표로 한다. 이들은 더 많은 물량을 처리하고 본선 인도 가격을 온전히 확보할 수 있기 때문에 더 높은 매출을 바탕으로 수익을 창출할 수 있다.

하지만 소규모 농민과 마찬가지로, 대형 농장도 세계 시장의 가격 변동성과 기후 변화의 영향을 크게 받는다. 예를 들어 인도에서 엘살바도르에 이르기까지 전 세계 생산자들은 한 목소리로 기후 변동성이 커지고 있다고 말한다. 이런 기후 변동성은 수확량 감소로 이어지며 결국 수익에도 부정적인 영향을 미친다. 엘살바도르의 커피 농장 보르고노보 폴스Borgonovo Pohl's의 까를로스 보르고노보Carlos Borgonovo는 최근 몇 년간 기온 상승과 물 부족으로 인해 체리 대비 생두의 비율이 꾸준히 감소하고 있다고 한다. 즉, 예년과 동일한 물량의 생두를 수출하려면 더 많은 체리가 필요하고, 결과적으로 경작 가능한 토지 대비 수확량이 줄어들면서 매출이 감소한다는 의미다.

비가 너무 많이 오는 것도 심각한 문제다. 콜롬비아 뻬르가미노Pergamino의 뻬드로Pedro

는 최대 손실이 40%에 달했던 적도 있다고 한다. 이런 상황에서는 커피 가격이 아무리 높아도 손실을 상쇄하기 어렵다. 이처럼 시장 가격 변동성과 기후 변화로 인한 불확실성은 커피 생산업이 다른 비지니스보다 더 높은 리스크를 감수해야 함을 의미한다.

물론 기반이 확립된 커피 로스터리와 카페 브랜드도 일정한 리스크를 감수해야 하지만, 그 위험성과 변동성은 커피 생산업에 비할 수 없다. 소비자 중심 커피 기업들은 연간 가격 협상과 입찰 과정의 영향으로 가격이 매년 변동할 수 있다. 그러나 이러한 역학은 대부분의 스페셜티 커피가 거래되는 방식, 즉 C 가격을 기준으로 고객과 협상하는 구조에서 발생하는 불안정성과 가격 변동성과는 차원이 다르다.

우리는 2부 **경쟁자인가, 파트너인가?**에서 살펴본 협력적이고 장기적인 관계를 구축하는 "관계 기반 계약formal relations contract" 모델을 다룬 바 있다. 이런 모델이 도입된다면, 시장 변동성을 최소화하고 보다 지속 가능한 비즈니스 환경을 만들 수 있을 것이다. 다만, 이는 단기적인 이윤을 극대화하려는 시장의 유혹을 극복해야 한다는 점에서 쉽지 않은 과제다.

생두 시장 가격은 국제커피협회ICO 쿼터제의 최고점을 찍은 이후 하락세를 보이고 있다. 인플레이션을 감안하면 커피 가격은 지속적으로 낮아지고 있다. 브누아 다비론 & 스테파노 폰테Benoit Daviron & Stefano Ponte의 책 《커피 패러독스Coffee Paradox》에서 이 문제를 자세히 다룬다. 2005년에 나온 이 책의 제목은 소비국의 커피 산업은 급성장하는 데 비해 생산국에서는 커피 위기가 계속되고 있는 모순적 상황을 나타낸다. 저자들은 이를 해결할 수 있는 방법으로, 공급망 상류의 가치 창출 기회를 개발하는 방안과 커피 농업을 지원할 수 있는 새로운 규제 솔루션을 제안한다.

다비론과 폰테는 대형 커피 브랜드들이 원재료의 가격 상승이나 품질 향상이 아닌 브랜딩을 통해 부가가치를 창출하는 방식을 설명한다. 하지만 스페셜티 커피 업계에서는 이런 방식이 상대적으로 드물다. 물론, 스페셜티 로스터들도 브랜드를 이용해 가치를 창출할 수 있으며, 또한 생두 거래와 달리 소비자가 지불하는 금액에 대해 로스터가 직접적인 책임을 지지 않는다는 점도 사실이다. 그러나 경쟁이 치열한 스페셜티 시장에서는, 로스터리와 카페들이 커피 품질을 유지하면서도 경쟁력 있는 가격을 제시하는 데 집중하는 경향이 있다. 투명성에 대한 강조가 이러한 구조에서 긍정적인 역할을 하긴 하지만, 앞서 살펴본 바와 같이 완벽한 해결책은 아니다.

스페셜티 커피 로스터리와 카페들은 일정한 마진을 목표로 운영된다. 그런데 장기적으로 생두 가격이 하락하면, 대부분의 로스터들은 이를 마진을 늘릴 기회로 삼기보다는 경쟁력을 강화하는 기회로 삼는다. 최근 C 마켓 가격이 상승했을 때에도, 대부분의 스페셜티 커피 로스터는 가격 상승분을 소비자에게 전가하지 않았으며 대신 마진과 수익을 줄이는 방향으로 대응했다. 다른 물가 상승 요인과 맞물리면서 더욱 두드러졌다. 대체로 경쟁이 치열한 시장에서는 이윤보다 제품의 안정적인 공급을 우선시하는 경우가 많다. 다만 지속 가능할 만큼 이윤을 확보하고 있는 기업들은 이런 전략을 선택하고 실행에 옮기기가 더 수월하다.

《커피 패러독스》에서 저자들은 테크노서브^{Technoserve}가 제안한 세 가지 커피 농업 전략을 소개한다.

1) 커피 생산국 및 신흥 시장의 커피 소비 촉진
2) 생산 다각화
3) 스페셜티 커피 적극 육성

이 책이 출간된 2005년 이후, 스페셜티 커피 시장은 확실히 성장했다. 앞서 언급했듯이, 스페셜티 시장의 확대는 수요를 늘리고, 그에 따라 스페셜티 커피를 재배할 기회를 증가시켰다.

이것이 생산자들에게 긍정적인 기회가 되려면 전제 조건이 있다. 생산 비용 증가가 감당 가능한 수준이어야 한다는 점이다. 결국 스페셜티 커피의 높은 가격은 더 높은 품질의 커피를 생산하는 데 필요한 추가 비용을 반영한 것이다. 단순히 스페셜티 커피의 생산량이 늘어난 것이 아니라, 커피의 품질과 시장 가치에 대한 지식도 함께 성장했다. 오늘날 대부분의 생산자들은 특정 커피 품종과 등급이 시장에서 어느 정도의 가치를 가지는지 명확하게 인지하고 있다.

다각화, 수직적 통합과 리스크 Diversification, Vertical Integration and Risk

앞서 설명한 내용에서 나는 부티크 비즈니스 개념에 초점을 맞추었다. 하지만 스페셜티 커피 산업의 생산과 유통은 부티크가 아닌 대형 기업들이 담당하고 있다. 농장을 포함한 공급망의 모든 단계에서도 마찬가지다. 그러나 실험적이고 혁신적인 커피 생산 방식은 부티크 생산자들로부터 나오는 경우가 많다.

커피 농업의 다각화 개념은 오래전부터 존재했지만, 이를 실제로 구현하기는 쉽지 않다. 자본과 자원이 충분한 생산자라거나 정부 지원금이나 보조금을 받을 수 있을 때 유효한 비즈니스 전략이다. 그러나 대부분의 생산자들은 자금 확보와 금융 접근성 때문에 어려움을 겪는다. 또한 커피 작물은 재배 주기가 길기 때문에 시장의 변화에 따라 작물 종류를 바꾸기도 쉽지 않다.

커피 생산국의 내수 시장과 경제가 발전함에 따라, 소비 기반 비즈니스와 농업 관광의 형태로 농장 다각화 추세가 확산되고 있다. 이는 일종의 수직적 통합으로 볼 수 있다. 이렇게 생산 단계에서 소비 단계로 확장하는 다각화 전략은 여러 이점이 있다. 수익을 늘릴 수 있고 C 마켓 가격 변동성에 대한 리스크도 줄일 수 있으며 고정 가격 계약을 설정하고 효과적으로 관리할 수 있다. 또한 내수 시장을 겨냥하기 때문에 수출 고객과 직접적으로 경쟁하지 않을 가능성이 높아 수출 비즈니스와도 잘 맞아떨어진다.

어떤 기업이든 새로운 비즈니스 부문을 구축하는 데는 리스크가 따르며, 운영 초점이 분산되면 관리 부담이 증가할 수 있다. 그러나 품질 중심의 브랜드와 제품을 구축해 온 생산자라면 이러한 브랜드 자산과 품질 기반을 소비 시장으로 확대하는 것이 효과적인 전략이 될 수 있다. 또한 다양한 생산자들이 커피 캡슐 같은 유통기한이 긴 제품을 이용해 전 세계 고객에게 직접 제품을 공급하는 국제 판매 채널을 구축하고 있다.

커피 산업에서 오직 고급 스페셜티 커피에만 집중하는 사업자는 거의 없다. 이는 농장도 마찬가지다. **원재료 vs 완제품** 및 **적정 지점 – 물량과 가격** 챕터에서 살펴본 것처럼, 스페셜티 분야의 사업자들은 다양한 제품 포트폴리오를 가지고 있다. 소량의 희귀한 로트는 브랜드 및 고객 관계 구축에 활용되지만, 전체 매출에서 차지하는 비중은 작다. 업체는 이를 통해 소규모의 고가 로트와 중간 등급의 '기본' 로트를 묶을 수 있다. 희귀하고 값비싼 커피는 생산, 마케팅, 판매에 많은 자원이 필요하기 때문에 대부분의 생산자에게 실질적인 시장 기회를 열어주지 못한다. 물론 소수의 슈퍼 프리미엄 커피 농장 브랜드는 이 책의 5부에서 살펴본 업계 B2B 브랜딩 메커니즘을 활용해 이국적인 품종과 고급 커피를 주력으로 판매한다.

소통, 연결 그리고 시장 접근성 Communication, Connection and Access to Market

현대 커뮤니케이션 기술의 발전은 스페셜티 커피 공급망을 혁신적으로 변화시키며 시장 접근성을 향상시켰다. 스페셜티 커피 협회 SCA의 임원 릭 라인하트 Ric Rhinehart는 AOL과 같은 플랫폼의 등장이 업계 내 소통 방식에 중요한 변화를 가져왔다고 강조했다. 그는 이제 커피 생산자와 수출업체에 직접 이메일을 보낼 수 있다는 사실이 놀랍다고 말한다. 당시 그는 이로 인해 생두 수입업체의 영향력이 약화될 것인지 궁금했지만, 커피품질연구소 Coffee Quality Institute의 임원 테드 링글 Ted Lingle은 실제 산업을 움직이는 핵심 동력은 소통 능력이 아니라 금융이라는 점을 지적했다.

나는 릭만큼 오래 커피 업계에 종사한 것은 아니지만, 커뮤니케이션의 변화와 다양한 디지털 플랫폼의 지속적인 발전으로 사람들이 더 쉽게 연결되는 것을 직접 목격했다. 예를 들어, 2014년 세계 바리스타 챔피언십에서 이자키 히데노리 Hidenori Hizaki가 우승하던 순간이 떠오른다.(나는 아쉽게도 5위에 그쳤다.) 그는 페이스북 메신저를 활용해 대회에 사용할 코스타리카의 고유한 향미 프로필을 개발할 수 있었다.

커피를 주제로 한 이런 대화가 원활하게 이루어지려면 양측이 같은 언어를 사용해야 한다는 전제 조건이 있지만, 디지털 커뮤니케이션을 활용한 협업은 점점 더 보편화되고 있다. 이를 실현하려면 여전히 자금 조달이 필요하고 실질적인 거래를 성사하려면 수입업자의 도움이 필요한 경우가 많다. 이런 변화 속에서 일부 리스크 부담이 수입업체에서 로스터로 이전되는 결과를 초래하기도 한다. 이런 현상은 아직 보편화되지는 않았지만 점차 확대되고 있는 추세다.

메르칸타 Mercanta의 영국 및 EU 영업 책임자인 벤 팔머 Ben Palmer는 자기 업체는 수입국의 고품질 생산자 브랜드를 대표하는 역할을 한다고 설명했다. 즉, 그들의 이야기를 로스터와 고객에게 전파하고 공유하는 역할을 하고 있다.

커피처럼 복잡한 시장에서는 신뢰가 핵심이다. 훌륭한 브랜드는 바로 이런 신뢰를 제공한다. 커피 업계에는 뛰어난 전문 바이어들이 많지만, 구매 결정은 블라인드 테이스팅이나 평판과 브랜드에 대한 신뢰를 기반으로 이루어지는 경우도 많다. 매장이나 소비자 입장에서도 특정 커피 원산지나 생산자 브랜드에 대한 충성도가 형성될 수 있다.

특히 프리미엄 부티크 시장에서는 농장이나 가공 협동조합이 와인 생산자처럼 브랜드로 자리 잡는 경우가 많다. 브랜딩은 상당한 부가가치를 창출할 수 있는 요소이며, 부티크 커피 시장에서는 특정 지역에서 생산한 커피 이야기와 맛의 경험을 전달하는 것이 중요한 마케팅 전략이다.

스페셜티 커피 시장이 발전하면서 브랜드 서사는 점점 생산자 중심으로 변화하고 있으며, 앞으로 이런 경향은 계속될 것이다.

그러나 브랜드 구축은 쉽지 않다. 이는 모든 비즈니스에 해당하는 이야기지만, 특히 커피 업계에서 더욱 그렇다. 커피 비즈니스를 시작하고 운영하고 성장시키기까지의 과정에는 도전 과제가 많다. 하지만 겉으로 보기에 성공적인 비즈니스 모델을 단순히 따라 하기만 하면 농가의 수익이 보장될 것이라 쉽게 판단하는 경우도 흔하다.

연구 개발과 금융 접근성 Research and Development, and Access to Finance

모든 커피 재배 비즈니스가 반복적으로 겪는 큰 장벽은 자금 조달이다. 그렇기는 해도 생산지에서 이루어지는 웻 밀링과 수출은 핵심적인 가치 창출 요소가 될 수 있다. 반면 드라이 밀링은 덜 명확하다. 드라이 밀링 시설은 막대한 투자와 규모가 필요하기 때문에 소규모 또는 중간 규모 운영자에게는 비용 부담이 너무 크다. 하지만 품질과 타이밍을 직접 통제할 수 있다는 점 때문에 여건이 된다면 직접 운영하려는 경향이 있다.

스페셜티 커피 농장에서는 웻 밀링 단계에서 온도, 발효 단계에서 효모, 박테리아 등 다양한 요소를 제어하고 조작하는 실험적 접근이 활발하게 이루어지고 있다. 물론 이런 실험적 방식으로 가공한 커피가 시장 전체에서 차지하는 비중은 크지 않지만, 업계 전반에 상당한 영향을 미치고 있다.

이 책을 쓰는 시점에, 콜롬비아 커피 산업에서는 많은 실험이 진행 중이고, 매우 기업가적인 정신이 활발하게 작용하고 있다. 사실 우리가 마시는 모든 커피는 인간의 개입을 통해 만들어진다는 점에서 본질적으로 매우 인위적인 측면이 있다. 그러나 실험적 부티크 커피 시장에서는 더욱 적극적인 개입이 들어간 커피들이 지속적으로 등장하고 있다. 이로 인해 어느 지점에서 커피에 '향미'가 첨가된 것으로 봐야 하는가에 대한 흥미로운 의문이 제기되기 시작했다. "이런 커피가 과연 본연의 특성을 유지하고 있다고 볼 수 있을까, 아니면 가향 커피로 간주해야 할까?"

비즈니스 관점에서 보면 이런 경향은 전통적인 방법이나 떼루아로는 구현할 수 없는 특정 향미 트렌드를 만드는 새로운 기회를 창출하고 있다.

모든 연구개발과 마찬가지로 이 과정에는 투자와 리스크가 따른다. 가장 성공한 사례들은 수백만 달러의 투자를 기반으로 이루어졌다. 이 경우 개별 기업의 독점적인 지식재산권으로 이어진다. 또한 월드 커피 리서치의 연구를 비롯해, 커피 농업 부문에서도 품종 및 농업 연구를 지원하기 위한 많은 공공 연구개발 프로젝트가 이루어지고 있다.

또 다른 흥미로운 탐구 영역은 커피 품종에 관한 연구다. 특히 로부스타와 리베리카의 재배, 가공 기술이 발전하면서 이를 스페셜티 부티크 시장에서 판매 가능한 대안 제품이 될 수 있을지에 대한 논의가 진행되고 있다. 개인적으로는 이런 품종들이 스페셜티 커피 시장에서 아라비카와 경쟁하려면 아직 상당한 발전이 필요하다고 생각한다. 하지만 야생 가공 wild processes의 성공 사례를 보면 여전히 많은 품종의 가능성을 기대하게 된다. 만약 아라비카 공급이 부족해진다면 시장 역학은 빠르게 변화할 것이다.

사람, 전문성, 재능 People, Expertise and Talent

사람은 모든 비즈니스의 핵심 요소다. 커피 공급망의 양쪽 끝에는 인력 문제가 존재한다. 대부분의 커피 수확은 여전히 계절 노동자에 크게 의존하고 있다. 바리스타 직군과 마찬가지로 임금 수준은 최저임금에 머무르는 경우가 많다. 이것이 생계임금과 비교했을 때 적절한가라는 중요한 질문이 남는다. 또한 계절 일자리는 정규직 고용과는 상당히 다른 형태의 일자리며, 이는 노동 시장에서 또 다른 문제를 초래한다. 수확 노동자를 찾는 것만이 문제가 아니다. 많은 생산국의 젊은 세대들이 더 이상 커피 농장을 소유하거나 운영하지 않으려는 경향이 점점 강해지고 있다. 이런 문제를 해결하기 위해 케냐의 이스트 아프리칸 스쿨 East African School이나 콜롬비아의 FNC National Coffee Federation 같은 기관들은 커피 산업 참여를 촉진하는 다양한 프로그램을 운영하고 있다.

커피 생산의 양극화가 다가오고 있는가?에서 나는 향후 수십 년 동안 이러한 현상이 어떻게 전개될지에 대한 몇 가지 가설을 다룬다. 나는 스페셜티 커피 산업이 이러한 흐름에 긍정적인 영향을 미치고 있다고 생각하지만, 그 영향력이 어느 정도인지는 논쟁의 여지가 있다. 분명한 점은, 부티크 커피 산업 내에는 제품과 품질에 대한 열정을 가지고 통합적인 방식으로 일하는 생산자와 농부들이 상당수 존재한다는 점이다.

커피 산업 전반을 살펴봐도 커피 자체가 업계에 새롭게 진입하는 사람들에게 높은 경제적 수익을 보장하는 경우는 드물다. 그래서 커피를, 사람들을 연결하고 보람 있는 직업을 제공하는 매력적인 산업으로 만드는 것이 중요하다. 하지만 이 또한 지속 가능한 소득, 수익 모델과 함께 공존해야 한다. 이를 위해서는 핵심적인 비즈니스 원칙에 집중할 필요가 있다.

커피 재배 비즈니스에서 가장 중요한 핵심 요소는 전문성이다. 이는 경험이 풍부한 농장주일 수도 있고 커피 산업 전반에서 다양한 생산 프로젝트에 참여하는 전문가일 수도 있다. 고품질 유기농 커피를 생산하려면 투입 요소와 가공 공정을 적절히 관리할 수 있는 전문성이 필수적이다. 또한 커피 공급망의 모든 비즈니스와 마찬가지로 운영 기획, 마케팅 및 상업 전략에 이르기까지 커피 외적인 기능과 전문 기술과 역량도 필요하다.

정부 정책, 지속 가능성, 미래 Government Policy, Sustainability and the Future

3부의 **정부 정책**에서 살펴본 것처럼, 커피 생산 비즈니스는 해당 지역과 국가의 정부 정책 및 규제와 밀접하게 맞물려 있다. 이는 커피 재배 비즈니스가 아열대 지역의 거시경제적 요인, 탈식민화 이후의 세계화된 시장 역학 등과 얽혀 있기 때문이다. 커피 재배 비즈니스는 공급망에서 가장 맥락 의존적인 부분이라 할 수 있다.

구체적인 시장 역학과 배경은 사업체마다 다르다. 현재 스페셜티 부티크 커피 업계에서 가장 두드러지는 내러티브는 라틴 아메리카의 커피 농장이 주도하고 있다. 특정 품종의 마이크로 배치 또는 나노 배치를 특정 가공 방식으로 처리하는 방식은 일반적으로 자체적인 가공시설을 운영하는 개별 농장들에게 더 적합하다. 그렇다고 협동조합이 이런 내러티브에서 배제된다는 뜻은 아니고, 단지 그들의 구조가 이런 방식에 잘 맞지 않다는 것이다. 아주 작은 나노 로트는 프리미엄 부티크 커피에서 전형적인 사례로 등장하지만, 라틴 아메리카, 아프리카 혹은 다른 지역에서도 스페셜티 커피 시장의 큰 부분을 차지하는 것은 아니다.

커피 농업 역시 다른 모든 비즈니스와 마찬가지로 판매량과 시장 논리를 중요하게 생각한다.

— 다양한 품질과 향미를 가진 커피들은 각각 어떤 시장 기회를 가지고 있을까?

— 어느 정도의 판매량과 가격대를 달성할 수 있을까?

이런 질문은 커피 재배 비즈니스에서도 핵심적인 역할을 한다.

커피 재배 지역은 아열대 지역에 집중되어 있으며, 지속 가능성에 대한 책임은 대게 커피 생산자들에게 집중되고 있다. 하지만 커피 한 잔이 소비될 때 발생하는 환경적 영향을 줄이기 위해서는 소비 단계에서도 같은 노력이 필요하다는 연구 결과가 나오고 있다.

EU에서 새롭게 도입될 '삼림 파괴 없는 제품 규제'는 아직 시행 전이지만 결국 생산자들이 이를 준수해야 할 가능성이 높다.

비즈니스 관점에서 보면 이런 규제가 어떻게 시행되느냐에 따라 핵심적인 비즈니스 요건으로 작용할 가능성이 높다. 이는 커피 농가가 자발적으로 가입할 수 있는 기관 인증 방식과는 다르다. 인증의 경우, 관련 비용과 자원은 상업적 기회 또는 수익 증가가 기대될 때 선택하는 경향이 있다.

지속 가능한 커피 재배를 사명으로 삼는 열정적인 소규모 농장도 많다. 이들에게 있어 가장 큰 도전 과제는 소비자들이 지속 가능성의 가치를 인식하게 하는 것이다.

예를 들어 인도의 경우, 이미 삼림 벌채에 대한 강력한 규제가 시행 중이다. 이는 인도의 거의 모든 커피가 그늘재배로 재배된다는 것을 의미한다. 재배 환경을 입증할 수 있는 간단한 저비용 기술은 앞으로 유망한 혁신 및 활용 분야가 될 수 있다.

커피는 다양한 생태계에서 자랄 수 있는 특성을 가지고 있기 때문에 서로 다른 생태 모델을 적용하고 실험할 수 있는 잠재력을 가지고 있다. 이런 특성을 바탕으로 스페셜티 커피는 높은 프리미엄을 받을 가능성이 높다. 그러나 최소한 이 글을 쓰는 시점에는 여전히 많은 커피가 일광노출 재배로 생산된다. 이처럼 공급망 전반에서 효율성과 생산성을 중시하는 경향은 여전히 뚜렷하다. 이는 리스크는 줄이면서 수익성 있는 규모를 달성해야 하는 비즈니스의 특성과도 맞닿아 있다.

스페셜티 커피는 다양한 생산자와 재배자들이 참여하는 시장이며, 이를 통해 자신의 작물을 중심으로 차별화된 비즈니스 모델을 구축할 기회가 있다. 이 책에서 살펴본 것처럼, 스페셜티 커피가 업계의 표준이 되거나 커머셜 커피 시장을 대체할 대안이 될 가능성은 낮다. 그러나 스페셜티 커피는 지속적으로 성장해 왔으며 앞으로도 계속 확장할 것이다.

여러 면에서 스페셜티 커피와 커머셜 커피는 생각보다 훨씬 더 가까운 관계다. 예를 들어 많은 스페셜티 커피 생산자들은 자신이 생산한 커피 중 등급이 낮은 것은 자체 브랜드로 거래하지 않고 커머셜 공급망에 판매한다. 이는 마치 프리미엄 와이너리가 품질이 낮은 포도나 와인을 자체 브랜드로 판매하지 않고 대량 생산 브랜드로 넘기는 방식과 유사하다.

스페셜티 커피 시장은 계속 성장 중이고 수요도 꾸준히 상승하고 있다. 그러나 생산자들이 감당해야 하는 운영 비용도 증가하고 있다. 그리고 일정 규모 이상의 거래에서는 스페셜티 커피에 대한 프리미엄이 확실하게 지급되지 않는 경우도 있다. 결과적으로 생산자는 자신의 비즈니스를 최적화하고 극대화함으로써 시장에서 강력한 입지를 구축하고 수익성을 확보하려 한다.

나는 앞으로 스페셜티 커피 생산 단계에서 창업과 비즈니스 실험이 계속 확대되고 진화할 것이라고 생각한다. 특히 커피 소비 경험과 더욱 밀접하게 연결되는 비즈니스 모델이 더욱 강조될 것이다. 그래서 많은 커피 재배 기업들이 자신의 제품과 브랜드에 대한 통제권을 확보하려 할 것이라고 예상한다. 그러나 농업 비즈니스 관점에서 최적의 적정 지점을 찾지 못한 이들에게는 이 산업에 계속 남는 것이 비즈니스적으로 합리적이지 않을 수도 있다는 점도 고려해야 한다. 아직 어떻게 전개될지 아직 알 수 없지만, 한 가지 가능성은, 대규모 커머셜 커피 기업과 프리미엄 부티크 생산자로 양극화가 심화되고 중간 규모의 업체 수는 점점 줄어드는 방향으로 산업이 변화할 것이라는 점이다.

생두 거래, 수입, 수출 Green Trading, Importing and Exporting

경제, 규모, 시장 Economics, Scale and the Market

커피 산업이 다양한 규모의 커피 비즈니스들이 공존하는 폭넓고 깊이 있는 시장으로 발전하려면, 세계 각지의 시장에 안정적인 생두 수입업체 네트워크가 구축되어야 한다. 금융 및 물류를 기반으로 한 비즈니스 모델인 생두 수입업은, 커피 공급망 내에서도 가장 빡빡한 마진 구조를 가지고 있기 때문에 통상 대규모 운영이 필수적이다. 일정한 규모를 달성해야 적은 마진이나마 확보할 수 있기 때문에 쉽게 진입할 수 있는 시장이 아니며, 공급망의 양 끝(생산자와 소매업체)에 비해 진입 업체 수가 적다.

1부에서 인용한 수치를 예로 들면, 스페셜티 부티크 생두 수입업체의 목표 순이익은 5% 수준이다. 이 말은 곧, 신생 부티크 커피 생두 수입업체가 같은 수준의 현금 수익률을 달성하려면, 카페보다 약 세 배의 매출을 올려야 한다는 뜻이다. 일부 특화된 고수익 수입업체들이 더 높은 순이익을 목표로 운영되는 경우도 있지만, 대부분의 스페셜티 생두는 적은 수익 모델a lean profit model의 수입업체에서 수입한다.

논쟁의 여지는 있지만 생두 무역 비즈니스는 커피 세계의 중심이다. 많은 자본이 이 분야에서 움직이고 있으며 대부분 채무의 형태로 존재한다. 대형 생두 거래업체는 보통 핵심 생산국가에 수출 사무소를 설립하고, 커피를 수입할 국가의 수입업체와 연계한다. 이런 사무소는 본사의 자회사로서, **금융 접근성-차입금에 의존하는 산업**에서 보았듯이 스위스에 있는 경우가 많다.

커피 공급망에서 금융의 필요성은 매우 분명하다. 다만 최종적으로 커피를 판매하는 카페나 소매업체에서는 이 과정의 상업적 상호작용을 직접적으로 경험하지 못하기 때문에, 금융의 중요성을 실질적으로 느끼기 어려울 수 있다.

그러나 커피가 씨앗에서부터 소비자의 컵에 담긴 음료가 되기까지 여정의 모든 단계에서 커피의 가치는 금융과 연결되어 있다. 생두 거래는 이러한 금융적 가치의 집약체라 할 수 있다. 커피 선물 계약은 아직 인도되지 않은 생두의 미래 가치를 바탕으로 한 금융 메커니즘이며 이는 특정 시점에 특정 가격으로 생두를 인도할 것을 약정하는 방식으로 운영된다.

생두를 거래하고 유통하는 핵심 기능에는 자금 조달 능력이 필수적으로 요구되기 때문에, 이 분야에 진입하는 데는 상당한 진입 장벽이 존재한다. 커피는 원자재나 주식처럼 거래할 수 있으며, 실제로 이러한 방식으로 커피를 거래하는 기업들도 존재한다. 이는 전 세계의 판매자와 구매자 사이에서 실제로 커피를 물리적으로 이동시키는 과정과 매우 다른 개념이다. 이런 글로벌 거래에서는 헤징, 외환 거래와 같은 금융 메커니즘을 활용하여 리스크를 줄이고, 견고한 상업적 위치를 확보하는 전략이 중요하다. 브라질의 대형 커피 생산업체들은 이런 비즈니스 메커니즘을 이용하는 경우가 많다. 대형 생두 트레이더의 경우, 실물 생두 수송은 전체 비즈니스에서 70%에 해당하며 나머지 30%는 캐리(헤지 롤링에 대한 시장의 지불)와 투기 거래로 할당한다.

반면 스페셜티 로트에만 집중하는 소규모 스페셜티 생두 수입업체의 목표는 조달한 커피를 로스터에게 제공하기 위해 수송하는 것이 목표다. 그러나 수입업체가 성장하면 금융 전략도 필수적으로 달라진다. 이 시장에서 살아남기 위해서는 금융 메커니즘을 도입하는 것이 필수적이며, 특히 자본 운용 방식과 리스크 관리 전략을 적절히 활용해야 장기적으로 경쟁력을 확보할 수 있다.

금융과 리스크 Finance and Risk

부티크 수입업체는 보통 두 가지 방식으로 커피를 거래한다. 사전에 고객을 확보하지 않은 상태에서 미리 생두를 수입하고 보유하는 방식인 스팟 리스트 spot list와 특정 고객에게 계약 판매를 한 뒤 수입하는 커피 pre-sold coffee로 나뉜다. 스팟 리스트에 있는 커피는 수입업체가 자체적으로 시장을 예측해 투기적으로 구매한 것으로, 선별, 운송, 금융 조달 및 보관까지의 모든 과정이 수입업체의 리스크 관리 하에 있다.

이 커피들은 보통 로트 크기나 품질 기준으로 분류되며, 로스터들은 스팟 리스트를 보고 관심 있는 커피를 구매할 수 있다. 커피는 이미 수입국 항구에 도착한 상태이므로 샘플은 도착 후의 품질을 반영한다. 이런 접근 방식은 확실히 로스터에게 이점이 많다. 이 방식의 가장 큰 장점은 커피를 맛본 후 바로 배송받을 수 있고, 로스터는 커피의 품질 리스크를 감수하지 않아도 된다. 그러나 수입업체 입장에서는 상당한 금융 리스크가 따르며 로스터리 입장에서도 공급을 계획하고 관리하는 방식으로는 이상적이라고 보기 어렵다. 만약 일정 기간 내에 커피가 팔리지 않는다면 시간이 흐를수록 품질이 떨어진다는 것이 가장 큰 문제다. 따라서 다른 상품과 달리 커피는 시간 관리가 훨씬 더 중요한 요소다.

부티크 수입업체가 취할 수 있는 대안적 접근법은 로스터와 협업을 통해 산지에서 커피를 샘플링하고 구매 결정을 내리는 것이다. 그러면 수입업체는 컨테이너 단위로 커피를 조달하거나, 기존 컨테이너에 특정 로트를 추가하는 방식을 쓸 수 있다. 그러나 이 방식도 누가 가장 큰 리스크를 부담할 것인지의 문제가 남아 있다. 로스터가 계약서에 '입고된 커피에 대한 승인 권한'을 넣어 달라고 요청한다면 리스크를 수입업체에게 넘길 수 있다. 반면 수입업체가 단지 농장과 로스터 간의 직거래를 위한 금융 및 물류 서비스를 제공하는 경우라면, 입고될 커피의 품질에 대한 리스크는 주로 로스터가 감당해야 한다.

이론적으로는 생산자, 로스터, 커피 브랜드 등 공급망의 누구든 수입 과정을 진행할 수 있다. 일부 유명 부티크 커피 브랜드는 다이렉트 트레이드 전략의 일환으로 자체 수입 시스템을 채택했다. 하지만 수출입에서 가장 어려운 점은 사업이 성장할수록 더 많은 자금을 조달해야 한다는 것이다. 소량의 커피를 선불로 구매하여 로스팅 장소로 배송하는 것은 가능하겠지만, 비즈니스가 성장하면 금융 지원의 필요성이 더 커진다.

흥미롭게도 (예를 들어) 영국에 수출 사무소를 개설한 농부나 생산자는 수출입 과정에서 자체 현금 흐름을 활용할 수 있다. 자기 농장에서 커피를 선적해 영국으로 수입하면서 농장은 대금을 늦게 지급받는 방식이다. 다만 이렇게 하려면 유연한 현금 흐름 관리 능력이 필요하다. 수입 사무소를 보유한 다른 생산자나 수출 그룹은 제3자 금융을 활용하여 파트너 생산자가 로스터리나 고객의 결제를 기다리지 않고도 대금을 받을 수 있게 한다. 왜냐하면 로스터리가 커피를 받아 사용하고 돈을 내기까지 기다리려면 상당히 오랜 시간이 걸리기 때문이다.

이런 금융 옵션들은 브라질 몬테 산투 데 미나스^{Monte Santo de Minas} 지역 미우^{Miu} 농장의 안나 루이자 펠리세르^{Anna Luiza Pellicer}가 영국에서 수입 비즈니스를 진행하면서 탐색하고 개선시켜 온 다양한 모델들이다. 안나는 자신의 생산 업체를 영국에서 커피를 수입하는 업체로 전환하기 위해 아주 많은 것들을 배워야 했다고 설명한다. 특히 다양한 규모로 생산되는 커피의 품질 관리와 그에 따른 여러 고객군을 관리하는 것이 가장 어려웠다고 한다.

페루의 라스 에띠오뻬스^{Las Etiopes} 농장주 사이먼 브라운^{Simon Brown}은 수입보다는 국내 공급과 수출 영업에 집중하고 싶어 했고 수입에는 대체로 소극적이었다. 사이먼은 페루 농장을 사기 전, 영국에서 수입 업무에 종사했기 때문에, 이와 관련된 모든 작업, 리스크와 스트레스를 직접 경험했다. 그로서는 적은 마진을 위해 커피 계약을 관리하고 커피를 받기까지 단계적으로 대금을 지급하는 과정이 그만한 가치가 없어 보였다고 한다. 그는 대신 페루 내에서 커피를 판매하기 위한 국내 시장 기회를 극대화하는 동시에 전 세계 수입 업체들과의 관계를 활용해 수출 비즈니스를 추구하는 데 집중하고 있다.

젊은 스타트업 수입업체이자 콜롬비아에서 수출업을 진행하는 오시또^{Osito}는 북미 기반의 세계 최대 벌꿀 기업의 자금 지원을 받아 비즈니스를 시작했다. 그러나 팬데믹이 왔고 벌꿀 기업은 성장 중인 커피 사업체에 더 이상 자금을 지원하지 않기로 결정했다. 이에 창업자 카일 벨린저Kyle Bellinger는 다른 자금원을 찾아야 했다. 대부분의 부티크 수입업체와 마찬가지로 그는 대형 커피 트레이더들이 제공하는 금융 서비스를 활용했다. 대형 트레이더들은 커피 산업에 대한 이해도가 높아서 커피 선적분을 담보로 한 자금 요청을 받아들일 가능성이 가장 높았다.

수입업은 마진이 매우 적어서 수익성을 확보하려면 규모의 경제가 필요하다. 그래서 대부분의 커피 비즈니스 업체들은 여러 산지를 기반으로 지역 블렌드 및 단일 농장 커피를 취급한다. 부티크 시장에서는 수입업자들이 전문성이나 독특한 차별성을 내세우는 경우가 많은데, 이런 집중화는 로스터리 입장에서는 부담이 될 수 있다. 왜냐하면 로스터리에서 고객에게 다양한 제품군을 제공하려면 여러 생두 공급 업체를 확보해야 하기 때문이다.

수입업체와 로스터리 모두에게 가장 효과적인 상업적 전략은 거래를 집중시켜, 둘 사이에 더 깊고 의미 있는 비즈니스 관계를 만드는 것이다. 여러 수입업체와 폭넓게 거래하지만 어느 한 곳과도 깊은 관계를 맺지 않는 방식과는 대비된다. 그런 관계에서는 수입업체가 로스터에게 특정 커피를 우선 공급하거나, 일정 규모의 거래를 전제로 더 나은 가격을 제시할 수 있다. 하지만 부티크 비즈니스는 단순히 가장 효율적인 비즈니스 전략에만 초점을 맞추지 않는다. 로스터리 운영자와 팀은 다양한 사람들, 커피, 공급망과 교류하고 협력하는 과정 자체를 즐기기 때문에 부티크 커피 브랜드가 한 수입업체와만 협력하는 방식은 (물론 아예 없는 것은 아니지만) 매우 드물다.

관계, 사람, 전문성 Relationship, People and Expertise

수입업체에 필요한 전문성은 재무 능력, 커피 품질과 커피 공급망에 대한 이해와 지식 그리고 판매 역량이 복합적으로 조합되어야 한다. 대형 수입업체는 커피 거래 및 물류, 그리고 더 넓은 영역의 비즈니스 모델을 지원하기 위해 다양한 전문 인력을 보유하고 있다. 예를 들어 기후로 인해 시장이 받을 영향을 분석하는 기상팀을 둔 업체도 있다. 단순한 수입업체가 아니라 트레이더로도 활동하는 이런 대형 업체의 경우 금융 시장에서 커피 가격을 예측하고 투기하는 금융 트레이더를 두고 있기 마련이다. 이는 다른 원자재, 주식, 통화 거래와 유사한 방식으로 이루어진다. 대형 거래업체들은 자체적으로 스페셜티 부문을 두

거나, 혹은 스페셜티 부티크 수입업체를 인수하거나 자금을 투자하는 방식으로 이 시장에 참여하기도 한다.

수입업체가 고객에게 제공하는 서비스는 이들이 운영하는 공급망, 협력하는 생산자, 타깃 고객층에 따라 각각 다르게 구성된다. 많은 기업들은 매출액의 상당 부분을 차지하는 상위 고객 리스트, 흔히 '톱 10 목록' 같은 주요 고객 목록을 가지고 있다. 보통 이 목록 아래로 소규모 고객 리스트가 긴 꼬리long tail 형태로 이어진다. 이는 특히 스페셜티 커피 시장에서 두드러지는 현상이며, 소량이지만 부가가치가 높은 고가 제품들이 다양한 사업체에 판매되는 경향이 나타난다. 이런 상황에서, 특히 부티크 수입업체들은 많은 자원을 투입하고도 실질적인 가치를 창출하지 못하는 고객 관계에 자원과 시간을 얼마나 들일 것인지 전략적으로 판단해야 한다.

기운 빠지는 일이지만, 수입업체는 로스터리와 커피 비즈니스에 막대한 기회와 가치를 창출하면서도 이에 대한 감사나 인정을 받지 못하는 경우가 많다. 로스터들이 수입업체에 대해서는 언급하지 않고 자신과 농장 간의 관계만을 자주 이야기하다 보니, 수입업체는 단순한 중개인으로 보이기도 한다. 그러나 거의 모든 마이크로 로스터들(심지어 대형 로스터리도 다수)에게 스페셜티 수입업체는 매우 가치 있는 서비스를 제공한다. 물론 수입업체가 관여하지 않아도 좋은 비즈니스 구조를 만들어낸 사례도 있지만, 대체로 운영이 어렵고 수익성이 낮은 경우가 많다. 공급망의 상류, 하류 모두에게 많은 혜택을 준다. 수입업체는 다양한 커피에 대한 접근성을 제공하고 농장과 로스터를 연결하는 역할을 하는 동시에 품질 리스크를 관리하고 금융 도구를 활용해 시장 변동성을 완화할 수 있다.

스페셜티 커피 산업에서 수입업자와 브랜드 간의 유통 및 영업 영역에서는 사람 중심의 세일즈 및 마케팅 요소가 강하게 작용한다. 커피 브랜드가 수입업체와 강력한 관계를 구축하고, 훌륭한 영업 담당자와 고객 관리 담당자가 활약한다면 성공 가능성이 높아진다. 스페셜티 커피 분야에서는 대체로 공격적인 판매 접근법이 잘 맞지 않는 편이고, 진정성 있고 전문적인 관계를 맺는 것이 중요하다. 때문에 이런 비즈니스 분야에서는 직원 채용이 어렵다. 커피에 대한 지식은 풍부하고 더 배우고자 하는 열의가 넘치지만 물류, 기획, 상업에 대한 교육이 필요한 커피 전문가를 채용할 것인가? 아니면 금융 교육을 받은 인력을 채용해서 커피에 대해 교육할 것인가? 나는 두 가지 방식 모두 좋다고 배웠다. 마이크로 수입업체의 경우, 두 가지 역량을 동시에 배우며 성장하는 경우가 많다.

소규모 부티크 로스터들은 대부분 자신들의 생두 조달, 선택, 탐색 능력에 확신이 없기 때문에 수입업체 브랜드의 업계 평판은 이런 고객의 신뢰를 얻는 데 큰 역할을 한다. 이는 공급망 전반에서 볼 수 있는 입소문과 전문성 중심의 마케팅과 유사하다. 부티크 로스터는 제품의 투명성, 품질, 문제 해결 등 다양한 측면에서 수입업체에 의지하고 싶어한다.

수입업체는 로스터와 생산자의 연결고리이며, 특히 부티크 수입업체는 이 역할을 효과적으로 수행한다. 물론 마케팅 자료에 대한 검증이 부족한 경우가 많다고 앞서 지적하기는 했지만, 수입업체는 공급망의 양쪽 끝을 긍정적으로 연결하려고 장려하고 촉진하는 역할을 한다.

소규모 전문 업체 간 비즈니스 관계는 대개 매우 투명하고 우호적이다. 그러나 규모가 큰 스페셜티 로스터들은 훨씬 더 상업적이고 가격 중심 관계로 흘러가는 경향이 있다. 커피 로스터와 부티크 생산자 간의 연결이 급속히 진화함에 따라 수입업체가 생산자와 로스터 간 거래를 위해 개방형 금융 및 물류 서비스를 제공하는 경우도 점점 일반화되고 있다. 물론 이 경우, 수입업자는 커피 품질에 대한 리스크는 책임지지 않는다. 이는 마이크로 수입업자에게 큰 도전이다. 그들은 자금 조달의 어려움에 직면할 것이고 운이 좋으면 매력적인 선지급 조건의 장기 계약을 체결할 수도 있지만, 도착한 커피의 품질이 기대에 미치지 못할 경우, 누가 책임을 질 것인가에 대한 리스크를 함께 안고 가야 한다.

정부 정책, 지속 가능성, 미래 Government Policy, Sustainability and the Future

EU의 '삼림 파괴 없는 제품 규제'의 영향에 대비하기 위해 가장 선제적으로 대응하는 집단은 수입업자들이다. 통관 단계에서 새로운 규제 준수에 대한 책임을 지는 것은 수입업체이므로 당연한 일이기도 하다. 소규모 수입업체는 특히 이런 규제로 인해 어려움을 겪을 수 있는데, 부분적으로는 현재 상황에 대한 인식과 정보가 부족하기도 하고(이는 부티크 커피 업계 전반적인 상황이다.) 한편으로는 규제 준수를 위한 시스템을 구축할 자원과 인프라가 부족하기 때문이다.

전반적으로 지속 가능성과 규정 준수 이니셔티브는 대형 수입업체에 의해 더 체계적이고 포괄적으로 추진되고 있다. 이는 대형 고객들이 공급망에서 점점 더 많은 검증과 투명성을 요구하기 때문이다. 많은 대형 수입업체(동시에 수출업체인 경우가 많음)는 이미 프로그램을 갖추고 있고, 새로운 프로그램을 개발해 기존 프로그램과 병행해 발전시키고 있다. 이런 지속 가능성 기준의 네트워크는 커피 브랜드들이 자체 소싱 프로그램을 구축하는 데 활용된다.

지난 10년 동안 수입업계는 상당한 변화를 겪었다. 수입업자들은 업계에 가치 있는 서비스를 제공하기 위해 노력하고 있으며, 스페셜티 부티크 커피의 등장으로 요구사항도 변화하고 있다. 대체로 수입업체들은 그저 변화에 수동적으로 대응하는 것이 아니라 새로운 기회를 개발하기 위해 적극적으로 부티크 이니셔티브를 추진했다.

일부 부티크 수입업체는 공급망의 비즈니스 과제를 파악하고 생산자 및 수출업체와 협력해 해결책을 모색하는 인상적인 성과를 보여주었다. 일부 수입업체들은 생산자에게 금융 지원을 제공한다. 예를 들어 로우 머티리얼즈Raw Materials 같은 업체는 파트너로서 가장 부가가치를 높일 수 있는 영역을 적극적으로 발굴하고 있다.

특정 규제나 보조금 없이 공급망을 발전시킬 수 있는 가장 영향력 있고 진보적인 솔루션은 비즈니스 기반에서 나오며, 수입업체는 이를 제공하는 데 핵심적인 역할을 한다.

로스터 Roasters

성장하는 시장 The Growing Market

커피 로스팅 사업체는 규제 대상인 식품 제조업체로서의 역할과 열정적인 제품 제조자로서의 역할 사이에서 균형을 잡으려고 노력한다. 부티크 로스터든 아니든, 커피 로스터의 목표 순이익은 세전 약 10% 수준이다. 공급망의 각 비즈니스 모델과 마찬가지로 이보다 더 큰 수익을 내는 사례도 있지만, 이 수치를 지속적으로 달성하지 못하는 경우도 많다.

각기 다른 문화와 경제 구조에 따라 로스팅 비즈니스의 양상도 다양하게 나타난다. 어떤 곳에서는 독립적인 제품 중심 비즈니스로 로스터리가 운영되기도 하고, 다른 경우에는 카페나 생산자와 수직적으로 통합된 형태로 운영되기도 한다. 브랜드 중심의 비즈니스일 수도 있고 서비스 중심의 비즈니스일 수도 있다.

현재 서울에서 센터 커피center coffee를 운영 중인 박상호 대표가 영국의 스퀘어 마일 커피Square Mile Coffee의 로스팅 일을 그만두고 한국으로 돌아가 로스팅 비즈니스를 시작했을 때 이야기가 기억난다. 그는 영국과는 완전히 다른 시장 상황과 마주쳤다. 한국에서는 매장에서 직접 빵을 만드는 베이커리처럼, 작은 규모지만 자체적으로 로스팅하는 카페가 훨씬 일반적이었다.

이는 그가 영국에서 경험했던 것과는 완전히 달랐다. 영국을 비롯한 많은 나라에서는 로스터리와 카페가 따로 운영되는 구조가 보편적이기 때문이다. 영국 로스팅 시장은 B2B 위주의 도매 시장으로, 로스터리에서 카페나 그 외 유통 채널에 커피를 공급한다.

2000년대 중후반, 영국의 로스팅 시장은 소수의 스페셜티 로스터가 지배했다. 이들이 급성장하는 스페셜티 부티크 카페 시장을 지원하면서 새로운 카페들이 활발하게 등장했다. 이후 시장은 크게 변화하여, 지금은 다양한 스페셜티 로스팅 비즈니스가 존재한다. 주로 호주, 뉴질랜드 출신의 다국적 업체들이 진입했고 점점 더 다양하고 많은 영국 브랜드가 등장하고 있다.

다수의 카페 운영자들 또한 커피 로스팅에 눈을 돌렸다. 일부는 소규모 매장에 커피를 공급하기 위한 수단으로, 또는 로스팅과 원두 공급을 핵심 비즈니스로 삼기 위한 전략의 일환인 경우도 있다.

이후 막대한 자금을 바탕으로 D2C Direct to Consumer 로스터리 브랜드가 경쟁에 뛰어들었고, 동시에 수많은 마이크로 로스터리도 문을 열었다. 이는 여러 면에서 과거 영국의 소규모 진 증류주 공장 붐과 유사하다. 이런 로스터리들은 '좋은 커피를 로스팅하고 고객과 나눈다'는 단순한 목적으로 운영하는 열정적인 독립 비즈니스다. 물론 좀 더 명확한 비즈니스 목표를 가지고 운영하는 곳도 있는데, 스페셜티 커피가 시장에서 주목을 받으면서 이러한 경향이 점점 더 보편화되고 있다. 더불어 기존의 대형 로스터리도 스페셜티 커피 시장의 성장 가능성을 분석하고 이를 적극적인 사업 기회로 삼고 있다.

전체 시장을 놓고 보면, 여전히 강력한 성장 지표가 나타나고 있다. 시장은 전반적으로 성장 중이다. 생두 수입업자들은 과거보다 더 넓은 고객층에서 스페셜티 커피 판매량이 증가하는 것을 확인했다. 또한 기존의 대형 업체들 역시 몸집을 더욱 불리며 성장하고 있고 수많은 소규모 업체들이 새롭게 시장에 합류하고 있다. 이는 로스팅 관점에서 볼 때 시장이 확실히 더 경쟁적으로 변했음을 의미한다.

이런 변화는 시장의 성숙과 수요와 공급의 균형 조정에 따른 자연스러운 과정이다. 초기 스페셜티 커피 시장에 들어온 운영자들은 종종 맥주를 마시며 초창기 시장이 얼마나 수월했는지 회상할 것이다. 당시에는 스페셜티 커피에 대한 수요가 공급보다 훨씬 많았고, 괜찮은 커피를 구해 적당히 로스팅한 뒤 갈색 봉지에 담기만 하면 고객들이 몰려왔고 비즈니스는 빠르게 성장할 수 있었다.

이런 방식이 소규모에서는 여전히 유효할 수 있지만, 이제는 더 이상 예전과 같은 수준의 성장을 달성하기는 어렵다. 창업자나 운영자들은 시장뿐만 아니라 자신들의 사업도 성장했다는 사실을 잊고 있는 것은 아닌지 의심스러울 때가 있다. 매출 0에서 50만 달러까지 성장시키는 것과 매출 300만 달러를 500만 달러까지 키우는 것과는 매우 다른 문제다. 규모가 큰 기업이 동일한 성장 궤도를 유지하려면 훨씬 더 많은 고객을 확보해야 할 것이고, 그 과정에서 더 많은 잠재 고객층과 소통해야 한다.

다각화와 인재 확보 Diversification and Talent

많은 로스터가 고급 제품 생산과 다양한 부가 서비스 제공을 동시에 하고 있다는 반박이 제기될 수 있다. 실제로 많은 경우 로스터들은 식품 제조업체이자 서비스 제공 업체 역할도 한다. 로스터리가 가장 일반적으로 제공하는 서비스는 바리스타 훈련과 커피 머신 공급 및 유지보수다.

이런 복합적인 접근 방식이 등장한 이유는 명확하다. 스페셜티 커피 운동 초기엔 바리스타뿐만 아니라 운영에 대한 지식과 전문성을 가진 인재가 심각하게 부족했다. 로스팅된 원두의 잠재력을 최대한 끌어내기 위해서는 음료 제조 기술이 매우 중요하기 때문에 교육이 필요했다. 특히 레스토랑이나 바처럼 커피 메뉴가 중심이 아닌 곳에 커피를 공급할 때 커피 품질을 유지하기 위해 널리 교육이 이루어졌다.

나는 접객업 분야 경력이 있기 때문에, 일상적인 SOP Standard Operating Procedure 와 제품 품질 관리를 외주로 맡기는 운영자들을 보면 항상 의아했다. 물론 직원들의 전문성 개발에 도움을 주기 위해 특정 분야에 대한 교육을 하는 것은 긍정적일 수 있다. 그러나 매일 음료 제조와 서빙을 감독하는 내부의 슈퍼바이저나 관리자급이 이런 직원 교육을 위한 전문성과 지식을 갖추는 것이 가장 합리적이다. 비즈니스의 일관된 품질을 유지하려면 한 달에 한 번 몇 시간 외부 업체가 방문하는 것으로는 한참 부족하다.

또한 교육과 현장 지원은 사람들이 생각하는 것보다 비용이 훨씬 많이 든다. 이런 서비스를 높은 수준으로 정기적으로 시행하려면 당연히 그에 상응하는 비용이 발생한다. 일부 선진적인 글로벌 시장에서는 이런 개념이 당연하게 받아들여지고 있고, 커피 계약 가격에 추가 서비스 비용이 직접적으로 연계되기도 한다. 차를 살 때 시트 열선이나 고급 인테리어를 옵션으로 추가하는 것과 비슷하다.

나는 가끔, 이런 교육비가 포함된 가격으로 커피를 구매하지만 실제로 교육 서비스는 이용하지 않는 소규모 고객들이, 높은 유지비가 드는 대형 고객을 지원하는 경제적 뒷받침이 되고 있는 건 아닌가 하는 생각이 들 때가 있다. 마치 회원권을 사고도 시설을 이용하지 않거나, 모든 시설 이용료를 냈지만 수영장만 쓰는 헬스장 가입자들과 유사하다고 할 수 있다.

커피를 직접 배송하는 업체라면 각 매장에 방문할 때 교육을 연계할 수 있다. 배송 기사와 머신 정비사, 바리스타 트레이너 역할을 겸하는 모델은 여러 커피 로스터리에서 성공적으로 도입한 바 있다. 이 모델을 성공적으로 수행하려면 단순히 커피 로스팅 비즈니스를 넘어 배송, 교육, 유지보수를 아우르는 종합적인 서비스 비즈니스로 확장해야 함을 의미한다.

실제로 커피를 직접 로스팅하지 않고도 성공적으로 비즈니스를 운영한 로스터리 사례도 있다. 이런 업체들은 초기에는 서비스와 공급에 집중하다가, 나중에 비즈니스 규모가 일정 수준에 도달한 뒤에 로스팅을 수직적으로 통합하는 전략을 선택했다. 매우 전략적인 접근 방식이다. 자체 로스팅이 화이트 라벨 공급보다 비용 효율성을 가지려면 일정 규모 이상의 비즈니스 성장이 선행되어야 하기 때문이다.

매우 성공적인 모델 중 하나는 장비에 금융 기반 리스 서비스를 제공하는 방식이다. 커피숍의 설비 투자 비용을 줄일 수 있게 도와주고, 동시에 더 견고한 판매 관계를 형성한다. 커피 공급에 다양한 서비스를 연계하는 이런 접근 방식은 긍정적인 효과를 가져올 것이다.

재무, 성장, 장비 Finance, Growth and Equipment

로스터리, 특히 부티크 로스터리는 성장하면서 설비 투자 문제를 겪는 경우가 많다. 로스터리를 시작할 때는 사실 큰 비용이 들지 않는다. 카페나 로스터리를 소규모로 시작한다면 초기 투자 비용은 비슷한 수준으로 가능하다. 예를 들어 인테리어에 크게 손을 대지 않아도 되는, 상태가 양호한 공간을 구한다면 카페와 로스터리 두 사업 모두 초기 자본금 3만 파운드 정도로 시작할 수 있다.

물론 매우 절약했을 때 가능한 금액이며 대부분의 카페 인테리어 비용은 이보다 몇 배 높다. 그에 비해 로스터리는 인테리어가 중요한 요소가 아니므로 대체로 로스터리보다 카페 인테리어 비용이 훨씬 더 든다. 그러나 로스터리는 처음부터 원두와 포장재 같은 원자재가 필요하므로 운영 자본은 훨씬 높다.

로스터리가 성장하면 재고도 더 많이 보유해야 하고 그만큼 현금도 더 많이 필요하다. 그러나 로스터리의 가장 큰 과제는 수익성을 높여 생산 능력을 확장하고 새로운 장비를 구매할 수 있는 자금을 확보하는 것이다.

대부분의 부티크 로스터리에서 사용하는 5kg, 12kg 또는 15kg 용량의 로스팅 머신에서 더 큰 용량의 기계로 업그레이드할 때 장비 비용이 엄청나게 올라간다. 예를 들어 어떤 부티크 로스터리가 개업 후 4년차에 60만 파운드의 매출을 달성했다고 가정하자. 이 시점이면 12kg 용량 머신으로는 물량을 맞추기 위해 이미 최대 가동 중일 것이고 가동하는 직원들도 마찬가지 상황일 것이다. 만약 지난 4년간 번 돈을 저축하고 모아 뒀다면 현금 보유고는 8만 파운드는 될 것이다. 그러나 다음 단계 로스팅 머신을 구매하려면 이보다 훨씬 더 많은 돈이 필요하다. 때문에 채무, 투자, 보조금, 기타 어떤 형태로든 금융 솔루션이 필요할 것이다.

제조업 인프라 구축은 매우 까다로운 과제다. 커피처럼 제품의 단가가 생산에 필요한 장비의 가격에 비해 낮다면 매우 장기간 인프라에 투자해야 할 것이다.

커피 로스팅은 단순한 수작업 방식으로 운영할 수도 있고, 기술과 자동화에 중점을 둘 수도 있다. 대부분의 부티크 로스터리에서는 수작업 포장 과정에서 작업 지연이 자주 발생하는데, 이런 문제를 해결하기 위해 계량기나 자동 충전식 포장기를 도입하기도 한다.

커피 로스팅 비즈니스의 핵심적인 운영은 식품 제조 영역에 가깝다. 즉, 효율적이고 생산성 높은 운영 프로세스와 조직 문화를 개발하는 것이 중요한 목표다. 이런 점에서 커피 밀링과 로스팅은 상당히 비슷하다. 소규모 로스터리에서는 이런 시스템과 구조가 크게 필요하지 않을 수 있지만, 직원 수가 늘고 사업이 성장함에 따라 점점 핵심 과제가 될 것이다.

사람과 전문성 People and Expertise

열정적인 바리스타에게 로스터리는 자연스러운 커리어 발전 단계처럼 느껴질 것이다. 그러나 카페와 로스터리 작업 환경은 완전히 다르다. 이는 접객업 환경과 제조업 환경의 차이라고 할 수 있다. 매일 고객을 맞이하고 소통하는 것을 좋아하는 사람들은 카페 환경을 좋아할 것이다. 반면 로스터리는 그런 서비스보다는 시스템과 구조 중심으로 운영된다. 물론 공통점도 있지만, 로스터리에서는 기본적으로 직접 커피를 다루는 일이 많지 않다. 대부분의 작업은 생산 비즈니스 운영에 필요한 전문 기술을 기반으로 이루어진다. 점점 더 많은 로스터리가 브랜드로 성장하고 있고, 이를 위해 상품 기획, 마케팅 같은 업무에 많은 자원과 시간을 투입해야 한다.

이와는 별개로, 로스터리에서는 본질적으로 로스팅한 원두가 핵심 제품이다. 로스팅 기술과 생두를 조달하고 관리하는 팀은 생두를 원두로 로스팅하는 과정과 특정 음료 품질을 구현하는 과정을 관할한다. 그렇다보니 로스터리가 추구하는 '맛의 미학'은 생두 조달과 로스팅 기법을 결정하는 소수의 핵심 인물에게 달려 있다. 대부분의 부티크 로스터리에서는 이런 역할을 창업자가 맡고 있을 것이며, 이는 매우 효과적인 방식이다. 창업자의 취향에 맞는 방식으로 커피를 로스팅하기 때문이다. 따라서 이 직무를 맡고 있을 직원을 채용할 때는 창업자와 '미각적 취향'이 같은 사람을 찾는 것이 중요하다.

기술과 접근성 Technology and Access

기술 자체도 향미를 조질하는 데 중요한 역할을 한다. 로스팅 기술은 계속 진화하고 있다. 현재 업계에서 가장 극적인 변화는 소규모 로스터리 시장에서 일어나고 있다. 전기 샘플 로스터와 소형 로스터 기술의 발전은 업계를 변화시키는 요소가 되었으며 커피 로스팅 진입 장벽을 낮추고 다양하고 새로운 환경에 활용된다는 것을 입증했다. 가정용 소형 로스터는 전부터 있었지만, 새롭게 등장한 샘플 및 소형 로스터는 로스트 프로파일을 추적하고 공유하는 기능에 자동 프로파일링 기능까지 갖추고 있다.

이런 소형 로스터는 바리스타 대회 무대와 생산자와 고객이 로스팅 프로파일을 공유하고 실험하는 데 활용되었다. 이전에는 전문적인 기술이 없다면 쉽게 접근할 수 없었던 로스팅을 보다 많은 사람들이 쉽게 경험하게 되었다.

대형 전기 로스터는 아직 대중화되지 않았지만, 향후 필연적으로 도입될 가능성이 크다. 현재까지는 대부분의 상업용 대형 로스터는 가스 로스터 방식을 유지하고 있다.

로스팅은 여전히 배우기 어려운 분야이며, 이론과 스타일, 접근 방식이 아주 다양하다. 앞으로도 로스팅 기술에 더 많은 기술적 혁신이 일어날 것이다. 이는 로스팅 기계뿐만 아니라 로스터리에 필요한 시스템과 장비까지 포함한다. 일부는 새로운 개발의 형태로 나타나겠지만, 대부분은 대형 상업용 로스터에 이미 구축된 첨단 자동화 시스템에서 빌려올 것이다. 만약 이런 기술이 더 널리 사용 가능해지면, 소규모 로스터리에서도 활용할 수 있는 통합 사일로와 원두 이동 시스템이 도입될 것이다.

또한 커피 로스팅을 관리하고 문서화하는 소프트웨어도 크게 발전했고 앞으로도 계속 발전할 것이다. 현재 로스터리의 가장 큰 과제는 여러 제품에 필요한 다양한 원재료를 관리하는 것이다. 대형 로스터리는 복잡하고 비용이 많이 드는 ERP Enterprise Resource Planning 시스템을 개발 도입했지만, 대부분의 부티크 로스터리들은 여전히 수작업 스프레드시트, 종이, 펜을 쓰거나 기억력에 의존한다.

추적 가능성과 지속 가능성 Traceability and Sustainability

이 과정은 규제 준수 요구 사항에 의해 더욱 복잡해진다. 커피는 식품 안전 측면에서 상대적으로 리스크가 낮은 제품이지만, 규정은 준수해야 한다. 부티크 로스터리들은 높은 수준의 품질 관리와 제품 추적 가능성을 갖춰야 한다. 추적 가능성 측면에서 보면, 앞서 **그린워싱**에서 다룬 것처럼 로스터리의 주장과 마케팅 중 많은 부분이 충분한 검증을 거치지 않은 경우가 많다. 실제로 스페셜티 커피 포장지에 적힌 정보들은 검증되지 않은 경우가 많다. 부티크 로스터리들은 이전 장에서 살펴본 대로 대체로 수입업자들의 비즈니스에 의존한다. 따라서 부티크 로스터리들이 내세우는 마케팅 주장과 정보의 정확성에 대해 더 신중하게 고민할 필요가 있다.

지속 가능성과 제품 품질의 관점에서 볼 때, 로스터리가 미치는 가장 큰 영향은 어떤 공급업체의 커피를 구매하느냐에 달려 있다. 로스터리는 결국 중간 유통업체의 역할을 하므로 자체적으로 환경적인 영향을 줄이기 위해서는 폐기물 최소화, 에너지 절약 방법 등을 위해 노력할 수 있다. 로스터리가 커피와 생산자를 선택하는 데에는 다양한 이유가 있다. 여전히 블라인드 테이스팅을 통해 구매를 결정하는 경우가 많고 품질, 로트 물량, 희소성 같은 부분을 종합적으로 참조한다.

또한 최근에는 특정 생산자들과 장기적인 협력 관계를 맺고 해마다 거래하는 부티크 로스터리가 늘고 있다. 이들은 해마다 품질에 변동이 있을 수 있음을 감수하면서도 생산자와의 협력을 위한 구매 프로그램을 구축하고 있다.

마케팅, 상품화, 라이프스타일 Marketing, Merchandising and Lifestyle

브랜딩과 마케팅은 로스팅 사업에서 핵심적인 부분 중 하나로 자리 잡았다. 로스터리 비즈니스는 다양한 유통 채널을 통해 시장에 직접 판매하는 경우가 많아서, 브랜드의 정체성과 메시지에 많은 자원을 투자해야 한다. 내가 인터뷰했던 몇몇 성공적인 부티크 로스터리들은 자신들의 비즈니스를 브랜드 중심의 사업으로 인식한다고 말했다. 커피가 하나의 독립된 제품으로 포장되고 소비되는 방식 덕분이다. 로스터리 비즈니스는 생산 중심 비즈니스와 상업적 브랜드 비즈니스 모델 사이에서 균형을 맞춰야 하는 어려움이 있다.

영국의 로스터리 대부분은 영국 전역으로 배송이 가능하기 때문에 입지는 로스터리의 시장 접근성에 큰 영향을 미치지 않는다. 덕분에 시장은 매우 치열해졌고, 브랜드 정체성에 집중하는 것이 더 중요해졌다. 브렉시트 이전에는 많은 영국 로스터들이 유럽 시장에서 상당한 성공을 거두었다. 여전히 많은 부티크 로스터들이 전 세계 커피 커뮤니티와 연결해 글로벌 고객을 확보하고 있다.

반면 서비스와 지원을 제공하는 로스터리라면 지리적 위치가 중요하다. 이런 로스터들은 여러 지역에 사무실이나 지원 시설을 운영하는 경우가 많지만, 그렇다 해도 여전히 커버할 수 있는 지역은 제한적일 수밖에 없다.

카페 산업과 마찬가지로 로스팅 업계에서도 창의적인 브랜딩 정체성이 점점 다양해지고 있으며, 많은 로스터리들이 라이프스타일 브랜드를 구축하고 상품화 분야로 확장하고 있다. 5부 **라이프스타일과 커피 브랜드 상품화**에서 더 자세하게 다루었다.

많은 스페셜티 부티크 로스터리의 경우, 비즈니스 자체가 창업자나 팀의 라이프스타일 목표의 일부다. 커피를 생산하지 않는 나라의 로스터리들이 생산지 농민을 방문하고 관계를 구축하는 것은 분명 가치 있는 일이다. 하지만 부티크 로스터리들의 해외 생산지 방문 중 대부분은, 비즈니스에 필수적인 요소라기보다는 비즈니스를 관통하는 라이프스타일 목표에서 비롯된 경우가 많다.

이런 라이프스타일 비즈니스와 실제 비즈니스 운영 현실 사이에서 균형을 맞추는 것은 커피 업계를 관통하는 주제다. 사업주뿐만 아니라 커피 산업에서 일하며 새로운 기회를 찾고자 하는 개인들에게도 중요한 문제다. 특히 부티크 시장에서 한 개 이상의 매장(체인은 아니지만 여러 매장을 운영하는 형태)을 운영하는 경우, 로스팅을 직접 하는 것이 일반화되고 있다. 직접적인 수익 창출이라는 목표도 있겠지만, 직원들을 유지하는 수단, 직원들에게 성장 기회를 제공하는 수단으로 고려하는 경우도 많다.

하지만 운영자는 예상보다 더 많은 부담을 떠안아야 한다는 사실을 곧 깨달을 것이다. 로스팅 사업은 번거롭고 어려운 과제가 될 수 있으며, 단순히 직원 유지 전략으로 삼기엔 많은 어려움이 발생할 수 있다. 일부 소규모 로스터리 운영 방식은 본격적인 제조업 형태가 아닌 실험적인 모델을 보여준다는 점에서 흥미롭다.

스페셜티 부티크 로스팅 비즈니스에서 로스터와 생산자 간의 연결은 매우 중요하다. 브랜드 인지도가 높은 커피 블렌드는 여전히 인기 있는 제품이고, 어쩌면 생두 자체보다 브랜드 스토리텔링이 더 중심이 되는 경향이 있다. 그러나 동시에, 스페셜티 부티크 로스팅 업계는 전 세계 품질 중심 생산자들이 자신을 드러낼 수 있는 쇼윈도 역할을 한다. 로스터는 단순히 전 세계 농산물을 판매하는 소매업자가 아니라 제품의 최종 향미를 만들어내는 장인이다. 때문에 로스터리들은 단순한 유통업체 이상의 역할을 하면서 고객과 더욱 끈끈한 브랜드 관계를 형성할 수 있다.

수직적 통합과 미래 Vertical Integration and the Future

로스팅은 산업의 모든 부분에서 수행할 수 있는 작업이다. 공급망의 누구라도, 때로는 최종 소비자도 로스팅을 할 수 있다. 다만 개인적인 견해로는 홈 로스팅은 대중화되기보다는 틈새시장에 머물 것이라고 생각한다.

영국을 기반으로 생각해 보면, 로스터리는 커피 산업 중 별도 영역으로 구분되는 것 같다. 규모가 어느 이상이 되면 독립적인 제조업 비즈니스로 자리 잡아야 하므로 그 자체로 비즈니스가 된다. 로스팅은 공급망의 거의 모든 사업자가 참여할 수 있는 영역이지만 유일한 예외가 있다면 수입업체일 것이다. 이들의 고객은 주로 로스터들이기 때문에 수입업체에서 자체 로스팅 사업을 운영하게 되면 고객과 직접 경쟁하는 모순적인 상황이 발생할 수 있다.

반면 커피숍, 소매업체, 커피 생산업체에게 커피 로스팅은 비교적 쉽게 접근 가능한 부분이고, 비즈니스 전략으로 충분히 고려할 가치가 있다. 실제로 여러 커피 생산국에서 스페셜티 부티크 커피 시장이 급성장하고 있으며 이로 인해 로스팅과 생산 비즈니스를 결합한 모델이 활성화될 기회가 열렸다. 이는 부티크 생산자들이 브랜드 입지와 비즈니스 활동을 발전시키는 과정에서 이루어지는 다각화와 수직통합의 한 예시다.

캡슐 같은 새로운 포맷을 통해 로스터들이 국제 시장에 진출할 수 있는 기회가 열렸다. 새로운 포장 방식, 신선도에 대한 인식 변화로 커피는 점점 더 운송 가능한 사전 제조 제품으로 취급되고 있다. 그러나 전반적으로는 여전히 주문 후 즉시 생산하는 방식이 지배적이다. 이런 주문형 로스팅 시스템은 사업 확장에 있어 제약 요소이기 때문에 대부분의 부티크 커피 로스팅 비즈니스는 본질적으로 국내 시장에 집중해 운영한다.

커피 로스터리와 로스팅 브랜드들은 공급망에서 중요한 스토리텔러 역할과 더불어, 커피의 여정을 연결하는 핵심적인 고리 역할을 한다. 선진 시장에서는 로스팅 비즈니스 경쟁이 급속도로 치열해져, 스페셜티 로스터들은 새로운 채널, 대체 제품 및 새로운 고객층을 찾는 동시에 비즈니스 효율성을 높이기 위해 노력하고 있고 이러한 환경에서 대규모 로스터리들은 시상에서 강력한 입지를 다질 수 있는 가장 좋은 위치에 있다. 마이크로 로스터리들도 틈새시장을 공략할 기회가 많지만, 중간 규모 로스터리들은 생존하기가 쉽지 않다. 자금과 장비 문제로 인해 소규모 로스터리가 대규모로 성장하기까지는 상당한 어려움이 있다.

스페셜티 커피 시장의 지속적인 성장은 이 분야에 새로운 성장 기회가 있음을 시사한다. 이번 장에서 살펴본 바와 같이, 커피 로스팅은 앞으로도 지속적인 다각화, 기술 도입과 혁신적인 변화를 겪게 될 비즈니스 영역으로 보인다.

온라인 Online

실질 마진과 아웃소싱 Deliverable Margin and Outsourcing

이커머스는 아마도 커피를 판매할 수 있는 가장 독특한 채널일 것이다. 일반적으로는 로스터리나 커피 소매업체와 같은 비즈니스에 통합되어 있지만, 생두 수출업자나 수입업자처럼 커피를 '수송'하는 역할을 할 수도 있다. 예를 들어, 아마존 리셀러나 쇼피파이 기반의 집합 판매자 모델이 좋은 사례다. 이런 모델에서는 다양한 커피 제품을 온라인 슈퍼마켓과 유사한 방식으로 조달하고 재판매한다.

원재료 vs 완제품에서 살폈듯이 수익성을 유지하는 것은 어려운 도전 과제다. 로스터리나 커피 브랜드가 운영하는 이커머스 모델은 자사 커피를 온라인으로 판매해 더 많은 마진을 얻을 수 있을 것처럼 보이지만, 실제 운영 과정에서 상당한 마진이 새어 나가는 경우가 많다. 이커머스를 통해 원가 대비 판매가를 높게 설정할 수는 있지만 실질적인 마진(2부의 **실질 마진** 참조) 관점에서 보면 그 추가 마진의 대부분(전부는 아니더라도)이 사라진다.

만약 아마존이나 대형 슈퍼마켓 체인에 안정적으로 커피를 공급할 수 있다면, 위와 같은 문제를 해결할 수 있다. 이런 대형 리셀러가 가져가는 마진은 대개 자사 이커머스 플랫폼을 운영할 때 드는 비용(구글, 페이스북 광고비 및 물류, 배송 비용)과 비슷하다.

한마디로 기업은 자체적으로 해결하기 어려운 문제를 처리해야 할 때 마진을 포기한다. 그렇지 않으면 굳이 마진을 포기하면서까지 다른 업체를 쓸 이유가 없지 않은가? 대부분의 경우, 기존에 고객층을 보유하고 있거나, 고객 접근성이 뛰어난 다른 업체의 능력을 활용하기 위해 마진을 양보한다. 여기에는 보통 그럴 만한 이유가 있다. 원재료 공급자의 입장에서는 시장의 선호도 때문일 수 있다. 소비국에서 로스팅한 스페셜티 커피의 경우,

고객에게 지역 상품을 구매할 기회를 제공하거나 서비스 및 지원을 받을 수 있다는 장점을 강조하는 방식으로 차별화하기도 한다.

팬데믹과 입소문 마케팅 The Pandemic and Word of Mouth Marketing

현재 부티크 커피의 이커머스에 대해 이야기하면서 팬데믹 전후의 시장 변화를 빼놓고 말하기란 불가능하다. 스페셜티 커피에서 확고하게 브랜드를 구축한 커피 회사들은 모두 봉쇄 초기 기간에 온라인 매출이 수백 퍼센트 증가하는 경험을 했다. 이미 해당 분야에서 브랜드 인지도가 높은 경우에는 온라인 수요가 더 크게 증가했을 가능성이 크다. 흥미롭게도 이러한 변화는 온라인 광고비 지출과 관계없이 발생한 것으로 보인다.

이 현상의 배경은 단순하다. 팬데믹이 시작될 무렵, 스페셜티 부티크 카페 산업은 이미 상당한 영향력을 갖춘 시장으로 성장했다. 그런 가운데 집에서 나가지 말라는 통보가 내려오자, 부티크 카페와 커피숍을 즐겨 찾던 커피 애호가들은 "집에서도 좋은 커피를 마시고 싶다!"는 욕구를 가지게 됐다. 고객들의 이런 요구는 커피 로스터들에게 즉각적인 영향을 줬다. 도매 거래처들의 주문은 하룻밤 사이에 거의 사라졌고, 이커머스 판매는 폭발적으로 늘었다.

커피 장비와 머신 제조업체들은 이런 변화를 가장 극적으로 경험했을 것이다. 자전거, 홈 트레이닝 장비, 밀가루가 동이 났던 것처럼 커피 머신과 장비들도 공급 부족 사태를 겪었다. 나는 코로나19로 인한 이커머스 현상은 스페셜티 커피 시장의 핵심 판매 메커니즘이 실제로 어떻게 작동하는지 압축적으로 보여준 사례라고 생각한다. 핵심은 전문성과 신뢰를 바탕으로 한 입소문 마케팅이었다.

스페셜티 커피 시장이 커지면서, 스페셜티 커피를 구매하고 추출해 마시는 사람들은 스스로를 커피 전문가나 박식한 감정가가 아니라, 자신이 좋아하는 것(또는 좋아하지 않는 것)을 잘 아는 커피 마니아로 인식하는 것 같다. 나는 이 집단이 스페셜티 커피의 복합적인 면과 전문성을 인식하고 있으며 자신이 좋아하는 커피를 찾기 위한 이정표를 찾는다고 생각한다.

이 이정표는 특정한 목소리를 내는 브랜드일 수도 있고, 자신이 좋아하는 카페에서 본 특정 장비일 수도 있다. 하지만 스페셜티 커피 시장이 커지고, 비슷한 브랜드가 많아질

수록 가장 강력하게 작용하는 도구는 신뢰할 수 있는 사람에게 물어보는 것이다. 소비자는 해당 주제에 대한 지식을 많이 가지고 있는 사람, 자신과 취향을 공유하는 사람, 또는 이미 신뢰하고 있던 브랜드에 도움을 청할 것이다. 팬데믹 동안 상승세를 탄 브랜드는 이미 이전부터 진정성 있게 브랜드 평판을 쌓아 온 곳들이었다.

외출 제한이 완화되면서 최소한 내가 인터뷰한 모든 업체의 온라인 판매가 감소했다. 하지만 팬데믹의 영향은 단기적인 변화에 그치지 않았다. 팬데믹 기간 동안 사람들은 너무 시간이 많이 걸리고 너무 전문적이라 생각했던 커피 탐구에 깊이 빠져들었고, 더 많은 지식을 갖춘 고객, 부티크 향미 중심의 커피에 더 몰입하고 즐기는 고객을 만들어냈다. 팬데믹 당시의 최고 수준에 비하면 이커머스 판매량이 다소 줄어들었지만, 대부분 팬데믹 이전보다 성장했고 예전 수준으로 돌아가지 않았다. 여기에 카페와 도매 판매가 회복되면서 전체적으로 많은 업체들에게 상당한 순이익을 가져다줬다.

고객 확보, 고객 관계, 온라인 광고 비용 Cost of Acquisition, Customer Relations and Online Advertising

이 시기 온라인 매출이 급증하면서 온라인 고객을 확보하기 위해 지출한 캠페인 비용에 대해 잘못 분석하는 상황이 벌어졌다. 물론 전보다 훨씬 더 많은 고객이 온라인에서 커피를 구매했고 광고비 지출이 잠재 고객을 확보하는 데 도움이 되었다는 주장은 나름 타당한 근거가 있다.

그러나 나는 부티크 커피 시장에서 신뢰와 추천이 얼마나 중요한가를 생각하면, 광고비와 고객 확보의 상관관계에 대해 회의적이다. 커피는 한 번만 구매하는 제품이 아니다. 대부분의 사람들은 직관적으로 모든 커피 브랜드의 마케팅이 자기 제품이야말로 '윤리적'으로 올바르며, 맛과 품질도 최고라고 주장한다는 점을 알고 있다. 소비자는 모든 회사가 이런 주장을 하는 것도 충분히 알고 있다. 그렇다고 모든 커피를 좋아하는 것은 아니다. 소비자들이 제3자 검증(추천, 리뷰)에 의존하는 것은 이런 이유 때문이다.

고객 집단의 충성도는 다양하다. 부티크 커피 시장에는 브랜드에 충성하는 고객과 그렇지 않은 고객이 모두 있다. 그중 일부는 탐구적이고 호기심 많은 구매자들이며 이들은 한 브랜드에 머물 확률이 낮다. 하지만 이는 단지 한 부류일 뿐이고, 일관성을 원하는 고객도 많다. 사실 이 두 가지 취향은 공존할 수 있다. 예를 들어 어느 구매자는 집에서 자주 마시는 기본 '하우스' 커피를 정하고 다양한 맛을 경험할 수 있는 커피를 함께 구매하기도 한다. 브랜드 충성도가 낮은 고객은 온라인 할인에 민감해서, 할인 기간이 끝나면 다음 할인 상품으로 쉽게 이동하기 때문에, 할인으로 신규 고객을 유도하는 것은 완벽한 전략이 아니다.

커피는 비교적 가격대가 낮은 상품이므로 커피 브랜드의 목표는 반복 구매다. 부티크 커피 시장에는 충성도가 높은 고객이 많다. 대부분의 부티크 로스터리에서는 다양한 원산지와 향미 프로필을 제공하기 때문에 새로운 커피를 맛보기 위해 매번 로스터리를 바꿔가며 구매할 필요가 없다. 이런 점에서 커피는 와인과 크게 다르다. 와인 산업은 리셀러 중심으로 운영된다. 포도원이나 와인 브랜드가 완제품을 생산하면 리셀러들은 다양한 와인을 모아 컬렉션을 구성해 판매한다.

반면 로스터는 생산자이면서 동시에 리셀러 역할도 한다. 나는 이것이 온라인 포털 모델이 커피 시장에서 고전하는 이유 중 하나라고 생각한다. 소비자들은 제3자가 중개자 역할을 하는 것보다는 여러 로스터리를 직접 탐색하고 마음에 드는 브랜드를 찾으려는 경향이 크다. 또한 이커머스의 낮은 마진율과 커피의 낮은 단가 때문에 로스터리들도 가능하면 온라인 직판을 선호한다.

이 모든 점을 고려하면, 스페셜티 부티크 기업이 이커머스를 단일 판매 채널로 활용하는 것은 상당히 어려운 도전 과제가 될 수 있다. 그러나 다양한 판매 채널 중 하나로 활용한다면 이커머스는 매우 보완적인 역할을 할 것이다.

오프라인 매장의 다각화 Diversification in Bricks and Mortar

모든 식음료 산업은 온라인으로 제품을 마케팅할 때 동일한 문제점에 직면한다. 소비자가 직접 맛을 볼 수 없다는 점이다. 커피의 핵심은 카페든, 집이든, 직장의 책상에서든 결국 소비되는 순간의 경험이다. 첫 구매에 커피 한 봉지를 무료로 제공하는 프로모션은 이런 한계를 넘는 데 도움이 되지만, 비용이 많이 들고 투자 대비 효과를 장담하기 어렵다.

네스프레소의 부티크 매장이 캡슐 커피 포맷을 시장에 정착시키는 데 중요한 역할을 했던 것처럼, 커피숍은 스페셜티 부티크 고객에게 핵심적인 체험 공간이다. 로스터리 운영이 핵심 비즈니스인 커피 브랜드들이 매장을 운영하는 경우, 이는 단순히 카페를 넘어 소비자가 브랜드 경험에 참여할 수 있는 센터로 기능한다. 이런 경우 오프라인 매장의 궁극적인 목표는 수익성보다는 소비자 참여와 브랜드 인지도를 높이는 데 있다.

실제로 오프라인 매장은 도매 및 최종 소비자 비즈니스를 모두 강화할 수 있는 가능성을 가지고 있다. 콘월에 위치한 오리진 커피 로스터스 Origin Coffee Roasters의 톰 소비 Tom Sobey는 오프라인 매장이 있는 지역에서 이커머스 매출이 직접적으로 증가했다고 설명했다. 또한 오프라인 매장을 통해 관계를 구축하고 도매 판매를 촉진할 수 있는 기회가 생겼다고 한다. 카페는 여러 면에서 커피 브랜드의 궁극적인 마케팅 공간이다. 매출을 창출하고, 수익을 내며, 브랜드 전반의 매출을 촉진하는 가장 효과적인 방법이다.

그러나 한편으로는 오프라인 매장이 도매 성장에 방해가 될 수 있다. 로스터리 매장이나 카페가 있는 지역에서 직접적인 경쟁에 참여하는 것으로 보일 경우, 그 지역 도매 업체는 해당 브랜드 커피와 거래를 하지 않을 가능성이 있다. 이것이 얼마나 큰 영향을 미칠지는 해당 브랜드에 대한 그 지역의 인식에 따라 다르다. 경쟁이 치열한 시장에서는 로스터가 주요 도매 고객을 중심으로 최소 공급 반경을 정하는 경우가 많다. 로스터리가 특정 도매 고객과 가까운 경쟁업체에는 원두를 공급하지 않기로 합의하는 방식이다. 물론 매장에서 도매 원두를 선택하는 데는 여러 가지 이유가 있으며, 특히 서비스와 지원이 중요한 요소인 경우가 많다.

라이프스타일, 상품화, 판매 모델 Lifestyle, Merchandising and Sales Models

이 책의 5부에서 다룬 라이프스타일 커피 브랜드들은 이커머스 전략을 극대화하는 데 가장 적합하다. 다른 구매 행위를 유도할 수 있기 때문이다. 예를 들어 제작 상품을 구매할 때는 커피처럼 맛을 볼 필요가 없고, 이로 인해 전환 지표도 좀 더 지속적으로 유지할 수 있다. 이런 구매 심리와 커피 구매를 결합하는 것은 매우 영리한 전략이다. 내가 이 책에서 언급한 이커머스 데이터와 인사이트는 주로 영국 시장을 기반으로 하지만 전 세계 다른 시장에서도 온라인 클릭 기반 pay-per-click 전략이 비교적 효과적으로 작동할 수 있다는 가능성이 일부 보인다. 그러나 이런 시장들 역시 유사한 도전에 직면할 것이다.

많은 커피 브랜드가 직면하는 가장 큰 도전 과제는 온라인 브랜드를 유지하는 데 필요한 막대한 업무량과 자원 투입이다. 웹사이트 관리, 이메일 마케팅, 콘텐츠 제작, 소셜 미디어 채널 운영 및 다양한 마케팅 캠페인을 실행하기 위해서는 실제 매출 기여도에 비해 자원과 기회 비용을 과도하게 소모할 가능성이 크다. 몇몇 커피 브랜드는 이러한 이유로 이커머스 채널 운영을 중단하기도 했다.

반면 일부 커피 브랜드는 이커머스를 더 넓은 판매 채널 생태계 내에서 매우 보완적인 채널로 활용해 성공을 거두었다. 도매, 이커머스, 오프라인 매장 전반에서 SKU$^{Stock\ Keeping\ Unit}$를 결합한다면 동일한 로스팅 일정과 마케팅 자료를 사용해 효율성을 극대화할 수 있다. 몇 년 전만 해도 온라인 판매를 거의 하지 않았던 커피 브랜드들이 현재는 이커머스를 통해 상당한 성장 기회를 얻었다. 또한 일부 스페셜티 브랜드들은 이커머스를 핵심 판매 채널로 활용해 성공적인 적정 지점을 찾아내기도 했다.

구독 모델 비즈니스는 당연히 매우 매력적이다. 예측 가능하고 반복적인 수익을 가져다주는 비즈니스는 매출 안정성을 높이고 사전 계획된 생산 시스템을 통한 생산성 향상까지 가능하게 한다. 팬데믹 이후 전 세계 온라인 구독 모델은 여전히 유망한 성장세를 보이고 있다. 특히 구독 모델은 고객의 생애 가치를 높여 이커머스의 낮은 마진 구조를 효과적으로 극복할 수 있다. 다만 스페셜티 소비자들 중에는 새로운 커피를 탐구하고자 하는 이들이 많기 때문에, 성공적인 스페셜티 구독 서비스는 고객의 지속적인 관심과 흥미를 끌기 위해 정기적으로 변화를 준 큐레이션 커피 목록을 제공해야 한다.

이커머스는 스페셜티 커피 시장에서 중요하고 가치 있는, 성장하는 분야가 되었다. 이 산업에서 성공하기 위한 주요 과제는 다양하다. 이 시장은 경쟁이 매우 치열하고, 온라인 커피 고객층을 확보하려면 광범위한 브랜드 구축, 그리고 손실을 감수하는 인지도 상승 마케팅이 필요하다. 이커머스가 수익성과 지속 가능성을 갖추기 위해서는 이커머스 운영 비용에 대한 철저한 이해와 관리가 필수적이다.

소매 Retail

마진과 대형 유통업체 판매 Margins and Selling to the Multiples

소매 커피 시장은 운영 방식 면에서 이커머스와 유사한 점이 많다. 소비자가 커피를 직접

맛볼 수 있는지 여부에 따라 판매 전환율에 큰 영향을 미칠 수 있고 커피를 더 저렴하게 판매해 접근성을 높이는 것도 효과적이다. 이커머스에서는 비슷한 전략으로 첫 구매 시 30% 할인을 제공하거나 무료로 커피 머신을 제공하는 방식을 활용한다. 반면 슈퍼마켓에서는 브랜드의 연간 프로모션 계획에 따른 가격 할인 방식이 일반적이다.

가격 할인 행사는 제한된 기간 동안 이루어지며, 일반적으로 연간 몇 차례, 합의된 주기로 반복한다. 보통 1년 중 11번의 할인 행사가 있으며 이 기간 동안 커피의 소매 가격은 대폭 인하된다. 내가 인터뷰한 모든 브랜드들은 할인 기간 동안 매출이 증가했다고 한다. 이는 신규 브랜드의 핵심 전략이기도 하다. 이 과정은 브랜드 인지도를 높이는 데 도움이 되고, 할인 기간이 끝난 후에도 새로운 고객을 확보하여 기본 판매율을 높여줄 것이라 기대된다.

그러나 영국의 슈퍼마켓 커피 코너는 브랜드 충성도가 낮기로 악명 높다. 할인하는 브랜드에서 반복적으로 매출 상승이 나타나는 것은 오직 할인한 커피만 구매하는 소비자 집단이 존재함을 시사한다. 이 고객층은 특정 브랜드에 정착할 가능성이 낮다. 이 모델 내에서 수익과 이익을 이해하려면 제품이 할인 중일 때 이루어진 매출 비중을 고려해 마진을 계산해야 한다. 이런 요소, 그리고 여러 가지 추가 비용 때문에 슈퍼마켓의 식료품 매장에서 마진을 내는 것은 상당히 어려운 일이다.

현재 시점, 영국 대형 슈퍼마켓에 진출한 스페셜티 부티크 커피 브랜드는 많지 않다. 이는 특히 커피 가격대를 보면 더욱 분명하게 드러난다. 원두 커피와 캡슐 커피 모두 슈퍼마켓에서 강력한 성장세를 보이고 있지만 영국 시장은 전통적으로 인스턴트 커피가 지배적이었고 분쇄 커피가 그 뒤를 이었다. 그리고 여전히 이 두 카테고리가 전체 시장을 지배하고 있다. 커피 코너에서 볼 수 있는 가장 비싼 제품의 가격이 스페셜티 부티크 카페, 로스터리 또는 온라인에서 판매되는 로스팅 원두의 평균 가격보다 훨씬 낮다는 점은 주목할 만하다.

식료품 유통 채널은 매우 독특한 시장 환경을 가지고 있다. 넉넉한 예산을 가진 대형 FMCG^{Fast Moving Consumer Goods} 기업은 유통 채널의 판매 데이터를 구매해 누가 무엇을 구매하는지 확인할 수 있다. 이는 매우 독특한 점으로, 이렇게 개방적이고 포괄적인 판매 인사이트를 제공할 수 있는 다른 채널은 없다. 대부분의 FMCG 기업은 이러한 데이터를 이용해 어떤 신제품이 잘 팔릴지 모니터링하고, 현재의 판매 성과와 가격 동향을 분석한다.

식료품 데이터에서도 다른 채널과 동일한 커피 소비 패턴이 관찰된다. 즉, 판매 가격이 상승하면 판매량은 감소한다. 대부분의 시장과 마찬가지로 가격과 판매량 사이에는 적정 지점이 존재하며, 이는 가격 탄력성의 벨곡선 형태로 나타난다.

스페셜티 부티크 커피의 가격 탄력성과 유통기한
Price Elasticity and Shelf Life in Specialty Boutique Coffee

흥미로운 점은, 부티크 커피의 가격 탄력성이 슈퍼마켓보다 다른 유통 채널에서 더 높게 나타난다는 것이다. 부티크 커피 시장 초창기에는 단지 규모 문제이며, 시장이 너무 작아 슈퍼마켓에서 유통할 만큼 충분한 상품과 고객이 없었기 때문이라고 추측할 수 있었다. 그런데 최근 몇 년간 부티크 커피가 성공하면서, 성공적인 부티크 브랜드들의 다른 채널(온라인, 카페) 판매량이 슈퍼마켓의 단일 제품 판매량을 능가하기도 했다.

이는 소비자들이 이미 슈퍼마켓 이외의 장소에서 스페셜티 부티크 커피를 구매하는 습관을 형성했다는 것을 의미한다. 프리미엄 가격을 지불하고 스페셜티 커피를 구매하는 소비자들은 슈퍼마켓의 커피 코너를 전혀 둘러보지 않는다. 이미 카페에서 구매하거나 온라인으로 주문했기 때문이다.

스페셜티 커피가 슈퍼마켓보다 다른 채널을 통해 더 많이 판매되는 이유는 분명하다. 슈퍼마켓 체인에 상품을 납품하려면 서류 작업, 마진 압박, 재고 관리 부담이 크다. 반면 지역 매장에 직접 공급하거나 온라인으로 판매하면 훨씬 간단하다. 부티크 커피 브랜드들이 강조하는 '갓 로스팅한 신선한 커피'를 제공한다는 철학 또한 중요한 역할을 한다.

품질에 중점을 두는 커피 업계 운영자들은 갓 로스팅한 커피에 대한 마케팅 메시지가 과장되어 있다고 입을 모은다. 질소 충전과 산소 차단이 잘 된 패키징을 사용하면 커피는 충분히 긴 유통기한을 유지할 수 있다. 그러나 '신선할수록 무조건 좋다'는 인식은 로스터들을 곤란하게 할 수 있다. 대부분의 소비자들은 로스팅한 후 어느 정도 시간이 지나야 최적의 추출 조건이 형성된다는 사실을 알지 못한다. 소비자들에게 상업적으로 이런 정보를 관리하고 전달하기란 어려운 문제다.

'신선한 것이 최고'라는 마케팅 메시지는 소비자에게 쉽게 전달되는 차별화 요소다. 독립 로스터는 이 차이점을 일찍이 파악했다. 또한 이런 메시지가 현지 고객에게 커피를 판매할 때 대형 경쟁사보다 우위를 점하는 요소가 될 수 있음을 인식했을 것이다. 대부분의 부티크 로스터들은 주문에 맞춰 커피를 공급하기 위해 다소 비효율적인 로스팅 일정과 소량 배치로 비즈니스를 운영한다.

커피는 로스팅 후 일정 시간이 지나면 노화가 진행되고 결국 산패하면서 맛이 떨어진다. 하지만 품질이 좋지 않은 생두로 갓 로스팅한 커피는 품질 좋은 생두로 로스팅해서 몇 달 묵은 커피보다 맛이 떨어질 수 있다는 점도 사실이다.

포장, 유통기한, 품질 유지의 한계에 대한 논의는 별개의 문제지만, 부티크 커피 업계가 '갓 로스팅한 신선한 커피'라는 내러티브를 적극적으로 강화해 온 것은 사실이다. 이는 많은 부티크 커피 브랜드의 슈퍼마켓 진출을 어렵게 하고, 소비자들이 슈퍼마켓에서 부티크 커피를 구매하는 것을 막는 허들로 작용할 가능성이 높다.

커피 포드 및 기타 음료 포맷 Coffee Pods and Other Drink Formats

커피 포드 – 비용과 진입 장벽 Coffee Pods – Cost and Barrier to Entry

커피에 뭔가를 추가할 때마다 비용도 추가된다. 단순히 커피를 취급하는 것만으로 비용이 발생하고 생두를 옮길 때마다 비용이 추가된다. 비즈니스 관점에서 추가 비용이 발생하면 그에 상응하는 가치를 찾아야 한다. 그렇지 않으면 불필요한 지출일 뿐이다.

이 책에서 반복적으로 강조하는 주제는 각 단계의 실제 비용을 이해해야 한다는 것이다. 개념 자체는 간단하지만 특히 소규모 사업자들에게 이를 지속적으로 관리하는 것은 생각보다 훨씬 어려운 개념이다.

캡슐 커피는 부가가치 개념을 잘 보여주는 좋은 예다. 최근 몇 년 동안 스페셜티 캡슐 커피 시장은 크게 성장했다. 콜로나는 부티크 업체 중 처음으로 이 포맷을 도입했다. 우리는 대회 우승 커피를 캡슐에 담고, 개별적인 스페셜티 커피 프로필을 만드는 것을 목표로 했다. 당시 네스프레소 포드는 스페셜티 커피 원두의 품질 수준에는 다다르지 못했다.

캡슐 커피는 지식재산권이 강력하게 적용된 대표적인 사례 중 하나다. 네슬레가 여러 특허를 사용해 일체형 폐쇄 시스템을 만들었기 때문이다. 그러다 2012년 획기적인 법정

판결로 시장이 개방되었다. 처음에는 주로 저가의 저품질 플라스틱 캡슐이 가격 경쟁으로 네스프레소의 시장 점유율을 빼앗으려 했다. 그러나 이후 시장은 상당히 진화했다. 특히 영국의 식료품 및 소매 커피 시장에서 가장 빠르게 성장하는 분야가 되었다.

네스프레소 캡슐은 커피 그램당 가격이 높다는 평을 듣는다. 때문에 캡슐 커피의 마진이 높다고 생각하는 사람이 많지만 자체 제작이 아닌 이상 실제 마진은 낮은 편이다. 하지만 직접 캡슐을 제조하는 건 쉬운 일이 아니기 때문에, 시장 진입 장벽이 매우 높다.

가장 큰 문제는 고품질 포드를 만들기가 어렵다는 점이다. 언뜻 생각하기엔 커피를 작은 용기에 나누어 담는 것에 불과하지만, 실제로는 최첨단 분쇄 및 포장 기술이 필요한 공정이다. 시장의 기존 하드웨어를 사용할 때 최적의 효율이 나와야 하고, 즉 최적의 TDS(총 용존 고형물), 컵 품질, 기술적 성능을 달성하려면 어느 공정 하나 소홀히 할 수 없다. 캡슐과 포장 제작 비용이 캡슐에 담은 원두 비용보다 더 높은 경우가 많다. 이 부가가치는 고객에게 분명히 전달되며, 그렇게 성공적인 커피 아이템으로 자리 잡았다.

로스터에게 커피 캡슐은 실질 마진의 한 사례이기도 하다. 스페셜티 부티크 로스터가 외부 포장업체에 일을 맡긴다면 총 마진은 더 낮을 수 있지만, 한 번의 배치로 수 개월 분량의 재고를 대량 생산할 수 있고, 제품은 바로 소매점에서 판매 가능하며 유통기한도 길어서 안정적인 재고 관리가 가능하다.

캡슐이 더 확산되지 못하는 큰 요인 중 하나는 최소구매수량MOQ 때문이다. 캡슐 포장 라인은 세팅 시간이 필요하고 최소 생산량 이상을 충족해야 수익성이 있다. 포장 업체의 운영 방식에 따라 최소구매수량 기준이 달라진다. 어떤 경우든 자체 포드를 생산하고자 하는 로스터나 커피 회사는 상당한 양의 재고를 미리 확보해야 하고 막대한 금액을 선투자해야 한다.

커피 포드 – 마케팅과 전략 Coffee Pods – Marketing and Strategy

커피 캡슐은 제품 생산과 판매 사이의 간극을 잘 보여주는 좋은 예이기도 하다. 과거에는 이 시장에 진입하기 어려웠지만, 스페셜티 부티크 커피 시장에서 캡슐 포맷이 점점 더 확산됨에 따라 신규 브랜드들이 보다 쉽게 시장에 진입할 수 있게 됐다. 네스프레소는 대규모 고객층을 확보하고, 캡슐 포맷을 대중화하기 위해 대대적인 마케팅 전략을 오랜 기간에 걸쳐 시행했다. 네스프레소가 오픈한 부티크 체험 매장은 효과적인 D2C 온라인 판매 전략과 결합해 네스프레소의 성공에 결정적인 역할을 했다. 하지만 일반적인 부티크 브랜드들은 이런 규모와 전략을 실행할 수 있는 여력이 없다.

소비자가 어디서 어떻게 제품을 구매할 것인지에 대한 기대치는 이미 확립된 소비 패턴과 연결되어 있다. 각 유통 채널은 특정 제품을 특정 고객에게 노출하며, 때로는 이 과정이 자연스럽게 대규모로 이루어진다. 그 대표적인 예가 부티크 카페에서 소매용 원두를 판매하는 것이다. 일반적으로 이 원두는 카페에서 판매하는 커피를 납품하는 스페셜티 부티크 로스터리에서 공급받는다. 결과적으로 고객은 특정 제품을 어디서 어떻게 구매할 수 있는지 기대를 형성한다. 소비자 행동 패턴을 이해하는 것은 모든 비즈니스의 핵심 요소다. 원두 판매를 중심으로 브랜드를 구축한 브랜드들은 캡슐 소비자층에 접근하기 어려울 수 있다.

포드 포맷의 몇 가지 제약은 사실 포맷의 목표에서 비롯된 것이 아니라, 이를 더 다양한 환경에 사용하려는 시도에서 기반한 것이다. 이 시스템은 가정이나 호텔 객실, 소규모 사무실 같은 환경에서 사용할 때 가장 강력한 효율성을 발휘한다. 이 하드웨어는 대용량 에스프레소 머신의 대체제로는 적합하지 않다. 하지만 유통기한이 길기 때문에 스페셜티 커피를 다양한 채널에서 새로운 방식으로 판매할 수 있으며, 고가의 커피를 한 잔씩 소비할 수 있는 기회를 제공한다.

현재 시장에는 더욱 다양한 종류의 제품이 출시되어 있고, 알루미늄 제품뿐만 아니라 자연 분해가 가능한 대안 제품도 나와 있다. 알루미늄 캡슐은 품질 측면에서 더 우수한 결과를 제공하는데 이는 본래 네스프레소 시스템이 알루미늄을 기반으로 설계되었기 때문이다. 알루미늄의 산소 및 습기 차단 효과가 여전히 가장 우수하다.

커피 포드 - 지속 가능성과 미래 Coffee Pods - Sustainability and the Future

흥미롭게도 환경적 영향을 고려한 라이프사이클 분석에 따르면 알루미늄이 가장 우수한 재질로 밝혀졌다. 단, 재활용한다는 전제 하에. 이 문제가 커피 포드가 풀어야 할 과제 중 하나다. 소비자가 실제로 재활용할 수 있게 방법을 제공하고 적극적으로 재활용에 참여할 수 있도록 유도하는 것은 매우 어려운 일이다. 영국에서는 네슬레와 야콥스 다우베 에크

베르츠Jacob Douwe Egberts와 협력해 포드백Podback이라는 포맷을 도입했다. 다른 캡슐 브랜드도 일정 비용을 지불하면 이 재활용 네트워크를 사용할 수 있으며 이를 통해 소비자들이 좀 더 쉽게 캡슐 재활용에 참여할 수 있도록 지원한다.

생분해 가능한 소재로 만든 포드의 경우, 제품의 품질뿐만 아니라 본질적으로 이 소재가 일회용이라는 점이 문제다. 차라리 재활용이나 재사용이 가능한 모델이 생분해 캡슐보다 더 이상적인 해결책으로 보인다. 환경 영향을 평가할 때, 이 제품이 생분해가 되는가의 여부보다는 이 제품을 만드는 데 어느 정도의 에너지와 자원이 필요한가를 분석해야 한다. 분해 여부는 단지 추가적인 장점일 뿐이다.

스페셜티 포드는 추출 과정을 단순화하고 품질을 일정하게 유지할 수 있도록 설계되었으며 이를 통해 소비자들이 커피의 향미와 생산지 특성을 더욱 쉽게 즐길 수 있다. 현재 시장의 성장세를 보면 이 포맷이 매우 효과적이라는 것을 확인할 수 있다. 그러나 재고 부담과 최소구매수량 요구 사항이 결합된 낮은 마진 구조 때문에 부티크 커피 시장에서는 쉽게 확산되지 않는 것 같다.

인스턴트 커피 Instant Coffee

부티크 커피 포맷 중 인스턴트 커피는 커피 캡슐과 많은 유사점을 가지고 있지만 판매하기는 더 어렵다. 스페셜티 커피 캡슐과 마찬가지로, 인스턴트 커피 역시 부티크 커피나 스페셜티 커피에서 많이 시도하지 않았던 새로운 형식이다. 사실 스페셜티 커피 업계에서 인스턴트 커피를 스페셜티 커피의 새로운 아이템으로 실험하기 전까지는 부티크 커피와는 완전히 동떨어진 제품으로 여겨졌다.

커피 캡슐과 달리, 인스턴트 커피 제조는 상대적으로 진입 장벽이 매우 낮다. 소규모 동결건조 설비는 비교적 저렴한 비용으로 구매할 수 있기 때문이다. 하지만 소량 생산과 상업적 인스턴트 커피 생산은 완전히 차원이 다른 문제다. 또한 스페셜티 인스턴트 커피의 생산 비용과 소비자가 생각하는 인스턴트 커피의 가치에는 큰 격차가 있으며, 고품질의 인스턴트 커피 제품을 만드는 것 자체가 매우 어렵다. 인스턴트 커피는 커피를 추출한 후 모든 향미 성분을 뽑아낸 다음 탈수 과정을 거쳐 수용성 가루 형태로 만든 것이다. 소비자는 여기에 단지 물만 추가하면 된다. 반면 캡슐 커피는 기존의 커피 추출 방식과 동일하게 분쇄 커피를 사용해 소비자가 직접 물을 추가해 커피를 추출한다. 대부분의 고품질 커피의 기존 제법과 동일한 방식이다.

스페셜티 인스턴트 커피의 목표는 기존 스페셜티 커피 고객에게 새로운 옵션을 제공하고, 편의성을 중시하는 고객층을 공략하는 것이다. 현재 인스턴트 가공 기술은 제품의 편리성은 높였지만 아직까지 음료 품질과 특성은 어느 정도 희생한 측면이 있다.

인스턴트 커피의 향미를 스페셜티 및 부티크 커피의 수준까지 끌어올리려면, 커머셜 인스턴트 커피 공정에서 사용하는 것보다 추출율을 낮춰야 한다. 가뜩이나 고비용 공정인데 이렇게 할 경우 생산 비용은 더욱 높아진다. 커머셜 인스턴트 커피 가공은 시중의 모든 커피 포맷 중 원재료 추출 수율이 가장 높다. 인스턴트 커피 제조에 드는 비용을 이렇게 높은 추출 수율로 보완하는 것이다. 일반적인 추출 공정의 수율이 20% 수준인 반면, 상업용 인스턴트 커피 공정에서는 50~60%까지 수율을 높일 수 있다. 한 다국적 커피 회사의 연구원의 말에 따르면 이론적으로 원두에서 100% 추출이 가능하지만 그 공정에 필요한 에너지 비용이 너무 높기 때문에 오히려 비생산적이라고 한다.

다시 스페셜티 인스턴트 커피로 돌아오자. 가치 제안은 설득력이 떨어진다. 현재 기술로는 낮은 품질의 제품에 더 높은 가격을 받아야 한다. 희망적인 부분은 인스턴트 커피의 편리함이 이런 단점을 메울 수 있을 것이라 기대된다는 점이다. 스페셜티 인스턴트 커피는 소비자가 다른 방법으로 커피를 만들 수 없는 상황에 가장 강력한 대안이 될 수 있다. 이 시나리오는 출장, 캠핑이나 산에서 하이킹을 할 때 스페셜티 인스턴트 한 봉지를 꺼내는 상황을 가정한다. 실제로 이런 상황에서 유용한 것은 사실이지만, 한편으로는 그렇기 때문에 시장이 좁다. 대부분의 사람들에게 1년에 고작 몇 번 발생하는 상황일 것이다. 커피 산업은 소비자들이 매일 커피를 마시는 걸 전제로 운영한다는 점을 감안하면, 위와 같은 소비 패턴에 의존한 비즈니스는 전혀 이상적이지 않다.

가족과 함께 인스턴트 커피 비즈니스와 스페셜티 부티크 브랜드를 모두 운영하는 윌리틀Will Little은 인스턴트 커피 시장은 현재의 제품에 매우 만족하고 있다고 강조했다. "우리는 더 우수한 인스턴트 커피를 개발해 기존 시장 공략 가능성을 살폈지만 시장 조사 결과, 사람들은 자신이 구매한 인스턴트 커피에 매우 만족하는 것으로 나타났다. 만약 기존 인스턴트 커피 소비자를 스페셜티 인스턴트로 끌어들이지 못한다면 스페셜티 커피 소비자들이 홈 브루잉을 버리고 인스턴트를 선택하도록 해야 하는데, 그건 현실적으로 불가능할 것이다."

스페셜티 커피에서 포맷은 중요한 논점이다. 시장이 성숙함에 따라 새로운 업체들이 시장 진입 방법을 찾고, 기존 업체들은 성장을 위한 새로운 방법을 계속 모색할 것이다. 그러나 윌이 지적했듯이, 스페셜티 커피의 시장 잠재력이 크다 하더라도 모든 소비자를 대상으로 할 수 있는 것은 아니다. 스페셜티 커피는 부티크 산업의 영역이므로, 모든 포맷이 스페셜티 커피와 들어맞는 것은 아니다.

콜드브루 및 기타 포맷 Cold Brew and Other Formats

콜드브루는 커머셜 시장과 부티크 커피 시장 양쪽 모두에게 새로운 형식이다. 이런 새로운 포맷이 양쪽 업계 모두에서 성공할 것인지, 한쪽에서만 성공할지, 혹은 양쪽 모두 성공하지 못할 것인지는 중요한 질문이다.

콜드브루는 RTD^{Ready to Drink} 제품으로 만들 수 있기 때문에 비즈니스적으로 강점이 많다. RTD 제품은 구매 후 바로 섭취가 가능한 소매용 제품이다. 간단한 개념처럼 보이지만, 대부분의 커피 제품은 이와 같은 방식으로 판매되지 않는다. 일반적인 제품들은 소비자나 운영자가 추가 단계를 수행해야 한다. 예를 들어, 인스턴트 커피도 소비자가 물을 끓여 커피를 녹여야 한다. 그에 비해 캔이나 팩에 담긴 콜드브루 제품은 모든 재료가 결합된 상태로 소비자에게 제공되기 때문에, 제품 제조업체는 제품의 품질과 맛을 완벽하게 제어할 수 있다. 다만 한 가지 단점이 있는데 RTD 제품은 포맷이 허용하는 품질과 특성만 구현할 수 있고 다른 상온 유통 제품과 마찬가지로 유통기한이 있다. 또한 저온 살균 처리를 하거나 안정제를 첨가하지 않으면 그만큼의 유통기한도 담보하기 어렵다.

콜드브루 추출법은 커피 업계에 갑자기 등장해 빠르게 퍼졌다. 흥미롭게도 이는 스페셜티 커피 업계의 의견과 상반되는 결과였다. 이 방법으로는 고품질의 향미 프로필을 달성하기 어려울 것이라는 게 스페셜티 커피 업계의 의견이었다. 추출 시간이 길어지면 향이 사라지고 산화가 일어나기 때문이다. 그러나 지속적으로 새로운 혁신이 이루어지고 있으며 새로운 기술과 장비, 기법 등을 통해 점점 더 나은 결과를 만들어내고 있다.

개인적으로는 콜드커피는 빠르게 추출할 때 훌륭한 맛을 낼 수 있다고 생각한다. 참고로 나는 현재 이와 관련한 연구 프로젝트에 참여하고 있는데, 이 방식은 상업적 관점에서도 흥미롭다. 기존 콜드브루 방식보다 추출 시간을 줄일 수 있기 때문이다.

　기존의 콜드브루 방식은 간단한 장비와 시간적 여유만 있으면 누구나 쉽게 커피를 만들 수 있다. 그러나 카페에선 이 과정이 번거로울 수 있다. 판매량에 비해 생산량이 너무 많아서 폐기해야 하거나 반대로 주문량에 비해 생산량이 부족해도 다시 빨리 만들 방법이 없기 때문이다. 예전에 극장 매점에서 일할 때 다음 상영 시간에 맞춰 핫도그를 몇 개나 데워야 할지 고민했던 상황과 비슷하다. 너무 많이 만들어도, 적게 만들어도 문제다. 내 예측이 틀리면 악몽이었다. 이런 특성은 콜드브루가 우리가 바로 전에 살펴본 두 가지 포맷과 완전히 다르다는 것을 보여준다. 콜드브루는 단순히 최종 소비자를 위한 제품 전달 방식이 아니라, B2B 비즈니스에서 직접 제조할 수 있는 음료 포맷이다.

　개인적으로는 그닥 선호하지 않는 콜드브루의 몇 가지 향미 특성이 시장에서는 강점으로 작용하는 것 같다. 콜드브루 커피는 일반적으로 산미가 적고 산지 특성이 덜 드러난다. 이 두 가지 요소는 스페셜티 커피의 가장 중요한 목표지만, 스페셜티 커피를 즐기는 많은 소비자들이 반드시 그 이유만으로 스페셜티 커피를 찾는 것은 아니다.

　콜드브루에 질소를 주입하는 방식은 매우 성공적이었다. 질소는 음료에 시각 및 질감 요소를 더해 매력을 높이고, 바에서 제공하는 방식뿐 아니라 RTD에도 사용할 수 있다. 콜드브루의 성공은 지역이나 기후 조건에 좌우되지 않는 것 같다. 더운 지역이라고 해서 콜드브루 음료가 꼭 성공하는 것은 아니다.

　스페셜티 커피 업체들은 다양한 포맷과 새로운 음료를 메뉴에 추가해 여러 비즈니스 기회를 만들고자 한다. 다만 새로운 제품 라인 확장은 비즈니스 운영을 더 까다롭게 만든다는 점, 그리고 특정 포맷을 개발하기 위해 연구와 투자가 필요한 경우에는 리스크가 따른다는 점을 유의해야 한다.

　스페셜티 커피는 커피 본연의 맛과 품질을 중시하는 가장 순수한 관점을 가지고 있다고 볼 수 있지만, 한편으로는 칵테일부터 소프트 아이스크림에 이르기까지 다양한 재료를 조합한 음료를 수용하기 시작했다. 상업적 관점에서 볼 때 스페셜티 커피는 분명히 참신함에서 가치를 찾는다. 이 장에서 살펴본 몇 가지 음료 포맷은 스페셜티 커피의 수많은 옵션 중 일부에 불과하다. 에스프레소나 필터 커피 같은 음료 포맷은 시간이 지나도 유지되는 중심 메뉴겠지만, 어떤 포맷은 시간이 지나면서 더 인기를 얻거나 아예 사라지기도 할 것이다. 스페셜티 커피가 소비자와 끈끈한 상호작용을 맺으려면 소비자가 지속적으로 참여할 수 있어야 한다. 이를 통해 새로운 포맷의 음료들이 앞으로 스페셜티 커피 비즈니스에서 성공할 수 있을 것이다.

커피숍 Coffee Shops

위치, 시장 접근성, 고객 관계 Location, Access to Market and Customer Relations

커피숍 산업은 전 세계적으로 급성장했다. 다국적 체인, 독립 매장, 그 중간에 위치한 브랜드들까지 모두 시장에서 성공을 거두었다. 커피숍은 단순히 제품을 파는 매장을 넘어, 가치 있는 경험을 제공하는 문화적 공간으로 자리 잡았고 사람들의 일상에 중요한 요소가 되었다. 커피숍이 없었다면 스페셜티 커피 산업 역시 지금처럼 성장하지 못했을 것이다.

영국에서 콜론나 앤 스몰스를 운영한 첫 몇 년 동안, 나는 내 블로그에 부티크 커피숍을 운영하는 다양한 측면에 대해 글을 썼다. 고객과 관계를 맺는 방식과 특정한 부티크 커피를 제공하는 전략까지 깊이 탐구했다.

카페는 커피 원두의 유통 경로라는 면에서 이전에 논의된 비즈니스 모델들과는 근본적으로 다르다. 카페는 단순히 실물 커피 제품뿐만 아니라 경험과 환경을 함께 제공하는 공간이다. 커피숍은 결코 운영하기 쉬운 비즈니스가 아니다. 상업적 복잡성과 운영적 측면에서 상대적으로 단순할 수는 있지만, 그 대신 접객, 제품, 서비스, 환경에 대한 세심한 관리가 필요하다. 매일 영업을 시작해서 종료하기까지 이를 철저히 관리해야 하는데, 마치 매일 연극 공연을 올리는 것과 비슷하다.

물론 기본에 대한 탄탄한 이해와 관리가 중요하지만, 커피숍을 성공적으로 운영하기 위해서 가장 필요한 핵심 요소 중 하나는 적절한 입지를 선정하는 것이다. 적절한 면적과 임대료, 타깃 고객층의 가용성 및 접근성이 좋은 입지를 찾는 것이 너무 중요하다. 그게 반드시 유동 인구가 많은 지역을 의미하지는 않는다. 고객이 너무 멀리 이동해야 하는 경우가 아니라면, 잘 운영되는 스페셜티 커피숍은 고객을 자연스럽게 끌어들인다.

커피숍이 감당할 수 있는 임대료는 최대 객단가(예를 들어 커피만 파는 매장의 객단가는 낮고, 커피와 음식을 같이 판매하는 매장은 더 높다.)와 주간 예상 매출에 따라 달라진다.

스페셜티 부티크 브랜드의 공간은 고객층을 성공적으로 끌어들이고, 메시지를 전달하고, 독특한 경험을 제공할 수 있어야 한다. 추구하는 경험은 다양하지만, 이 책의 5부에서 언급했듯이 스페셜티 커피숍의 외관과 분위기에 일정한 보편성이 있다는 주장이 많다. 이러한 여러 요소들이 결합되면서, 비즈니스의 성공을 좌우하는 핵심적인 기반들 중 상당 부분은 실제 영업을 시작하기도 전에 이미 결정된다.

일단 영업을 시작하면 커피숍의 성공은 '커피숍이라는 공간이 가진 잠재력을 어떻게 구축하고 유지하며 극대화하느냐'에 달려 있다. 이는 비즈니스 운영 방식에 따라 달라질 수 있다. 예를 들어, 어떤 카페는 제한적이고 엄선된 메뉴를 제공해 정제된 이미지를 쌓으려 할 수 있고, 어떤 카페는 최대한 다양한 메뉴를 제공하는 데 집중할 수도 있다. 또는 소매 중심 하이브리드 매장 같은, 목표와 형태가 다양한 매장들도 존재한다.

카페는 지역 인구 밀도, 즉 카페와 가까운 곳에 거주하는 고객층을 고려하는 것이 중요하다. 대개 커피숍은 인근 1마일 반경 내에서 주요 고객층이 형성된다고 한다. 이는 카페의 운영에 위치가 얼마나 중요한지를 보여준다. 영국의 대형 테이크아웃 커피 및 푸드 체인들은 브랜드 컨셉과 타깃 고객층을 고려해 입지를 선정한다. 예를 들어 그렉스Greggs와 프레타망제는 각기 다른 고객층을 공략하기 위해 서로 다른 입지 전략을 취한다. 이런 전략은 독립 부티크 커피숍에도 동일하게 적용된다. 하지만 독립 커피숍은 대기업처럼 복잡한 인구통계학적 분석을 하기보다는 주로 직관적이고 감각적인 방식으로 입지를 결정하는 편이다.

이와는 다른 전략으로 목적지형 카페 설립이라는 다소 흔치 않은 모델이 있다. 이 모델은 유동 인구가 너무 많은 지역을 피하는 대신 명성과 입소문, 기타 마케팅 활동을 기반으로 고객을 유치하는 전략이다. 이 경우 낮은 임대료와 유지비라는 강점을 누릴 수 있지만, 고객이 일부러 찾아올 만큼 매력적인 이유를 만들어야 한다는 도전 과제가 있다. 이론적으로 스페셜티 커피는 차별화된 제품 품질과 경험을 제공하며 이런 점을 추구하는 적극적인 고객층을 보유하고 있기에 이 모델을 실행하기에 유리한 조건을 갖추고 있다. 비즈니스를 잘 운영한다면, 이런 고객들은 조금 먼 거리까지 방문할 가능성이 높다.

고객의 기대치를 충족시키는 것은 기본이고, 그 기대치를 뛰어넘겠나는 목표가 있어야 한다. 커피숍은 새로운 고객을 유치하는 동시에 기존 고객을 유지해야 하는 비즈니스다. 재방문 고객층을 구축하는 것이 일반적인 부티크 카페 모델의 핵심이다. 물론 매장이 관광지에 있어서 단발성 고객이 일반적인 경우도 있다. 이런 독점적인 환경에서는 가격은 오르고 품질이 저하될 위험이 있지만, 모든 매장에 해당하는 이야기는 아니다.

소비자 피드백과 업계 인식 Customer Feedback and Industry Perception

스페셜티 커피는 운동으로 시작되었기에 소비자의 기대를 충족시키는 문제에 있어 다소 어려움이 있었다. 하지만 산지 중심의 커피 제품을 와인이나 고급 식음료처럼 인식하는 개념은 영국을 비롯해 전 세계 시장에서 비교적 확실하게 안착했으며, 이제는 소비자들에게 '선택 참여하는 제안'으로 자리 잡았다. 한때 혁신적인 운동이었던 스페셜티 커피가 이제는 새롭거나 혁신적인 개념이 아닌, 하나의 선택지가 되었다는 뜻이다. 따라서 예전처럼 열정적으로 널리 알리기 위해 애쓸 필요가 없어졌다. 이제 스페셜티 커피는 사람들이 이해할 수 있고 자신에게 맞는지 선택할 수 있는 문화가 되었다. 몇 년 전, 영국 맥도날드는 스페셜티 커피를 소재로 광고를 만들었다. 광고는 부티크 커피숍의 서비스가 불만스러웠던 고객이 '그냥 커피'를 마셔야겠다며 결국 맥도날드로 향하는 모습을 보여준다. 스페셜티 커피 업계에서는 당연히 이 광고를 불쾌하게 여겼다. 내용도 정확하지 않았을 뿐 아니라 조롱의 의도가 다분했기 때문이다.

 나는 이런 반응을 충분히 이해한다. 우리가 바스의 매장에서 특정 방식, 특히 설탕을 넣지 않은 커피를 추천했을 때, 사람들은 우리가 시트콤 '사인필드 seinfeld'에 나오는 '수프 나치 The Soup Nazi'처럼 군다고 과장해 말하곤 했다. 사실 우리는 왜 그 방식을 추천하는지 친절하게 설명하기 위해 끊임없이 노력했고, 최종 선택은 여전히 고객의 몫이라는 점을 분명히 했다.

 스페셜티 커피 매장이 때로 다소 불친절하거나 배타적인 분위기를 풍긴다는 점도 부정할 수 없다. 지나치게 '힙'을 추구하거나, 훌륭한 커피를 숭상하는 커피 덕후가 서비스업에서 그만큼의 열정이나 실력을 발휘하지 못하는 경우가 있기 때문이다.

 광고 내용이 정당했는지 여부를 떠나, 이런 부티크 커피숍 문화가 전국 단위의 대규모 광고 캠페인에 등장한 것은 중요한 순간이었다. 영국에서 가장 큰 식품 기업(그리고 가장 큰 커피 기업이기도 한)인 맥도날드는 이 주제가 자신들의 타깃 고객층에게 공감을 얻을 것이라고 판단한 것이다. 한마디로, 부티크 커피 문화가 맥도날드가 주목할 만큼 커진 것이다.

　이 일을 통해 시장이 훨씬 세분화되었음을 알 수 있었다. 소비자들이 시장의 다양한 선택지를 인지하게 되면서, 소비자의 선택과 결정은 시장에서 점점 더 중요한 요소가 될 것이다. 카페의 성공은 특정 고객층을 명확하고 성공적으로 집중 겨냥하는 것에서 시작한다. 하지만 대부분의 경우 여러 고객층을 동시에 공략하는 것이 일반적이다. 커피숍이 겪는 어려움 중 하나는 모든 고객의 기대치를 충족시키려는 것이다. 그러나 이는 현실적으로 불가능하다. 가장 성공적인 대형 커피 체인 업체조차도 달성할 수 없는 목표다. 모든 사람을 만족시키려다가는 결국 '카페 미니 마트'가 되고 만다. 그렇게 하면 일부 고객의 요청은 해결할 수 있을지 몰라도, 더 집중적이고 전문적 경험을 원하는 고객은 실망할 수밖에 없다. 이는 단순히 소비자 만족이라는 문제를 넘어선다. 너무 다양한 제품과 서비스를 제공하다 보면 각각의 품질이 떨어질 수 있다.

　독립 커피숍 운영자는 특히 오픈 초기에 이런 딜레마 때문에 어려움을 겪는다. 주변 지역 주민들이나 초기 단골들은 매장의 운영 방식에 대해 다양한 의견을 내놓기 마련이다. 2부의 **고객의 피드백**에서 보았듯이, 업체는 소비자의 피드백을 적절하게 관리하고 회사 목표에 비추어 평가하는 방법을 갖춰야 한다. 매장을 오픈하고 6~12개월 동안은 고객층과 관계를 형성하기 위해 시간과 예산을 들여야 한다. 이 기간 동안 어떤 고객층이 주요 소비층이 될 것인지 파악하고, 그에 맞춰 브랜드를 조정한다. 오픈 초기부터 매출 극대화를 목표로 두고 모든 결정을 내리는 것은 위험한 전략이 될 수 있다.

　다만 소비자의 다양한 기대에 호응하고자 하는 욕구는 충분히 이해할 만하다. 앞서 언급했듯이 커피숍은 대체로 반경 1마일 이내의 고객층을 대상으로 운영되며 객단가는 비교적 낮기 때문에 이 제한된 고객 내에서 충분한 매출을 올릴 수 있도록 최대한 많은 고객을 확보해야 한다. 일반적으로 전문성에 초점을 맞춘 비즈니스는 이런 로컬 중심의 서비스 모델을 따르지 않는다. 많은 스페셜티 커피숍들은 부티크 스타일의 정교한 메뉴를 제공하면서도, 빠른 회전율과 효율성을 요구하는 패스트푸드 모델이라는 제약 속에서 운영해야 하는 어려움을 겪고 있다.

오프라인 매장의 경제학 Bricks and Mortar Economics

카페 경제 구조는 몇 가지 핵심 요소에 의해 결정된다. 흔히 카페에서 판매하는 커피는 마진이 높은 제품이라고 생각하는 사람이 많지만 스페셜티 부티크 카페들은 일반적인 커피 체인점에 비해 가격을 그다지 높게 책정하지 않는 편이다. 오히려 스팀 밀크 메뉴는 (용량은 더 적을 수 있지만) 가격이 같거나 더 저렴한 경우도 있다. 부티크 카페 운영자는 일반적인 대형 커피 체인 수준의 저렴한 가격대에 프리미엄 품질의 커피를 제공하는 것이다. 그러나 대형 체인점보다 규모가 작고 더 비싼 재료를 사용하기 때문에 대형 체인점보다 원가가 높은 경우가 많다.

그러나 비싼 커피라 해도 단가 자체가 낮기 때문에 카페 운영에서 가장 큰 비용은 매장을 운영하는 데 드는 고정비용이다. 인건비 비중이 가장 높고, 일반적인 외식업 모델에 비해 평균 객단가가 낮기 때문에(페이스트리와 빵으로 보완되기는 하지만) 임대료 비중이 아주 높다. 보통 독립적으로 운영하는 스페셜티 카페의 경우 임대료는 매출의 약 10%로 맞추는 것이 이상적이다.

런던에서 카페인 Kaffeine을 운영하는 피터 도어-스미스 Peter Dore-Smith는 인건비를 전체 매출의 40% 수준으로 책정하는 것이 목표라고 한다. 인건비를 투자해서 서비스의 질을 최우선으로 하고자 한다면 대신 평균보다 임대료가 낮은 입지를 찾아야 하지만 쉽지 않다.

카페 운영 비용에는 "3대 주요 비용"인 원재료비, 임대료, 인건비 외에 운영비가 추가로 발생한다. 이 모든 것을 감안하더라도 운영자는 세전 기준으로 약 15%의 순이익은 남겨야 한다. 지속 가능한 수익을 내려면 재료비, 장비 비용, 인건비는 계속 지출해야 한다. 하지만 현실적으로 이 목표를 달성하는 카페는 많지 않다. 대부분의 카페는 목표보다 낮은 이익을 낸다.

운영 모델에 따라 수익성이 달라질 수 있다. 예를 들어 소규모 테이크아웃 전문점 모델은 빠르고 효율적으로 주문을 받고 음료를 만들 수 있어 가장 수익성 높은 모델로 꼽힌다. 서빙이나 홀 관리가 필요없기 때문에 적은 인원으로 운영할 수 있고, 고객이 매장에 머무르는 시간도 짧고 회전율이 높아서 일일 커피 판매량이 많다. 현재 이 모델이 런던 중심부에 집중되어 있는 이유는, 인구 밀도가 높은 대도시 대형 사무실 밀집 지역에서 가장 효과적으로 운영되기 때문이다. 잘 운영한다면 매출은 상승하고 인건비 비중은 낮아진다.

간혹 세전 순이익 25%를 기록하는 커피숍도 있다. 물론 이런 사례는 극히 드물다. 실제로 이런 성과를 냈던 운영자가 같은 방식으로 다른 지점을 냈지만 동일한 성과를 내지 못하는 경우가 많다.

이 책을 쓰는 시점 기준으로 영국 스페셜티 커피숍 산업은 일반적으로 다음과 같은 상황이라고 설명할 수 있다. 커피 중심으로 다른 식품 매출은 크지 않은 독립 커피숍은 연간 매출 30만 파운드, 세전 평균 5만 파운드의 순이익을 올린다. 이는 비교적 '순수한' 수치로서 장비 투자와 건물 유지비 및 기타 예외적 비용은 포함되지 않았다. 때문에 점주는 연 수익에 의존하기보다는 직접 매장에서 근무하며 인건비를 줄이고 임금을 받는 것이 합리적이다. 커피숍 운영은 공급망의 모든 비즈니스와 마찬가지로 도전적이고 매우 힘든 일이다. 하지만 전략을 잘 세운다면 보람도 있고 수익도 낼 수 있다.

커피숍 운영은 레스토랑 운영에 비해 상대적으로 낮은 수익 구조를 가지고 있다. 객단가가 낮기 때문이다. 때문에 브런치 중심의 카페 모델이 점점 더 인기를 얻고 있다. 특히 호주와 뉴질랜드 지역에서 성공적이었는데 최근 들어서 전 세계 곳곳에 등장하고 있다. 브런치 같은 음식과 커피를 결합하면 더 수익성 있는 비즈니스가 될 수도 있지만 풀어야 할 과제와 리스크도 커진다. 음식 중심 메뉴를 제공하려면 더 많은 공간과 인력이 필요하며 회전율이 어느 정도 확보되어야 한다. 때문에 브런치 모델은 대개 주방에서 쉽게 서비스할 수 있는 메뉴를 중심으로 구성하는 경향이 있다.

인력, 전문성, 다점포 모델 People, Expertise and Multi-Site Models

커피숍 운영에는 매장과 고객 관리 업무뿐만 아니라 직원을 교육하고 유지하는 일도 포함된다. 스페셜티 바리스타는 종종 와인 소믈리에와 비교되지만 실제로 그런 역할을 하는 바리스타는 드물다. 복잡한 커피 메뉴를 제공하는 스페셜티 부티크 카페가 매우 적기 때문이다. 대부분의 바리스타가 요구받는 핵심 역량은 하우스 커피를 사용해 다양한 음료를 빠르고 효율적으로 만들면서 훌륭한 고객 서비스와 멀티태스킹 기술을 보여주는 것이다.

나는 개인적으로 이 작업이 매우 보람 있다고 생각하지만, 커피에 대한 호기심과 열정을 가진 바리스타에게는 자신의 열정과 관심을 더 심화시키고 발전시키기 어려운, 한계에 부딪히는 순간이 찾아온다. 이것이 바로 바리스타들이 로스터리로 이동하고 싶어 하는 가장 흔한 이유다. 앞서 보았듯이 일부 운영자들은 이런 문제를 해결하기 위해 직접 로스팅을 도입해 직원들이 참여할 수 있도록 지원하기도 한다.

그러나 사실 이 업계에서는 기본적으로 직원 순환이 자연스럽게 발생한다. 물론 대부분의 운영자들은 직원 이직률을 낮추고 싶어 한다. 경험이 풍부하고 유능한 직원을 지속적으로 채용할 수 있다 해도, 그 직원이 비즈니스 환경에 적응하고 팀원들과 원활하게 협업하려면 시간이 필요하기 때문이다. 직원들이 장기근속할 때 가장 큰 이점은 단골 고객과 친밀한 관계를 맺을 수 있다는 것이다. 나는 호주 멜버른의 중심 업무 지구에 있는 카페에서 일한 적이 있는데 맛있는 커피를 빠르게 만들고 단골손님들의 주문과 취향을 기억하면 매출을 쉽게 늘릴 수 있다.

바스 매장에서는 커피에 대한 전문지식과 대화를 중요시하는 방침을 유지하기 위해 풀타임 직원만 채용한다. 하지만 풀타임 고용제는 그 자체의 어려움이 있기 때문에 대부분의 매장은 풀타임과 파트타임을 혼합하는 운영 방식을 쓴다. 많은 사람들이 접객업 직군을 잠시 거쳐가는 일 또는 다른 직종을 위해 경험하는 임시 일자리로 본다. 그러나 나는 접객업을 통해 만날 수 있었던 여러 사람들(직원과 고객 모두)과 즐거운 시간을 보냈다. 또한 커피에 매력을 느끼고 이를 계기로 커피 업계에서 경력을 쌓으려는 사람들도 많다. 공급망 안에서 커피 관련 직무(수입, 유통, 로스팅 등)로 이동할 수도 있고, 자신의 가게를 창업할 수도 있다.

스페셜티 커피에 대한 관심이 커지면서 점점 더 다양한 모델의 스페셜티 카페가 등장하고 있다. 어떤 운영자는 아주 세심하게 큐레이팅한 스페셜티 경험을 제공하고자 하는 목표를, 어떤 운영자는 빠른 테이크아웃 중심의 매장을 목표로, 또는 두 가지를 혼합한 하이브리드 매장을 만들고자 하는 사람도 있다. 또한 스페셜티 커피는 더 다양한 환경에 진출하고 있다. 최근에는 대규모 오프라인 스페셜티 카페 브랜드를 만드는 데 성공한 블루보틀Blue Bottle을 본떠 스페셜티 커피 체인을 확장하려는 "롤아웃" 모델이 점점 더 많이 등장하고 있다.

대부분의 접객업 업계에서 브랜드 확장은 어려운 과제지만, 올바른 전략, 좋은 입지, 효율적인 운영 방식을 통해 성공적인 사례를 만든 브랜드들도 있다.

이와 더불어 단일 매장과 대형 체인 사이의 중간 규모를 목표로 하는 업체도 늘고 있다. '소규모 다점포 운영 모델'은 소수의 매장을 운영하는 비즈니스 모델을 뜻한다.

최근 런던에서 만난 한 운영자는 예전에는 규모의 경제를 달성하기 위해 매장 5개를 운영하면 됐지만, 이제는 그 기준이 10개가 되었다고 한다. 단일 매장에서 다점포 모델로 전환하면서 운영 구조도 변화해야 하는데, 각 매장의 운영을 중앙에서 통제 관리하기 위한 구조가 필요하기 때문에 본사가 필요하다고 한다. 하지만 대형 체인점의 재무 구조를 살펴보면 규모의 경제가 항상 유리한 것은 아니다. 비용 절감 효과가 다른 비용으로 상쇄되는 경우가 많다. 물론 여러 매장에서 동일한 EBITDA 비율을 유지한다면 상업적으로 성공한 것으로 볼 수 있다. 대형 커피 체인의 재무 자료를 보면, 순이익은 대략 10%다. 일반적으로 독립 카페가 목표로 하는 15%보다 낮지만 수천 개의 매장에서 10%의 순이익을 낸다면 총 수익은 상당한 금액이다. 따라서 대기업들은 다점포 운영 비용과 브랜드 관리 비용이 높아지더라도 전체 수익이 커지는 구조를 추구한다.

여러 매장을 운영할 때 가장 큰 어려움은 단일 매장에서 겪는 문제와 이어져 있다. 즉, 적절한 입지를 찾아야 한다는 점이다. 자본력이 있는 대기업이라면 시도하고 철수할 수 있는 유연성을 발휘할 수 있지만, 일반적인 독립 카페 운영자들에게는 적절한 입지를 확보할 수 있느냐에 따라 비즈니스 성장 속도가 결정된다.

지속 가능성, 자동화, 트렌드 Sustainability, Automation and Trends

지속 가능성의 관점에서 볼 때 커피숍은 커피의 탄소발자국에서 중요한 역할을 하는 공간이다. 라이프사이클 연구에 따르면, 최종 커피 소비 과정이 탄소 배출량에서 큰 비중을 차지한다. 이 영향을 줄이기 위해 할 수 있는 두 가지 전략은 커피 원두를 최대한 효율적으로 사용하는 것과 커피를 추출할 때 사용하는 에너지를 줄이는 것이다. 점점 더 많은 머신이 적은 에너지로 물을 가열하고 추출하는 방식을 도입하고 있다. 이는 친환경적인 효과뿐 아니라 운영자의 비용을 줄여 주는 이점이 있다.

전통적인 스페셜티 커피숍은 바리스타 중심으로 매장을 운영해 왔다. 다양한 핸드 드립 방식을 활용하고, 바리스타 개개인이 커피 제조 방법과 스타일을 발전시킬 수 있도록 유연한 환경을 제공한다. 그러나 바리스타 없이 운영하는 커피숍에서도 스페셜티 커피를 제공하기 위해 고급 자동화 시스템을 더 많이 도입하고 있다. 최근 들어 많은 스페셜티 카페들은 커피 제조 과정을 자동화할 수 있는 장비를 적극적으로 고려하고 있다. 바리스타 교육과 생산 속도가 카페 운영의 주요 과제가 되고 있기 때문이다.

대부분의 카페는 하우스 블렌드 커피를 신속하게 제공하는 데 초점을 맞추지만, 커피 산지에 대한 스토리텔링의 위상이 점점 커지고 있다. 지금은 주요 대형 커피 체인들 중에서도 이런 요소를 강조하는 방식으로 메뉴를 구성하는 곳이 늘고 있다. 커피숍 업계의 브랜딩 역시 지속적으로 발전하고 있다. 일부 디자인은 업계의 표준으로 자리 잡는 한편, 새로운 브랜딩 아이디어와 개념 역시 꾸준히 도입되고 있다. 커피숍 공간의 브랜딩은 매년 계속 진화하고 있다. 커피숍 디자인은 단순한 판매 공간이 아니라 문화적 공간을 형성하고 지역 사회의 일부로 기능할 수 있다. 커피 산업은 본질적으로 창의적인 사람들을 고객과 직원으로 끌어들인다. 이는 전 세계적으로 다양한 스타일의 커피숍 디자인에서 그대로 드러난다. 물론 대부분의 커피숍에서 전형적이고 공통된 디자인 요소도 찾아볼 수 있지만, 각 커피숍은 여전히 독창적인 개성과 차별화된 컨셉을 반영하고 있다.

스페셜티 커피 시장은 전통적인 인기 메뉴와 새로운 트렌드가 혼합된 형태로 발전하고 있다. 영국 시장에서는 콜드브루가 인기를 끌었지만, 여전히 대부분의 카페에서 가장 많이 팔리는 음료는 스팀 밀크를 넣은 에스프레소 기반 음료다. 또한 우유 대신 식물성 대체 우유를 사용하는 비율이 급격하게 증가했다.

최근 전 세계의 부티크 커피숍들은 셀러드^{cellared} 커피 목록을 제공하는 냉동 커피 메뉴를 새롭게 추가하는 추세다. 스페셜티 부티크 커피숍의 궁극적인 목표는 세심하게 만든 최고 품질의 스페셜티 커피를 제공하는 것이지만, 그 실행 방식과 구체적인 메뉴 구성은 지속적이고 유동적으로 고민해야 할 사항이다.

로스팅 분야와 마찬가지로 커피 한 잔을 판매하는 방식은 매우 다양하며 이는 소비자와 직접 연결되는 중요한 지점이기 때문에(**물리적 경험 – 오프라인 공간의 가치** 참조) 많은 커피 브랜드들이 오프라인 매장의 가치를 인식하고 자신들만의 커피숍을 운영하며 브랜드 경험을 직접 관리하고자 한다. 생산자와 로스터들도 커피숍을 운영하는 케이스가 늘고 있는데, 다양한 커피 제품의 소매 공간으로 커피숍을 활용하는 전략을 취한다. 스페셜티 커피숍 시장은 계속 성장하고 있으며, 비록 경쟁이 치열하고 운영 환경은 어렵지만 이 비즈니스가 앞으로도 상당한 가치를 보여줄 것이라 믿는다.

HoReCa와 사무실 HoReCa and Offices

HoReCa라는 용어는 호텔Hotel, 레스토랑Restaurant, 케이터링Catering을 의미한다. Ca를 카페café로 해석하는 경우도 있지만, 커피 업계에서는 카페를 별도로 분류하고, 대신 케이터링을 정의에 포함하는 것이 일반적이다. 결과적으로 HoReCa는 현장에서 고객을 위해 커피를 제조하는 모든 B2B 커피 판매를 포괄하는 용어가 되었다. 이런 비즈니스는 본질적으로 커피 비즈니스라기보다는 커피를 위한 '채널channel'로 보는 것이 더 적절하다. 다만 그 경계는 모호하다. 예를 들어 케이터링 업체의 경우, 커피가 핵심 제품이자 서비스 품목일 수 있기 때문이다.

HoReCa 시장에서는 다양한 상업적 계약이 이루어진다. 일반적으로 스페셜티 커피의 핵심 시장은 아니었지만, 최근에는 이 시장에서 스페셜티 커피가 점점 더 성공적인 사례를 만들어 가고 있다.

이 시장에서 커피 비즈니스는 상업적 조달 관계와 커피 제공 솔루션 같은 요소에 의해 좌우된다. 특히 고객에게 '무료'로 제공하거나 다른 서비스의 일부로 제공하는 커피는 가격 압박을 받을 수밖에 없다. 즉, 커피는 부가적인 비용 요소이므로 최대한 저렴하게 제공해야 한다는 인식이 강하다. 물론 이것은 공간 전체에서 고객이 경험하는 요소들을 충분히 고려하지 않은 것이다. 고객이 경험하는 모든 요소는 공간에 대한 전반적인 만족도를 결정한다. 따라서 커피 품질 또한 중요한 역할을 할 것이다. 이런 문제는 훌륭한 레스토랑에서도 발생하는 문제며, 스페셜티 부티크 업계에서는 이런 인식을 변화시키기 위해 노력해 왔다. 점점 더 많은 레스토랑과 호텔에서도 고객 경험의 일부로서 고품질 커피 제공의 중요성을 인식하기 시작했다.

팬데믹으로 인해 이런 흐름은 주춤할 수밖에 없었고 대부분의 커피 브랜드들은 온라인 시장으로 눈을 돌렸다. 그러나 팬데믹 이후 HoReCa 시장에서 스페셜티 커피에 대한 관심이 증가하고 있다. 카페 시장은 여전히 성장하고 있지만 동시에 공급 경쟁이 치열해졌고, 일부 커피 로스터와 브랜드들은 사람들이 많은 시간을 보내는 HoReCa 환경에 주목하고 있다.

일반적으로 사무실에서는 가장 저렴한 커피를 선택할 거라고 생각하기 쉽지만(때로는 사실이며), 최근에는 많은 기업들이 직원 복지의 하나로 고품질 커피를 제공하는 경우가 많다. 우수한 인재를 확보하고 유지하는 것이 점점 어려워지고 있기 때문에 쾌적한 근무 환경을 조성하는 전략의 일환으로 좋은 커피를 제공하는 것이다. 특히 공유 오피스 같은 곳에서는 커피가 더 중요한 요소가 될 수 있다. 커피가 공간에 사람을 끌어들이는 요소가 될 수도 있고 직원들의 만족도를 높이는 역할을 할 수도 있다. 그러나 그런 경우에도 매우 희귀한 커피를 제공하는 경우는 드물며 가격 압박은 여전하다.

스페셜티 커피가 HoReCa 및 오피스 공간으로 확산되는 데 가장 큰 영향을 미친 요소는 추출 기술의 발전이다. 이런 공간에서는 커피가 부차적인 상품인 만큼, 숙련된 바리스타를 고용하는 것이 비효율적이므로, 커피를 어떻게 추출하고 제공할 것인지가 핵심 과제다. 흔히 사용하는 배치 브루잉은 커피의 품질을 떨어뜨리는 방식이다. 판매량이 적을 경우 커피가 뜨거운 플레이트나 보온병에서 너무 오래 방치되어 맛이 변질되기 때문이다. 결국 HoReCa 비즈니스에서 최악의 커피를 만들어내는 주범이 된다. 배치 브루어로 훌륭한 커피를 제공하려면 어느 정도의 조정과 최적화가 필요하다.

이러한 환경에서는 전자동 머신이나 커피 캡슐 같은 시스템이 빛을 발할 수 있다. 여기서 변화는 두 단계로 일어난다. 자동화 시스템이 꾸준히 발전하면서, 스페셜티 커피 기업들도 더 다양한 추출 방법을 적극적으로 활용하는 방향으로 변화하고 있다.

불과 얼마 전까지만 해도 좋은 커피를 만드는 방법에 대한 엄격한 교리가 존재했다. 이런 고정관념은 아직도 완전히 사라지지 않았지만 확실히 크게 줄었다. 처음에는 커피 브랜드들이 자사의 원두로 최적의 향미를 낼 수 있는 방법을 알리기 위한 합리적인 의도에서 시작되었다.

하지만 오랫동안 스페셜티 커피 문화의 중심이 되어 온 (세세한 부분까지 따지는) 커피 추출 이론에 대한 연구가 이런 교리를 약화시킨 것 같다. 음료 품질을 결정하는 진정한 요소는 원재료의 품질, 올바른 로스팅, 그리고 적합한 물이라는 것이 밝혀졌기 때문이다. 몇 가지 핵심적인 추출 기본 원칙도 드러났다. 결국 기본만 제대로 익히면 다양한 장비를 사용해 훌륭한 커피를 추출할 수 있다.

최근에는 매우 뛰어난 성능을 가진 완전 자동 머신이 출시되어 누구나 고품질 커피를 쉽게 추출할 수 있다. 다만 장비를 깨끗하게 유지하고 적설한 미네랄 농도를 가진 물을 사용하는 것이 중요하다.

커피 캡슐 또한 스페셜티 커피의 개성 있는 풍미를 효과적으로 표현할 수 있으며, 다만 일반적인 에스프레소와 같은 강한 농도가 아니라 중간 정도의 농도로 추출된다는 점에서 차이가 있다.

코로나 팬데믹으로 인해 집에서 마시는 커피의 중요성이 부각되었듯이 이제는 다양한 환경에서 스페셜티 커피 문화에 대한 수요가 늘어날 것이고, 이는 다양한 비즈니스 기회를 창출할 것이다.

케이터링 및 오피스 시장으로 진출한 기업들은 체계적인 구조를 갖춘 대형 조직들과 협력할 가능성이 높다. 그러나 이런 판매 채널에서는 기존보다 훨씬 높은 수준의 규정 준수와 추적 가능성을 요구한다. 또한 발주 관리 및 물류 센터 배송 등의 운영상의 복잡성이 증가할 가능성이 크다.

이 시장은 대체로 대규모 조직과 체계적인 구조를 갖춘 기업들이 주도하며, 이들은 강력한 CSR^{Corporate Social Responsibility} 및 조달 정책을 운영한다. 따라서 인증, 감사, 공급망 검증에 대한 논의가 다른 채널보다 더 중요하게 이루어진다. 4장에서 언급했던 투명성 이니셔티브 역시 이 시나리오에서 판매 가치를 제공하며, 특히 HoReCa 업체들이 조달 기준으로 강조하는 커피 브랜드/공급업체의 다양한 지속 가능성 이니셔티브도 중요한 요소다. 이 시장은 비콥 인증이나 기타 지속 가능성 관련 기업 발전 이니셔티브 같은 인증에 대한 요구가 더욱 높으며 이는 기업의 사회적 책임과 지속 가능성에 대한 약속을 증명하는 중요한 기준이 된다.

서비스는 단순한 제품 공급부터 바리스타 서비스, 커피 케이터링에 이르기까지 다양하다. HoReCa 시장에서 가장 공략하기 어려운 분야 중 하나는 소규모 고객이다. 캡슐 커피는 작은 사무실에서 좋은 해결책이 될 수 있으며, 팀원이 수작업 추출을 선호한다면 가정용 커피 머신 도입이 적합할 수 있다. 그러나 이런 소규모 환경뿐 아니라, 중대형 기업에 맞는 커피 해법을 찾아야 한다. 이는 단지 특정 규모의 문제가 아니라, 많은 사무실과 케이터링 환경에서는 커피가 핵심이 아니기 때문이다. 사실 커피를 제공하는 모든 환경에서 발생하는 문제이기도 하다. 바리스타가 없는 곳에서 가장 합리적인 해법은 전자동 시스템을 마련하는 것인데, 초기 투자 비용이 크고 정기적인 청소와 유지보수가 필요하다. 결국 추가 비용을 내야 한다는 뜻이다. 판매 또는 제공하는 커피의 수량이 적을 경우에는 이런 투자 비용을 감당하기 어렵다. 다만 향후 기술 개발이 이루어지면 스페셜티 커피 업체들이 이 문제를 해결할 수 있는 중요한 역할을 할 수 있을 것이다.

이 장에서 다룬 모든 내용을 종합해 보면 HoReCa 시장은 여전히 부티크 스페셜티 커피 회사가 진입하기 어려운 시장인 것 같다. 치열한 경쟁 상황에서 입찰에 성공하는 스페셜티 커피 업체들은 최저가 커피를 제안하는 경우가 많다. 그러나 스페셜티 커피 업체들이 지속적으로 새로운 상업적 기회를 모색하고 또한 부티크 스페셜티 커피의 고객층이 점점 확대됨에 따라 이 시장 역시 스페셜티 커피 비즈니스의 한 축으로 성장할 가능성이 높다.

커피를 중심으로 움직이는 비즈니스 Businesses that Orbit Coffee

커피 산업에는 커피콩을 직접 다루지는 않지만, 밀접하게 연관된 다양한 비즈니스들이 존재한다. 비록 커피콩을 직접 취급하지 않더라도 본질적으로 커피 시장을 기반으로 운영하는 기업들이며, 커피 비즈니스의 중요한 영역이다.

일부 업체들의 창업 스토리는 캘리포니아 골드러시 당시 리바이스 Levi's 이야기와 비슷한 부분이 많다. 당시 리바이 스트라우스 Levi Strauss 와 제이콥 데이비스 Jacob Davis 는 직접 금을 채취하는 사업 대신 주머니가 달리고 내구성이 뛰어난 작업 바지(현재 우리가 아는 청바지)를 만들어 팔았다. 또 삽과 손수레 같은 다른 채굴 도구도 같이 팔았다. "금을 캐지 말고 삽을 팔아라."라는 격언이 이 일화에서 유래했다.

당시 실제로 금을 찾는 데 성공한 사람들은 매우 적었고 대부분 큰 성과를 거두지 못했다. 그러나 모두 작업을 위한 도구와 의복이 필요했다. 리바이와 제이콥은 바로 이런 필수 용품을 팔았고, 금광을 찾으러 온 사람들의 성공 여부와는 상관없이 성공을 거둘 수 있었다. 그들의 비즈니스에 중요한 것은 많은 이가 골드 러시에 동참하는 것이었다.

스페셜티 커피 산업에서도 지난 수십 년 동안 비슷한 패턴이 반복되었다. 물론 오늘날 커피 회사를 창업하는 것은 과거에 금광을 찾는 것보다 훨씬 리스크가 낮은 일이지만, 동시에 단기간에 대박을 터트릴 가능성도 적다. 그런데 스페셜티 카페 문화가 성장하면서 이 흐름에 맞춰 기계를 개발하고 브랜드를 구축한 제조업체들이 등장해 크게 성공했다.

이 시장에 업체 수가 많은 것은 아니지만 제대로 전략을 실행한 업체들은 상당한 성과를 냈다. 커머셜 커피 시장뿐 아니라 팬데믹 기간 동안 급성장한 가정용 스페셜티 커피 시장을 겨냥하는 다양한 장비 업체들이 경쟁 중이다. 이런 비즈니스는 원두 자체를 다루는 비즈니스에 비해 R&D, 혁신, 기술에 더 집중한다. 장비 비즈니스는 커피 공급망의 각 단계에서 중요한 역할을 한다. 농장에서 필요한 가지치기 기술, 커피 밀링 장비, 로스팅 머신, 그라인더, 추출 기구뿐 아니라 소프트웨어와 인공지능 또한 전체 공급망 발전에 기여한다. 현재 대형 수출업체나 수입업체들은 자체 일기예보 팀을 운영하고 있는데 곧 AI에 의해 대체될 가능성이 크고, 앞으로 더 다양한 규모의 더 많은 업체들이 분석 서비스를 활용할 수 있는 환경이 조성될 것이다.

이 업체들은 시장에서 가치를 창출할 수 있는 영역과 새로운 트렌드를 빠르게 포착하기 위해 필사적으로 노력하고 있다. 시장의 흐름을 이해하는 것이 곧 새로운 제품 개발의 핵심이기 때문이다. 기술 중심의 산업에서는 지속적인 제품 개발을 최우선 과제로 삼는다. 물론 일부 제품은 그대로 유지하겠지만, 시장은 빠르게 변화하고 움직이기 때문에 새로운 제품과 혁신이 지속적으로 요구된다. 기기 교체와 최신 트렌드에 대한 욕구가 크기 때문이다. 특히 커피 머신은 마치 렌트카처럼 주기적으로 장비를 교체하는 것이 일반적이다. 이런 소비 패턴이 지속적인 수요를 창출한다. 시장에 새로 등장한 장비들 중에는 실제 성능 개선이 이루어지는 경우도 있지만, 때로는 단순히 기존 아이디어를 새롭게 재해석한 제품인 경우도 있다.

커피 산업은 생각보다 훨씬 복잡하며, 다양한 트렌드와 선호도가 얽혀 있기 때문에 기업들은 어떤 요소가 판매와 시장 참여를 촉진하는지 파악하기 위해 끊임없이 노력해야 한다. 앞서 살펴본 것처럼, 커피 시장은 여러 세분화된 영역으로 나뉘며, 각각의 사용자 경험에 맞춰 제품을 제공하는 동시에, 이를 발전시키고 변화시키며 새로운 경험을 창출하는 것이 중요하다. **혁신**에서 살폈듯이 비즈니스적인 기회를 포착하고 명확한 혹은 잠재적인 니즈를 해결하는 제품을 개발하는 것이 성공의 열쇠다. 그러기 위해서는 발명, 엔지니어링, 커피에 대한 전문적인 지식 사이에서 균형을 유지하는 것이 필수적이다. 특히 R&D와 제조업이 결합한 기업 문화를 조화롭게 운영하는 것이 과제라고 할 수 있다.

이 유형의 비즈니스는 초기 창업뿐만 아니라 지속적인 성장과 제품 개발을 위해 상당한 투자가 필요하다. 또한 운영 자금과 글로벌 공급망을 안정적으로 유지할 수 있는 재정적 역량이 요구된다. 이와 더불어 제품과 장비를 설계하고 제조하는 과정에는 상당한 리스크가 따른다. 일부 R&D 프로젝트는 아예 제품으로 출시되지 않을 수도 있고, 또는 출시되더라도 반응이 저조할 수도 있다. 제품이 소비자 기대치에 부합하지 못했거나, 시기상조였거나, 경쟁사 제품에 밀렸거나, 이유는 여러가지다.

이 시장의 특징 중 하나는 커피에 대한 지식과 이해가 더 많아질수록, 장비에 기대하는 성능과 기준이 달라진다는 점이다. 이는 곧 우리의 판단 기준이 시기에 따라 함께 변한다는 의미다. 새로운 기준에 맞는 신제품이 나오기도 하지만, 과거의 기술과 제품의 가치를 뒤늦게 발견하고 다시 재조명되는 경우도 있다. 하지만 우리가 커피 장비에 기대하는 본질적인 목표 자체는 실제로 크게 변하지 않았고, 업체들은 이 목표에 다가서기 위해 지속적인 개선과 기술 발전을 위해 노력하고 있다.

쉽게 예상할 수 있듯, 발명과 R&D가 활발한 분야에서는 지식재산권이 중요한 역할을 한다. 업체들은 자신들의 기술과 아이디어를 보호하기 위해 적극적인 전략을 활용하며, 이 주제는 3부 **지식재산권**에서 상세히 다루었다.

오늘날 소프트웨어 업체들은 커피 산업을 포함해 거의 모든 산업과 깊이 연결되어 있다. 재고 관리 시스템, 이커머스 플랫폼, 마케팅 도구 같은 소프트웨어 솔루션들은 여러 산업에서 사용되며 커피 산업도 그중 하나일 뿐이다. 하지만 커피 산업에 특화된 소프트웨어 업체도 있다. 크롭스터Cropster나 알라그라노Algrano 같은 업체는 디지털 비즈니스 모델을 기반으로 커피 산업에 직접적으로 서비스를 제공한다. 소프트웨어 산업은 일단 한번 도입하면 바꾸기 어렵다는 점 때문에 특징적인 현상이 발생하는데, 시장 선두기업이 거의 모든 점유율을 차지한다. 일단 업체가 특정 소프트웨어를 중심으로 운영을 구축하면 다른 솔루션으로 바꾸기 위해서는 큰 비용과 운영상 불편함을 감수해야 한다. 이런 특성 덕분에 선두 기업은 강력한 시장 지배력을 안정적으로 유지할 수 있지만 새로운 경쟁자가 시장에 진입하기는 매우 어렵다.

커피 산업에서 중요한 역할을 하지만 첨단 기술과 전혀 관련 없는 분야도 있다. 대표적인 예는 우유다. 영국에서는 커피 산업과 우유 및 대체 우유가 매우 깊게 연결되어 있다. 부티크 낙농업체들은 스페셜티 부티크 커피 시장을 핵심 타깃으로 삼아 마케팅을 하고 있으며, 점점 더 많은 대체 우유 브랜드들이 바리스타 친화적인 마케팅을 펼치고 있다.

포장, 테이크아웃 컵, 재사용 컵 브랜드들도 마찬가지다. 커피 산업과 교차하는 다양한 제품군들이 커피 경험에서 중요한 역할을 하고 있다.

마케팅과 브랜딩 관점에서 보면 이런 비즈니스들이 성공하는 데는 공통적인 요인이 많다. 이 시장에서 가장 중요한 핵심 고객들은 바리스타, 커피 트레이너, 그린 바이어, 로스터, 생산자 같은 커피 전문가들인데, 이들은 제품에 대한 기대치가 높을 뿐 아니라 제품과 서비스에 매우 비판적인 시각을 갖추고 있다. 이 전문가 그룹이 특정 제품이나 브랜드를 선호하면 대중적인 소비자들은 이를 따라가는 경향이 있다.

앞서 이미 언급했듯이 신규 진입자든 기존 업체든 구매 결정을 내릴 때 타인의 조언을 참고하는 경우가 많다. 커피는 복잡한 산업이며, 비즈니스에서 사용할 제품을 선택할 때나 가정에서 사용할 제품을 고를 때 다양한 방식으로 검증된 정보가 필요하기 때문에 입소문과 시장의 선호도가 상당한 영향을 끼친다. 업계에서 어떤 제품과 서비스를 실제로 얼마나 채택했는지가 중요한 기준이 되는 것이다.

커피 산업을 대상으로 제품을 판매하지만 특별한 기술적 차별점이 없는 업체가 갖춰야 하는 가장 중요한 마케팅 능력이라면 브랜드를 구축하고 커피 커뮤니티와 소통하고 연결하는 능력이다. 그렇다고 제품 품질이 중요하지 않다는 것은 아니다. 하지만 브랜드가 커뮤니티에 공감하는 능력은 매우 강력한 영향력을 발휘할 수 있다. 이런 전략은 시장에서 성공하고자 하는 모든 브랜드에 적용된다. 따라서 많은 업체들이 다음과 같은 마케팅 활동을 활용한다. 업계 행사, 파티, 네트워킹 파티 및 커피 커뮤니티 행사, 교육 프로그램 세미나 참여 등이다. 이처럼 커피 업계의 문화와 소통하는 방식이 브랜드의 마케팅 전략에서 핵심적인 역할을 한다.

지속 가능성은 모든 기업들에게 중요한 이슈이며, 기업의 유형과 제품에 따라 각각 다른 방식으로 적용된다. 예를 들어 아일랜드 정부가 2026년까지 모든 일회용 커피 컵 사용을 금지하는 법안을 발표하면서 개인 컵 사용 및 재사용 컵 프로그램이 급성장하고 이로 인해 커피 산업의 비즈니스 구조도 크게 변화할 것으로 보인다. 지속 가능성을 위한 변화는 농장에서부터 시작한다. 지속 가능한 재배 환경을 조성하기 위한 기술을 도입하고 유럽 연합의 삼림 벌채 방지법에 대비한 새로운 기술 활용을 요구할 것이다. 로스터리와 브루잉 장비 역시 에너지 효율성을 높이는 방향으로 진화할 필요가 있다.

스페셜티 시장은 단순히 성장하는 것에 그치지 않고 지속적으로 진화하고 있으며, 이런 변화는 씨앗에서부터 음료가 되기까지 커피의 여정을 둘러싼 기업들에게 다양한 비즈니스 기회를 창출한다.

PART 8

생각 & 질문
Thoughts & Questions Posed

8부 소개 Introduction to Part Eight

내가 이 책을 쓰게 된 몇 가지 동기가 있다. 내 목표는 다음과 같았다. 커피 산업이 다양한 비즈니스의 집합체로서 어떻게 기능하는지에 대한 이해를 돕는 것, 가치를 더하고 통찰력을 제공하는 것, 특히 우리가 스페셜티 커피라고 부르는 대상에 초점을 맞추는 것이었다. 글을 쓰는 것은 단순히 머릿속의 아이디어를 탐구하거나 다른 사람과 토론하는 것과는 전혀 다른 과정이다. 글을 쓰기 위해서는 자신의 이해를 철저히 검증하고 확장하며 정제해야 한다.

복잡한 주제에 대해 정리할 때, 나는 단순히 축약된 답을 제시하는 것을 목표로 삼지 않는다. 그보다는 모든 사람이 더 나은 질문을 던질 수 있도록 토론에 기여하는 것이 핵심이다. 스페셜티 커피처럼 맥락Context이 중요한 주제에서는, 답을 제시하기보다 다양한 요소levers와 구조를 분석하는 것이 필요하다. 그 후에야 비로소 각각의 상황과 맥락을 더 깊이 이해하고 적용할 수 있다.

나는 커피 관련 주제를 탐구할 때 항상 호기심을 가지고 질문을 던지고 비판적으로 평가하는 자세를 유지하려고 한다. 대상을 분석하고, 잘못된 점을 찾아내고 세부적으로 분석하는 직업은 누군가에게는 부정적으로 느껴질 수 있다. 그러나 나의 목표는 언제나 성장을 위한 마인드셋을 하는 것이다. 더 나은 방향으로 개선하고, 어떻게 하면 더 잘할 수 있을지를 고민한다. 이를 위해서는 먼저 현재 시스템이 어떻게 작동하는지 정확하게 이해해야 한다. 야심 찬 목표는 누구나 가질 수 있다. 하지만 그 목표가 비현실적이고 정확한 이해가 수반되지 않는다면 좋은 의도를 가지고도 효과적인 실행으로 이어지지 않을 가능성이 크다.

> 초보자의 마음엔 가능한 것이 아주 많다. 그러나 전문가의 마음엔 가능한 것이 아주 적다.
> — 스즈키 슌류, 《선심초심 Zen Mind, Beginner's Mind》

커피 업계에 오래 있다 보니 이 문장이 점점 더 걱정스럽게 다가온다. 우리는 패턴을 관찰하고 기존의 아이디어에서 잘못된 부분을 지적하는 데 많은 시간을 쓰기 십상이다. 그러나 나는 초보의 열린 사고방식을 유지하면서도 전문가의 지혜와 지식을 결합하는 것이 중요하다고 믿는다.

개선하고 발전할 수 있는 부분이 많다 해도, 이미 잘 작동하고 있는 것들도 있다는 사실을 잊지 않는 것이 중요하다. "낡은 것은 버리고 새로운 것은 받아들이는" 것이 언제나 정답은 아니다. 스페셜티 커피 산업은 작은 독립 브랜드 중심의 운동으로 시작되었고 오랜 시행착오 끝에, 무엇을 성취하고 있는지 그리고 그것을 이끌었던 주체가 누구인지에 대해 더 깊이 있는 시각을 가지게 되었다.

이번 장에서 나는 앞서 논의한 핵심 주제들을 다시 한번 정리하고, 커피 산업의 미래 비즈니스가 어떤 방향으로 나아갈 것인지에 대해 몇 가지 질문을 던지고자 한다.

스페셜티 커피를 찬미하며 Singing the Praises of Specialty Coffee

커피 시장을 비판적으로 분석하고 이해하려는 나의 노력이 부정적으로 보일 수 있다. 그래서 나는 이 책에 과도하게 부정적인 시각을 담지 않으려고 노력했다. 물론 스페셜티 커피 비즈니스에 대한 오해를 바로잡고 몇 가지 도전적인 질문에 대해 탐구하는 것은 분명 나의 의도였다. 그러나 동시에 이 책을 통해 균형 잡힌 시각, 실용적인 평가를 제시하려고 노력했다. 나의 궁극적인 목표는 나에게 매우 특별한 이 산업에 기여하는 것이다. 그러기 위해 개선 가능한 것을 파악하는 것이 중요하다고 믿는다.

나는 개인적으로 스페셜티 커피 산업에 깊이 감사한다. 멜버른에서 이 새로운 문화와 우연히 만난 이후, 이 산업이 성장하고 계속 진화하는 동안 함께할 수 있었던 것은 행운이었다. 지금도 나는 커피와 커피의 복합성, 그 속에서 만들어지는 연결에 매료되어 있다.

비즈니스 관점에서 볼 때 커피 산업은 다양한 기회를 제공한다. 부티크 시장은 수많은 소규모 업체들이 자신만의 고객층을 만들 수 있도록 돕는다. 이 산업 안에서는 자신이 진정 자부심을 느끼는 사명과 제품을 추구할 수 있으며, 열정을 가지고 사업을 운영하고 최고의 품질과 기준으로 제품을 제공하는 데서 보람을 느낄 수 있다.

스페셜티 커피 산업에서는 사람들을 하나로 모으는 경험을 중심으로 멋진 비즈니스가 탄생할 수 있다. 훌륭한 커피 경험이란 단일한 요소로 이루어지는 것이 아니라 여러 사람과 기업이 협력해 만들어내는 결과물이다. 부티크 커피는 창의성과 혁신이 발휘되는 공간이 될 수 있으며, 더 넓은 시장에서 트렌드와 가치를 형성하는 역할을 해 왔다.

부티크 시장이 미칠 수 있는 총체적인 영향력은 제한적일 수 있지만, 그렇다고 해서 그 안에서 만들어지는 비즈니스와 경험들이 가치가 없다는 의미는 아니다. 단지 영향력에 대한 주장을 할 때는 신중해야 하며, 항상 더 넓은 시장을 고려해야 한다는 것을 의미할 뿐이다. 규모가 작고 사소한 것일지라도 잘하고자 노력하는 것은 가치 있는 일이다. 커피 산업 전체는 앞으로도 대형 기업과 소규모 운영이 공존하는 형태로 이어질 것이다.

커피는 재배 과정에서 풀어야 할 문제가 많은 작물이지만, 여전히 농업을 통해 경제 발전을 도모하고자 하는 아열대 지역 농촌 경제에서는 유망한 환금 작물이다. 글로벌 거시경제 환경에서는 특정 지역에서 특정 규모로 커피를 재배하는 것이 지속 가능하지 않아 보인다. 이런 상황에서 어쩌면 커피는 더 이상 적합한 작물이 아닐지도 모른다. 향후 국제 커피 협정이 다시 체결될 가능성도 있다. 그 와중에 스페셜티 커피는 농업적으로 더 많은 가치를 창출한다. 공급망 내에서 협력 기반의 비즈니스 관계를 형성해, 고정 가격 계약이나 다년 계약 같은 방식을 도입하고 있다.

아열대 기후에서 자라는 커피는 지속 가능한 작물의 대표적인 사례가 될 가능성이 있다. 이를 실현하는 것은 쉬운 일이 아니지만, 커피는 다양한 생태계 속 그늘 아래에서 성장하는 특징을 가지고 있다. 커피는 이런 환경에서 자랄 때 생태적 이점을 얻는다.

부티크 커피 시장은 창조성과 탐구 정신이 살아 숨쉬는 공간이다. 많은 이들이 자신의 호기심과 가치를 추구할 수 있는 비즈니스를 구축하고, 이는 각기 다른 사람에게 다른 의미로 영향을 준다. 불평등과 격차를 해소하기 위해 해야 할 일이 많다. 하지만 커피 산업은 매우 다양한 배경과 문화, 정체성을 가진 다양한 사람들이 모여 서로 연결하는 공간이기도 하다.

다른 산업에서 커피 산업으로 넘어온 사람들은 커피 산업이 얼마나 독특한지, 다른 산업에 비해 커피가 얼마나 더 개방적이고 협력적인 환경을 가지고 있는지 이야기하곤 한다. 무언가를 개선하기 위해서 우리는 개선이 필요한 부분에만 집중하는 경향이 있다. 분명 유효하고 의미 있는 과정이지만, 동시에 우리가 속한 이 흥미로운 산업에는 감사하고 자랑스러워해야 할 부분도 많다.

우리는 복잡하고 다층적인 세상에서 살고 있다. 그러나 여러 사람들의 정성스러운 손길로 만든 한 잔의 스페셜티 부티크 커피는 누군가의 하루에 마법 같은 순간을 선사할 수 있다. 그리고 이 과정에 관여하는 비즈니스에 몸 담는 것은 매우 보람찬 경험이다. 이것이 바로, 수많은 사람들이 커피 산업에서 비즈니스를 하는 이유일 것이다.

마진이 적은 구조 Lean Margin Frameworks

커피 업계에서 일하는 사람들은 커피를 선택한 이유가 "돈을 많이 벌기 위해서"는 절대 아니라고 농담을 하곤 한다. 아마도 독립 부티크 비즈니스의 경우는 특히 이 말에 공감할 것이다.

이 책에서 살펴보았듯이, 커피 산업의 일반적인 비즈니스 모델은 매출 대비 순이익 목표가 비교적 낮고, 대규모 운영이 아니고는 큰 현금 이익을 내기 어렵다. 벤처 캐피털 관점에서 본다면, 이런 커피 산업의 매출 구조가 과연 "양질의 매출"인지 의문을 가질 수 있다. 간단히 말해 매출은 당연히 중요하지만 그 매출이 실제로 얼마만큼의 이익과 현금 흐름을 창출하는지가 핵심이라는 뜻이다. 물론 적자가 나더라도 매출이 성장하고 이로써 기업 가치를 키울 수는 있지만, 장기적인 기업 가치는 단순한 성장이 아니라 지속 가능성과 수익성에 의해 결정된다.

커피 산업은 본질적으로 농업, 금융과 물류, 식품 제조, 접객업 이렇게 네 가지 산업으로 이루어져 있다. 언뜻 커피는 다른 산업과 달리 흥미로운 산업이기 때문에 기존의 경제 원칙이 다르게 적용될 것이라고 착각하기 쉽다. 하지만 각 산업에는 이미 잘 정립된 경제 원칙이 있고 커피 산업 역시 이 원칙에서 벗어날 수 없다. 이 책에서 살펴보았듯 커피는 근본적으로 전 세계 농산물 무역을 기반으로 하는 산업이며 미시적 거시적 경제 법칙이 모두 작용한다.

이런 산업적 특성을 잘 이해하고 이를 기반으로 전략을 세워야 한다. 전체적으로 볼 때 커피 비즈니스는 그리고 자기 역량 내에서 유기적으로 성장해야 함을 의미한다. 만약 외부에서 비즈니스 자금을 융통한다면, EBITDA 또는 '매출의 일정 배수'를 기준으로 기업 가치가 평가될 것이며 이 평가 방식이 성장 속도를 결정하는 핵심 요소가 될 것이다.

기본 경제 원칙은 규모가 큰 대형 기업들에게 유리하게 작용한다. 소규모 비즈니스의 매출 10%와 대기업의 매출 10%는 완전히 다른 의미를 가진다. 이는 커피 산업에서 가능한 일들이 테크-스타트업과는 근본적으로 다르다는 것을 의미한다.

커피 산업의 각 단계에서 발생하는 마진은 극도로 제한적이며, 커피 공급망 내 모든 구성원들이 이런 빈약한 마진 구조를 공유할 수밖에 없다. 이는 개별 사업자의 마진 문제가 아니라, 업계 전체에서 새로운 시도를 할 수 있는 가능성을 결정하는 핵심 요인이다. 이런 현실을 이해하는 것이, 커피 산업의 구조적 한계를 인식하고 이를 극복할 전략을 고민하는 출발점이 된다.

이런 딜레마는 특히 커피의 새로운 가능성을 탐구하려는 소규모 부티크 비즈니스에서 더욱 두드러진다. 즉 마이크로 로스터나 작은 카페가 대체 공급망 관계를 구축하거나, 제품 연구 개발을 진행하고, 또는 홍보와 브랜드 인지도 강화에 수익을 재투자하는 혁신적인 사업을 시도하려면 시장 평균보다 훨씬 높은 가격을 책정해야 한다는 뜻이다.

이는 다시, 스페셜티 부티크 커피조차도 일정 규모를 확보해야 한다는 개념을 뒷받침한다. 규모가 커지면 품질이 떨어진다는 가정이 제법 있는데, 부분적으로 타당한 측면이 있다. 대부분의 경우, 비즈니스 규모가 커질수록 품질은 덜 중요해지고, 대신 순수한 상업성을 우선시하는 상황이 발생한다. 아이러니하게도, 품질 저하가 결국 그 비즈니스에 타격을 줄 수 있다.

아주 작은 규모의 비즈니스라고 하더라도 수출입 혹은 이와 관련된 금융 활동을 이용하는 경우, 일정 수준의 규모 효과를 얻고 있다는 점을 기억할 필요가 있다. 동시에, 제한된 자원과 부족한 인프라 환경에서도 고품질 커피를 생산하는 것이 가능하다는 점도 중요한 사실이다. 즉, 규모가 작다고 해서 반드시 품질이 떨어지는 것은 아니며, 커피 비즈니스의 목표가 무엇인지에 따라 그 목표를 더 효과적으로 달성할 수 있는 적정한 규모가 존재한다는 뜻이다. 핵심은 자신이 하고 있는(또는 하고자 하는) 비즈니스에 가장 적합한 '규모의 기준점'을 이해하는 일이다.

커피 산업은 매출이 성장할수록 비용도 함께 증가하는 산업 구조를 가지고 있다. 어쩌면 가장 본질적인 포인트일 수도 있는데, 커피 업계 속 모든 비즈니스가 매우 효율적으로 운영되어야 한다는 의미다. 비효율적인 운영을 감당할 만큼의 여유가 존재하지 않기 때문이다. 당연한 말처럼 들리겠지만 강조할 가치가 있다. 운영 과정에서 문제가 발생해도 이를 완충해 줄 수 있는 마진이 충분하지 않아서 쉽게 무너질 수 있다. 요식업계도 유사한 특징을 가진다. 많은 비즈니스가 지속적으로 생기지만 많은 업체가 오래 버티지 못하고 사라진다. 커피 업계에 종사하는 모든 사람들은 역량과 실행력에 집중해야 한다. 사실 대부분의 비즈니스에서 중요한 부분이지만 커피 업계에서는 더욱 절대적인 원칙이라 할 수 있다.

나는 자신이 하는 일에서 '탁월함'을 추구하는 것이 올바른 태도라고 믿는다. 그러나 비즈니스 세계에서의 탁월함이란 단순히 훌륭한 제품과 경험을 만드는 것만으로 완성되지 않는다. 진정으로 탁월한 비즈니스를 운영하겠다는 것 자체가 목표가 되어야 한다. 즉, 커피 업계에서 살아남고 성장하기 위해서는 비즈니스 운영의 완성도를 높여야 한다는 목표를 끊임없이 추구해야 한다.

제5의 물결, 품질을 확장할 수 있을까?
The 5th Wave, Can You Scale Quality?

품질은 맥락에 따라 달라진다. 즉 어떤 품질은 확장하기 쉬운 반면, 어떤 품질은 확장하기 매우 어렵다. 가장 단순한 형태로 보면, 무엇을 더 많이 만들 수 있는지의 문제이며, 아마도 가장 확장하기 어려운 요소 중 하나는 사람 중심의 경험일 것이다.

예를 들어 창업자가 거의 매일 매장에 나와 직원, 고객과 소통하는 단일 매장 운영 방식을 생각해 보자. 만약 이 비즈니스가 성장해서 5개 이상의 지점을 운영하는 규모로 성장한다면 동일한 방식으로 운영하는 것은 불가능하다. 여전히 품질 높은 제품과 경험을 제공하려고 노력하겠지만, 고객의 경험은 예전과 같지 않을 것이다. (스페셜티 커피 협회의 최고 임원) 스티븐 모리세이에게 커피 마케팅에서 가장 중요한 것이 무엇인지 묻자, "인간 관계와 상호작용을 확장하는 것이 가장 큰 과제"라고 말했다. 그는 커피 산업의 비즈니스가 감정적 연결과 인간 관계를 중심으로 이루어진다고 언급했다. 과거 테드TED에서 커피 프로그램을 진행할 때 그는 작가이자 마케팅 전문가인 세스 고든Seth Goden과 고객에게 비전을 전달하는 방법에 대해 의논한 적이 있다고 한다. 당시 세스는 "사람이 기업의 비전을 대표하게 하는 것이 가장 효과적인 방법"이라고 했다.

비즈니스가 추구하는 품질 기준은 주관적일 수밖에 없다. 즉, 어떤 품질을 중시할지 결정하는 주체가 전체적인 품질 방향을 좌우한다. 따라서 사람이 바뀌면 업체가 생산하는 특정 제품과 경험의 결과물도 달라진다.

제5의 물결은 영국 런던에 있는 시장조사 기관인 알레그라 스트래터지스Allegra Strategies가 만든 용어다. 이 개념은 흔히 언급하는 커피의 '세 가지 물결' 이후를 설명하는 용어다. 알레그라는 지난 10년 사이 제4의 물결이 진행되었다고 보고 있다. 이 시기에는 커피의 과학적 접근에 초점을 맞췄고, 그리고 이제는 제5의 물결이 진행 중이며 이는 스페셜티 커피의 비즈니스화에 초점을 두고 있다고 본다. 이 다섯 번째 물결은 이 책의 제목과도 잘 맞아떨어진다고 할 수 있다.

내가 스페셜티 부티크 산업이라고 정의한 이 산업을 구성하는 많은 비즈니스들은 초창기 이후 성숙해지고 크게 성장해 왔다. 그러나 여기서 중요한 것은 '부티크'라는 개념이 본질적으로 거대해질 수 없는 속성을 가지고 있다는 점이다. 즉, 단일 기업이 스페셜티 커피의 부티크적 요소를 대규모로 확장하는 것은 불가능하다. 부티크 산업의 확장은 개별 기업이 아닌 다수의 부티크 기업들이 시장에서 함께 성장하면서 이루어지고 있다.

시장 규모와 기회는 전 세계 각 지역마다 다르게 나타나지만, 모든 시장에서 공통적으로 성장세를 보이고 있다는 점은 분명하다. 또한 소규모 독립 업체부터 자본을 갖춘 신규 업체에 이르기까지 다양한 경쟁자들이 꾸준히 시장에 진입하고 있다. 이들 모두 엄청난 잠재력을 가진 시장에서 기회를 잡고자 한다. 기존의 대형 커피 비즈니스들도 스페셜티 부티크 커피의 요소를 일부 도입해 확장된 운영 체계에 적용하고 있다는 점 또한 주목할 필요가 있다.

즉, 스페셜티 커피의 영향력이 기존 커피 산업에도 점점 더 깊이 스며들고 있다.

커피 품질을 확장하는 문제는 두 가지 핵심 질문으로 나눌 수 있다. 첫째, 부티크 품질을 확장할 수 있는가? 둘째, 이러한 성장과 확장을 뒷받침할 소비자 수요가 있는가?

공급 측면에서, 고가의 실험적인 부티크 커피는 공들여 제조하는 과정에 따르는 높은 가격대 때문에 확장 가능성이 제한적이다. 다만 확장이란 개념 자체가 상대적인 것이므로, 시장에 이러한 커피가 늘어날 여지가 있느냐고 묻는다면, 당연하다고 답할 것이다. 현재 시장은 고가의 부티크 커피에 대한 수요가 어느 정도까지 증가할 수 있는지 탐색하는 과정에 있다. 하지만 각 시장에서 이런 커피는 틈새시장의 일부일 뿐, 향미와 가격이라는 두 가지 요소를 고려할 때 주류가 될 가능성은 낮아 보인다.

고품질 부티크 커피를 재배하고 생산하는 데는 본질적인 한계가 있다. 특히 커피를 손으로 직접 수확해야 하는 산악 지역의 가장 큰 문제는 농장이 클수록 더 많은 노동력이 필요하다는 것이다. 대규모 농장에서 동일한 수준의 품질을 유지하기란 쉽지 않다. 이를 위해서는 첨단 기술을 적용해야 하는데 이런 기술 비용은 대규모 농장이라야 감당할 만한 수준이다. 따라서 고품질 커피를 대규모로 생산하는 것이 불가능한 것은 아니지만 실제로는 중소 규모 농장에서 실현될 가능성이 더 크다. 농학, 품종, 가공, 기술의 발전은 더 좋은 품질의 커피를 생산할 수 있게 하겠지만, 본질적인 생산의 한계를 뛰어넘을 수 있는 것은 아니다.

커피 생산자들에게 금융 접근성은 여전히 가장 큰 허들이다. 농부들이 생산에 필요한 가능한 모든 요소를 활용할 수 없다면 커피 품질을 극대화하기 어렵다. 규모가 커질수록 품질을 극대화하기 위해 자금 조달의 필요성은 더 커진다. 결국 부티크 커피의 확장 가능성은 기술, 노동력, 재정적 문제와 밀접하게 얽혀 있으며 이를 해결해야만 실질적인 품질 확장이 가능하다.

기후 변화와 현재 기상 현상의 영향으로 해마다 커피 품질에 변동성이 생길 수밖에 없다. 그러나 농민과 이야기를 나누다가 흥미로운 사실을 알게 되었는데, 일부 농민들은 고가의 커피 물량 처리에 어려움을 겪고 있다는 것이다. 즉, 소비자들이 고품질 커피를 더 많이 만나지 못하는 이유가 '좋은 커피가 부족하기 때문'이 아니라 시장 접근성과 수요 부족 때문일 가능성이 있음을 시사한다.

알레그라가 제시한 '품질의 확장'이라는 개념은 스페셜티가 표준이 되거나 커머셜 커피를 대체해 주류가 되는 것을 의미하지 않는다. 그보다는 스페셜티 커피가 더 이상 독립적인 서브컬처 비즈니스의 영역에 머무르지 않고 그 경계를 넘어서는 것을 의미한다. 현재 시장에서는 두 가지 뚜렷한 흐름이 보인다. 독립 브랜드들은 자신들의 브랜드를 성장시키겠다는 야심을 가지고 적극적으로 탐색하고 있으며, 초기부터 규모 확장을 목표로 하는 성장 전략을 가진 새로운 시장 진입자들이 등장하고 있다.

현재 스페셜티 부티크 커피 시장의 주요 경향은 80~85점대의 커피를 하우스 블렌드로 사용하는 것이다. 커피숍의 관점에서 보면 스페셜티 커피의 브루잉 기술이 상당히 널리 확산되고 채택되었고, 이는 어느 정도 품질의 확장을 의미한다. 블루보틀 커피의 교육 책임자이자 2010년 월드 바리스타 챔피언인 마이클 필립스$^{Michael\ Phillips}$는 자신이 처음 홈바리스타를 시작했을 때 당시 유명 카페의 음료 제조 수준이 얼마나 엉망인지 보고 충격을 받았다고 한다. 하지만 지금은 그때와 비교해 엄청나게 발전했고 스페셜티 커피 품질과 브루잉 기술의 표준이 높아졌다고 강조했다.

커피 대회와 점점 성장하는 바리스타 문화, 그리고 기업과 교육 기관에서 운영하는 교육 프로그램 덕에 커피 산업은 크게 도약했고 평균적인 커피 품질의 수준도 비약적으로 향상되었다. 물론 기술 역시 중요한 역할을 했으며 지금도 계속 발전하고 있다. 커피 제조 과정의 여러 부분에서 다양한 도구와 기기를 활용해 더 안정적으로 품질을 유지할 수 있는 환경이 조성되었다.

현재, 독립 브랜드부터 다수의 매장을 운영하는 대형 브랜드까지, 다양한 유형의 커피 업체들이 높은 품질의 커피를 대량 생산하고 있다. 이러한 변화는 사람, 교육, 기술 그리고 품질 중심의 전략이 결합된 결과다. 이런 변화가 얼마나 빠르게 이루어지고 얼마나 큰 영향을 미치는지 생각하면 경이로울 정도다.

특히 부티크 커피 업계의 오픈 소스 교육 문화는 품질을 끌어올릴 수 있는 다양한 기술을 대중화하는 데 큰 기여를 했으며, 업계 전반의 품질 향상에 큰 영향을 미쳤다.

기술 챕터에서 자동화 기술이 바리스타가 없는 환경에서도 스페셜티 커피를 구현할 수 있는 가능성에 대해 살폈다. 이런 관점을 확장해 품질의 확장이라는 개념을 다시 정의해 볼 필요가 있다. 즉, 커피 브랜드는 단순히 같은 방식으로 확장하는 것이 아니라 서로 다른 환경에서 다양한 포맷과 기술을 활용함으로써 규모 확장과 성장을 동시에 달성할 수 있다. 이는 그저 이론이 아니라 부티크 시장에서 이미 활발하게 진행되고 있다.

기술 개발과 제품 개발은 공급망 전반에서 대규모 품질 향상을 실현하는 데 도움이 되었다. 밀링, 건조, 보관 기술의 진보는 커피의 품질 유지 기간을 연장하고 더 나은 커피 생산을 가능하게 함으로써, 궁극적으로 대규모 품질 향상에 기여했다.

공급망 전반에 걸쳐 품질 높은 커피의 확산을 가능하게 한 다양한 발전이 이루어졌지만, 모든 과정이 순탄했던 것은 아니다. 대부분의 산업 분야와 마찬가지로 커피 품질을 확장하기 위해서는 여전히 많은 과제가 남아 있다.

대량 생산과 상업적 환경에서는 흔히 품질과 생산량과 효율성 사이에서 갈등이 발생한다. 앞서 여러 번 반복해 언급했듯 품질이란 절대적 기준이 아니라 맥락에 따라 달라질 수 있다. 구체적으로 설명하자면, 특정한 품질을 달성하는 것과 생산량 및 경제성을 유지하는 것 사이에서 본질적인 충돌이 발생한다. 이러한 갈등은 생산지부터 최종 소비자에 이르기까지 지속적으로 나타나는 문제다.

크리스토퍼 페란은 '조국 에티오피아 Mother Ethiopia'에서 이런 사례를 언급했다.

2019년까지 내가 방문한 에티오피아 서부의 조합 대다수는 생산량을 늘리기 위해 동일한 전략을 사용했다: 더 느슨한 선별 기준으로 열매를 수확할 것, 점액질은 80~100% 제거하고, 과육 제거 속도를 높일 것, 발효 시간을 단축할 것, 4~6일 동안 일광 건조해 수분 함량은 12~12.5%로 맞추는 방식이었다.
협동조합들은 생산량을 늘리고, 조합을 통해 고품질 커피를 높은 가격에 판매하고, 조합원들에게 배당금을 지급하겠다는 계획을 세웠지만 의도대로 진행되지 않았다. 품질과 생산량 중 생산량이 이겼고, 품질이 손상되면서 스페셜티 바이어는 나타나지 않았다.

이런 사례는 대량 생산과 품질 유지 사이의 균형을 찾는 것이 얼마나 어려운 과제인지 명확하게 보여준다.

이런 품질 시나리오는 단순히 고품질 제품을 찾는 소비자를 더 많이 확보하는 것만이 아니라, 주어진 제약 조건 안에서 더 많은 생산량을 달성하는 것도 포함한다. 이 경우 해결책은 품질을 희생하고 생산량을 극대화하는 것이다. 수확량을 극대화하려는 동기는 커피 산업뿐 아니라 대부분의 산업에서 찾아볼 수 있는 현상이다.

훌륭한 카페라면 가능한 한 빠르게 음료를 제공하면서도 품질을 유지해야 한다. 이는 단순히 규모의 문제라기보다 개별 커피숍이 직면하는 운영상의 문제와 관련이 있다. 예를 들어 필터 커피를 더 신속하게 제공하기 위해 배치식 추출 방식을 선택할 수 있지만, 만약 제품이 제때 팔리지 않으면 시간이 지나면서 음료의 품질이 떨어지고, 고객에게 나쁜 품질의 음료를 제공하게 된다. 결국 또다시 품질이 희생된다.

로스터리의 제조 효율성에서도 동일한 원리가 적용된다. 업체 규모가 커지면 품질이 떨어진다는 의미는 아니지만, 일정한 품질을 유지하면서도 생산량을 증가시킬 수 있는 구조를 구축하는 것이 핵심 과제다.

이 책에서 여러 번 언급했듯이, 너무 작은 규모는 품질을 추구하기에 최적의 플랫폼은 아니다. 최적의 규모와 팀 구성, 사업 규모, 장비, 원두 구매 방식이 조화를 이루어야 품질을 극대화할 수 있다.

하지만 소규모로도 고품질을 달성하기가 어느 때보다 쉬워졌다. 부티크 커피 장비의 발전과 나노, 마이크로 로스터리를 지원하는 판매 채널이 점점 더 많아지면서 이제는 규모가 작아도 충분히 경쟁력 있는 품질을 유지할 수 있는 환경이 조성되고 있다. 이는 정말 흥미로운 현상으로, 고품질 커피에 대한 진입 장벽이 확실히 낮아지고 있음을 보여준다. 아이러니하게도, 이 챕터의 주제인 확장과 품질의 개념과는 반대되는 경향이 나타나고 있다.

이 장의 서두에서 언급한 인적 자원의 문제는 현실적인 과제다. 커피 기업들은 자신들만의 품질 미학을 설정하고 감독할 커피 전문가가 필요하다. 기업 규모가 크면 급여가 더 높을 수는 있지만, 많은 커피 전문가들은 부티크하고 스페셜티 문화가 있는 회사에서 일하기를 원한다. 따라서 대기업 관계자들은 훌륭한 인재를 찾고 육성하고 장기적으로 유지하는 것이 쉽지 않다고 이야기한다.

또 다른 주요 과제는 판매 전략이다. 기업이 더 넓은 고객층 확보를 목표로 한다면 품질에 대한 접근 방식을 기존의 큐레이션 방식에서 반응형으로 전환할 가능성이 크다. 즉, 고객의 기호에 맞추기 위해 기존보다 더 상업적으로 대중적인 품질 기준을 수용할 가능성이 높아진다. 이것은 어떤 규모의 커피 회사든 모두 직면하는 고민 중 하나로서, 모두를 만족시킬 것인가, 아니면 뚜렷한 제품 컨셉을 고수할 것인지 사이에서 균형을 잡기 위해 고군분투한다. 이는 비즈니스가 성장하고 확장할수록 점점 더 분명해진다.

이 모든 것을 염두에 둘 때, 품질 중심의 커피 비즈니스를 성장시키거나 확장하려면 회사에서 품질이라는 요소가 기업의 핵심 철학 중 하나로 명확히 자리 잡아야 한다. 만약 기업이 품질을 '성공의 핵심 지표'로 설정하고, 이를 지속적으로 추구하는 방향을 고수한다면, 확장 과정에서도 품질을 유지할 수 있을 것이다. 비즈니스 관점에서 볼 때 규모의 확장과 품질 유지라는 주제는 매우 흥미로운 연구 주제이며 실제로 이 과정을 직접 경험하는 것도 매우 의미 있다.

앞으로 몇 년 동안 이 변화가 어떻게 전개되는지 지켜보면서 이 장의 서두에서 던진 질문으로 다시 돌아가자. 1) 커피의 품질 자체를 확장할 수 있는가? 2) 확장된 규모를 뒷받침할 시장의 수요와 소비자 니즈가 있는가? 이런 질문은 묻고 간단히 답하면 끝나는 것이 아니다. 커피 산업에서는 품질이라는 개념 자체가 끊임없이 변화하고 발전하므로, 이 질문은 현재진행형이다. 그러나 확실한 것은, 현재 스페셜티 커피 산업에서는 분명한 확장이 일어나고 있으며, 시장에서는 점점 더 품질 중심의 제품과 경험을 요구하는 소비자가 증가하고 있다는 사실이다.

산업 동향 Industry Trends

향미 중심의 음료 A Flavour-Oriented Drink

커피는 카페인과 향을 가진 음료일 뿐 아니라 우리의 사회적, 문화적 공간에서도 중요한 역할을 한다. 커피가 단순한 기호식품을 넘어 미식 음료로 자리 잡으면서 우리는 자연스럽게 다른 산업과 유사한 부분을 찾기 시작했다. 물론 모든 비교와 비유가 그렇듯이, 일부는 타당하지만, 그렇다고 모든 요소가 완벽하게 들어맞는 것은 아니다.

부티크 커피에서 나타나는 향미 트렌드는 비교적 명확한 흐름을 보인다. 이런 트렌드는 와인과 비교하는 것이 적절해 보인다. 와인은 단일 원재료(여기서 첨가물 이야기는 논외로 하자.)를 발효 과정을 거쳐 음료로 만들고 그 형태 그대로 최종 소비하는 제품이다. 물론 카페인은 알코올처럼 강력한 향정신성 물질은 아니지만, 그럼에도 여러 측면에서 유사성을 가진다.

와인 시장에는 엄청나게 광범위한 소비자층이 존재하며, 제품에 대한 관심의 깊이도 다양하다. 대중 소비층과 고급 소비층이 있으며, 그 사이에도 세분화된 시장이 형성되어 있다. 또한 제품의 품질을 평가하고 기록하기 위한 점수 체계가 있고 다양한 포도나무 품종과 재배 방식에 대한 연구와 논의가 활발하게 이루어진다. 생산자의 명성과 평판이 판매에 큰 영향을 주며, 떼루아가 중요한 요소로 평가된다. 또한 새로운 양조 방법이나 전통적인 방식을 개선하려는 시도가 지속적으로 이루어지고 있다.

스페셜티 커피도 이런 흐름을 매우 빠르게 뒤따르고 있다. 향미 트렌드는 희소성과 참신함이 중요한 요소지만 동시에 전통적인 품질 기준도 유지하고 있다. 오늘날 스페셜티 커피는 품종, 재배종, 가공 기법 등의 다양한 측면에서 폭넓은 실험이 진행 중이다. 또한 가향 성분을 둘러싼 논란이 커피에만 국한된 것은 아니라는 점이 흥미로운 부분이다.

브루잉 기술 Brewing Technology

커피의 소비자 행동과 트렌드가 다른 음료들과 다른 부분은 추출 과정이다. 와인은 병을 따고 잔에 따르면 끝이지만 커피는 추출하는 과정이 필요하다. 이 과정은 소비자와 상황에 따라 기회가 될 수도, 문제가 될 수도 있다.

커피 제조 과정은 단순히 소비자 경험을 넘어 하나의 거대한 산업을 형성하고 있다. 소비자가 커피를 마시기 위해 수행해야 하는 과정은 매우 쉽고 편리한 것부터 복잡하고 정교한 방식까지 아주 다양한 스펙트럼을 형성한다. 어떤 관점에서 보면 커피 추출을 일부러 어렵게 만든 측면이 있다고 말할 수도 있다. 여기에는 게임 메커니즘이 작용한다. 어떤 이에게는 복잡한 제조 과정이 명상 의식처럼 느껴질 수도 있다. 반면 제대로 된 에스프레소 한 잔을 추출하기 위해 커피 한 봉지를 통째로 날려 본 경험이 있다면 이런 과정이 전혀 편안하지 않았을 것이다.

게임 메커니즘 이론에 따르면 우리가 삶에서 경험하는 많은 활동이 일련의 규칙과 보상 체계를 기반으로 이루어진다고 한다. 이런 관점에서 볼 때, 이런 도전적인 측면과 숙련된 기술은 특정 소비자들에게 가치 있는 요소가 된다. 어떤 사람들에게는 번거로운 과정이 다른 사람에게는 즐거움의 요소가 되는 것이다. 최근 홈 바리스타 열풍은 이런 이론을 뒷받침하는 사례다. 그러나 이런 방식의 소비가 시장에서 차지하는 비율은 제한적이며, 대부분의 주류 커피 소비자들은 편리하고 자동화된 시스템을 선호한다.

반면 스페셜티 부티크 커피 고객들은 상대적으로 더 복잡한 추출 방법에 더 열린 태도를 보인다. 이들은 최종적으로 완성되는 한 잔의 맛과 향미에 더 큰 가치를 두기 때문에 이를 위해 더 많은 준비 과정을 기꺼이 감수하는 경향이 있다.

커피 추출 방식은 소비자의 개입 정도에 따라 다양한 스펙트럼을 형성한다. 최근 스페셜티 커피를 추출하는 다양한 방식이 등장하면서, 프리미엄 품질을 원하는 고객들이 특정한 추출 방식만을 고집할 필요가 없어졌다. 각자의 라이프스타일과 취향에 맞춰 다양한 형식으로 스페셜티 커피를 즐길 수 있는 시대가 된 것이다. 앞으로도 추출 방식과 포맷에 대한 트렌드와 혁신이 지속적으로 이루어질 것이며 부티크 커피 브랜드와 소비자들에게 중요한 탐색 분야가 될 것이라고 생각한다.

브랜딩 블러 The Branding Blur

스페셜티 커피의 브랜딩과 마케팅 트렌드는 매우 흥미롭다. 부티크 독립 브랜드들이 공통적인 요소들을 가지고 있긴 하지만 이들의 브랜드 이미지와 상징성은 결코 하나로 묶을 수 없다. 부티크 브랜드들은 대형 프랜차이즈 브랜드와 대중적인 커피 시장에 반응하며 자신의 포지션을 끊임없이 조정한다. 반면 대형 커피 브랜드들도 독립 브랜드들의 제품과 마케팅 트렌드를 면밀히 관찰해 자신들의 상품과 마케팅 전략에 반영한다.

결과적으로 모든 규모의 커피 브랜드들은 시장에서의 위치를 고민하고 경쟁업체와의 차별화를 위해 다양한 전략을 고민한다. 그 결과, 지난 10년 동안 독립 브랜드와 대중적인 대형 브랜드 간의 격차가 좁혀지고 있다. 일부에서는 이를 브랜드 경계의 '모호화' 또는 독립과 대중 브랜드의 '융합'이라고 부르기도 한다. 물론 모든 독립 브랜드가 스페셜티 커피의 가치를 강조하는 것은 아니지만, 대형 브랜드와 독립 브랜드 간의 브랜딩 전략이 점점 더 유사해지는 것은 분명한 흐름이다.

혁신과 기술 Innovation and Technology

커피 산업은 새로운 것을 탐구하고 색다른 경험을 추구하는 경향이 있다. 이런 경향은 새롭게 떠오르는 원산지, 새로운 품종과 가공 방식, 그리고 독창적인 포장, 새로운 장비 및 도구, 독특한 음료 레시피와 형식 등을 통해 확인할 수 있다.

새로운 트렌드를 반영한 제품들은 시장에 정착하거나, 시간이 지나면서 다음 트렌드에 자리를 내어주기도 한다. 특히 스페셜티 부티크 커피에서 희소성은 지속적으로 변화하는 요소이며 다양한 요인에 의해 영향을 받는다. 그와 동시에, 이미 확립된 전통적인 요소들도 여전히 중요한 역할을 하고 있다.

커피 시장의 연구 및 기술 개발 트렌드는 지속적인 성장 가능성을 보여준다. 소비자들의 커피 관련 기술과 장비에 대한 관심은 더욱 높아지고 있으며, 커피 공급망 전반에서도 공정과 풍미에 대한 새로운 아이디어와 개념을 탐구하는 연구와 혁신이 이어지고 있다.

동시에, 많은 혁신과 개발이 커피 산업의 상업석 측면에 초점을 맞추고 있다. 커피 산업은 박리다매 구조이기 때문에, 혁신을 통해 더 높은 수익성을 확보하고자 한다.

그러나 이러한 혁신이 단순히 효율성과 수율 개선에만 국한되는 것이 아니라, 품질 향상에 직접적으로 연결된다는 점이 중요하다. 품질이 상업적 가치와 직결되면 이는 곧 수익성으로 이어질 수 있다.

커피 공급망 전반에서, 로스터를 포함한 모든 관계자들은 언제나 컵 품질에 대한 상업적 평가와 관련된 대화를 나눈다. 일정 수준 이상의 품질을 보다 쉽게, 더 확실하게, 그리고 더 비용 효율적으로 달성할 수 있도록 돕는 혁신은 더 큰 가치가 있기에 앞으로도 꾸준히 연구될 것이다. 특히, 부티크 스페셜티 커피 시장에서는 이런 혁신에 대한 수요가 더욱 높아지고 있다.

지속 가능성 Sustainability

연구와 기술은 커피 산업에서 지속 가능성을 실현하는 데 중요한 역할을 할 것이다. 지속 가능성에 대한 발전은 소비자 행동 변화와 기술적 변화가 결합한 형태로 이루어질 것이다. 소비자가 커피를 추출하는 과정에서 발생하는 탄소발자국이 상당히 높다. 이를 해결하기 위한 해법으로 플래시 히팅, 유도 가열 시스템 같은 기술이 탄소발자국과 에너지 비용을 줄이는 수단으로 점점 많이 등장하고 있다.

또한 효율적인 분쇄 기술과 커피 제조법으로 폐기물과 원두 사용량을 줄일 수 있었다. 커피 소비량 감소로 인해 공급망 상류의 업체 입장에서는 불리할 수 있지만 반대로 1잔당 탄소발자국을 개선할 수 있다. 한편으로 수입업체들은 앞으로 시행할 삼림 벌채 규제에 대비하고 있으며 동시에 새로운 공급망 구조, 정보 관리 체계, 소프트웨어 기술을 도입해 자신들이 세계 각지에서 수행하는 지속 가능성 관련 활동을 더 효과적으로 전달하고 있다.

농업 분야에서는 소프트웨어와 기술을 활용한 손쉬운 검증 시스템이 곧 등장할 것으로 보인다. 공급망 전반에서 투명성과 검증 요구는 더욱 까다로워질 것이다. **그린워싱**에서 살폈던 주제다. 많은 부티크 생산자들이 이미 지속 가능성을 최우선 가치로 삼고 있으며, 이러한 경향은 앞으로도 계속될 것이다. 그러나 지속 가능성을 추구하는 것과 함께 경제적 수익성도 고려해야 하며, 전체 커피 산업의 비즈니스 모델 자체가 지속 가능성의 개선을 뒷받침해야만 이런 변화가 장기적으로 유지될 수 있을 것이다.

새로운 경험 New Experiences

커피에서 경험은 매우 중요한 요소다. 이런 경험 중심의 트렌드는 부티크 스페셜티 커피 분야에서 공급망 전체로 확장될 것이다. 추출 장비 역시 소비자들의 경험을 중시하는 방향으로 설계될 것이고, 제품 품질을 유지하면서 추출 과정 자체를 경험으로 만드는 방식이 더욱 발전할 것이다.

커피 생산자에 대한 관심은 더욱 커질 것이다. 와인 산업에서 나타난 트렌드처럼 커피 농장도 농업 관광을 통해 접객 경험을 제공하는 사례가 늘고 있다. 이는 특히 라틴 아메리카와 인도네시아를 중심으로 빠르게 성장 중이다.

또 한편으로는 기존 품질에 대한 선입견과 개념에 도전하는 커피와 경험들도 등장할 것이다. 현재 특정 박테리아와 이스트를 사용해 매우 특이한 향미를 생성하는 방식이 바로 이런 실험적 접근이다. 흥미로운 결과물이라고 생각하지만, 나는 개인적으로 비누나

샴푸를 연상시키는 이런 향미를 좋아하지는 않는다. 이런 커피는 소비자보다 일부 바리스타와 로스터에게 인기를 끌고 있다.

책의 다른 부분에서도 다뤘듯이, 이러한 취향이야말로 스페셜티 커피의 많은 트렌드를 이끄는 핵심이다. 하지만 지금 주목받는 일부 가공 방식들이 가진 직설적이고 자연적이지 못한 특성은, 시간이 지나 커피 시장이 안정되면 진정한 '고품질'의 기준으로 자리 잡기엔 어려울 것이라고 생각한다. 개인적으로는, 떼루아와 인간의 섬세한 개입이 조화를 이루는 더 정교한 접근 방식이 결국 우위를 점할 거라 본다. 지금 이 순간에도 전 세계와 공급망 전반에서 커피는 계속해서 변화하고 움직이고 있다. 앞으로 어떤 흐름이 나타나고 또 사라지게 될지는 더 지켜볼 일이다.

스페셜티 최적화 Specialty at Scale

커피 산업은 진화하고 변화하며 복잡한 구조를 가지고 있지만, 그럼에도 산업의 핵심 기반은 비교적 안정적이다. 이 책에서 여러 번 언급했듯, 커피 산업은 농업, 금융과 물류, 식품 제조, 접객업이라는 네 가지 기본 산업에 기반을 두고 있으며 혁신과 트렌드 변화에도 불구하고 기본적인 비즈니스 메커니즘은 대체로 안정적이고 일정하다.

아마도 지난 50년 동안 커피 산업에서 가장 혁신적인 비즈니스 모델은 네스프레소일 것이다. 네스프레소는 애플Apple에 견줄 정도로 혁신적인 브랜드로 평가를 받는다. 네스프레소는 혁신적인 기술을 기반으로 프리미엄 브랜드 전략을 구축했으며, 특히 부티크 매장을 활용해 고객의 경험을 강화했다. 이를 통해 수직통합 비즈니스 모델을 활용하고, 기술 보호를 통해 가격을 유지하면서도 엄청난 수익성을 확보할 수 있었다. 그 결과 수십 억 달러의 연매출과 EBITDA 20% 이상을 유지하는 독보적인 비즈니스 모델을 구축했다. 최근 몇 년 사이 네스프레소의 성장세가 약간 둔화되긴 했지만, 여전히 커피 산업 안에서 가장 높은 수준의 수익성을 유지하고 있다.

부티크 스페셜티 커피 브랜드들은 차별화된 제품이나 고객 중심의 새롭고 혁신적인 접근 방식을 보여주지만, 많은 경우 실제로 수익성을 보장하지 못하는 경우가 많다. 일부 브랜드들은 커피 산업에서 수익을 내는 것이 어렵다는 사실을 간과하거나 지속 가능한 비즈니스 모델인지에 대해서 충분히 고민하지 않고 혁신을 추진하기도 한다. 하지만 앞으로는 비즈니스 마인드를 갖춘 개인과 기업들이 이 영역에 점점 더 많이 진입할 것이라고 본다. 또한 기존 업체들 역시 좀 더 체계적이고 효과적인 비즈니스 운영 전략을 우선순위로 삼는 방향으로 변화할 것이다. 나는 이 책이 부티크 스페셜티 시장의 발전에 기여할 수 있기를 바란다.

매각과 합병 Exits & Consolidation

스페셜티 커피 산업에서는 급성장하거나 쉽게 사업 규모를 확장하는 케이스를 찾기 어렵다. 스타트업 업계에서 흔히 볼 수 있는 '성장 후 매각 Grow it and Flip it' 전략은 더욱 찾아보기 어렵다. 그럼에도 불구하고 스페셜티 시장은 빠르게 성장하고 있으며 지금도 지속적으로 확장하고 있다. 이로 인해 자연히 이 비즈니스에 대한 관심과 투자 기회가 증가하고 있다. 이 과정에서 일부 기업들은 크게 성공했고, 제대로 성과를 내지 못한 업체들도 있다. 성장하는 비즈니스 시장에서는 기업 합병도 필연적으로 이루어진다. 기존 업체들이 규모를 키우거나 특정 시장에서 점유율을 높이기 위해 다른 기업을 인수하는 것이다.

커피 산업에서 기업이 자금을 모으거나 엑시트 전략을 추진할 때 가장 높은 평가를 받는 요소는 브랜드와 지식재산권일 것이다. 브랜드는 커피 비즈니스에서 가장 중요한 무형 자산이다. 강력한 인지도와 충성도 높은 고객층을 보유한 기업은 높은 평가를 받는다. 그리고 특허나 독점 기술 같은 지식재산권이 있다면 인수 시 더 큰 가치를 인정받는다.

보다 높은 가치를 만들 수 있는 요소는 시장 점유율이다. 특정 시장에서 강력한 점유율을 확보한 업체, 또는 확보 가능한 특별한 전략적 가치를 가진 업체를 매입하거나 또는 지배적 소유권을 인수하는 방식으로 시장 점유율을 확보할 수 있다.

커피 산업에서 규모 있는 기업으로 성장하기란 쉬운 일이 아니다. 따라서 투자금 대비 수익률이 낮을 가능성이 크고 이는 벤처 캐피털보다는 사모펀드나 기존의 대형 업체에게 더 매력적이다. 벤처 캐피털은 보통 빠른 성장과 높은 수익성을 기대하지만 커피 산업은 점진적인 확장과 장기적인 브랜드 구축이 중요한 산업이기 때문이다. 물론 일부 독립형 커피 브랜드들은 엔젤 투자자나 지인, 가족의 자금, 은행 대출로 비즈니스를 시작하는 경우도 많다.

그럼에도 불구하고 커피 산업에도 벤처 캐피털이 있다. 일반적으로 벤처 캐피털은 회사의 스타트업이나 초기 단계 기업에 투자하며 높은 리스크를 감수하는 대신 높은 투자 수익을 기대하는 방식으로 운영된다. 벤처 캐피털은 빠른 성장과 확장 가능한 산업 및 비즈니스 모델에 집중하며, 트랜치tranche 방식으로 여러 차례 자금 조달을 진행한다. 그리고 기업 가치를 높여, 단계별 투자자를 유치한다.

블루보틀 커피는 스페셜티 커피 업계에서 가장 성공적인 벤처 캐피털 사례로 꼽힌다. 보도에 따르면 블루보틀은 지분 68%를 5억 달러에 대량 매각했다. 기업 수익이나 순이익 대비 매우 높은 평가를 받은 사례인데, 당시 대형 커피 기업들이 스페셜티 커피 브랜드를 인수하려는 시기였다는 완벽한 타이밍, 프리미엄 스페셜티 커피라는 차별화된 브랜드 구축, 스타트업에서 대기업 인수까지의 명확한 성장 전략까지 잘 맞아떨어졌다. 블루보틀의 매각을 통해 초기 벤처 캐피털 투자자들은 엄청난 수익을 거두었다.

이 책을 쓰는 시점에 미국의 커피 브랜드 라콜롬브La Colombe는 큐리그 닥터페퍼Keurig Dr. Pepper사에 지분의 33%을 넘기고 3억 달러를 받았다. 말하자면 회사 가치를 대략 9억 달러로 잡은 것이다. 이는 매출 평가액의 약 10배다. 블루보틀보다는 낮지만 여전히 업계보다 매우 높은 수준이다. 벤처 캐피털은 일정 규모 이상의 매출을 기록한 기업, 대형 식품 기업과 협업 가능성이 있는 기업, 투자 및 합병이 활발한 식음료 시장에서 성장성이 보장되는 기업, 다양한 포맷으로 확장 가능한 브랜드를 가진 기업들에 집중한다. 스페셜티 커피 브랜드가 일정 규모 이상으로 성장할 경우, 대형 다국적 기업이 인수 타깃으로 삼을 가능성이 높다. 이런 투자 및 인수 합병 패턴은 앞으로도 지속될 전망이다.

릭 라인하트(SCA 전무이사)는 커피 산업에서 벤처 캐피털의 기회는 이미 지나갔다고 본다. 그는 블루보틀 같은 대규모 인수가 이루어졌던 시기는 업계의 일시적인 현상이었으며 앞으로 비슷한 사례가 반복될 가능성이 크지 않다고 주장한다. 나 역시 같은 의견이다.

시장 내 성공 사례는 새로운 투자 유입을 촉진하고 후속 부자 결성에 영향을 미치는 벤치마크 효과를 말휘한다. 또한 특정 시기에 낯낯 기업이 높은 기업 가치를 인성받아 매각된 이후 그 기업이 기대만큼 수익을 내지 못할 경우 해당 비즈니스 모델에 대한 투자 매력이 급감한다.

커피 산업 내에서 기업을 매입할 수 있는 대기업 수는 한정적이고 투자자들이 기대하는 만큼 지속적으로 대형 인수가 이루어질지는 미지수다.

그러나 블루보틀과 라콜롬브의 성공 이후 소비자 커피 브랜드에 대한 투자 관심은 명백히 증가하고 있고, 많은 기업들이 이를 모델로 삼아 확장 전략을 구상하고 있다. 이 점은 분명히 짚고 넘어가야 한다. 이런 기업들은 단순히 스페셜티 시장에 진입한 것만으로 기업 가치를 인정받은 것이 아니다. 성공적인 성장 단계를 거쳤다는 것이 핵심이다.

결론적으로 스페셜티 커피 산업에서 성장과 확장을 통해 성공적인 투자 유치 또는 대기업 합병에 성공하는 사례는 분명히 계속되고 있다.

대형 커피 시장은 스페셜티 커피 산업을 주목할 수밖에 없다. 이유는 스페셜티 산업이 글로벌 시장에서 더 빠르게 성장하는 분야이기 때문이다. 따라서 대형 기업들은 이런 전략을 병행한다. 자체적인 브랜드 및 제품을 개발할 뿐 아니라 부티크 단계를 넘어선 스페셜티 브랜드, 빠르게 성장하는 기업뿐 아니라 유기적인 성장을 이룬 브랜드도 인수합병의 주요 타깃으로 삼는다.

대표적인 사례는 2015년 피츠 커피와 JAB 홀딩스Peets and JAB holdings가 인텔리젠시아 커피Intelligentsia Coffee와 스텀프타운 커피Stumptown Coffee를 매입한 것이다.

이 모든 사례는 세계 최대 커피 시장인 미국에서 이루어졌다. 전 세계 모든 커피 시장은 스페셜티 업계에 관심이 있다. 그중에서도 중국 루이싱 커피luckin Coffee의 기하급수적인 성장은 매우 주목할 만하다. 이 업체는 애초에 부티크 업체는 아니지만 시작부터 스페셜티 커피 내러티브를 적극 활용했다.

영국은 미국보다 규모는 훨씬 작지만 스페셜티 시장은 계속 확장하고 있다. 몇몇 기업들은 미국과 비슷한 성장 전략을 구사하고 있다. 예를 들자면 그라인드 커피Grind Coffee, 블랙 쉽Black sheep, 워치하우스Watchouse를 들 수 있다. 일반적으로 연 매출 천만 파운드를 넘어서면 대형 투자 기관 혹은 대형 FMCGFast-Moving Consumer Goods의 관심을 받기 시작한다.

앞서 제5의 물결 – 품질을 확장할 수 있을까? 챕터에서 살펴본 내용을 다시 생각해 보자. 부티크 스페셜티 커피 자체는 확장할 수 없다. 브랜드가 어느 이상 커진다면 더 이상 부티크 브랜드라고 할 수 없기 때문이다. 그러나 부티크 커피 문화의 일부 요소는 확장 가능하다. 스페셜티 등급의 커피는 이미 다양한 규모의 시장과 기업에서 활용 중이다. 스페셜티 브랜드의 내러티브를 유지하면서 상업적으로 성장하는 모델이 분명 존재한다.

현재 스페셜티 브랜드들은 새로운 성장 모델을 실험 중이다. 부티크를 넘어 더 큰 상업적 입지를 확보하고 대규모 투자 또는 인수를 목표로 기회를 탐색하고 있다.

물론 매각과 합병은 대기업만의 이야기가 아니다. 규모가 작은 스페셜티 커피 기업들도 인수, 합병을 고려할 수 있다. 다만 소규모 기업일수록 기업 가치는 보수적으로 산정된다.

스페셜티 커피 시장의 대부분은 몇 안 되는 대형 성공 사례가 아닌, 소규모 독립 업체로 이루어져 있기에 기업 가치 평가는 EBITDA 기준으로 한다. 이는 대부분의 외식, 식품 산업의 평가 방식과 동일하다. 2부의 **소유권, 투자, 기업 가치 평가**에서 설명했듯 커피 기업의 매출은 불안정한 요소가 많아서 EBITDA 중심 평가가 적절하다

산업 전반적인 시장 상황과 경제적 요인에 따라 다르지만 EBITDA 기반으로 기업 가치를 평가할 경우, 목표는 EBITDA의 8배다. 예를 들어 다점포를 운영하는 커피 브랜드의 EBITDA가 15%라면 기업 가치는 연매출의 1.2배로 평가된다. 매우 도전적인 수치일지 모르지만, 기업의 재무 상태, 성장 가능성, 인수 실사 결과에 따라 충분히 달성 가능하다. 물론 예외적인 유니콘 기업도 존재한다. 하지만 대부분의 기업은 위와 같은 보수적인 평가를 받거나 그조차 달성하지 못할 가능성이 크다.

그러나 모든 커피 브랜드가 인수, 합병을 목표로 하는 것은 아니다. 매각을 원하지 않는 창업자와 운영자는 많고 앞으로도 많을 것이다. 그들은 자신의 비즈니스를 자신이 원하는 방향으로 구축하고 자신이 사랑하는 커피를 다루기 위해 스스로 대표가 되어 비즈니스를 시작했다. 커피 비즈니스는 단순한 경제적 가치뿐만 아니라 브랜드 창업자의 삶과 밀접하게 연결된 경우가 많다.

그렇다면 작은 규모의 업체에게 인수합병이 언제나 최선일까? 꼭 그렇지는 않다. 즐겁게 비즈니스를 하고 그 비즈니스 덕에 안정적인 삶이 지속 가능하다면 팔지 않는 것이 나을 수 있다. 반면 새로운 비즈니스를 시작하는 것을 좋아하는 창업자라면 매각을 목표로 잡을 가능성이 높다. 하지만 꾸준히 수익을 창출하는 비즈니스 모델을 구축하고자 하는 사람에게는 매각은 의미가 없다. 기업을 키워서 지속적인 수익을 얻는 것이 매각보다 더 나은 선택일 수 있다. 설사 경쟁력 있는 평가를 받는다 해도 말이다.

창업자와 기업가 이야기가 나와서 말인데, 창업자의 존재가 중심이 되는 비즈니스는 구매자 또는 잠재 투자자에게는 부담 요인이다. 많은 기업들이 창업자의 열정과 리더십으로 성장한다. 그러나 기업이 창업자의 역량에 크게 의존하는 경우, 인수 후에 성장을 지속하기 어려울 수 있다.

생각 & 질문

인수자 입장에서는 기업을 인수하면서 핵심 인력을 잃는 부담을 져야 한다. 이런 이유로 창업자 주도형 비즈니스는 전환 기간을 두고 매각하는 경우가 많다. 창업자가 일정 기간 동안 기업 운영을 지원한다는 조건을 계약상의 의무로 포함하는 것인데, 기간은 보통 3년 정도다. 매각 거래에서는 종종 인센티브를 분할해서 제공한다. 예를 들어, 사업 대금 지급을 일정 기간에 걸쳐 분할 지급하는 방식일 수 있으며 이를 통해 퇴직하는 팀원들이 원활한 인수, 인계 과정에 기여하도록 유도한다. 하지만 말처럼 쉬운 일이 아니며, 이런 전환 기간이 있다 해도 창립 팀이 떠난 이후에 회사의 고유한 정체성을 유지하기란 매우 어려울 수 있다.

결국 인수합병은 수익성을 위한 성공적 매각만 있는 것이 아니라 오히려 제대로 작동하지 않는 비즈니스를 정리할 수 있는 기회로 선택하는 경우도 있다. 많은 신규 사업자가 유입하는 시장에서는 이런 결과가 불가피하다. 시장이 압박을 받을 때마다 업계 관계자들은 어떤 사업체가 법정관리 혹은 매각 대상이 될지 궁금해한다.

커피 한 잔의 가격 The Price of a Cup of Coffee

만약 전 세계 커피 가격이 한꺼번에 올라서, 내일부터 커머셜 커피와 스페셜티 커피 가격이 모두 오른다면, 사람들은 어느 가격에서부터 매일 마시던 커피를 줄이기 시작할까? 이 사고실험의 결과는 예측하기 어렵다. 아마도 경제학자라면 국가와 인구 통계를 기반으로 소비자의 가격 탄력성을 분석하는 인류학적 모델을 사용해 이 수치를 예측할 것이다. 하지만 이는 단지 모델이자 예측일 뿐이다. 실제로 그 일이 일어나지 않는 한 답은 알 수 없다.

현재의 가격 구조와, 사람들이 특정 커피 가격에 반응하는 방식은 시장 전체의 맥락 안에서 이루어진다. 모든 프리미엄 커피는 결국 프리미엄 커피다. 일반적인 커피보다 높은 가격대가 형성되며, 소비자들 역시 그런 기준으로 바라본다는 의미다. 때문에 스페셜티 부티크 커피는 필수품이라기보다는 특별한 즐거움, 즉 자신을 위한 '작은 사치'로 인식되는 경우가 많다.

《값싼 커피 Cheap Coffee》를 쓴 칼 바인홀드 Karl Weinhold 는 콜롬비아에서 하던 일을 정리하고 포르투갈로 이주했다. 현재 그는 C 마켓과 커피의 글로벌 가격을 책정하는 요인에 대한 학문 연구를 진행 중이다. 그는 과거 커피 업계에 몸담고 있을 때, 대부분의 스페셜티 커피 종사자들이 그렇듯이, 매일 프리미엄 커피를 마셨다. 우리는 그런 특권을 누리면서 평균적인 소비자가 지불하는 커피 가격이 이유 막론하고 더 올라야 한다는 주장을 했다. 하지만 이제 급여를 받는 연구원으로 일하며 관점이 변했다고 한다. 지금 그에게 프리미엄 스페셜티 커피는 더 이상 일상적인 소비품목이 아니고 가끔 마시는 특별한 한 잔이 되었다. 그리고 이를 통해 이전과는 다른 관점으로 시장을 바라보게 되었다.

우리 로스터리 팀에서도 생활비가 오르고 인플레이션이 계속되는 상황에서 매달 구독하던 것 중 무엇을 취소할지 고민하는 이야기가 나왔다. "디즈니 플러스를 취소할까? 아니면 수제 맥주 구독을 끊어야 하나?" 나는 팀원들에게 질문을 던졌다. "만약 여러분이 커피 업계에서 일하지 않고 다른 산업에서 지금과 동일한 급여를 받고 있다면 우리 로스터리의 커피 구독 서비스를 신청할까?" 이 질문은 카페에서 혹은 커피 산업 전반에서 던져볼 수 있는 질문이다. 사람마다 대답은 달랐지만, 흥미로운 점이 있었다. 거의 모든 사람들이 스페셜티 커피를 매일 소비하기보다는 가끔 특별한 선택으로 즐기고, 더 저렴한 커피와 병행할 것 같다고 대답했다는 점이다. 즉, 커피 구독 서비스에는 가입하지 않겠다는 이야기였다. 스페셜티 커피 업계에서 일하는 우리는 매일 자연스럽게 프리미엄 커피를 마실 기회를 누린다. 하지만 그런 상태로 오랜 시간이 지나면 일반적인 소비자의 입장에서 가격을 바라보는 감각이 점점 흐려질 수 있다.

프리미엄 커피를 매일 소비하는 고객층은 일정 수준 이상의 가처분 소득을 가진 사람들이다. 물론 각자가 자기 소득을 어디에 사용할지는 개인의 선택이다. 더 높은 비율을 커피에 소비하는 사람이 있는가 하면, 다른 곳에 지출하고 싶은 사람도 있을 것이다.

우리는 자칫 스페셜티 커피 소비자들이 커머셜 커피를 멀리하고 오직 스페셜티 커피만을 소비하는 사람이라고 단순하게 생각하기 쉽다. 물론 그런 소비자도 분명 있지만, 훨씬 더 많은 소비자들은 다양한 커피 소비 패턴을 가지고 있다. 우리는 이미 커피를 마시는 방식이 다양하다는 것과, 소비자의 상황, 환경, 필요에 따라 편리한 방법과 번거로운 수작업 방식을 모두 기꺼이 수용한다는 것을 안다.

아니사 포미에 & 제이넵 아셀Anissa Pomiès & Zeynep Arsel은 논문 '시장 작업과 소비자 주체의 형성Market Work and the Formation of the Omnivorous Consumer Subject'에서 커피 산업은 잡식적인 소비 취향을 가진 소비자들이 모여 있는 대표적인 사례라고 설명한다. 저자는 커피 소비 여정을 다음과 같이 설명한다. "먼저 개인은 기본적인 사회화 과정 속에서 커피에 대한 친숙함을 형성하며, 저가 커피가 제공하는 각성 효과와 사교적 기능을 즐긴다." 그리고 이어서 "시장 전문가들이 수행한 시장 활동의 결과로 커피에 대한 공식적인 감식력을 발전시킨다."고 주장한다. 여기서 말하는 시장 활동과 시장 전문가라는 개념은, 커피 업계의 전문가들이 소비자들의 커피에 대한 인식과 이해에 미치는 영향력을 의미한다. 이는 5부에서 살펴본 "센스메이킹"으로 설명할 수 있다.

여기서 중요한 점은 소비자가 특정한 한 가지 취향과 틀에 갇혀 있는 것이 아니라, 동시에 여러 다양한 커피 제품을 소비하는 복합적인 취향을 가질 수 있다는 점이다. 이 '잡식성' 소비자는 여러 관점에서 흥미로운 존재이고, 특히 가격 책정 전략을 고려할 때 주목할 점을 제시한다. 소비자가 다양한 가격대의 커피를 오가며 소비한다는 사실은, 생활비가 조금만 올라가도 소비자의 유형이 바뀔 수 있고 이는 곧 구매 패턴이 변할 가능성이 높다는 의미다.

이 장에서 다룬 대부분의 내용은 캡슐, 원두 또는 인스턴트 같은 소매용 커피 제품에 관한 것이다. 하지만 커피숍의 가격 형성 과정 역시 흥미롭다. 특히 브랜드 커피 체인과 독립 카페의 가격 차이는 주목할 만하다. 이 책을 쓰는 시점(2023년)에 영국 시장에서 플랫화이트 같은 대표적인 메뉴의 평균 가격은 같은 지역의 스페셜티 또는 독립 카페보다 브랜드 커피 체인점이 더 높은 경우가 많다.

이는 카페 가격이 단순히 원재료 가격에 의해 결정되지 않는다는 점을 보여준다. 앞에서도 말했듯이 카페 운영 비용과 인건비가 원재료 비용보다 훨씬 큰 비중을 차지한다. 하지만 커피 산업의 순이익률이 낮다는 점을 고려할 때, 커피 원가가 변동하면 상당한 영향을 미칠 수밖에 없다.

내가 아는 바에 따르면 브랜드 커피 체인의 마진이 더 높을 가능성이 크다. 스타벅스와 코스타^{Costa}는 특히 흥미로운 브랜드인데, 이들은 매스 프리미엄 브랜드로 자리 잡아 높은 가격대를 유지할 수 있는 구조를 갖추고 있다. 독립 스페셜티 카페 운영자들은 종종 이 사실을 간과한다. 그렇지만 나는 스페셜티 커피를 전문으로 하는 독립 카페라면 최소한 이런 브랜드들과 같은 수준의 가격을 책정해야 하며, 가능하다면 그 이상을 목표로 해야 한다고 생각한다. 그렇지 않으면 그들은 소비자가 기꺼이 지불할 수 있는 가치를 놓치는 것이다.

나는 독립 카페 운영자들과 이야기를 나누면서 그들이 가격 책정에 대한 자신감이 부족하다는 느낌을 자주 받았다. 이는 독립 카페가 프리미엄이나 럭셔리형 대안이 아니라 단지 대안적인 비즈니스 모델이라는 서사를 뒷받침한다. 그러나 역설적이게도 독립 카페들은 소매용 원두를 브랜드 체인점보다 훨씬 높은 가격으로 판매한다. 브랜드 체인들은 이미 음료 판매에서 높은 가치를 구축하는 데 성공했으니 원두 가격은 낮아도 된다. 그런데 독립 카페 운영자는 가격 차별화 시도를 하면서도 정작 소비자들이 가격에 민감하게 반응한다고 여기는 경향이 있다.

브랜드 체인은 분명 규모가 엄청나게 크다. 나는 독립 카페 운영자의 가격 걱정은, 가격에 반발하는 소수의 피드백을 전체 소비자의 의견으로 받아들인 결과 나타나는 일종의 착각이라고 본다. 하지만 이런 접근으로 인해 독립 카페 운영자가 커피 한 잔당 수익성을 낮게 설정하면 원재료 품질 향상, 직원 복지 개선, 연간 이익의 지속 가능성을 스스로 저해하는 결과를 초래할 수 있다.

브랜드 커피 체인들은 전형적인 독립 카페와 마찬가지로 커피 음료 판매에 집중한다. 하지만 식품 부문의 체인점들, 예를 들어 음식과 함께 커피를 제공하는 대형 체인점들은 조금 다른 방식으로 운영한다. 메인 상품으로서 커피 가격을 책정하는 것이 아니고 더 높은 매출을 낼 수 있는 음식 메뉴와 함께 판매하는 보조 제품으로 활용한다.

나는 예전에 한 TV 프로그램에 출연해 블라인드 테이스팅을 한 적이 있다. 영국 내 주요 커피 브랜드들의 블랙 커피를 시음했는데, 그중에는 그렉스나 맥도날드 같은 대형 체인도 포함되어 있었다. 놀랍게도 그 블라인드 테스트에서 나는 맥도날드 커피를 최고로 꼽았다. 그런데 맥도날드 커피는 테스트한 커피 중 가격이 가장 저렴했다. 웨더스푼 Wetherspoons에서 제공하는 라바짜 Lavazza 커피도 좋았다. 이처럼 일부 브랜드는 커피를 메인 상품이 아니라 더 높은 수익을 창출할 수 있는 상품과 함께 판매하는 전환 도구로 활용하며, 이에 따라 가격을 낮게 책정하는 전략을 취하고 있다.

커피는 물론 다양한 채널을 통해 팔린다. 스페셜티 커피 브랜드는 팬데믹 동안 급성장했고 이후엔 이커머스에 더욱 집중했다. 하지만 분명한 점은 슈퍼 프리미엄이나 고가의 커피가 핵심 시장은 아니라는 것이다. 이런 고가 제품은 소비자층이 한정적이며 가격이 오를수록 대부분 판매량이 줄어든다. 지난 몇 년 동안의 상황은 공급망 전역에서 커피의 가격 탄력성이 부족했을 가능성을 시사했다.

2021~22년 사이 C 마켓의 가격 상승과 인플레이션의 동시 발생으로 많은 로스터리와 커피 브랜드들이 대안이 될 산지를 찾거나 품질과 가격대가 낮은 생두를 구매했다. 인플레이션이 심화된 시장에서 비용 압박이 심해지면, 대부분의 커피 업체들은 순이익을 줄이는 방식으로 대응하며, 소비자 대상 업체들은 세전 이익이 한 자릿수로 줄어드는 상황에 직면할 수 있다. 많은 독립 커피 업체들은 상대적으로 이런 충격을 흡수할 여력이 부족하기 때문에 손익분기점 수준으로 간신히 운영하거나, 최악의 경우 폐업 위기에 몰리기도 한다. 글로벌 인플레이션은 공급망 전반의 가격 상승을 초래하며, 이는 오직 운영 효율성 개선이나 환율 변동을 통해 상쇄할 수 있을 뿐이다. 하지만 비록 수는 적어도 충성도 높은 고객층을 가진 부티크 업체들은 이러한 거시경제 변화에 상대적으로 영향을 덜 받는 경향이 있다.

역사적 자료와 소비자 행동 패턴을 보면, 커피 산업 내 소비재 기업들은 아주 낮은 이윤을 유지하며 경쟁하는 경향이 있다. 이들은 손실을 보지 않으려고 노력하지만, 만약 특정한 지식재산권이나 독점적 판매 요소가 없다면 높은 이윤을 추구하기 어렵다. 비교적 자유로운 커피 시장에서는 가장 경쟁력 있는 가격대에 맞춰 시장이 형성되기 때문이다.

결국 전 세계 소비자들이 지불하는 커피 한 잔의 가격이 상승하는 이유는 공급망의 여러 비용이 상승하기 때문이며, 최종 판매 기업들이 그 차이를 감당하지 못하기 때문이다. 비용 상승 요인은 컨테이너 해상 운송비, 금융 비용, 공과금, 인건비, 인플레이션 등이다. C 마켓의 영향력이 가장 크게 작용하는 농업 생산 단계에서는, 커피 가격에 큰 영향을 주는 두 가지 주요 요인이 있다. 하나는 공급 부족이고 다른 하나는 생산국의 규제나 정책 변화다. 책 앞 부분에서 다룬 국제커피협정 종료 같은 사건이 이에 해당한다.

최근 몇 년 동안 비교적 안정적인 시기를 겪기도 했지만 시장에서는 이런 변수들이 지속적으로 발생해 왔다. 다만 다양한 산업 요소가 복합적으로 작용하면서 시장의 리스크와 변동성이 커지고 있으며, 결국 우리는 이 챕터의 초반에 했던 질문에 각자의 경험을 통해 어느 정도 답변할 수 있을 것이다. 다음 챕터에서는 커피 농업의 양극화 가능성을 탐구할 것이다.

커피 생산의 양극화가 다가오고 있는가?
Is There a Coming Divergence in Coffee?

이 책을 쓰는 내내 나는 커피 산업 전반에서 활동하는, 다양한 경험과 관점을 지닌 사람들과 이야기를 나누는 행운을 누렸다. 이들은 각각 다른 경험을 했고, 이를 바탕으로 다양한 시각을 나에게 공유해 주었다. 이렇게 여러 사람들과 대화를 나누면서 동일한 주제가 반복적으로 언급되면 그 주제에 더욱 집중했다.

그중에서도 가장 강하게 공감한 생각 중 하나는 커피 생산의 양극화에 대한 논의였다. 특히 라틴 아메리카 지역에서 이런 변화가 감지된다는 의견이 많았다. 여러 전문가들은 대량 생산을 기반으로 한 커머셜 커피와 소량 생산한 프리미엄 커피 사이에 점점 더 큰 인센티브 격차가 발생할 수 있다는 조짐을 목격했다.

커피 비즈니스는 다양한 도전에 직면해 있으며, 그중에서도 농업 단계의 리스크가 가장 크다. 특히 브라질과 베트남을 제외한 국가들은 규모와 시장 가격 문제로 인해 상당한 위험 부담을 안고 있다. 규모가 너무 작으면 생존이 어렵고, 그렇다고 규모가 크다고 무조건 안정적인 것은 아니다. 콜롬비아 뻬르가미노의 뻬드로가 지적했듯이 "농장이 크면 또 다른 형태의 리스크가 존재"한다. 커피 재배를 안정적인 비즈니스 모델로 정착시키는 것은 쉬운 일이 아니다.

여기에 더해 많은 국가에서 농부들의 노령화와 기후 변화가 닥쳐왔다. 이런 요소들로 인해 커피 산업에는 필연적인 변화가 시작되었다.

이미 여러 생산지에서 커피 재배가 지속 가능한 생계 수단이 될 수 있는가 하는 의문이 제기되었다. 이에 따라 다음과 같은 생각이 이어진다. 젊은 세대는 더 많은 경제적 기회를 찾기 위해 커피와 농촌을 떠나고 있으며 부모나 조부모 세대가 커피 농장을 계속 운영하고 있다. 하지만 언젠가 젊은 세대에게 땅과 커피 생산업을 물려줄 텐데, 그들이 계속 커피 재배를 유지할까?

땅을 상속받은 젊은 세대는 더 이상 그 땅에 살지 않기 때문에, 다른 곳에서 구축한 일과 삶을 포기하고 커피 농사로 돌아올 이유를 찾기 어려울 것이다. 게다가 많은 나라에서 토지는 후대로 가면서 점점 더 작은 단위로 쪼개지는데, 이는 생산성 낮은 비효율적 규모의 경작지를 양산하는 결과를 초래한다. 에티오피아 같은 국가는 토지 소유 구조가 완전히 다르지만, 농업 인구 고령화와 기후 변화라는 문제는 마찬가지다. 이에 따라 아프리카의 많은 국가에서 젊은 세대와 여성 농부들을 대상으로 커피 농업을 장려하는 프로젝트가 진행 중이다.

제임스 호프만James Hoffmann은 이러한 역학 관계가 만들어낼 "통합이 언제쯤 시작될지" 궁금해했다. 현재의 흐름을 볼 때, 농가들은 땅을 매각할 가능성이 높다. 땅의 용도는 국가에 따라 다르겠지만 많은 경우 커피 재배가 아닌 용도로 전환될 가능성이 크다. 일부 생산자들은 커피 재배 면적을 확장할 수도 있겠지만, 전체적으로는 커피 생산량의 감소로 이어질 가능성이 높다. 또 다른 시나리오는 토지가 가문 소유로 남아 있더라도 장기적인 작물에 대한 투자로 전환되는 경우다. 예를 들어 목재 생산용 나무를 심을 수 있다. 기후 변화와 기타 거시경제적 요인으로 인한 과제는 이러한 결정 과정에 영향을 미칠 가능성이 높다. 불규칙한 기상 현상으로 인해 연간 커피 수확량이 더욱 불안정해졌기 때문이다.

이런 위기론에 대한 반론도 있다. 역사적으로 커피 산업이 수많은 도전 과제를 맞닥뜨렸지만 그럼에도 공급은 계속 유지되어 왔다. 커피는 여전히 현금화가 용이한 작물이며, 커피 시장은 계속 지속될 것이라고 생각하는 전문가들이 있다. 이런 낙관론자들은 자정작용이 작동할 것이라고 본다. 즉, 특정 국가에서 생산량이 감소하더라도, 다른 국가들이 그 빈자리를 채우면서 균형을 유지한다는 주장이다. 실제로 이런 조정은 현재 진행 중이며 커피 생산의 중심지는 시대에 따라 변화했다. 그러나 이 주장에는 한 가지 맹점이 있다. 이는 상대적으로 오랜 기간 이어져 온 기존의 시장 질서를 전제로 하지만 우리가 직면한 시스템적 변화는 아직 결론이 나지 않았으며 기존의 패턴이 유지된다는 보장이 없다는 사실이다.

이런 예상 시나리오와 현재 추세를 고려해 볼 때 향후 커피 재배 물량은 줄어들 것으로 보인다. 우리가 논의하는 특정 사례에서는 이런 전망이 맞을 수도 있지만, 전 세계적인 공급은 변화하는 수요에 맞춰 적응할 것이라는 강력한 주장도 있다. 특히 브라질과 베트남 같은 국가들은 이미 커피 생산을 위한 적절한 인프라와 규모를 갖추고 있어 커머셜 커피 생산은 여전히 수익성이 있다. 이 국가들이 커피 공급의 상당 부분을 담당하게 될 가능성이 높다. 베트남은 로부스타를 주로 생산하는 것으로 잘 알려져 있고, 브라질도 로부스타 생산량을 증가시킬 것으로 예상된다. 같은 맥락에서 로부스타가 시장 점유율을 더욱 확대하면, 로부스타 재배에 적합한 지역들이 더 많이 등장할 것이다.

그러나 로부스타 역시 극단적인 기후 변화의 영향을 받을 것이고, 기후 변화는 커머셜과 스페셜티 커피를 가리지 않고 모든 커피 생산량에 영향을 미친다는 점을 기억해야 한다.

업계 내에서 커피 공급에 관한 논의는 대개 매우 편향적이다. 사람들은 저마다 커피 산업의 특정 측면을 확대하고자 하는 동기가 있기 때문이다. 커머셜 커피의 초점은 생산량과 가격이며, 스페셜티 커피는 특정 가격대에서 품질과 다양성을 확대하는 것이 핵심이다. 물론 환경이나 사회적 영향 등을 중요하게 생각하는 프로젝트도 있지만 대체로 '어떻게 하면 커피를 더 많이 더 좋게 만들 수 있을까?'가 중심이다.

그리고 중요한 것은 이런 방향성이 우리가 인식하지도 못하는 사이에 생산지에 부담을 주고 있다는 사실이다. 이는 로스터리와 수출업체, 지방 및 중앙 정부 등 여러 주체를 통해 다양한 방식으로 이루어진다. 예를 들어, 수확량을 극대화하거나, 새로운 품종의 커피나무를 심거나, 가공 방식과 시장 접근성을 개선하는 것 등이 이에 해당한다. 이 모두가 본질적으로 커피 비즈니스 개발의 관점에서 이루어지는 논의다.

그러나 만약 다른 관점에서 이 문제를 바라보면 어떨까? 특정 토지를 커피 재배지가 아닌 단순한 부지로 간주하고, 경영 컨설턴트 프로젝트로 접근해 분석한다고 가정하자. 즉, 토지 소유자들의 경제적 가능성을 고려해 다양한 잠재 용도를 평가한다면, 과연 커피 재배가 최적이라는 결론이 도출될까?

이것이 스페셜티 아라비카에는 어떤 의미가 있을까? 예측에 따르면, 부티크 프리미엄 커피 시장은 대량 생산 커피 시장과 점점 더 분리될 것이며, 이는 결국 가격 상승으로 이어질 것이다. 이는 다른 산업에서도 나타난 유사한 흐름을 반영한다. 비즈니스 관점에서 보면 기업은 가격 스펙트럼의 양극단에 위치하는 것이 유리하지만, 그 중간에 자리하는 것은 바람직하지 않다. 많은 사람들이 이미 이러한 변화가 시작되었다고 말한다.

콜롬비아 뻬르가미노의 뻬드로 미겔 에차바리아 Pedro Miguel Echavarria는 최근 몇 년간 다양한 형태의 수직적 통합을 담구해 왔다. 이 사업은 현재 여러 부문으로 구성되어 있다: 그들이 소유한 커피 농장들, 자사 및 다른 현지 콜롬비아 커피를 위한 수출 사업, 현지 로스팅 사업, 그리고 현재는 콜롬비아에 8개의 커피숍도 운영하고 있다. 그는 지난 10년간 각 사업 부문을 운영하며 수익성을 평가하고, 어느 부분이 성장 가능성이 있고, 어떤 부분이 그렇지 않은지 분석했다. 그들은 리스크와 기회를 분산하는 다각화 전략을 계속 추구하고 있지만, 자체 농장에서 생산하는 커피의 양을 줄이는 방향으로 전환하고 있다. 대신 소규모 고품질 로트를 자사 로스터리에 프리미엄 가격으로 팔거나 높은 가격으로 수출하는 방향으로 초점을 맞추고 있다. 대량 생산하는 커피의 비중은 줄일 계획이다. 그는 앞으로 수출 사업부의 주요 초점이 '제휴 생산자 프로그램'에 맞춰질 것이라 전망했다. 이 프로그램은 3~5헥타르 규모의 농장과 협력해 그들이 시장에 접근할 수 있도록 지원하는 구조다. 한편, 그들이 소유한 농지는 점차 기능을 변화시켜, 와이너리 투어에서 영감을 받은 농장 체험형 관광과 브랜드 경험을 제공하는 공간으로 바꿔 갈 예정이다. 이를 위해 숙박 시설과 방문객 체험 프로그램을 운영하며, 이 모든 요소가 기존의 로스팅 사업과 소매점과 함께 브랜드 경험을 확장하는 역할을 하게 된다.

이 사례는 스페셜티 및 프리미엄 커피의 진화 가능성을 보여주는 동시에, 커피를 둘러싼 전략적 의사 결정 과정을 잘 보여준다. 뻬르가미노는 어떤 사업 부문은 확장하고, 어떤 부문은 활동을 축소하거나 중단하는 방식으로 운영하고 있다. 커피 산업은 치열한 경쟁과 도전이 공존하는 비즈니스 환경이며, 단순히 맛있는 커피를 제공하는 것만으로는 성공할 수 없다는 점을 시사한다.

여러 가지 시나리오에 따르면 커피 생산량을 줄이는 것이 올바른 해결책일 수 있다. 물론, 이 아이디어를 극단적으로 밀고 나가면, 전 세계적 커피 공급이 급격히 감소하고 수요를 충족하지 못하면서 커피 가격이 상승해 소비가 줄어드는 상황을 상상할 수 있다. 앞장에서 살펴본 내용이다. 이 아이디어를 더 발전시키면 결국 커피가 사치 품목이 되는 시나리오에 도달할 것이다. 이는 의심의 여지없이 전체 산업의 손실이다. 커피를 중심으로 하는 접객업 또한 존재할 수 없을 것이다. 이런 변화는 단순한 가격 인상의 문제가 아니라 업계 전체의 붕괴를 초래할 가능성이 있다. 커피 산업 전체 비즈니스에 적용될 것이고, 수많은 이들의 생계가 위태로워질 것이다.

하지만 여기서 커피 산업 전체가 붕괴하는 시나리오를 논하지는 말자. 품질의 격차와 가격 차이가 더욱 커지는 상황을 가정해 보자. 이러한 변화가 실제로 이루어진다면, 커피 소매 시장에서 매우 흥미로운 역학 관계가 발생할 것이다. 스페셜티 커피 브랜드의 서사와 미학은 실제 향미 프로필이나 가격 대비 가치에 비해 훨씬 빠르게 성장 중이다. 현재 소비자들은 비교적 적은 비용 차이로 스페셜티 커피를 선택할 수 있다. 즉, 큰 고민 없이 스페셜티 커피를 선택할 수 있다는 말이다.

실제로 우리가 현재 스페셜티 커피라고 부르는 비즈니스에서 취급하는 커피는 매우 높은 점수(90점 이상)를 받은 커피가 아니다. 지난 몇 년간 커피 가격이 급등하면서 많은 업체들은 커머셜 가격에 맞춰 80점 초반의 커피까지 품질을 낮추고 상업적으로 생존 가능한 가격대를 찾으려고 애썼다. 최소한의 품질을 유지하면서 비용을 절감하는 방법을 모색하는 것이다.

동시에 스페셜티 서사를 활용하는 업체들이 점점 많아지면서 이러한 압박은 더 커졌다. 결과적으로 도매 고객이 큰 폭의 가격 상승 없이 스페셜티 커피를 도입할 수 있도록 가격 인상을 최소화하는 전략이 중요해졌다. 예를 들어 기존의 커머셜 커피보다 20% 정도 더 높은 가격을 제시해 고객이 스페셜티 커피를 받아들이도록 유도한다.

앞서 살펴봤듯이 독립적인 부티크 커피 업체들과 이제 막 독립적인 단계에서 벗어난, 조금 더 큰 규모의 업체들은 브랜드의 품질 주장을 입증할 검증 절차를 가지고 있지 않다. 나는 품질과 가격의 격차가 커지는 상황에서는, 더 많은 브랜드들이 최상의 커머셜 커피를 고품질 제품으로 포장하면서, 자신들의 브랜드 내러티브를 스페셜티 커피와 연결하려 할 것이라고 본다. 즉, 소비자들이 실제로 마시는 건 커머셜 커피지만, 브랜드가 전달하는 메시지는 스페셜티 커피의 가치와 연결될 가능성이 높아진다. 이쯤 되면 소비자들의 이런 오해를 바로잡기 위해 '완전한' 진짜 스페셜티 브랜드임을 입증하려는 커피 브랜드들의 움직임이 일어나지 않을까 싶다.

커피 생산량 감소가 반드시 나쁜 것이 아닐 수 있다는 생각이 점점 더 설득력을 얻고 있다. 만약 품질의 양극화가 심화된다면 이는 스페셜티 커피 시장에서 충분한 양의 고품질 커피를 확보하기 어려워지는 상황을 초래할 가능성이 크다. 하지만 커피 산업에 종사하는 우리는 모두 저마다 편향된 시각을 가지고 있으며, 따라서 커피 생산에 대해서도 다양한 관점을 이해할 필요가 있다.

커피 생산량이 감소하는 개념이 단순히 부정적인 요소로만 작용하는 것이 아니라, 업계의 승간증을 재조정하는 긍정적인 역할을 할 수도 있다는 점은 생각해 볼 만하다. 물론 업계의 일부에는 부정적인 영향을 미칠 수 있지만, 커피 재배지가 줄어드는 원인이 커피 생산국(특히 아열대 지역)의 더 나은 경제적 기회로 인한 것이라면, 오히려 긍정적인 변화가 될 수도 있다.

만약 이러한 변화가 현실화된다면, 대형 커피 기업들은 대량 생산 중심의 커머셜 커피와 로부스타 생산 확대에 집중할 가능성이 높다. 새로운 종이나 교배종이 시장에 도입될 가능성도 높다. 반면 슈퍼 하이엔드 커피를 취급하는 스페셜티 커피 업체는 품질 유지에 집중하면서, 높은 가격에 맞는 시장 규모와 사업 확장 전략을 모색해야 할 것이다. 중간에 있는 사업체는 가장 크게 타격을 받을 것이다. 영국의 피트니스 시장이 좋은 비교 사례가 될 수 있다. 2008년 글로벌 금융 위기 이후, 영국의 피트니스 시장은 양극화 현상을 겪었다. 저가형 헬스장은 크게 성장했고, 최고급 맞춤형 피트니스 센터도 지속적으로 성장했다. 그러나 중간에 위치했던 일반적인 헬스장들은 대부분 시장에서 퇴출되었다.

나는 개인적으로 너무 먼 미래를 예측하는 것을 좋아하지 않지만, 이러한 논의는 커피 산업이 직면한 중요한 과제들을 다시 생각하게 만든다. 생각하면 할수록 이 양극화 현상은 생산국에는 긍정적이지만 최종 소비자에게는 부정적인 영향을 미칠 가능성이 크다.

결국 커피라는 작물이 긍정적인 영향을 미칠지 부정적인 영향을 미칠지는 거의 전적으로 맥락에 달렸다고 본다. 예를 들어, 나는 아프리카에서 진행 중인 프로젝트에 협력 중인데 이곳에서는 커피가 농촌 개발 프로그램의 일부로 중요한 역할을 하고 있다. 기회가 제한적인 농촌 지역에서 커피가 전략적인 농업 비즈니스 계획의 일부로 기능하며, 안정적인 환금 작물이 될 수 있다. 또한 일부 국가에서는 여전히 커피 농업을 장려하는 정부 보조금과 농업 보조 프로그램을 시행하고 있다.

보조금이나 규제가 없다면, 경제가 발전하고 새로운 경제적 기회가 등장할수록 커피 생산을 지속할 요인은 부티크 하이엔드 시장으로 가거나 대규모 상업 생산으로 확장하는 것으로 정리될 것이다. 물론 이런 변화 과정에서 커피와 관련한 문화와 유산이 소멸할 위험도 존재한다. 하지만 이런 패턴은 이미 여러 국가에서 경제가 발전하면서 반복적으로 일어난 현상이다. 예를 들어 콜롬비아 같은 국가에서는 스페셜티 커피 시장이 새로운 창업 기회를 창출하고 있지만, 핵심은 이런 기회가 과연 얼마나 큰 시장을 형성할 수 있는가에 있다.

전 세계 커피 산업의 거시경제 모델은 매우 복잡하고 각 생산국의 경제적, 사회적 상황이 매우 다르기 때문에 일반화하기 어려운 측면이 있다. 하지만 현재 우리가 논의한 중요한 요소들을 고려할 때, 커피 비즈니스의 패러다임이 변화하고 있음은 분명해 보인다.

성배 – 비전과 비즈니스의 조화
The Holy Grail – Vision Plus Business

이 책을 쓰면서 각 성장 단계에서 수익성을 극대화하고 다음 단계로 나아가기 전에 최적의 타이밍을 찾는 것, 그리고 각 비즈니스 모델과 시장 내 위치에 따라 적절한 규모를 찾는 것 등, 여러 맥락의 적정 지점 개념을 반복적으로 설명했다.

나는 여러 커피 전문가들, 기업들과 이야기를 나누면서 비전과 상업성 간 균형이 자주 거론되는 주제라는 것을 깨달았다. 제임스 호프만은 "스페셜티 커피 산업은 이윤과 불편한 관계를 맺고 있다. 지속 가능하고 수익성 있는 스페셜티 비즈니스 모델이 어떤 모습이어야 하는지에 대한 논의가 거의 이루어지지 않았기 때문에, 업계 종사자들조차 명확한 사업 목표를 설정하지 못하는 경우가 많다."라고 설명했다. 많은 사람들이 스페셜티 커피를 추구하는 이유는 품질, 경험과 함께 공급망 내 가치의 공정한 분배에 대한 신념 때문이다. 이것은 매우 의미 있고 가치 있는 목표이며, 우리는 이를 지지해야 한다. 하지만 이를 뒷받침할 수 있는 비즈니스 모델을 만들지 않는다면, 결국 아무것도 실현할 수 없다.

나는 창조적인 사업 환경에서 성장하면서 창의성과 비즈니스의 갈등을 직접 지켜봤다. 순수하게 수익성만을 추구하는 비즈니스로는 창의성과 예술적 가치를 증진하기 어렵지만, 동시에 건전한 비즈니스 모델이 창의성을 뒷받침할 수 있다는 점을 깨달았다. 물론 아무리 훌륭한 전략과 모델을 가지고 있어도 사람들이 그 제품이나 예술을 원하지 않는다며 아무 소용이 없다.

비즈니스 모델에 창의성을 통합한 가장 극적인 사례는 영국에 본사를 둔 다이슨Dyson이다. 제임스 다이슨James Dyson은 무려 5,127개의 프로토 타입을 만든 끝에 먼지 봉투 없는 진공 청소기를 완성했다. 그는 창조적인 혁신을 현실화하기 위해서 시간과 돈이 필요하다는 것을 깨닫고 그 생각을 바탕으로 업체를 키웠다. 다이슨의 R&D 예산은 막대하고 매년 새로운 제품 아이디어가 프로토 타입으로 만들어지지만 대부분 시장에 나오지 않는다.

만약 다이슨이 일반적인 주주 구조를 가진 회사라면 분명 이런 운영 방식을 유지하기 힘들었을 것이다. 시장에 나올 수 있을지 확실하지도 않은 제품에 매년 막대한 예산을 쓰는 것이니 말이다. 다이슨 모델은 창의적 과정의 힘을 믿고, 이 과정을 통해 다음 히트 상품을 만들어낼 것이라는 신념을 바탕으로 운영한다. 이 모델이 가능한 이유는 강력한 지식재산권을 보유하고 있어 이를 기반으로 수익성을 창조할 수 있기 때문이다. 지식재산권은 수익성 있는 제품 가격을 뒷받침하고 기술을 확장하고 '소유'할 수 있게 한다. 커피 산업은 다이슨처럼 강력한 지식재산권을 보유하기 어렵고, 네스프레소 같은 몇몇 예외적인 사례를 제외하면 이런 유형의 비즈니스 모델을 구축하기 어렵다. 다만 중요한 교훈은 동일하다. 비즈니스 모델과 비전을 하나로 통합하라는 것이다.

카페 임포츠의 노아 나모비츠(Noah Namowicz)는 미네소타주 세인트 토마스 대학에서 창업 관련 강의를 하며 이 개념이 가장 중요한 요소라고 가르친다. 나는 비즈니스를 시작하면서 생존을 위해서는 수익이 있어야 한다는 것은 이해하고 있었지만 시간이 지나면서 사업 모델이 단순한 생존 그 이상, 내가 장기적으로 비전을 실현하는 데 필수적인 도구가 될 수 있다는 점을 깊이 깨달았다. 만약 과거로 돌아가 나에게 조언을 해줄 수 있다면, 가장 먼저 이 개념의 중요성을 강조할 것이다. 젊은 나는 아마 "맞아, 맞아. 비즈니스에서는 돈을 버는 게 중요해."라고 할 것이고, 나이든 나는 아마 참을성 있게 들으면서 "맞아. 하지만 적자를 내지 않는 것 이상을 생각해야 해. 비즈니스 구조를 제대로 갖춘다면, 지금은 감히 상상도 하지 못할 목표도 실현할 수 있을 거야."라고 조용히 덧붙일 것이다.

감사의 말 Acknowledgements

나는 자신의 시간과 지식을 아낌없이 나누어 준 수많은 분들에게 많은 것을 배웠다. 이 책이 나오기까지 도움을 준 모두를 일일이 언급할 수 없지만, 직접 이야기를 나눈 분들 중 일부를 여기 소개하고자 한다.

Nina-Marie Braisby, Scott Rao, Ric Rhinehart, Luke Atwood, Jamie Marler, Sam Maccuaig, Lani Kingston, Andrea Otte, James Hoffmann, Colin Harmon, Joanna Lawson, Mandi Caudill, Fernando lima, Andrew Tucker, Pete Southern, James Howell, Ben Palmer, Klaus Thomson, Tim Wendelboe, Christopher Feran, Andrew Bowman, Kyle Ramage, Pedro Miguel Echavarria, Ana Luiza Pellicer, Catalina Gutierrez, James Hennebry, David Balmer, Fiona Dendy, Richard Williams, Stephen Morrissey, Jonny England, Will Little, Stephen Dick, Mat North, Noah Namowicz, Kyle Bellinger, Kieran Masterton, Tom Sobey, Dale Harris, Ed Anderson Brown, Craig Dickson, Lloyd Retzlaff, Josh Tarlo, David Papparelli, Janina Grabs, Jonathan Morris, Paul Arnephy, Sebastian Stephenson, Lesley Colonna-Dashwood, Chris Ammerman, Jeffrey Young, Alexander Robaszkiewicz, James Strong, Heath Jansen, Brenda Alvarado, Alejandro Cadena R., Karl Weinhold, Candice Madison, Mhairi Erskine, Peter Grosvener-Attridge, George Irwin, Ben Stokes, Callum Mousley, Kit Frere, Simon Brown, Raphael Prime, Brad Morrison, Paul Ross, Herbert Peñaloza Correa, Roland Horne, Kane Bodum, Angus Thirlwell, Mike Nunn, Alistair Hines, Nick Mabey.

지은이 맥스웰 대시우드 MAXWELL DASHWOOD

맥스웰은 커피 산업 전반에서 자기 사업체와 협력 프로젝트를 운영 중이다.
영국 바리스타 챔피언십에서 세 번 우승, 세계 대회 결선에 세 번 진출했으며
커피에 관한 학술 논문을 여러 차례 공동 저술했다. 2015년에는 화학 교수
크리스토퍼 H. 헨던 Christopher H. Hendon과 함께 첫 저서인 《커피를 위한 물 Water For Coffee》을 공동 저술했다. 이후 옥토퍼스 출판사에서 《커피 사전 The Coffee Dictionary》
을 출간했다. 《스페셜티 커피 비즈니스 The Business of Specialty Coffee》는 커피를
주제로 한 세 번째 책이다.

옮긴이 최익창

2003년 고려대학교 법대 졸업
2010년 사단법인 한국스페셜티커피협회 사무지원팀장
2012년 수성구1인창조기업 '코페아룩스메아' 설립, 커피브리프 발간
2014년-현재 커피리브레 지식전략부장

1995년 커피자료 번역을 계기로 스페셜티 커피산업을 접하고
1997년 보헤미안 커피교실을 통해 커피산업의 가치와 소중함을 깨닫다.
이후 여러 커피업체의 일을 돕고 커피동호회에서 활동하면서
커피산업에서 필요한 지식의 정련에 힘써 왔다.

감수 서필훈

고려대학교 서양사학과 및 동대학원 졸업
안암동 보헤미안 커피하우스 실장 역임
현 커피리브레 대표

스페셜티 커피 비즈니스

초판 1쇄 발행 2025년 8월 14일

지은이	맥스웰 대시우드
옮긴이	최익창
펴낸이	서필훈
펴낸곳	커피리브레
신고일	2012년 9월 5일
신고번호	제2012-000286호
주소	마포구 성미산로29길 17-8
전화	02-325-7140
팩스	02-6442-7140
전자우편	choi@coffeelibre.kr
편집	윤은주
디자인	이새미
관리	류현지
마케팅	이지선
회계	서승희
인쇄	이지프레스

ISBN 979-11-989462-1-8 93320

* 잘못된 책은 바꾸어드립니다.